艺术学理论丛书　总主编：范景中
浙江省高校人文社科重点研究基地（艺术学理论）资助项目

艺术学的理论视域

Art Theories: Its Vision and Discipline

曹意强　著

上海书画出版社

目 录

序

01　艺术门类的设置与我国创新思维的培养
11　论艺术创作的学术性
23　艺术学科的三套车
33　"全国艺术硕士研究生美术与设计优秀作品展"序言

37　艺术的构建性与世界艺术史大会
45　第 30 届世界艺术史大会与中国美术史
51　观念史的历史、意义与方法
75　中国美术通史的观念
85　《新美术》与中国艺术学

93　艺术教育与创意时代——论艺术的智性
103　美术博物馆的定义与国际学术现状
117　艺术管理的观念与国际学术状况
129　艺术收藏与企业文化

149　艺术的概念与视觉文化研究
185　艺术学科与社会文化
229　艺术与跨界研究
281　艺术学与世界艺术研究

附录
327　艺术门类及其各一级学科论证报告草案文献与大事记

序

本书收录了四组文章，按照我国现行的一级学科分类，它们可归入"艺术学理论"范畴。作者全程参与了我国艺术门类独立和艺术硕士［MFA］学位建设的论证与设置工作，第一组五篇文字产生于这个过程前后，主要论述了艺术对创造性思维的塑造作用，以及学科建设的相关问题。第二组论文针对艺术史的发展而涉及艺术对世界的建构性话题，兼论中国美术史研究中的某些理论问题。第三组文稿探讨艺术管理、美术博物馆学和创意文化方面的学术问题。最后四篇长论概述国外艺术学科的最新研究成果，它们原为教育部《国外高校人文社会科学发展报告》而撰。这组文章论及艺术的各个门类的理论探索，从形式上看，最符合"艺术学理论"的性质。在艺术学科中设置"艺术学理论"是我国的特色。从理论上说，该一级学科旨在归纳、演绎出普适于所有艺术类别的原理。艺术研究不同于哲学玄思，其理论必须源于或落实于对具体艺术类别，乃至个别艺术作品的体悟，因而没有一种悬空的艺术理论可以进入形而上学的空间而涵盖一切艺术类型。我认为，在教学和研究上我们应避免两种相关倾向：一是脱离艺术类型的具体史论与作品而泛论艺术原理，二是将之沦为浮浅的、概念化的艺术概论。"艺术学理论"既已成为一级学科，那就必须思考其教学与研究的范围。我认为，其主要研究范畴可以是：艺术哲学或艺术观念史、艺术史研究方法论、艺术制度研究理论诸方面。因此，这里也收录了几篇有关观念史、艺术管理、创意文化方面的理论思考文字。如果本书能引发读者对"艺术学理论"研究的难点的思考，那即达到了出版的目的。

曹意强
2013 年冬

艺术门类的设置与我国创新思维的培养

一 艺术学科的问题

2012年8月，国务院学位办提出调整我国学科目录的工作，这为增列艺术门类提供了契机。[1] 在历史的进程中，艺术与道德、科学构成了人类把握世界的三大途径。艺术本身也自成体系，涵盖造型艺术、语言艺术和表演艺术三大领域。然而，在我国现行的学科专业目录中，艺术仅是一个从属于文学门类的一级学科，这严重制约了我国艺术创作、教育和研究的发展。在它给艺术学科带来的诸多问题中，有三个问题显得格外突出：一是造成学科发展的不平衡，二是扭曲学科的评价体系，三是影响人才的培养。[2]

艺术是一个多种类的集成，它包括美术、音乐、戏剧、舞蹈、影视等领域，而每个领域中又有许多科目，如美术中有绘画、雕刻、建筑、设计、书法等，而各子科目中还有若干类别，如绘画中有中国画、油画、版画等。简单地用一个"艺术学一级学科"显然难以包揽如此复杂多元的学科，使得该学科很多极为重要的课程和研究没有对口目录，因而也就没有了发展的余地。而在另一个方面，它又为滥用一级学科提供了方便。按照现行规定，凡是申请到一级学科的院校，可以在一级学科之下自行设置二级学科的博士点。而申报一级学科的基本条件必须已具备至少两个二级学科博士点，并已有综合学科的规模。按照这些条件，我国久负盛名、师资力量雄厚的专业艺术院校都没有资格申报"艺术学一级学科"，符合条件的只有那些综合性大学。综合性大学具有学科交叉的优势自不待说，但我国艺术教育建制的重点一直是专业学院，艺术创作、教学和研究的主要力量也都集聚于专业院校。相形之下，综合性院校一旦取得艺术学一级学科就可自行设置所有的二级学科博士点，专业院校却至多停留在二级学科，无法借助许多学科发展必需的资源，从而造成了极不平衡的学科状况。迄今为止，在专业的艺术院校中，只有南京艺术学院拥有一级学科博士点，其他同类一级学科博士点都在综合性大学。这种情况存在着如下危险：即使没有足够的专业教授与学术积累，也可以任意招收艺术学一级学科所包括的所有类型的博士研究生。这无疑使得专业性强的艺术院校失去本应具有的学科优势地位，而综合性大学中相对边缘化且师资力量较弱的艺术学科则将发展资源过度占用。[3]

将艺术学科归属文学门类，所造成的第二个问题是没有自主独立的评价体系。如在职称评定和研究成果考核中，套用文学的，甚或理工科的量化标准加以评定，只计发表的论文篇数，不考虑作为艺术主体的创作，哪怕是在国际和全国性展览上荣获金奖也无济于事。毋庸置疑，在大学从事艺术教学者必须具备阐释创作活动的理论水平，但其钻研理论的目的不是为著书立说而著书立说，而是通过提出、思考问题来解决创作与教学中的实践问题。这种评估方式颠倒了创作与研究的主次关系，迫使教师放弃创作而绞尽脑汁申请研究项目，舍长就短，为其不能为而不得不为之事。显然，这种做法极不利于艺术学科的正常发展。

此外，在艺术研究生招生制度上，反映出的问题也很突出。报考艺术专业的研究生必须与报考其他领域者一样参加全国外语统考，这致使许多真正具有艺术创作潜质但因外语未达到分数线的考生没有机会入校深造，而某些艺术才能欠缺却能在外语统考中勉强过线者反被录取，所以社会上流传一种说法，称现在的艺术研究生的专业水平普遍不如本科生。外语固然重要，它不仅是人生的工具，而且是一种可以扩展视野的思维模式。然而，不同的学科领域应对外语有不同的要求。从事人文学科和自然科学的研究者，包括艺术史与理论研究者，不能不精通一至两门外语。试想若王国维不能阅读康德和叔本华的西文原典，他岂能突破传统词学而有所创新？同样，钱学森若不通外文，能借鉴国际尖端科学而成为中国航天之父吗？但艺术家的情况与之有别，齐白石、黄宾虹、潘天寿等近代国画家没有外语照样成为大师，而如果从事油画创作，懂外语肯定有益，因为油画的本源在欧洲，只有懂其语言，才能更透彻地理解油画的历史、媒介和技法。无论如何，对于艺术家来说，学不学外语，应是个人的选择，而不应是强制的考试科目。艺术家主要是以肢体、声音、图像等媒介进行创作的，文字语言不是其必要手段，正如从事其他领域如科学、医学、地理学等，都需要培养敏锐而准确的视觉观察力，掌握一些绘画能力，但不等于非要其通过全国美术统考才能进入专业。

重文轻艺，这是古已有之的一个偏见，在当前的社会里，这种偏见愈演愈烈，人们普遍认为搞艺术的人没有文化，非文字的艺术创作没有什么学术价值。殊不知，艺术本是文化的主干之一，而艺术的学术性就体现在创作本身之中，犹如科学的创造性体现在科学发现之中。这种偏见已渗透进我们的专业语言中，在艺术院校里，人们放弃了体现专业性质的术语，如"创作"、"作品"和"画室"或"工作室"等，采用来自科技领域的说法如"科研"、"项目"、"实验室"等。为了使艺术看起来有学术意味，也模仿其他学科，给之戴上了一顶"学"字帽，叫"艺术学"。在文学门类下出现了一个"艺术学"一级学科，统摄音乐、美术、戏剧、影视等艺术种类，同时又有一个二级学科的"艺术学"。"艺术学"这个概念之所以讲不通，是因为它在试图强调对艺术的学术研究意味的同时，实则已将其研究的对象即艺术创作排除在外了。没有创作，就没有艺术学科。其次，这个称谓无法在国际上交流，人们将"艺术学"译为 Art Studies，这并不是一个学科名称，如果硬要创造一个可与其他学科名字如 Philology、Psychology、Sociology 等相对应的名称，那就会叫 Artology，一个在英语词典里还未出生的字眼。[4]

二 艺术研究与科学研究

这种混乱说明两点。首先是混淆了科学与人文学科的关系，也就是混淆了创作与研究的关系。艺术中所谓的"研究"，其角色与科学中的研究截然不同，这是由两个学科的性质决定的。科学的价值必须建立在进步的前提下，假如爱因斯坦的相对论再优美但比牛顿的理论落后，那它就谈不上什么科学价值，而艺术不以先进与落后论价值，不论动用多么先进的现代手段如计算机模拟程序，也难以创造出在艺术价值上可与中西古代大师如范宽、米开朗琪罗一争高低的作品。科学有古今，艺术无古今。当 21 世纪之前伟大的科学家及其发明皆已成往昔伟大的历史成就时，往昔的艺术杰作却依旧光彩如新，超越时空而焕发出新的无可超越的生命。顾恺之、荷马、莎士比亚、莫扎特等人的杰作不会因为科学和物质的进步而失去价值。科学是一种持续不断的活动，犹如自行车的骑者，一旦停车就无法稳坐于车上。[5] 艺术学科包括创作与研究两翼。即使是其研究一翼即艺术史与理论，也不应模拟科学研究。艺术史与理论属于人文学科，而人文学科旨在恢复、保存和解释人类的文化遗产。例如，欧洲文艺复兴时期的人文主义者致力于发掘古典残本和残缺的艺术遗迹，不但试图加以保存，而且加以正确地阐释。在这个过程中，其目的是精通这类古典文献的语言和艺术作品的程式惯例，并不断拓展参照领域，因为他们羡慕古典世界的文明，希望从其遗产中获得智慧。而古代典籍的语言和艺术程式本身构成了人文学科的"知识宇宙"——一个价值永恒不变却又是新智慧源泉的世界。人文学科旨在保持这个知识宇宙的生命。就在这一点上，艺术与科学融合了。艺术持续生发的新生命、新智慧给予科学的最大启示是：并非是见于教科书的知识构成了科学，而是有待提出并加以解决的问题才是科学研究的本质。科学是假说，对每一个科学假说的否证才引起科学的发现与进步，而艺术以其超越性技巧对世界作出最大胆的创造性假说，这种假说的伟大表现就是艺术杰作，它们永远屹立在人类的地平线上，不会随时间而改变其不朽价值。

把科学研究的评估制度强加给艺术创作与研究，无疑会扼杀后者的创造力，而造成这种状况的第二个原因就在于没有认清两者的差异，尤其是它们的互动关系。我之所以在此强调"互动关系"，是因为我不相信学科之间存在着等级关系。中国有"重文轻艺"的传统偏见，而这种偏见如今演化为"重理工科而轻文科"，它进一步把艺术推向边缘，将之降为生活与精神的调味料，使之沦为纯然的休闲产品，全然无视艺术的智性力量：即它在建构我们创新思维模式上所起的关键作用，以及它对科学等其他创造性领域的催发动力。而艺术的这种智性力量，正是我想反复强调的重要价值之一。

三 艺术学科的智性作用

艺术是一门创作与研究相结合的学科，它与道德（宗教）、科学构成了人类文明的三大支柱。艺术、语言和科学乃是人类把握世界的三大智性手段，马克思曾论及此点。作为以审美途径把握世界的方式，艺术与人类同步起源，一直发展至今。早在文字没有诞生之前，人类就运用音乐、舞蹈和图像表达自身的经验与情感，以此探索人与世界的关系，诚如鲁迅所说，艺术"皆足以征表一时及一族之思维"。艺术与哲学一样，承载着人类的思想与世界观；与历史一样，保存着人类活动的鲜活记忆；与科学一样，体现着人类的创造性发现。在中国文化中，道德和艺术是上述三大支柱中的两大擎天支柱，其极点是孔子的仁与艺的合一，"志于道，据于德，依于仁，游于艺"，道、德、仁、艺并重，并把艺放在上位，作为德与仁的具体显现，从而建立起丰富深厚的礼乐文化，使之成为营造和谐社会的主要内容，充分凸显了艺在我国传统思想中的价值。孔子还提出"乐以道和"，以音乐代表国家的政治和道德秩序。在西方文化中，艺术是知识与创造性灵感的本源。亚里士多德认为艺术是对自然的模仿，而模仿是人类获取知识的重要方式，艺术的模仿创造性地影响着自然，使之实现人类的目的。而柏拉图则运用艺术阐明哲学理念，其关于真、善、美的论断影响了整个世界。

四 艺术的学科体系

艺术一方面继续发挥着政治、社会、宗教和科学等功能，另一方面在为人类提供了审美经验的同时逐渐发展出独立的价值与研究体系，成为与自然学科相对的人文学科中的有机组成部分。至19世纪，各门人文学科相继确立，艺术与哲学、历史、地理学、人类学等并立而生，成为学院教学与研究的学科。美术（绘画、雕刻、建筑等）、文学、表演艺术（音乐、舞蹈、戏剧等）被视作具有内在关联的综合体系而统称为 the Arts。在中世纪，the Arts 指在大学教授的自由学科如语法、修辞学、逻辑学（三艺）或算术、几何学、音乐、天文学（四艺），在现代高等教育中，该术语还通常指历史、语言学、文学和哲学等人文学科。但从 18 世纪开始，the Arts 成为各艺术类型的专门统称，标志着艺术学科体系的确立，即将艺术作为人类富有想象力和创造性的知识分支进行总体的学术研究。18 世纪以来的重要哲学家从康德、黑格尔、赫尔德到马克思，直至当代的福柯、海德格尔、德里达等对艺术都有专门的论述。哲学的一个重要分支就是关于美、审美和艺术活动本质及规律的美学。艺术研究内部早在 19 世纪就形成了一系列相对独立而又彼此关联的分支学科：艺术史、艺术理论、艺术批评等。[6] 同时建立了艺术研究自身的方法论体系：形式分析、图像学、艺术本体论、艺术技法与媒介研究等，并与其他学科联姻而产生艺术社会学、艺术文化学、艺术哲学、艺术考古学、艺术人类学、精神分析、艺术符号学等。艺术学科的本体理论与方法也对其他人文学科产生了影响，如艺术史家沃尔夫林的形式分析影响了文学理论的研究，而图像学不仅启发了哲学及文学研究中的符号学，还为当代的显学"文化研究"或"视觉文化研究"提供了方法论基础。

在欧美发达国家，艺术教育是人生教育的必要科目。而对艺术的学术研究也早成体系。19 世纪的德语国家建立了艺术史［Art History］和音乐学［Musicology］两个专门学科，前者包括各门艺术的历史与理论的系统性探究，后者专门致力于对音乐理论、历史和技术研究，而两者都注重检讨相关的方法论问题。德语国家率先在大学里设置艺术史系与音乐学系，培养相关的专门研究人才，英语国家接踵其后，把艺术研究提升为大学教学与研究科目。我国于 20 世纪初在师范和综合性大学中引进艺术学科的教育，之后建立了各种专业艺术院校。然而，如前所述，在对艺术的学科性质认识上，我国一开始就有所偏颇，一直拘牵于"图画手工"的实用范畴。这不仅影响了我国艺术学科本身的发展，而且既没有认清其审美与智性的独立价值，也没有发挥这种价值对人生和其他学科的创造性启示作用。

五　艺术学科与创新思维模式

事实上，学界前贤早已想纠正对艺术的偏见。大约在 1900 年以后，严复开始翻译法国启蒙思想家孟德斯鸠的名著《法意》（即《论法的精神》），至 1904-1909 年间分七册陆续出版。他在《法意》按语中提到：吾国有最乏而宜讲求，然犹未暇讲求者，则美术是也。夫美术者何？凡可以娱官神耳目，而所接在感情，不必关于理者是已。其在文也，为辞赋；其在听也，为乐，为歌诗；其在目也，为图画，为刻塑，为宫室，为城郭园亭之结构，为用器杂饰之百工……凡此皆中国盛时之所重，而西国今日所尤争胜而不让人者也。……则

5

后此之教育，尚于美术一科，大加之意焉可耳。

严复、王国维、鲁迅等学界前辈都习惯以"美术"指代"艺术"，以概括其求美的普遍意义。严复在此点明，在西方发达国家，艺术是人生教育不可或缺的部分。王国维1904年所发表的著名文章《＜红楼梦＞评论》的第一章即论述"人生及美术之概观"，引用了歌德的诗句：

凡人生中足以使人悲者，于美术中则吾人乐而观之。

[What in life doth only grieve us, That in art we gladly see.]

之后，王国维进而指出，艺术不仅能提高人的精神境界，而且能"入于纯粹之知识者"。[7] 1905年，王国维又发表"论哲学家与美术家之天职"，开门见山地批评了学术中的实用主义，旗帜鲜明地提出哲学与艺术两个学科是"天下……最神圣、最尊贵而无与于当世之用者……天下之人嚣然谓之曰'无用'，无损于哲学、美术之价值也"。在阐述教育思想的一系列文章中，王国维把学科分为"职业"和"非职业"两大类："夫教员、医生、政治家、法律家、工学家之学，固职业的学问也"，"非职业的学问何？科学、哲学、文学、美术（即艺术的总称）四者是已"。[8] 他把科学与艺术视为一个教育的整体的思想，和钱学森与温家宝同志谈话的精神相通。钱老认为，"现在中国没有完全发展起来，一个重要的原因是没有一所大学能够按照培养科学技术发明创造人才的模式去办学，没有自己独立的创新的东西，老是'冒'不出杰出人才。这是很大的问题。"按照钱老的思想，这个问题的症结就在我国的教育忽视将艺术与科学互补结合，他指出："一个有科学创新能力的人不但要有科学知识，还要有文化艺术修养。没有这些是不行的。"这里所谓"艺术修养"绝非是个可有可无的点缀品，而是教育的必要部分，关乎各个领域的创新思维和能力的问题。钱老讲到他父亲让他学理科的同时，送他去学绘画和音乐。这种将科学和艺术结合起来的教育使他终身受益，他在94岁高龄时总结说："我觉得艺术上的修养对我后来的科学工作很重要，它开拓科学创新思维。"用诺贝尔物理奖得主普朗克的话说，"科学家需要一种具有艺术创造性的想象力"。如果不能想象并不存在的事物，何以创造新东西？艺术不仅是运用技巧和想象力而创造美的物象、美的环境和美的经验的审美产物，而且关乎其他学科自主创新能力的培养。王羲之的书法、范宽的山水、莱奥纳尔多·达·芬奇的绘画、莎士比亚的戏剧、莫扎特的音乐等不仅是人类不朽的艺术杰作，更是创造性思维结晶的永恒标志。创新思维源于对知识与手段的艺术性整体把握。任何创造领域都需要一种具有艺术创造性的想象力，更需要一种像艺术家那样将概念转化为现实的能力。创新思维就是对知识与手段的艺术性重组与运用。所以，世上最富革新精神的科学家几乎都是艺术家、音乐家或诗人，哥白尼、伽利略、帕斯卡尔、爱因斯坦，还有我国的李四光、钱学森等老一辈科学家无一不是艺术家。法国物理学家阿曼德·特鲁梭说过一句名言，高度概括了艺术与创新思维培养的密切关系："所有的科学都接触到艺术，最差劲的科学家是没有成为艺术家的科学家；最差劲的艺术家是没有成为科学家的艺术家。"而结构主义雕刻家诺米·伽勃的一句话道出了在不同学科工作的人的共同感受："每一个伟大的科学家都经历过一个时刻，在这个时刻，他体内的艺术家拯救了他体内的科学家。"

六　艺术学科与国力竞争软实力

一切学科门类的设置都是为了推进创新人才培养机制，艺术具有这种内涵，理应成为独立的门类。而艺术是一个特殊的创造性领域，其特殊性体现在它分成创作与研究两大模块。就教育而言，它一方面培养创作人才，另一方面又培养研究人才，两者并举并重。其研究的对象是创作，创作是艺术门类的主体。人类的艺术创作活动可追溯到3万多年前，在这漫长的发展过程中，艺术形成了其自身的理论、方法和学术内涵。从16世纪以来，研究和教学艺术的学院与机构蓬勃发展，我国艺术院校的建立也有近百年的历史，借鉴世界的经验，已经形成完备的教学、创作、研究和学位授予体系。在国际上，艺术领域的学位有两种类型：一种是创作型，其最高学位是"艺术硕士"［Master of Fine Arts］，获得这个学位者就可以在相关创作和表演领域教学。另一种是研究型，其最高学位是博士［PHD］。目前，还出现了研究艺术创作、媒介和技法的艺术博士学位，这一新型博士学位与上述博士学位不同，要求攻读者有创作的经验，否则无法探究实践性课题，而攻读传统的博士学位，在研究方法和论文要求上，除了把与艺术相关的事物当作研究对象外，与其他人文学科特别是一般历史研究没有本质区别，它可以完全忽略艺术内部的技术问题。

艺术是文化的主体构件。在当今世界里，正如胡锦涛同志在十七大报告中明确指出的，文化是国力竞争的软实力，而艺术则是这个软实力中的主力之一。众所周知，当苏联宇航员首登月球，美国在调查为何在太空科学上落后的原因时，他们得出的主要结论便是俄国人重视艺术教育。时代发展到今天，艺术对其他各个领域，包括经济领域的重要性日益增大，我国当前被严重误解并非常时髦的"创意文化产业"和"非物质文化遗产研究"就是例证。前一概念由英国学者在20世纪80年代提出，而后者由联合国于21世纪初倡导。这两个概念的原意都并非要把文化变成赚钱的工具，而是要通过更完整地保护、恢复和阐释各地区各民族的文化遗产，在此基础上，更大限度地激发我们的文化创造力并以此提升其他一切领域的品质与价值。如果说文艺复兴时期的强国之道在于航海，工业革命时代在于铁轨的铺设，那么文化是21世纪国力强盛的主要标志。举例来说，我国是陶瓷之国，英文国名 China 就是陶瓷之意，18 世纪以来欧洲宫廷和贵族不惜代价，皆以收藏中国瓷器为社会和文化的地位标志之一，然而，由于现在我国的瓷器制作丧失了艺术性，如今一大卡车的中国陶瓷只能换取英国的一件同类制品。[9] 文化赋予了英国陶器附加的经济价值，创意产业绝不是把文化产业化、普及化，甚至庸俗化。正因为文化之于社会、经济、科学等如此重要，所以在发达国家的学科架构中，艺术一直作为人文学科中的重要门类而独立设置。我国现已有 1330 多所院校设置了艺术学科，具备健全的教学和研究制度，并已积累了丰富的培养本科、硕士和博士研究生的经验。目前在校生达 120 万之多，是世界上艺术学科最庞大的国家。如果不尽快将之从"文学"门类中脱离出来，不仅会给艺术发展带来不可设想的后果，而且将影响我国的整体国力水平。

七　艺术门类与一级学科设置问题

其实，艺术应不应该独成门类，这本不该是一个需要论证的问题。历史已经自然形成了学科宇宙，艺术是其中天然的一个门类，它包括造型艺术、文学和表演艺术。随着时代的发展，艺术也在不断地衍生新的种类与形式，如新媒体艺术等。而本末倒置，将整个艺术的体系置于文学之下，则是一个立即就可以纠正的明显偏差。

与国际惯例不同的是，我国的学科门类之下还分一级学科，在一级学科之下又细分若干二级学科。艺术门类该设几个一级学科，这本也无须论证，可以按照其现代教学的 8 个种类即美术、设计、音乐、戏剧、戏曲、舞蹈、广播电视、电影进行设置，虽从国际的角度看，戏曲与戏剧可以合并，但将之单列，显然有利于更好地继承与发展中国戏曲的独特性，犹如设计本是美术的一个组成部分，而今独立以适应当代的需要。倘若按艺术 8 个科目设置 8 个一级学科，这是最理想的，它不仅符合学科的现实状况，[10] 而且在将来不会因学科的发展而产生后遗症。然而，与其他学科相比，艺术从一个附属于文学的一级学科跃然而为具有 8 个一级学科的门类，似乎难以让人接受。假如与其他学科平衡，艺术门类允许有 3 至 5 个一级学科，那么只能有如下三种方案：3 个一级学科为：美术与设计，音乐与舞蹈，戏剧与影视；4 个一级学科为：美术与设计、音乐、戏剧与舞蹈、影视；5 个一级学科为：美术、设计、音乐、戏剧与舞蹈、影视。显然，从长远来说，后三种分类设置都无法适合艺术学科的内在逻辑，也不能顺应未来的发展，只是权宜之计。

我认为，这次国务院学位委员会发起重新论证我国旧有的《授予博士硕士学位和培养研究生的学科专业目录》，并增设新的门类，正是为了实践科学发展观，在尊重学科各自内在特性的基础上，使之切合现在与将来的教育和研究事业，并更合理地与国际保持同步。因此，在修订学科目录时，应防止出现下列情况：即为了调和学科之间的一级学科数目而削足适履，扭曲学科的应有面貌。艺术学科由创作与研究两翼构成。就创作方面而言，国际传统惯例将之划为三个领域范围：美术［Fine Arts］、文学［Literature］、表演艺术［Performing Arts］；就研究方面而言，有三个相辅相成的领域范围：艺术史［Art History］、艺术理论［Art Theories］、艺术批评［Art Criticism］。此外，音乐学科中还有一个特殊的类别"音乐学"，就其功能而言，它可以融入上面三个范围。这些研究方向是人文学科［Humanities］的组成部分，在这个意义上，它们与其他人文学科一起被称为"艺术学科"［Arts Subject］，不过，这并不意味着艺术可以与一般人文学科混合，它始终保持独立的性质。

结语

将艺术从原有《目录》中的一级学科提升为门类的论证工作，得到了政府相关部门与学术界的大力支持。我相信，一旦艺术依照其内在逻辑而确立为门类，那么本文开篇所指出的不正常现象就会不驱而散，中国的艺术学科便能回归符合其性质的理性评价体系，得到更健康地发展，在创造出更多、更优秀的审美作品的同时，更广泛地激发我们在其他领域的创新思维能力，犹如意大利文艺复兴中艺术所起的核心作用一样，[11] 真正成为构筑强盛国力的软实力，以更坚定地支撑中华民族的伟大复兴。

本文原载于《艺术教育》2010年第3期。

1　中国老一辈艺术教育家如张道一、于润洋、靳尚谊、谭沛生、杨永善等以及各专业艺术院校的领导如王次炤、许江等都以各种方式强调艺术门类设置的重要性。早在2002年，于润洋就起草了"将'艺术学'从一级学科升为门类的论证报告"，并由当时的国务院学科评议组艺术学成员签名呈交国务院学位委员会。2006年，于润洋又委托我修订论证报告，该文以"关于将艺术学科提升为独立门类的几点意见"为题发表在《美术与设计》（南京艺术学院，2009年4月，第2期），后又经王次炤修改送交相关部门。同时，靳尚谊、仲呈祥、许江等分别在全国政协和人大会议上提交了相关提案。

2　为了从理论和实践两方面解决这些问题，我在2006年提出"全国综合性大学美术与设计评估体系研究"项目，得到了南京师范大学的大力支持，召开了第一次会议，有40余所院校的院长参加，共同探讨存在的问题。2008年在北京召开了第二次会议。两次会议形成了对存在问题的详细调查报告，并提出了美术与设计自主性评估体系的基本参考方案。

3　2007年11月，张法在"美学研究网"上发表的《艺术学在中国的体系性混乱》一文中尖锐地指出了这方面的问题，如"最典型的例子是，北京舞蹈学院至今仍没有博士点，虽然在舞蹈上它是首屈一指的"。又如"中国第一个电影学的博士点，不是北京电影学院，而是北京师范大学，就电影艺术的实力来说北京电影学院远强于北京师范大学，但仅'学'来说，北师大胜出有其理由。"文章进一步指出："在现在的评价体系中，一级学科成为评判学术等级的标准，而由20世纪50年代以来的机构设置艺术院校是单科，中央美术学院，中央音乐学院，中央戏剧学院，北京电影学院，北京舞蹈学院，等等。这意味着什么呢？一方面它们是各自学科中的最高峰，另一方面又基本只能有一个博士点，很难申报一级学科。而且在博士点的数目上，也很难增大。因此今年的三个一级学科，北京师范大学、中国传媒大学、南京艺术学院，如果以有无一级学科或博士点的多少来评价学校水平的高低，就很难反映出艺术院校的实际水平，反过来，艺术院校的实际状况对以有无一级学科和博士点的多少为目的评价体系提出了挑战。这三个一级学科意味着，三个学院都有了舞蹈学博士点，舞蹈艺术的第一名牌北京舞蹈学院还没有博士点……虽然从艺术水平看，北京舞蹈学院仍是舞蹈艺术上的第一，但从教育体系中以一级学科授予权，博士点的有无的标准看，它已经大大地落后了。"

4　我在撰写国外艺术学科发展报告的英文提要时，不得不杜撰这个英文词以表明我国该学科的状况，见《国外高校人文社会科学发展报告2008》，北京：高等教育出版社，2008年。

5　参见 E.H. Gombrich, *Ideals and Idols,* Phaidon, 1979, p112.

6　参见 Paul Oskar Kristeller, "The Mocern System of the Arts", in *Renaissance Thought and Its Arts*, Princeton University Press, 1980。该文的中译本《现代艺术的体系》，邵宏译，《美术史与观念史》第三卷，范景中、曹意强主编，南京：南京师范大学出版社，2006年。

7　《王国维文集》，第一卷，北京：中国文史出版社，1997年，p4-5。

8　《王国维文集》，第三卷，北京：中国文史出版社，1997年，p6-8。

9　据我国著名陶艺权威、原中央工艺美术学院副院长杨永善先生所说。

10　正如张法所说："以八大艺术为基础的艺术内容呈现的是一个知识体系。它是按照知识的本性来进行分类的，是由历史形成的一个学术共识。"

11　欧洲的科学革命在很大程度上得益于15世纪开始的视觉革命，诸如莱奥纳尔多·达·芬奇这样的画家实际上是许多科学领域的先驱，详见拙著《时代的肖像：意大利文艺复兴巡礼》第三章"艺术革新与科学发现"，北京：文物出版社，2006年。

论艺术创作的学术性

在我国艺术教育领域中，目前正在发生两件大事：第一件是艺术将从现在所归属的文学门类里分离出来而成为一门独立设置的学科；第二件是国务院学位委员会正在组织申报一级学科博士点，"艺术学"也在其列。在这两个事件的背后，是默默持续的一场论辩：艺术究竟是不是学术？按照现行的学科归属与名称，以及评估体系，艺术显然不被视为学术，尽管这种偏见的自相矛盾是显而易见的。如果艺术本身不是学术，那么研究艺术的东西又如何成为学术呢？学术研究的意义在于提出和解决有意义的问题，倘若其研究的对象本身没有学术价值，那有意义的问题又从何而来？依照现行的评估方式，如果范宽现世，那么他的杰作《溪山行旅图》就不算学术成果，只有研究该画的著述才称得上学术。照此类推，古今中外的传世艺术杰作都不配学术之名了，只有那些研究这类作品的文字篇章才配称学术。依照这个逻辑，艺术学研究的是没有学术含量的东西，艺术学又怎么能是学术呢？

当然，艺术与学术在名称含义上是有区别的，如在英语中，前者叫 Art，后者叫 Scholarship。贡布里希 [E. H. Gombrich, 1909-2001] 曾撰文阐述两者的差异与关系。[1] 但是，在我国的评估体系中，"学术"仿佛是凌驾一切的衡量标尺，没有附以学术之名的成果似乎都低一个等级。艺术就被放在这个低等级上。当然，本文所说的"艺术"，[2] 就如"学术"一样，指的是真正的艺术，而无意于为那些伪艺术辩护，更不是宣扬艺术家可以只顾从事自己的专业而不提升自己在学术等方面的修养。正如没有艺术敏感性的学术，不可能成为伟大的学术一样，没有学术思想的艺术必然是虚夸的艺术。本文即希望从我国目前不合理的评估体系的现实出发，强调艺术也有学术性这一论点，以期达到矫枉归正的功效。

世上伟大的学者都公认，艺术、科学和宗教是人类把握世界的三种创造性手段。艺术学科天经地义就是其中一个独特而不可或缺的学科，由这三大智力手段中衍生出来的所有创造性技术与知识都是学术的体现，而艺术的学术性就体现在创作之中。文字手段是把思想转化为文本著述，艺术同样也运用和创造思想，只不过是表现形式不同而已：它是以图像、音调、姿态、故事、影像等可视可听的媒介表现思想、观念和情感的。然而，我们现在还在论证"艺术"是否应该脱离"文学门类"而自立门户，而且就艺术门类的总名问题，还要坚持"艺术学"的称谓，仿佛学科必须冠以"学"字才有学术意味。

我们如今所用的"艺术"概念源于欧洲的 Art 或 the Arts，前者通常主要指美术（绘画、雕刻与建筑），后者指全部的艺术（音乐、美术、文学、戏剧、舞蹈、影视）。所以"艺术"门类就叫"艺术"，而研究艺术的学科另有叫法，如艺术史、音乐学、艺术理论、艺术批评等。在世界学科发展中早已约定俗成的学科，在我国却成了长期无法解决的问题，这本身就说明艺术的学术性根本没有得到承认。把所有的艺术类型附属于文学门类，不仅从学科性质上看，而且从国际惯例上说，都是一个明显而可以立即纠正的错误。文学本来就是一门以文字为媒介进行创作的艺术，它与美术、音乐、戏剧、舞蹈、影视等构成了人类的整体艺术 [the Arts]，而用"文学"这个艺术的子类去主宰其他的全部内容，这不能不说是一个奇怪的现象。在这个现象之中，隐含着一种学科的偏见：即只有文字化的东西，或用所谓的"科学"所做的东西才具有学术性，而用其他手段创作的一切东西都谈不上有什么学术内涵。[3]

艺术是这种偏见的直接受害者。知识界甚至流传着这样的说法："搞艺术的人没有文化"。在大学的评估体系中，通常以发表文章的篇数多寡，而非创作水平的高低来衡量艺术教师的业绩。笔者曾分别在绘画与艺术史论两个方面受过专业训练，从中深切地体会到：理论研究与艺术创作运用不同的媒介，前者是语词运用者 [word man] 的活动，后者是图像制作者 [image man] 的实践，两者并无学术等级高低之分。艺术创作所牵涉的思考的深度、解决问题与技术处理的难度，远不亚于文字写作。在这一点上，我倒觉得理论研究者应更好地学会尊重其研究的对象，更努力地体悟艺术创作的甘苦。人们之所以产生文字成果比非文字创作更具学术性的错觉，是因为对人类的思维系统有错误的理解，误以为人的心灵分为两半：一半是理性思维，专用于逻辑思维，科学活动和文字写作运用此功能。而另一半是非理性思维，他依靠想象力，艺术与梦想同属这个思维方式。其实，人的思维永远是两者合一的，或者说，艺术与科学总是密不可分的。所以，认为语词表述的东西比艺术更理性是有问题的。科学发现就与艺术创作一样，并不依赖语言表述，而是以实际的发明创造说话。历史上许多伟大的科学家都说过，他们更多地仰仗无法用文字理性地分析的直觉，其探索经历与艺术家创作的过程十分相似。诺贝尔奖得主、医药学家布莱克 [Sir

James Black〕（1924-2010）说自己集中思考时，其"思维全然是图画化的"。[4] 诺贝尔化学奖得主彼得·德拜〔Peter Debye〕（1884-1966）甚至说："我只能用图画来思考。"与之相应，爱因斯坦曾与其物理学合作者说："没有一个科学家是以公式思考的。"他说在自己的科学思考中图像起着主导作用。

视觉思维〔visual thinking〕是重要的艺术思维，也是许多领域的共同方法与工具。著名天文物理学家玛格丽特·杰勒〔Margaret Geller〕（1947-）告诉我们："除非我有了视觉图像，我才能解决某个问题。这就是我解决问题的方式。"[5] 没有人会否认科学的学术性，为何要否认艺术的学术性呢？如果说科学改变了世界，科学的进步给我们的生活带来了巨大的便利，那么艺术为各项领域提供了重要的思维工具，以及将观念转化为实体的启示，例如，源自造型艺术的透视学彻底改变了人类的时空观念，刺激了现代科学革命的兴起，[6] 这难道不是艺术那伟大而有效的学术性的体现吗？

艺术创作本身就是学术。其学术性就体现在笔者近十年来反复强调的"艺术的智性力量"：即艺术并非仅是奢侈的审美产品，也不像人们常说的那样，是社会、政治、经济等大背景中的被动产物，作为人类的一项创造性活动，它与其他创造力量一样主动地塑造着政治、经济和社会的形状。鲁迅曾精辟地指出，艺术"皆足以征表一时及一族之思维"。这里艺术不仅保存思想，而且本身就是思想。雕刻家贝弗利·佩珀〔Beverly Pepper〕（1922-）曾说，他可以画出任何东西，但这并不能造就艺术家，"艺术在你的头脑中，关乎你如何思维，思维什么"。观看是一种思维方式，思维也是一种观看方式。维生素C的发现者生物化学家阿尔伯特·圣捷尔吉〔Albert Szent-Györgyi〕（1893-1986）就指出，"（科学）发现就是看见每人皆能看见但思考没人思考过的东西"。[7]

就智性成果而言，在人们的心目中，哲学往往是代表人类知识宇宙中的最高领域，他是人类理智探索世界与人的结晶，关乎人类对世界和自身观念的本质思考，而赖以表达这种思想结果的手段是语言文字。艺术的终极目标也是对世界和人的探求，只是在表达手段和方式上与哲学有别，它是把人类的思想、观念、情感借助诸如图像、影像、姿态、声音、语言等手段具体表现出来，而非借助抽象的思维。将观念转化为可视、可听的具体而生动的表现即是艺术。

人类的全部学科分为两大类：自然科学与人文学科。前者探究客观世界，后者探究人本身及其由客观世界而引发的思想与情感。艺术属于人文学科，而人文学科是人类文化的精华所在。在人类历史上，"人文主义"是一个最重要的观念，此观念所激发的创造是人类最伟大的成就：个人自由、平等、普遍的人权、普世的幸福与舒适。面对西方文化的危机，著名学者约翰·卡罗尔〔John Carrol〕重新审视了人文主义历史，他把艺术家荷尔拜因〔Hans the Younger Holbein〕（1497-1543）、委拉斯克斯〔Diego Velázquez〕（1599-1660）、莎士比亚［William Shakespeare］（1564-1616）、维美尔［Johannes Vermeer］（1632-1675）、普森［Nicolas Poussin］（1594-1665）与伊拉斯谟斯［Desiderius Erasmus］（1469-1536）、路德［Martin Luther］（1483-1546）、笛卡尔［René Descartes］（1596-1650）、康德［Immanuel Kant］（1724-1804）、马克思［Karl Heinrich Marx］（1818-1883）、尼采［Friedrich Wilhelm Nietzsche］（1844-1900）、弗洛伊德［Sigmund Freud］（1856-1939）等相提并论，视其为"西方文化的英雄"和"人文主义"传统中的伟大使者。艺术家在卡罗的《人文主义》［Humanism, The Wreck of Western Culture］一书中占据了主要角色。全书的第一部分即以意大利文艺复兴时代的雕刻家多纳太罗［Donatello］（1386-1466）的《加塔梅拉塔》［Equestrian Statue of Gattamelata］骑士像拉开序幕，紧接着的章节标题是"荷尔拜因与莎士比亚"。书中的一个核心章节就是"艺术家之战：1630-1670"。

除了这些篇章，书中处处都有艺术家的身影出没。全书渗透着这样一个主题：艺术家的创作并非是对人文主义者思想的视觉再现，它们本身就是"人文主义杰作"［a humanist masterpiece］。例如，荷尔拜因的《入墓的耶稣基督》［The Body of the Dead Christ in the Tomb］"击中人文主义思想的中枢神经，由此而触动现代性（社会）的每一个成员"。难怪陀斯陀耶夫斯基［Фёдор Михайлович Достоевский, 1821-1881］一见此画，便惊慌退缩，喊道：这画足以叫人丧失信仰。又如，在17世纪中期，是委拉斯克斯、伦勃朗［Rembrandt van Rijn］（1606-1669）和普森这批画家"最接近新思潮趋向的心脏部位"。在摧毁一切既存价值，或对一切价值进行重新评价的思潮中，"其现代奠基之父是委拉斯克斯，而其最富洞见力的先知是尼采"。[8]

艺术创造思想，引领思潮。正因为认识到艺术与思想具有如此密切的互动关系，所以自18世纪以来，对艺术的智性方面的研究演变为哲学中的一个重要分支：美学。反过来也可以说，这门新学科为哲学的现代性注入了新的生命。西方最重要的哲学家康德的思想流淌于这一生命之中，尽管美学发展到20世纪中叶因陷入空论而沦为"不毛之地"。美学是对人类审美趣味和感受力的研究，直接关乎艺术的本质问题。美学的诞生与发展本身雄辩地说明了艺术的智性作用。今天，美学的衰败也恰恰从反面进一步证实了艺术所具有的智性力量。

伟大的美学思想首先源于对艺术的深切感悟。西方哲学之父柏拉图［Plato］（约前427-前347）和亚里士多德［Aristotle］（前384-前322）也是美学的奠基者，前者掌握了出色的绘画技巧，其对绘画的理解渗透在哲学的阐释之中，例如，他借助绘画阐明其复杂而根本的哲学理念，即一切事物所源出的永恒原型问题。亚里士多德对于诗歌和戏剧艺术的切身体验使他一劳永逸地确立了这两门艺术的原则。众所周知，黑格尔［Georg Wilhelm Friedrich Hegel］（1770-1831）的哲学晦涩难懂，但读一读其美学著作，不难发现在同样晦涩的文字之间偶尔间杂着无比生动的描述，而这种生机透露出作者对艺术的微妙理解。对艺术没有真切的感受，黑格尔绝对无法写出描绘荷兰风景画的精彩篇章，从而赋予其哲学论点以生气：

  在这里，那一幕幕变幻不定的自然场景吸引了我们的目光，小河、瀑布、泛着泡沫的海浪、流光溢彩的玻璃器皿、刀叉餐具等静物，精神实体的外化在最细微的情景之中：在烛光下穿针引线的妇人，肆意劫掠的强徒，还有那瞬间即变的表情，农夫脸上的笑容与揶揄……艺术战胜了瞬间，在此胜利中，物质实体好像在转瞬即逝的偶然场景中失去了力量。[9]

  文献没有记载康德是否亲手尝试艺术创作，但正是在他生活的年代里，德语国家把艺术放在了教化的中心地位。在20世纪初，这种教化思想成为我国新文化运动的重要内容，蔡元培就从德国思潮中接过了"以美育代宗教"的启蒙口号。在那个德语环境里，精通艺术是任何有教养之士的基本素质，这也体现在康德的美学著作中。不独哲学家，其他人文学者，如史学家的学术创造同样有赖于艺术。仅以文化史的两位开创者为例：布克哈特〔Jacob Christoph Burckhardt〕（1818-1897）那部举世闻名的《意大利文艺复兴时期的文化》〔*Die Kultur der Renaissance in Italien*, 1860〕的主要观念源于其在意大利考察艺术的成果《艺术指南》〔*Der Cicerone*, 1855〕，而赫伊津哈〔Johan Huizinga〕（1872-1945）那本同样闻名于世的《中世纪之秋》〔*Herfsttij der middeleeuwen*, 1919〕仿佛是一幅生态毕现的绘画长卷。这两位历史界的哲人都擅长素描，他们仿佛是用文字描绘心目中的视觉形象，或者说，是他们的视觉造型能力赋予了其笔下的历史事件和人物以真实性。

  18、19世纪是西方学术的鼎盛时期，从上述几个例子可以看出，艺术在其中起了多大的作用。而如今学术的式微则与忽视艺术的知识力量和启示作用不无关系。前述美学的沦陷就是直截了当的警示。美学以往的辉煌使人们将之提高到统摄一切艺术领域的指导思想，由此产生一种幻觉，以为存在着某种可以统摄美术、音乐、戏剧、文学、舞蹈、影视等所有艺术的基本原理，而美学的任务就是阐述这个放之四海而皆准的原理，仿佛艺术价值完全有赖于这些原理。多少貌似学术的美学著作，空论"真、善、美"，大谈"天人合一"的美学思想，与艺术本身的问题却风马牛不相及！这类空洞无物的东西却登上了学术宝座，而其所依存的艺术创作的独立智性价值反受轻视，甚至于被否定。在当今的情况下，朱光潜、宗白华等老一代美学家特别值得我们尊重，他们坚持"不懂一艺，莫谈艺"的原则，这也是美学研究应遵循的唯一原则，欧洲美学在学术界失去其原有的崇高声誉也是由于违背了这个原则，研究者没有充分理解艺术本身的学术价值。

  在别处，笔者谈到艺术学科所面临的评价体系时，专门强调了艺术研究与科学研究的差异。目前,我国艺术学科处于违背自身特性的评估体系的尴尬境地,其原因之一就是混淆了科学与人文学科的关系。就艺术而言,也就是混淆了创作与研究的关系。[10] 在另一方面,我国现行的学科体系又过于人为地分化所谓的"学术型"或"科学型"与"专业型"学位,而人们的普遍错觉是前者高于后者,例如"专业"学位往往只有单证,即有学位而无学历证书(发放双证是我国的特色,在国际上大学一般只发一张学位证书,得学位者必已修毕全部的学年课程,而学历延长者只能说明该生未能按时毕业而已)。就学位本身来说,其攻读者不仅需要理论知识,不仅需要学术思考与研究的能力,还应培养将理论创造性地转化为实际研究成果的专业技能。综合培养这样的人才是大学的主要功能。没有专业技能的理论家是学究,而没有学术头脑的技师不可能真正掌握专业技能,更谈不上有创新能力。不能转化为可造福于社会的创造性能量的学问都不是真学识,"学以致用"的古训并不是宣扬实用主义,而是提倡创造性地发挥学术的潜力。艺术学科即是这种错误的学科等级的头号牺牲品。艺术被划为专业技能范畴,意即学术含量偏低的专业。据说,20世纪80年代,在设置学科目录时,有权威人士公开质疑艺术教育设置研究生学位的用途:那些画画、唱唱、跳跳配得上学位吗?这个质疑具有代表性,其意思很明白,艺术不是学术。

为了回应这种误解,使艺术听上去富有学术意味,在归属"文学门类"的前提下,将之称为"艺术学",作为其麾下的一级学科。在此,笔者丝毫没有对前辈学者有不敬之意,相反,对他们在极不合理的学科环境下,不懈地为争取艺术应有的学科地位做出的努力深表敬意。"艺术学"这个概念纯属权宜之计,曾发挥了巨大的作用。然而,从学术的意义上看,这个概念有讲不通之处,照字面理解,艺术学是对艺术的学术研究,那么,与用文字进行研究的学科就没有什么区别了,由此就将其研究的对象即创作排除了出去。创作不算学术成果,而只有文字著述才能算,艺术学科中的不合理评估体系在这个称谓下似乎被合理化了。

艺术是一门集创作与研究为一体的学科。毋庸置疑,在这门学科中,其研究的对象比研究本身更重要,如果没有研究的对象即创作,那么艺术这门学科怎么能够具有独立价值?从这个角度说,我们要不断强调创作与研究相结合。艺术中所谓的研究,其角色与其他学科如科学研究是截然不同的,这是由其不同的价值评判体系决定的。科学的价值必须建立在发展与进步的前提下,新的科学发明与理论若取代不了旧的科学发现,那就谈不上创造发明。艺术则不然,他不以先进与落后论价值。"艺无古今,迹有巧拙",中国古代现存最早的画论谢赫的《古画品录》就指出,艺术的好坏不分时代的先后,其优劣只在本身。

今天,艺术家也借用现代先进的科技手段,如计算机、各种声光电器等进行创作,其作品产生了前所未有的新效果,但不论其如何新奇、如何震撼,不论其具有多高的科学和艺术价值,都不能取代中西古代大师如中国的范宽、西方的米开朗琪罗〔Michelangelo

Buonarroti〕（1475-1564）的作品的价值。时至21世纪，科学和物质的进步达到了古人梦想不到的程度，但谁会如此愚蠢地认为那些传世的艺术杰作已经过时，已经失去了价值。人人有权依照个人的趣味不喜欢某件具体的杰作，但不能因此而否定其艺术价值。人类的许多创造性领域的价值标准与时俱进，不断地消失、不断地发生变化，而惟有在艺术的奥林匹斯山上，其一座座独立的顶峰，不会因为新的顶峰的升起而被贬低。范宽的出现不会掩盖董源，毕加索〔Pablo Picasso〕（1881-1973）的出现没有动摇委拉斯克斯的地位。往昔艺术大师的不朽创造为这个变动不羁的混沌无序的世界树立了永恒的航标，让后辈在各个领域的创新活动中把握方向感。可以说，这是我们脚下唯一的坚实之地。伟大的艺术不仅具有永恒不变的价值，而且是新智慧的无尽源泉。这就是艺术的学术性的一个重要方面。

一个轻视艺术的民族，就不可能有创新的智慧。如果说我国在经济发展中的一个主要问题是缺乏创新能力，那么就必须切实地加强艺术教育。在我国的研究和教育领域里，人为地把艺术与科学截然分开，过高地估价科学的力量，而忽视艺术的智性力量。人类最富创造力的时代早已证明，这两者不可偏废其一。简而言之，自然科学是人类用以征服自然的学科，其新的发现持续推进，改观了世界，改善了我们的生活。人文学科旨在提供智慧，而这种智慧是科学发现与进步不可或缺的。作为人文学科的组成部分的艺术，不只是纯粹的审美消遣物，它通过给我们提供审美享受的方式，不仅提高我们的精神境界、净化我们的灵魂，而且在这个过程中改变了人类观察世界、发现世界、塑造世界的能力。意大利文艺复兴时期在视觉艺术上的革新，催发了现代科学革命，即是艺术改变世界的一个典型例证。在这里，不是科学产生艺术，而是艺术产生科学。

艺术通过审美愉悦而提供智慧，也探究自然世界本身。关于这点，我国古人阐述得非常清楚。如"夫画者……穷神变，测幽微"。艺术起初是人类设想用以控制自然的一种智性工具，例如，在中国古代，绘画被设想为发于自然，非人工所创的驾驭、规范自然与人文的手段，所谓"古先圣王，受命应箓，则有龟字效灵，龙图呈宝……书画同体而未分，象制肇创而犹略。无以传其意，故有书。无以见其形，故有画"。自然和人文世界可借助"图理"、"图识"和"图形"加以理解，以使"造化不能藏其秘"。[11] 明人杨慎在《山海经注·序》中更明确地说，图像不仅描绘山水草木禽兽之奇，而且"说其形，著其生，别其性，分其类"。这种图像化地把握世界的古老方式迄今仍为科学家所用，而且成为21世纪的主流思维与实践方式。

科学重在发现，发明即是创新。艺术同样讲求发现与创新，正是往昔艺术家的发现的乐趣在演绎着动人的创造历史。当艺术达到某个新的创造境界时，其平衡点无法保持很久，需要新的刺激创作的创造性需求。这点与科学发现相同。而艺术上的发现在很大程度上塑造着我们对世界的看法。大英博物馆有位前任馆长曾告诉我，他和夫人在20世纪80年代首次访华时，感到中国的山水画是世上最写实的作品，因为他们看到的长江、黄河的景色简直就是山水画中的样子。在这里，与其说是画如江山，不如说江山如画，他们是带着中国传统山水画的墨镜在看自然，是其所见过的中国山水画赋予了他们独特的视觉与敏感性，借此在山山水水中发现西方风景画难以引导其发现的意境。西方风景画在15世纪的诞生，也大大地改变了西方人的自然观。[12]

但艺术探究自然，其目的还是对人的研究。这些自然的描绘者通常把自己与对象处于同一性，即将个人的情感投射到自然之中去理解自身与自然。著名神经学家兼画家雅克·曼德尔勃罗伊[Jacques Mandelbrojt]与对象你中有我、我中有你的感受，揭示了艺术与科学的相同体验："当我在户外写生时，我要么把自己与树木的简单而纯粹的形状相认同，要么与灌木丛的交错的形状相认同。"[13]其作品是对表现对象同一的遥远的记忆。这种在艺术与科学上的"本体感受思维"，在美学上称为"移情"，所谓"物以情观"者也。艺术家在自然中所见之情乃是其自身移入之情，由此扩展了我们对世界的创造性认识。

在以往的三百多年里，科学得到了前所未有的进步，其改变世界的惊人力量，尤其是人类借助这种力量而获得的物质财富及由此而带来的生活优越性，遮蔽了文化艺术的智性威力，仿佛使后者成为前者的点缀品。然而，科学、经济、物质生产发展到今天的程度，一个历史的轮回似乎正在出现，早在20世纪初，欧洲的有识之士就意识到科技的负面作用，呼吁重新重视文化艺术。如今时髦的"创意文化产业"[creative industry]可说是对这个倡议的当代呼应，因为它直接关系到一个国家的创新能力。我国政府意识到这个问题，明确提出文化是国力竞争的"软实力"，而艺术是这个"软实力"中的核心部分。中共十七届五中全会又强调指出：文化是一个民族的精神和灵魂，是国家发展和民族振兴的强大力量。事实上，当今世界竞争的实力主要体现在文化上，我国的经济得到了史无前例的突飞猛进，目前所面临的最大问题已不是经济问题，而是文化的问题，我们所谓"自主创新能力"的缺乏首先出在文化问题上。在经济建设方面，我国在短短的十几年中就超越了许多发达国家，哪个国家能把奥运会和世博会办得如此豪华、壮观？这显示了强大的经济力量。然而，这种经济力量并不能购买来"自主创新能力"。上海的世博会让国人不出国门，就能看世界，同时，就创新设计而言，世博的一个重要意义还在于让国人不出家门，就能看出我们与别人的差距。与欧洲和其他国家的许多场馆相比，虽然我们花了更多的人力与财力，但正如世博主要设计者之一指出，我们缺乏对设计观念进行创造性地"演绎"的能力。这种能力只能发源于文化和艺术的智性力量。而倘若仅把"创意文化"视为将文化变钱的捷径，那么不仅会扼杀文化本身，还会泯灭一个民族的高贵品质和整体创造力。

如上所述，一个国家的设计水平是其创新能力的直接反映。笔者认为，我们在寻求培养创新能力的过程中，忽视了两个极为重要的方面，他们都与艺术教育相关。首先，我们没有真正把艺术当作人生教育中的一个有机组成部分，虽然将之称为"素质教育"的成分，但还是一种可有可无的花絮，有多少家长逼孩子学画画、弹钢琴是真正出于培养其兴趣而非为中考或高考加分的考虑？发达国家的经验，也包括我国古代强盛时代的经验说明，只有把艺术视为与哲学、数学、物理一样重要的学科与人生实践时，才能具备无穷的创新能力。我们应该把艺术种植到每个孩子的成长过程中，使之融化进他们的血液，唯有这样，才能培养他们未来的创新理想与手段。

其次，我们在强调培养创新性人才的时候，忽略了师资的问题。要培养创新性人才，首先需要一支本身具有创造性能力的教师队伍。是谁培养教师队伍？当然是师范院校担当此任。而师范院校中的重要学科就是艺术教育。然而，当今不少师范院校以扩大招收非师范生为荣，力图把自身转化为一般的综合性大学，实际上就是因为未受到应有重视而被动地改变自己的性质。在这个过程中，师范院校本应是核心学科的艺术不断地被边缘化——如果不是在规模上，就是在本质上如此。一个没有优秀师范大学的国家，就不可能有优秀的民族教育，也不可能培养出创新人才。艺术关乎想象力和视觉思维的培养，而想象力和视觉思维关乎创新能力培养。爱因斯坦［Albert Einstein］（1879-1955）的学校阿劳州立中学［Aargau Kantonsschule］的创建者佩斯特拉齐［Johann Pestalozzi］（1746-1827）规定必须将培养学生的视觉思维能力放在教育的首位，必须优先于其他一切教育形式。他确信，语词和数字必须坚实地建立在这个优先铸造的"视觉基础"之上。爱因斯坦这样的科学家的伟大成就表明，视觉思维能力的高低与科学的成败之间存在逻辑的联系。

钱学森在与温家宝同志谈话时，也敏锐地提到了这一点。他指出，我国的大学尚未建立起培养创新人才的机制，其原因就是没有重视艺术与科学的有机结合。当年，苏联宇航员首登月球，美国进行调查发现，苏联人之所以有此创举，主要原因不在科技，而在其非常重视艺术教育。15世纪发端的欧洲文艺复兴开创了现代世界，是人类历史上最富有创造性的时代，而其留给未来的创造性成果的精华就是艺术，特别是美术，莱奥纳尔多·达·芬奇［Leonardo da Vinci］（1452-1519）、米开朗琪罗、拉斐尔［Raffaello Sanzio］（1483-1520）、提香［Titian］（1488-1576）、丢勒［Albrecht Düer］（1471-1528）等人的作品不仅是那场复兴的伟大见证，而且是人类创造智慧的结晶，他们在长期的历史发展中也塑造了欧洲的精神。在中国历史上，唐宋时代的强盛堪与西方文艺复兴时期相媲美，它流传给我们的遗产中的瑰宝是绘画与诗歌，而也正是这个伟大的遗产塑造了我们中华民族独特的品格。没有遗存的文化创造，没有遗存的艺术创造，民族精神只不过是一个狭隘而无内容的空壳而已，诚如鲁迅所言："虽武功文教与时间同其灰灭，而赖有美术为之保存。"

可见，艺术激发创造力，其智性力量和技术手段启发并保障了其他领域的创造性实践。所以，艺术是否应该成为具有自身学术评价体系的学科门类，已不是一个学科命运的问题，而是中华民族的伟大复兴所必需的自主创新能力培养的大问题。没有什么比这更能说明艺术的学术意义了。

本文据我在"第五届全国艺术学院（校）长高峰论坛"上的发言改写而成，也是我《艺术学科门类设置与我国创新思维的培养》一文的续篇，其中提到的一些观点与本文呼应。本文原载《新美术》2010年第5期。

1　E. H. Gombrich, "Art and Scholarship", in *Meditations on a hobby house and other essays on the theory of art*, Phaidon, 1978, pp. 106-119.

2　参见 Paul Oskar Kristeller, "The Modern System of the Arts", in *Renaissance Thought and its Arts*, Princeton University Press, 1980。该文的译文《现代艺术的体系》，邵宏译，《美术史与观念史》第三卷，范景中、曹意强主编，南京师范大学出版社，2006年。

3　详见曹意强《艺术学科门类设置与我国创新思维的培养》，《艺术教育》，2010年，第3期。

4　布莱克说，他的思维的焦点"是一种想象性感觉，全然开放的，全然图画式的。这是我生活里的生命部分。我像疯了一样地做白日梦……所有那些（化学）结构都在我的脑海里，转动、翻滚、移动"。转引自 Robert and Michaele Root-Bernstein, *Sparks of Genius*, Boston and New York, 1999, p. 53。

5　转引自 Robert and Michaele Root-Bernstein, *Sparks of Genius*, p. 54。

6　见 Michio Kaku, *Hyperspace: A Scientific Odyssey Through Parallel Universes, Time Warps, and the 10th Dimension*, Oxford, 1994, Francis Ames-Lewis, *The Intellectual life of the early Renaissance Artist*, Yale University Press, 2002年，以及曹意强著《意大利文艺复兴艺术巡礼》，文物出版社，2006年。

7　转引自 Robert and Michaele Root-Bernstein, *Sparks of Genius*, p. 44。

8　John Carroll, *Humanism, The Wreck of Western Culture*, ISI Books, 1993, p. 227.

9　G. W. F. Hegel, *Aesthetics: Lectures on Fine Art*, Trans by T. M. Knox, 2vols, Clarendon Press, 1975, p. 599.

10　转引自 Robert and Michaele Root-Bernstein, *Sparks of Genius*, p. 44。

11　参见［唐］张彦远著，毕斐校注，《历代名画记》，"叙画之源流"，中国美术学院出版社，2010年。

12　参阅 Kenneth Clark, *Landscape into Art*, Penguin Books, 1949。

13　转引自 Robert and Michaele Root-Bernstein, *Sparks of Genius*, pp. 166-167。

艺术学科的三套车

非常感谢"第六届全国艺术学院（校）长高峰论坛"邀请我做主旨发言，这是我第三次在此论坛上演讲。

第一个报告的论题是《艺术门类的设置与我国创新思维的培养》。当时我正在参与将隶属于文学门类中的一级学科的艺术学提升为独立学科门类的工作，我的发言与此密切相关，旨在阐明艺术的智性力量，即艺术通过审美功能而塑造人类的世界观，进而磨砺人类处理认识自我与世界的关系的敏锐性，最终提高人类的创造性能力。艺术与宗教、科学一起合成我们人类观察世界的三种基本态度，也是我们探索与改造世界的三个基本途径。从这个高度看，艺术本身就是一个核心的学科。如果人类的学科分为自然科学与人文学科两大类，那么艺术就是人文学科中既重要又独立的门类，如果继续将之放在错误的学科分类之中、放在由此而造成的错误的评估体系之中，不仅会制约艺术学科本身的发展，而且，更为严重的是，它会影响整个国家的文化发展，特别是妨碍我国创造性思维的培养。

如前所说，宗教、艺术和科学代表了我们对人本身与自然关系的三种基本观念，那么，我认为艺术不仅是专业人员的实践领域，而且应该是我们人生教育中的一个有机组成部分，不论你从事什么职业，艺术教育应该是终身教育，这就是为何我国传统教育中那么重视琴棋书画的素养，这也就是为何现代发达国家重视艺术博物馆的建设。艺术博物馆为我们终身接受艺术教育提供了最佳的课堂。党的十七届六中全会首次把文化发展提高到重要国策的高度，这种软实力中的主要构件即是艺术，没有合理的艺术教育体制，文化发展的战略等于缺少了实施的战术，缺少了国力竞争的实际力量。

以上是我第一次参加论坛发言时力图表达的观点。在第二次受邀参加论坛讲话时，艺术门类依然没有独立，针对我们长期所面临的混杂而不合理的学科评估标准——即完全排除创作成果，唯以文字化成果作为衡量标准——我强调了艺术创作本身就是学术的观点。这不是说要将艺术与学术相混淆，而是要表明艺术创作应该具有跟其他人类探索世界的方式（如科学、文学、哲学、历史等）具有同等的学术价值。当然，我所说的艺术创作已经包含了价值标准，指的是优秀的艺术创作，正如我们所说的论文应该是有价值的学术论文。遗憾的是，在过去，甚至直到今天，一件优秀的艺术创作，往往不能算学术成果，无法填入各种评估表格，因为这些官方的表格根本没有设置创作的填项，而任何在所谓的核心刊物上发表的文章，不论是否有学术价值，都可以作为成果填入；只要是文字化的东西，不管好坏，似乎都高于创作的作品。所以，针对这一现象，我力图强调艺术就是学术，后来我的演讲以《论艺术的学术性》为题发表，部分内容被《光明日报》以"艺术不是学术"为题刊载。

当然，我希望大家不要误解我的意思，我知道艺术就是艺术，它与学术不同，我也知道，当我说艺术就是学术时，也无意宣称艺术高于学术，而仅想纠正一种长期存在于我们之中的误解，即认为动手性的，或职业性的技能次于思辨性的，或研究型的专业。例如，我国把学位教育分成专业型与学术型两种类型，无意间在人们心目中造成前者低后者高的偏见。艺术硕士本应是本领域创作与表演的正宗终极学位，这早已是国际艺术教育的惯例，但在我国，它依然是所谓学术型学位的灰姑娘，考不上前者的才屈居后者。

概而言之，我想强调的是，人类的技能与学术研究相得益彰，不可分裂，他们"能以寓知，知以孕能"，共同构成了我们的创造性知识宇宙。

如果说，过去的两次发言，是基于艺术学科的不利处境而竭力为其价值辩护，为艺术辩护，目的是要大家理解艺术的智性作用，以促成艺术提升为学科门类。如今，艺术已成为我国学科的第 13 个门类，在这样的情况下，我今天的发言意在反思我们自身的问题，强调艺术与学术结合的重要性。我提交会议的论文是"艺术门类与学科规划问题"，文中提出艺术独立成学科门类既是机遇更是挑战，因为门类设置本身非但不能化解我们以前的问题，反而会产生更多的问题。由于时间关系，有兴趣者可以参阅上述论文，我在此仅想指出，我们迫在眉睫的任务是要处理以下三个问题：第一，艺术学科评估标准的确立。第二，学科自身理论与方法论的建设。第三，艺术学科自身学位建设问题。

在谈论这些问题前，我们首先必须注意新的大背景：我们现在是在两个新形势下考虑艺术学科的规划与发展的。其一是艺术门类的独立的新背景；其二是更广阔的新背景，那就是党中央提出的文化发展战略。我认为文化繁荣的目的是执守并丰富人类的价值观念，诚如党的十七届六中全会所强调的，要通过文化提升构建具有中国特色的社会主义核心价值观念。这种核心价值观念当然不光是我们中国的，必须属于全人类。人类所坚持的核心价值观念无非就是共享的几个，如刚才仲呈祥教授提到的民主、平等，还有社会主义国家应特别提倡的公心，以及幸福。我国为之奋斗的小康社会就旨在人民的幸福。社会核心价值和文化价值的逻辑关系何在呢？我认为人类的核心价值观的建构必须以文化为牵引；文化是人类一切领域进步的引擎。在以前的文章中，我多次提到，文化不是社会的装饰，而是衡量社会发达与否的标准，也是解决所有问题的根本所在。政治领域的问题、经济领域的问题、科学领域的问题，以及其他领域的问题，其领域本身解决不了自身的问题，最终必须依靠文化来解决。人区别于动物的标志是文明，文明的成果即文化，而人类文化自觉的重要标志是价值观念，以及根据价值观念对自身行为及与自然的关系所进行的反思。人与动物有同样的本能，人之所以不同于动物，是因为人能把动物性的欲望理性地区别出来，由此创造一个反思性空间，选择自己的行为。这种反思精神就是文化的核心。同样，衡量一个国家的发达程度，其标准不是GDP，而是文明的高度。文明程度越高的国家，越讲究品质，越具有各个领域的创造力。历史上任何伟大的时代，如中国的唐宋时期，意大利的文艺复兴时期，都是文化发展的结果。发生在15、16世纪意大利的伟大变革，为什么没有叫"政治复兴"？为什么也没有叫"科学复兴"，而是叫"文艺复兴"呢？那个伟大的历史事实告诉我们，之所以称之为文艺复兴，是因为艺术的革新引导了其他领域如科学的革命。假如我们抹掉那个时代的艺术家的名字，这个伟大的时代就不复存在了。出于同样的考虑，胡适、梁启超等前辈把中国历史上最伟大的时期如唐宋时代看成"中国的文艺复兴"。"中华民族的伟大复兴"一直是我国几代国家领导人秉持的目标，民族的复兴就是文化的繁荣。文化的强盛就是区别一个国家发达与不发达的核心标准。这次中央把文化战略提到前所未有的高度，与上述总体目标是一致的。

　　这一新的形势，给艺术学科的发展创造了很好的机遇。但任何机遇都是一把双刃剑。把握得好，是优势；把握得不好，是混乱。中央从宏观上提出了文化发展战略，而具体内容是什么？有战略而无具体战术，这就要靠我们自身的把握与实践了。国家曾经鼓励大力发展动漫并给予特殊政策支持，结果怎样大家都很清楚。

　　文化大发展大繁荣的具体战术是要出人才，出精品。这是关键之关键。我们应当制订出一套合理的体制，创造一个培养人才、催生精品的温床。高等艺术教育应该承担起这个重任。

　　文化战略把文化视为国家的灵魂，民族的灵魂，也是国民经济发展的一个主要力量，这些都很英明。但如果理解不当，把其中提到的文化创意产业当作利益目标，那会引起文化的大混乱而非大繁荣。文化是无价的，正因为无价，也是最能取得大利益的，直白地说，文化比什么都能赚大钱，一件艺术珍品可以价值连城，但文化又是万不可直接变钱的人类创造，欲将文化直接转化为金钱的企图只会泯灭文化，贬低人类的最高价值观念。从人们开始谈创意文化产业的时候起,我就对此有些担忧,曾与仲呈祥教授多次表达过我的焦虑。我们通常习惯于抓住概念的皮毛而忽略其实质。艺术与经济当然有关系,但这种关系不是直接的产品与利润的关系。而我们只看见了欧美国家文化的经济增长点,而无视这种增长点仅仅是文化提升国民素质,文化激发各个领域的创造力所带来的副产品。"创意文化产业"这个概念是在20世纪80年代由英国学者提出来的。为什么要提出这个概念?我们似乎都没有理解其因。简言之,这个概念的提出跟历史的发展息息相关。我们知道,15、16世纪是人类历史的一个大转折点,称为现代世界的诞生,当时的强国如意大利等,除了有文化的大繁荣之外,其征服世界的物质力量依靠航海,造船的水平决定了国力的强盛。18世纪人类历史又出现了一个转折点,其动力是工业革命,机械动力成了征服自然与世界的主要工具。英国这个小岛国在19世纪称霸世界,靠的是文化加机械,靠挖煤炼钢造机器与铺铁轨。20世纪又是一大转折,电脑把人类带进了信息时代,使地球上的人能够迅速分享新知识、新技术,在这样一个资源与新技术迅速共享的全球化时代,思想即创意就显得更为重要了。因此,欧洲有些学者预言,21世纪是一个思想的时代,各个领域的发展取决于创造性的思想。Culture Industry 不能单纯讲文化产业,而是要像生产产品一样大量产生思想,并通过思想的创造力赋予人类所创造的新技术以更大的价值。思想成了竞争的主要实力,有思想就先进,没思想就落后。文化是为各个领域提供思想的源泉,所以我国真正的科学家如钱学森等极为重视科学与艺术的结合。仲呈祥教授在发言中,不断强调文化发展是要提高我们的思想,提高我们对事物的本质认识,这是非常重要的。

  文化的主要构件是艺术。因此我们在座的所有人都承担着党中央提出的文化发展战略里一个非常具体的任务。这个任务就是要制订良好的艺术教育标准,特别是各个艺术门类的评估标准。我们这些院校的领导们要坐下来好好研究问题,切实地制订出一套既灵活又能坚持高标准的检验艺术教育和艺术创作的评估体系;结合国家提出的文化发展战略,具体制订出艺术学科发展规划、教学要求条例、创作与研究评价标准。这是我们学科面临的第一项任务。

  第二项任务是加强学科自身的思想与理论建设。前面说过,我曾呼吁要把艺术创作与文字化研究一视同仁,当时是为艺术的学术价值辩护,要争取门类的自立,所以话只说了一半,今天门类既已独立,可以把另一半的话说出来了。别人反对艺术成为独立的学科门类的主要理由是:门类的设置是与高层次的学位教育相对应的,各一级学科博士点是培养高层次的研究者的,而艺术属于"术科"性质,言下之意是无学术可言。

  这种无视艺术人文价值的观点显然是片面的,但反思一下艺术学科的现实,的确存在着缺乏学科意识的问题,即没有从学术的高度把创作、教学与研究有机地结合起来。在历次的学科申报工作中,我一方面同情专业的艺术院校,反对种种根本无视艺术性质的评估条例；另一方面，我也深感我们自身的学科意识的淡薄，甚至思想的贫瘠。我们可以责怪上面所制订的表格中的许多内容与要求不符合艺术学科性质，是按照理工科思维模式而制订的，如经济效益或社会效益等量化指标，整个申报表格中几乎没有反映创作的条项。然而，这并非说表格中的所有东西都违背艺术的性质，事实上有些内容是所有学科共同的，如学科的历史，学科建设的思路，以及各学科方向带头人的研究思路等，无论是什么学科，这些内容都必须填好，而翻阅我们专业艺术院校的表格，情况就不那么可观了。仅从这一点而言，专业艺术院校一定要加强自身理论的建设，不仅要大力加强艺术史论专业，而且要切实重视创作的理论研究。艺术门类的设置，最大的好处是把创作纳入学术成果范畴，但决不能因此而忽视，甚至歧视史论研究。作为高等艺术院校的教师，没有理论就没有思想，没有思想就没有艺术判断力，而没有判断力就没有创作能力。我们在艺术院校经常听到的一种说法，正是没有思想的典型例子：人们不假思索地把技术与艺术对立起来，认为过于重视技术或技能，便会失去艺术。在我当学生的时候，老师就警告过我，一旦专注技术，作品就会缺乏艺术性。仿佛技术与艺术是互相干扰，互相抵触的。当我不解地问老师，怎么在不拘泥技术的前提下获得艺术性呢？得到的答复是凭感觉作画。感觉仿佛是艺术性的保障。而当我追问用怎样的感觉时，答复是凭你自己的感觉，你心灵的知觉与眼睛的感觉。我当时迷惑了，如果技术消除艺术，而艺术性又仅靠个人感觉而获得，我们为何还要进学院学习呢？在今天的教学中，这种连技术和艺术之间的内在关系都搞不清的情况依然存在。2008年，我在中国美术馆策划首届"全国艺术硕士优秀作品展"，期望在向社会展示新生的艺术硕士学位教学成果的同时，消除上述技术与艺术的对立。在为该展览所写的序言中，我特意谈到了这一点："艺术家不但要有观念，更重要的是要有把观念视觉化的技能。今天，人们对艺术与技巧的关系多有误解，以为谙熟技巧反会扼杀艺术性。其实，没有技术，就没有艺术。如前人所云，艺术之事，'能重于知'，'能'即技巧。程会昌说：'不知而能者有之矣。未有不能而知者也。'心手相应是艺术创作过程中最难把握的境界，所谓的'神来之笔'，所谓的'灵感'，无不源于心手妙应。手上技术不够火候，心何以能授之于手？技巧只有从有法到无法，而不可能从无法到无法。如果说我们感到技巧在妨碍我们的创作，那不是技巧本身的问题，而恰恰说明我们还未真正掌握技巧。《庄子》庖丁解牛的故事说的就是这个道理。庖丁并非在技外见道，而是在技中见道。技术到了完善处就是艺术，即'技进乎道'。"我个人认为，我们所说的技术与艺术的关系，其实应指技术与思想的关系。

  艺术，在此指有思想、有智慧地处理事务，诚如人们常说"政治的艺术"、"战争的艺术"、"经商的艺术"等等。这里的艺术是思想与技能的高度融合，是智慧。而这种思想、智慧的内涵无法仅仅通过我们专业本身而获取，需要读书与思考。我们经常讲艺术家要提高修养，这个说法在现实中实际已成套话。其他的修养并不能转化为艺术本身，泛泛地读几本书所获得的知识也不能直接解决艺术问题。我们汲取其他养料的目的是培养思考与表达的智慧。作为高等艺术学府的教师，不能仅凭个人经验教学，必须具备将自己的技能、创作经验、对传统的理解等转化并提升为一种可以传授的理论与方法系统，否则就形同普通的匠人。从事艺术创作教学者，首先应该是创作的研究者、创作的思想者，并非一定要发表多少论文，而是应培养清晰地表述自己的想法和对艺术的理解的能力，而要培养这种能力，就必须把教学、创作与研究紧密地结合起来。

这种学术思想的建设，当然离不开艺术史论的发展。长期以来，在专业艺术院校中存在着将史论教学边缘化的倾向，有的只把史论看成通史教学的工具，有的把史论当作给艺术家写写评论的附庸，没有将史论视为人文研究中的专业领域。在欧美国家，19世纪以来，艺术史研究一直是艺术院校的灵魂，同时也是大学人文学科的重要分支。艺术史论的水平直接影响到艺术教育与创作的质量，也影响到整个人文学科的发展。我们艺术院校应当把史论专业的建设提到新的高度。

艺术学科的思想与理论建设与学位建设具有逻辑关系。下面我谈一点关于学位建设的设想。我国的艺术学科原来没有自己的学位，艺术毕业生的毕业证书上写的是"文学学士"、"文学硕士"，学位证书与所学专业不相符合，给毕业生就业带来了许多麻烦。后来我们设置的艺术硕士是唯一一个艺术学科自身的学位，正因为如此，我们特别重视这个学位的建设。鉴于艺术的性质，我设想应设立三个并驾齐驱的学位体系：艺术史论学位、艺术硕士学位、艺术博士学位。

艺术是人类探索世界的三种途径之一，它与宗教、科学组成了人类文明的三大支柱。因此，创作不是艺术的全部，艺术必须被放在广阔的历史、文化背景中加以研究，跟人类学、社会学、政治、历史、科学等所有学科相结合，使之成为人文学科中的有机组成部分。前面提到，艺术也主动地给上述领域提供灵感，以其常新的创造性思维与方式影响了其他学科的发展。我们不仅要研究艺术自身的历史与理论，而且要研究艺术的人文力量。我们所培养的这一方面的人才可以按照国际惯例，授予其"哲学博士"，也可具体称为"艺术史博士"，其专业领域包括艺术史、艺术理论与批评。

艺术的主体是创作。艺术学科的第二种学位就在于培养创作与表演领域的专门人才，那就是"艺术硕士"，国际上统称 Master of Fine Arts，简称 MFA。其教学以创作与表演为主，是这方面的终极学位。在国际上，获得该学位者便可进大学教专业，无须博士文凭。

博士文凭属于研究性学位，艺术硕士是职业性学位。职业性学位与研究性学位没有学术上的等级之别，只是培养目标相异。在我国，把学位分成"学术型"或"科学型"与"专业型"，存在着后者次于前者的偏见。目前，在硕士层面，我国有两种学位交错，一种依然是"文学硕士"，另一种是"艺术硕士"，而考生自己普遍认为前者比后者高，因为前者是"学术型"学位，反而轻视完全符合自身培养目标的学位。在国际上，情况正好相反，艺术硕士比研究型硕士学位要难考得多，因为研究型硕士学位是个过渡学位而已，其终极学位是博士学位。在我国的艺术学位建设中，我们应当把"艺术硕士"确立为创作与表演专业中的最高学位。这不仅与国际艺术教育接轨，而且有利于培养真正的艺术创作人才。这是艺术学位的中流砥柱。其左翼是研究型的博士学位即艺术史论博士学位，其右翼还必须设置一个介于两者之间的学位，以支撑起艺术学科的独立价值：即"艺术博士"。

艺术与人文学科，也包括与自然学科，具有密切的联系，但艺术自有其他学科无法替代的特殊性，这也是艺术独立为学科门类的根本理由。作为学科门类，必须具备自身的创作史、自身的理论与方法论体系，以体现其学术价值。艺术史论博士和艺术硕士人才的培养还无法建立这种类型的学术体系。我们需要创作人才，需要将艺术史论作为人文学科加以探究的研究人才，我们更需要研究艺术创作机制的人才。艺术创作就像科学发现一样，需不断地发掘新的创造性潜力。这种潜力包括创造性思想、创造性文献、创造性技法、创造性媒介，同时要研究传统艺术中的创造经验、技法与材料等。这方面的人才就是在艺术史论的背景下专门研究创作问题本身的，而这样的研究者必须有创作的经验，没有创作经验，不仅发现不了创作问题，而且无法深入探究，无法找到解决创作问题的门道。同时，必须具备较强的史论研究能力，没有史论的底蕴，不仅发现不了有意义的创作问题，而且无法赋予其发现以历史与理论价值。在这一方面，艺术博士学位培养中的专业发现与理论研究相同于科学家的科学实验与科学报告的关系。我们很快将着手撰写设置"艺术博士"的论证报告，提交国务院学位委员会与教育部。最近，国家十分重视高层次专业学位的建设，在某些领域已设置了专业博士学位，作为新增门类的艺术，我个人认为有充分的理由建立三种类型的学位。艺术史论、艺术创作与艺术创作技法与理论的专业研究三种学位各司其职、互为支撑，符合艺术学科的特性，能完整地体现艺术学科的学位体系。

为了配合"艺术博士"学位设置论证工作，在不久前于南京召开的全国艺术专业学位教育指导委员会美术与设计分委会第一次全体会议上，我提出举办全国专业学位研究生美术指导教师代表作品巡回展的建议，得到了委员们的一致赞同。举办这个展览的目的有三：首先向社会全面展示我国研究生教育美术导师的创作实力，从这一侧面透视高等艺术教育的成果，如同2008年在北京举办的艺术硕士优秀作品展证明该学位的意义一样，以事实说明设置艺术博士学位的必要性。其二，如同艺术硕士优秀作品展一样，此次展览设置独立评委会，虽为全国性展览，唯以优秀者入选，不考虑参展院校的平衡因素，营造教学与创作的竞争机制，刺激各院校创作与教学水平的提高。最后，通过此次展览引发良好的批评体制，为重建我国美术创作的学术与评判标准而做出贡献。

高等艺术教育有责任担当起文化建设的先锋，因为艺术与宗教、科学组成了人类文明的三套马车。从这个意义上说，就如我在演讲开端就指出的，我们不能把艺术仅仅看成人类生活的漂亮装饰。随着研究的深入，我个人越来越觉得艺术有三个递进的层面：第一层是审美价值，艺术给我们以其他事物无法提供的美的享受，由此给予我们精神愉悦。对于艺术的认识人们往往止于这个层面，正因为如此，在我国教育体系中，把艺术放在了较低的知识等级中，无视艺术的真正智性作用。而艺术的智性力量恰恰是其第二个意义层面即马克思所说的艺术地把握世界：艺术通过给人以审美享受而改变我们观察世界的角度与方式——我们也许意识不到我们眼中的客观世界在多大程度上是透过艺术而看到的样子！同样，我们的感觉经验在多大程度是经由艺术才以如此方式感知世界的！艺术在改变、丰富我们的观察方式，在磨砺我们感知世界的敏锐性的时候，重新塑造着我们的智性。中外古今思想家与学者，从古希腊的柏拉图、亚里士多德到近代的海德格尔等哲学家，从中国的孔子到近代王国维、蔡元培等学者，都从正反两面强调了艺术的教化、知识和史学作用。这里，他们都涉及艺术的特殊功能，即艺术引导我们如何去看待并表述摸不着、看不到的最高境界，如柏拉图的理念、老庄思想中的道、孔子所要求君子达到的尽善尽美的仁的标准。也正因为艺术具有这样的智性力量，它也塑造了学术世界，特别是18世纪以来，艺术研究改变了整个人文学科的图景。

除了其审美与智性层面之外，艺术还有被忽视的第三个重要层面：艺术可以为其他学科提供创造性程序与手段，实现社会、科学思想等的最高操作手段。

艺术是人类文化活动中最特殊的活动，它不创新就没有价值。这种创新必须不同于前人，又只能放回到人类所积累的伟大传统价值中加以衡量，也就是一方面不能重复已有的，另一方面又必须迟早得到既有价值的认可。世上没有全然创新的艺术，因为没有传统依据的独创性是没有价值的。创造性不是凭空而造，而是寻求一种新的联系，在人人看不见事物联系的地方发现新的关联，或者说，在人人觉得相悖、抵牾的事物中寻出关联。而这种发现依赖我们对事物的敏感性。艺术在磨砺人的敏感性的过程中，也赋予了寻求事物新联系的灵感与实施手段，所以世上伟大的科学家不仅重视而且亲手实践艺术创作，从中借鉴科学发现的思想与手段。

如果说艺术、宗教、科学三套马车并驾齐驱，驱动着人类文明前进，那么高等艺术教育的动力来自创作、教学、研究三套车的齐头并进，而其学位体制的完善源于艺术硕士、艺术博士和艺术史论博士（哲学博士）这三套终极学位的互补互长。《艺术教育》杂志社举办年度艺术院（校）长论坛，为我们探讨高等艺术教育的问题提供了平台，而这次云南艺术学院承办这届会议，是在一个特殊的形势之下：国家的形势是党中央提出了文化强国的方针，艺术学科的形势是艺术成为我国高等教育的独立门类。这两个形势将影响我国各个领域的发展，如果说宗教是人类的信仰形式，科学是人类探索世界的实验形式，那么艺术就是人类对世界经验的象征形式。正是艺术的象征形式在人类文明的三大支柱之间输送着创造性能源。人类伟大的历史时期都说明，唯有当人们进入艺术地生活、艺术地工作、艺术地思想的时候，伟大的时代才会出现，强大的国家才能诞生。文化强国，这是历史的经验，艺术是文化强国的主力。从这样的高度出发，我们才能制订出符合艺术学科发展的新教育模式、科学的评估体系、合理的学位制度。艺术不同于一般文科，更不同于理工科，尽管如此，作为高等艺术教育，它必须具备学科理论与方法体系。我想，如何建立与完善艺术学科体系，将是我们近期的核心任务。

本文原载于《新美术》2011年第6期。

"全国艺术硕士研究生美术与设计优秀作品展"序言

艺术硕士[Master of Fine Arts，简称MFA]是我国新设置的专业学位，经过3年的试点招生与教学实践，取得了可喜的成绩，全国艺术硕士教育指导委员会决定在北京中国美术馆和国家大剧院举办"全国艺术硕士研究生优秀作品展演"活动，向社会展示优秀教学成果，宣传艺术硕士学位。本画册选登的即是美术与设计领域的艺术硕士研究生的部分优秀作品，其中大部分作品将在中国美术馆展出。我们相信，艺术硕士学位的建立不仅符合艺术教育的本身规律，而且对于我国文化的整体发展，乃至对于我们自主创新能力的培养都具有重要意义。

"宣物莫大于言，存形莫善于画"。自古以来，视觉图像与文字语言乃是人类理解自然、表达思想情感、改造世界图景的智性模式。而视觉图像与其他艺术形式一样，重在以审美的方式把握世界，与人类把握世界的其他方式如政治、经济、哲学、宗教和历史等共同构成了完整的智性体系。在现代世界中，"创造性"业已成为人类社会发展的主动力。而艺术与科学则是实现"创造"的双翼，缺一不可。究其源头，"艺术"这个概念在中外文化中其原初之义均指人类的技术能力，后来成为现代科学兴起的重要激素。例如，意大利文艺复兴时期的艺术家如莱奥纳尔多对现代科学各领域都做出了开创性的贡献。我国古代的科学家，如宋代的沈括，也把艺术与科学视为一个整体加以探究，而从哥白尼、牛顿到爱因斯坦，这些伟大的科学家都承认艺术在其科学发现中所起的无可替代的作用。正因为如此，胡锦涛同志在党的十七大报告中指出，文化是综合国力竞争的软实力，而艺术无疑是文化的主要构成因素。这个思想业已得到中外历史的证明。在中国传统中，艺术不仅以其特有的审美价值实现"成教化、助人伦"的教育功能，提升人的精神境界，它还对国家政治与体制产生建构作用,"乐以道和"即是说艺术能营造和谐社会。在中国古代和西方现代,艺术并非纯属欣赏品,而是创造性思想和科学的重要源泉。艺术也就构成了人生教育的有机组成部分,而非是补充性的"素质"教育。用庄子的思想来说,人类的一切物质与思想的创造均是对"道"——亦即真、善、美的完美合体在现实中的体认与实现,而这种体认与实现本身就是一种最高的艺术。这种思想与出于古希腊哲学而在文艺复兴时期得到充分阐述的 Design 观念相应和。Design 在汉语中被译为"设计",实际上指创造性地运用艺术的技术手段将形而上的完美"理念"转化为现实图像,即庄子所谓"技进乎道"的意思。

概而言之,艺术在以审美的方式把握世界的同时孕育着人类的自主创新能力。正是基于这个事实,视觉图像在现代数码技术的支持下,一跃而成为今天主要的知识和思想的载体,而与之相关的创意产业日益发展为世界经济和文化的重要竞争领域,我们的时代也被冠以"图像的时代"。我国的艺术教育近年来取得了迅猛的发展,规模不断扩大,已有一千三百余所高校设立了艺术专业,在校生达一百多万人,蔚为大观。为了确保我国艺术教育的质量,培养创作型的高层次艺术专门人才,经过数年的严密论证,国务院学位办、教育部于 2005 年批准设置艺术硕士专业学位,并成立了全国艺术硕士教育指导委员会,监督实施既定的教学方案与目标。在我国,艺术学科隶属于"文学"门类之下,艺术院校的研究生都归入"文学硕士"名目。艺术硕士[MFA]是我国迄今为止第一个名正言顺属于艺术领域自己的学位,而且是一个与国际接轨的艺术创作与表演领域里的终极学位。在国际上,艺术学科中存在着两种学位类型:一种是研究型的,其终极学位是 PHD(博士学位);另一种是创作型的,其最高学位就是 MFA(艺术硕士学位)。当然,它们虽都是终极学位,但两者不能对等折换。MFA 教育旨在提高研究生实际的创作能力,其毕业答辩形式不是以论文,而是以作品展示为主。在我国教育部批准的 34 所试点院校中,艺术硕士即以此为培养目标。

在首批试点院校中,涉及美术与设计学科的有近 20 所院校。为了检验艺术硕士专业教学的成果,以进一步贯彻教育部和国务院学位办设立艺术硕士专业学位的宗旨,树立艺术硕士的学术标准,创立艺术硕士的教育品牌,全国艺术硕士专业学位教育指导委员会决定举办全国艺术硕士研究生优秀作品展演活动。"优秀作品音乐会"将分别以西乐专场、中乐专场于 2008 年 11 月 29-30 日在国家大剧院音乐厅演出,美术与设计优秀作品将于 11 月 28 日至 12 月 5 日在中国美术馆隆重展出。

"全国艺术硕士研究生美术与设计优秀作品展"的筹备与策划工作历时一年多,教育部、文化部、广电部和国务院学位办领导对此十分重视,在他们的指导下,本次展览工作成立了由文化部副部长陈晓光任主任的组织委员会,同时成立了由各试点院校主管领导担任委员的学术委员会,以及由中国美术家协会主席靳尚谊任主任的评选委员会,委员由各院校推荐产生，评委会独立决定评选议程和结果。在这三个委员会之下，成立了两个工作小组，策展与布展小组的工作由南京师范大学美术学院承担，而评选工作小组由东华大学艺术·服装设计学院承担。

经过一年多周密的准备工作，"全国艺术硕士研究生美术与设计优秀作品展"作品初选工作于2008年11月5至7日在上海东华大学进行。19所试点院校通过自选，各提交美术与设计作品30余件，共计562件，经过11位评委的严格认真评选，初评出287件作品，其中美术作品185件，设计作品102件，这些初评入围的作品均已在本画册中刊印。在中国美术馆展览开幕之前，评委会还要对入围作品进行复评，最终确定展出件数，以保证展览的艺术水准。

这次展览也是对各试点院校实施艺术硕士教学目标效果的测验。挂在"文学硕士"名下的研究生在3年的有限时间里，一手要抓论文写作，另一手要抓创作，结果往往顾此失彼。与之相比，根据教育部艺术硕士的培养目标，艺术硕士研究生可以全心研究创作，其文化课和理论学习也可紧紧地围绕创作问题而进行。其毕业答辩的形式为规定数量的原创作品展览，而论文（约5000字）则是对自己毕业创作的理论阐述，无须做长篇大论。为国家和世界培养具有真正创作能力的人才是艺术硕士教育的最终目标，也是整个艺术教育的最终目标。为此，全国艺术硕士教育指导委员会对各试点院校进行了巡查，发现问题，研究问题，进一步理解艺术硕士的性质，共同摸索符合其培养目标的教学模式。

在巡查过程中，就美术与设计专业而言，我们发现的一个普遍问题是缺乏自觉的"创作意识"。这与近年来我国艺术界出现的两种倾向有关：一是偏倚观念或风格，二是轻视传统或专业技法。艺术的观念和风格都非常重要，但它们不是艺术作品价值判断的标准，再新的观念与风格都必须以视觉的形式加以体现，否则，人人都是艺术家，因为人人都有观念，都能分辨风格的新旧。一位画家或设计师之所以不同于一般的人，是因为他能够将观念转化为美妙的图像。艺术家不但要有观念，更重要的是要有把观念视觉化的技能。今天，人们对艺术与技巧的关系多有误解，以为谙熟技巧反会扼杀艺术性。其实，没有技术，就没有艺术。如前人所云，艺术之事，"能重于知"，"能"即技巧。程会昌说："不知而能者有之矣。未有不能而知者也。"心手相应是艺术创作过程中最难把握的境界，所谓的"神来之笔"，所谓的"灵感"，无不源于心手妙应。手上技术不够火候，心何以能授之于手？技巧只有从有法到无法，而不可能从无法到无法。如果说我们感到技巧在妨碍我们的创作，那不是技巧本身的问题，而恰恰说明我们还未真正掌握技巧。《庄子》庖丁解牛的故事说的就是这个道理。庖丁并非在技外见道，而是在技中见道。技术到了完善处就是艺术，即"技进乎道"。不仅美术创作如此，设计也是如此。

作为艺术硕士研究生教育，我们既要鼓励他们大胆吸收新观念，大胆从事创新实验，又要夯实他们的基本功，提高其技法，使之创作出高水平的艺术作品，繁荣我国的文化事业。

"一图胜千言"。入选本画册的作品直观地反映了3年来我国美术与设计领域的艺术硕士教学成果，也代表了该领域的基本水平。我们相信，在教育部、文化部、广电部和国务院学位办的领导下，在全国相关院校师生的共同努力下，我们必将能把我国的艺术硕士学位建设成为艺术创作和表演领域中名副其实的最高学位。在中国美术馆和国家大剧院展示研究生的作品，这是有史以来的第一次，充分说明了政府的重视和全国艺术硕士教育指导委员会对这项学位事业的信心。

2008年11月20日，北京

本文是我为2008年中国美术馆"全国艺术硕士研究生美术与设计优秀作品展"及展览画册所写序言。

艺术的构建性与世界艺术史大会

艺术史研究已然发展出丰富的研究模式。研究者们从政治、社会、经济、文化、人类精神等多元角度解析美术的历史和风格形成的原因，然而，这些视角虽然揭示了艺术风格变化的外部成因，但也难免造成这样的结论：艺术创作是由诸如此类的外部环境所决定的。与此对立，艺术研究的另一种理论极端否认外部因素而刻意强调其形式的自主独立。这两个取向都忽视了艺术对世界的建构性作用，即忽略了艺术对我们人类认识世界的建构性作用。许多著名的学者如卡西尔 [Ernst Cassirer] 等都曾说过，宗教、艺术和科学是构成人类文明的三个平行方面，艺术决不单单是社会、政治、经济、科学等发展的产物，它也在主动地塑造着人类文明，尤其是通过审美的方式生动地说明世界，改变着我们观看世界、改造世界的方式，由此而塑造着我们的思维方式。这种主动的构建性力量就是我在这几年中反复强调的"艺术的智性模式"，而我同样多次阐述的"图像证史"即是这个模式的重要内容之一。著名表演艺术家卓别林 [Charlie Chaplin] 说过："艺术作品比历史书籍更能提供确凿的事实和细节。"这个说法似乎是对谢赫《古画品录》中的一句话的遥远回应：绘画的作用之一是"千载寂寥，披图可鉴"。美国总统肯尼迪曾断言："艺术建立了人类真理的基础，它必须作为我们判断的试金石。"唐代张彦远在《历代名画记》中早就阐释了艺术探究自然、探究真理的智性功能："夫画者：成教化，助人伦，穷神变，测幽微，与六籍同功，四时并运。"这个古老的认识传统，经由宋代的郑樵，一直延续到清代的章学诚。今天，艺术史演化为视觉文化的研究，并将整个世界的艺术作为一个整体来看待，这在某种程度上无意识地强化了对艺术的建构性力量的认识。而如果要赋予美术史研究更深的价值，就应将这种无意识转化为有意识的探究。

上面提到的这种无意识的指向，业已成为国际学术研究的趋向，对此，我历年来在为教育部撰写的"国外高校社会哲学与人文学科发展报告"的艺术学科部分中作过详细的介绍。在这次会议上，我想重点论述"世界艺术史大会"的情况，因为我们正在申办2016年在我国召开的世界艺术史大会，而且这个国际组织的学术活动与我们今天的会议密切相关。

艺术是人类用以表达自身对可见与不可见世界的主要智性形式。作为学科的"艺术史"是19世纪德语国家的发明，其主要标志是将之设置为大学的课程，并建立专门的研究机构，如艺术史博物馆。20世纪30年代，德语国家艺术史移植到了欧美，西方艺术史研究中心也随之转向英美，在那里发展为一门生机勃勃的人文学科。早在1873年，世界艺术史委员会在欧洲艺术史学科的策源地维也纳宣告成立，自此形成定期召开大会的常规（起初三年，现为四年一次），此国际组织简称CIHA，为不同国家的学者建立了交流最新学术成果的平台。例如，在1929年10月于罗马召开的第10届世界艺术史大会上，德国汉堡学者阿比·瓦尔堡［Aby Warburg］宣读了他的论文，提出了令人耳目一新的研究方法，即通过各种视觉图像，读解"人类的表达历史心理学"。在演讲中，他批评了当时普遍的艺术史研究倾向，即仅仅关注传世的经典作品。瓦尔堡时代的艺术史家研究的重点领域是意大利文艺复兴的艺术，主要是大师的作品，可以说，正是在文艺复兴研究领域所取得的伟大成就，奠定了西方艺术史学科宏伟大厦的基础，使之在整个自然和人文学科世界里闪烁出独特的光彩。对这个领域的高度关注，也造就了一大批杰出的学者，沃尔夫林［Heinrich Wölfflin］、潘诺夫斯基［Erwin Panofsky］、贡布里希［Ernst Gombrich］等仅仅是艺术史领域中的几颗耀眼之星，而文艺复兴研究的鼻祖——瑞士艺术史家布克哈特［Jacob Burckhardt］，则把尚处于襁褓中的艺术史学科转化为视域无比宏阔的文化史，一举改变了整个历史和文化研究的图景。尽管从20世纪70年代以来，西方学界开始反叛文艺复兴研究传统，以期拓宽研究的材料与课题，但在人们心目中，文艺复兴研究依然是衡量研究者和学科领域优劣的潜在标尺。瓦尔堡探究图像的方法被潘诺夫斯基等人发展为"图像学"，开辟了研究意大利文艺复兴绘画和尼德兰艺术的新途径，也成为读解复杂而神秘的图像的最富成效的工具之一。

瓦尔堡本人即是文艺复兴研究领域的奠基者之一，但他正是从研究具体的意大利文艺复兴艺术图像中深刻体会到，决不能将其杰作与最普通实用的视觉产品割裂开来理解人类文明史上这个卓越的时代。他认为，他的时代所通行的艺术史仅仅关注"老大师"和精英艺术，忽视通俗作品，这过于狭窄，而且运用了不恰当的进化理论，阻碍了我们探究"人类表达的历史心理学"。他要致力于修正这种进化类型，从物质和空间的视角去拓展艺术研究的方法论界域。他提出，各种当时并未归入"艺术"范畴的东西如占星术图像、照片等，都应看作是与人类其他文献具有同等效应的文献；只有尽可能整体地考察人类的图像，我们才能窥见人类以艺术表达自身、再现和理解世界的方式与意义，由此建构其内在的联系，阐明人类进化的普遍进程。瓦尔堡进而倡导用图像分析的方法，将古代、中世纪、现代世界作为一个整体加以细节处理。他有句名言，"上帝寓于细节之中"。这种以宽广的理论和方法论视野去阐明细小个案的做法，即从细节透视一般理论的探索精神，给与会者以极大的心灵震动，其中一位听众是英国的天才人物肯尼斯·克拉克［Kenneth Clarke］，他23岁出版的著作《莱奥纳尔多·达·芬奇》［Leonardo da Vinci］，文思敏捷、洞察睿智，整部书读来如行云流水，让读者在其典雅流畅的文字间时常获得灵感，并惊叹作者竟用寥寥数语便能在读者心中变幻出艺术作品的生动视觉效果和鲜活可视的历史场景。这一点也体现在他那家喻户晓的系列电视节目《文明》［Civilization］之中。他的著作不仅是美术史的杰作，而且是英国文学的典范。迄今为止，研究莱奥纳尔多的著作无一能与之匹敌。就是这样一位天才，在听了瓦尔堡在第10届世界艺术史大会的发言后，内心久久难以平静。回到英国后，他在BBC广播电台讲解什么是艺术史，首次向英国听众介绍了德语国家的艺术史学，从温克尔曼讲到现代，进而阐述了艺术史的意义。英国的传统艺术研究重在批评与鉴定，而克拉克接受瓦尔堡的思想，认为对艺术品的探究必须重视其独特的审美和媒介品质，但不能就此停步，应该由此延展到更广阔的思想范畴。他自己身体力行，其所开创的类型研究如《人体：一种理想艺术的研究》［The Nude: A Study in Ideal Form］，就创造性地运用了瓦尔堡的"情念形式"观念。英国的艺术史在其后的发展中得以开辟新局面，与吸收德语国家的传统密切相关。如今的艺术史有了更宽泛的新名称，叫作"视觉文化研究"，其积极的含义在于比以往更关注视觉图像的制造、运用和传播在人类生活和知识创造中的作用，其副作用在于忽视图像的内在美学价值，以及颠覆为区别作品好恶而发展出来的艺术史核心骨架。重温瓦尔堡的思想和论述，可以纠正这种失衡。

在当前的视觉文化研究潮流中，人们试图从瓦尔特·本雅明［Walter Benjamin］的论著中寻求灵感，这也影响了中国学者。本雅明至多是其时代的二流学者，他语言拗口，是20世纪后半叶被重新发现并予以高度评价的人物。他对视觉产品的论述，其观点不成系统是当时的一般共识，并无什么新意。与瓦尔堡相比，他几乎可说是视觉文化研究的门外汉，但我们的时代却遗忘了瓦尔堡，捧红了本雅明，这不能不说是我们知识界的悲哀。幸运的是，最近几年里，本雅明的名字在欧美艺术研究界逐渐淡化，而瓦尔堡的引用率直线激增。瓦尔堡的复活及其影响力的扩大，部分地归功于世界艺术史大会，而世界艺术史大会的学术宗旨有赖于瓦尔堡的理想。

四年一度的世界艺术史大会旨在检验艺术史学科的状况。瓦尔堡坚信学者不应只持一本护照去穿越不同的研究疆域，而应依据所要解决的问题去贯通各个领域。这种精神是瓦尔堡研究院的指导性纲领。如今，探究不同国家的不同艺术的特性与关系是艺术史界最受关注的课题，世界艺术研究[World Art Studies]的概念已深入人心。其实，贡布里希的好友、瓦尔堡研究院的库尔兹[Otto Kurz]早就为研究远东艺术对欧洲的影响辟出新径。世界艺术史大会秉承这种精神，虽然以往只由欧洲和北美学者参会，但其设定的论题一直带有世界性意义。随着时间的推移，它对越来越多的国家或民族开放。1997年，CIHA邀请我参与第30届世界艺术史大会的组织工作，与来自欧美的其他分会主席一起拟定大会的主题，并依据所收到的论文提要遴选各场分会的主题发言者。我国学者从未参加过CIHA，对这一国际组织也鲜有人知。鉴于这种情况，我向大会主席团提议邀请一组中国学者参加第30届世界艺术史大会。这个建议得到了组委会的支持。然而，中国尚不是大会成员国，其学者以何种方式参与大会则是一个有待解决的技术问题。

CIHA属于CIPSH即国际哲学与人文研究理事会的一部分，而该理事会由联合国教科文组织[UNESCO]所创建。CIHA设有常设机构，通常是一名主席（由著名艺术史学者兼职），专职秘书长和财务总管各一名，以及由成员国代表构成的兼职执行团。某个国家如欲加入CIHA，必须要在其指导下建立国家艺术史委员会[The National Committee of the History of Art]。我国还不是成员国，且没有学者提交论文提纲。我向时任中国美术家协会主席的靳尚谊教授介绍了CIHA的情况，也就此请示了中国美协理论委员会主任邵大箴教授，他们都认为我国应当加入这个国际组织。2000年，第30届世界艺术史大会在英国伦敦隆重开幕，中华人民共和国文化部派出5位代表列席会议，这5位代表是中国美术学院院长潘公凯教授、中央美术学院副院长范迪安教授、华南师范大学皮道坚教授和邵宏教授以及中国美术学院博士研究生高世名。中国学者的列会受到了大会的广泛关注。第30届CIHA大会与会者达数千人，32个分会几乎占据了伦敦所有的会议中心，我担任第17分会的主席，现任英国牛津大学教授、艺术史系主任柯律格·克鲁纳斯[Craig Clunas]任副主席。按照规程，大会开幕时各主席团主席都要对全体与会者作7分钟的讲演，概述会议的宗旨。在讲演中，我在阐述17分会主题的同时强调了中国艺术史对世界学术发展的重要意义，以及我们为之能做出的独特贡献，全场不断响起掌声，当然这种掌声并非对我个人的认可，而是对世界古老文明古国中国文化的赞美，表明世界愿意了解中国艺术的美好愿望。按照会议规定，此届大会的官方语言是英语，出于对我国的尊重，大会主席团同意我的建议，邀请邵宏教授在17分会做主题发言，并用中文和英文双语宣读论文。邵宏教授的论文得到了听众的高度评价。

靳尚谊主席和邵大箴主任原本也想赴会，但因故未能成行。他们对我国正式加入CIHA非常重视。邵大箴主任在理论委员会会议上多次强调此事的重要性，并委派朱青生教授到设在法国巴黎的CIHA秘书处联系我国入会事项。2008年1月，邵先生率领我国代表出席了在澳大利亚墨尔本举行的第32届CIHA大会。50个国家的700位艺术史家聚集一堂，共同探讨跨文化、冲突、迁移和汇合［Crossing Culture, Conflict, Migration and Convergence］这个重要主题。会议结束后，邵大箴主任和薛永年教授等积极推进我国加入CIHA的进程，几次召集来自全国各地的代表在京共同商讨建立中国艺术史委员会的计划。

迄今为止，已有33个国家正式加入CIHA，来自各国的艺术史委员会的代表形成了总集会［General Assembly］。执行局负责指导学术项目。国际CIHA主席四年轮换一次，一般由主办下届大会国家的学者担任。执行局人员从入会国家委员会中选拔，也是四年换届。第33届大会在纽伦堡召开，大会总召集人是乌尔里希·格罗斯曼［Ulrich Grossmann］教授。

国际CIHA组织确定了9条规则：1.论文提纲必须在大会举行前18个月提交给国际CIHA执行局，并予以接受；2.论题必须同时具有国际与本土意义；3.必须向国际艺术史家群体发布征稿启事；4.50％的会议发言者可在会议主办国产生，而其余的必须来自其他国家；5.50％的会议主席必须来自国外；6.CIHA会议的官方语言必须是以下语言中的一至两种：德语、英语、法语和意大利语；7.会议计划中必须包括CIHA执行局的两次会议；8.主办国负责5位CHIA执行局成员的国际旅费；9.大会主办者必须给CIHA主席签写接受上述规定的书面文件。

艺术史学科的成熟研究对象无疑是实在的艺术作品。在纽伦堡召开的第33届大会所确定的主题从两个方面集中在艺术史的对象上：一方面是研究的实在对象问题，另一方面是从更宽意义上说的学科课题问题。所有的学科皆构建自身的课题，并以语言文字表述其发现、论题研究以及思考的结果，艺术史也不例外。但艺术史研究必须经受具体实在的作品的检验，无论是研究题材，还是研究方法，艺术史学科必须回归到物质对象上，这些对象包括建筑、绘画、雕刻、手工制品以及其他实用物品。而对视觉作品的分析可从多种角度着手，相应地需要各门学科的合作。每一个不同的学科会依据具体的问题而重构其题材，并对之做出特殊处理。第33届大会的主持者计划从多元的角度，即具体作品的物质性、其历史及上下文，以及不同的学术观念，把上述思想贯彻到整个会议和分会之中，由此为来自不同学科、带有不同视野和取向的代表提供对话的机会。

艺术研究当前面临的两个不可回避的趋势是全球化与数码化。实在物像作为"原作"的问题显得更为重要：我们对"原作"的欣赏以及处理方式是如何变化的？在当代艺术领域，如video art, internet art, performance，是否可以完全摈弃"原作"的概念？我们应如何看待往昔和现代的短暂的艺术形式？这类随数码技术的发展而日显突出的问题也在第33届大会上进行了探讨与辩论。

从这次大会所提出的主旨与议题来看，它带有德语国家艺术史的传统色彩，这体现在三个方面：一是重视实际作品；二是关注世界性；三是偏重普遍性理论。20世纪80年代艺术史界激荡的反欧洲中心论思潮，忽略了德语国家艺术史学科成熟时期的一个重要特征，即世界艺术研究的成果。在对非欧洲艺术的研究过程中，其研究对象必然会修正与改变其研究模式，使之适应研究对象的性质与意义。纽伦堡会议旨在激励对传统艺术史范畴与界线进行理论反思，因此，与以前的大会组织不同，第33届大会没有明确地划分各分会的主题类型，其目的是把来自不同文化氛围与话语系统的理论贡献联系起来。这次会议议题强调从实物出发探讨理论和方法论问题，以及全球性比较研究的相关课题，即要求以具体作品为例进而推演普遍理论，而非对作品的个案研究。此外，在会议过程中，力求保持传统的美的艺术研究与对全球化艺术史研究所开启的新领域的探讨之间的恰当平衡。从这次大会的预定目标来看，它颇具德语国家艺术史的两个传统特征：建立在实物研究之上的理论定向和普世性视野。

如何使世界艺术史大会真正成为世界性的学术活动？这是自2000年以来大会组委会和各国分委会努力推进的方向。由德语国家艺术史家在20世纪初开创的世界艺术史研究业已成为当今的主流思潮，人们认为现有艺术史研究方式已经不能满足学科的发展，无法应对外部世界的变化，尤其是无法对不同时期不同文化中的不同艺术做出令人满意的解释，所以提出一种更广泛意义上的世界艺术研究思路。这一问题一直是世界艺术史界讨论的焦点，这典型地体现在第32届国际艺术史大会上。那次大会首先就"世界艺术史的观念"［The Idea of World Art History］进行了讨论，学者们对文艺复兴以来的欧洲传统艺术史观念提出了质疑，同时对世界艺术史这一思路提出自己的看法。在肯定的声音之外，学者们就是否可能写就一部真正意义上的"世界艺术史"，尤其是脱离了西方艺术史传统之外的世界艺术史如何撰写、意义何在等问题进行了讨论。

世界艺术史的问题需要世界不同国家的学者参与探讨。为此目的，美国国家艺术史委员会在2009年2月专门组织召开了一个小型的高层会议，深入探讨上述问题。该会主席弗里德里克·M·阿谢尔［Frederick M. Asher］和两名副主席托马斯·达科斯塔·考夫曼［Thomas DaCosta Kaufmann］与托马斯·格特根斯［Thomas Gaehtgens］邀请了中国、印度、非洲地区和欧美国家相关领域的5位学者就如下问题展开了讨论：在现代的学术情境中，我们惯常使用的研究方法是否仍然行之有效？有没有其他研究手段？我们的共识有哪些？艺术史如何才能实现真正的全球化？除了讨论这类源自欧洲并也为其他地区所关心的学科话题外，会议还探讨了全世界艺术史学者和教师都面临的共同问题，尤其是那些原先不存在艺术史教育和研究机构的地区所面对的困境，如研究资料、档案和研究资金的匮乏等。这个会议也旨在寻求解决这些实际问题的途径。我作为中国学者应邀参加了这次在洛杉矶召开的会议。世界艺术史大会组委会主席简妮·安德森［Jaynie Anderson］和其他组委听取了我们的讨论。

正是在这次会议的同时，世界艺术史大会组委会做出了同意2016年在中国举办世界艺术史大会的决定。这个决定不仅将影响世界艺术史大会的未来发展，而且将改变中国艺术史的研究图景，使之真正融入国际学术界并做出自己独特的贡献。世界艺术史大会自此才成为名副其实的全球性学术高层论坛。而我在前面着重指出的中国传统画论中有关艺术对世界建构性作用的思想，将与以瓦尔堡为代表的欧洲方法相融合，给世界美术史研究带来新的局面，而对艺术与世界建构性问题的探究应受到我们的特别关注。

本文原载于《美术研究》2012年第一期。

第 30 届世界艺术史大会与中国美术史

世界艺术史大会是国际艺术研究领域中最重要的学术活动。在组织形式上，它与奥林匹克运动会相似，继第一届代表大会于 1873 年在维也纳召开之后，每四年一届，分别在世界各地举行。与首届代表大会同时产生的国际艺术史委员会 [Comité International d'Histoire de l'art] 负责指导世艺会并决定各届承办国和会议的主题。国际艺术史委员会简称为 CIHA，总部一直设在法国巴黎，现准备迁往瑞士。西欧、东欧、美洲诸国都设有国家艺术史委员会 [National Committee]，统归国际 CIHA 的领导。

直至第 30 届世艺会，CIHA 基本上是一个以欧洲为中心的学术机构，其官方语言限定为 4 种，即英语、法语、意大利语和德语。近几年来，欧美的一些德高望重的学者积极主张打破这种局面，以使 CIHA 成为名副其实的国际组织。1996 年，我本人荣幸地当选为主席团成员；2000 年，又担任第 30 届世艺会 17 分会主席。虽然在西方学者的心目中我是作为欧美艺术史学研究者的身份进入该组织的，但这无疑给我们提供了进一步促进亚洲，特别是我国学者参与这项重要国际学术活动的条件。

三个英文字概括了第 30 届世艺会的总目标：Internationalism, Conviviality, Debate，即强调国际性，创造友好的气氛，提倡辩论。正如大会执行主席在闭幕式上所说，这次大会的显著特征是真正的国际性。3000 多名与会者来自 49 个国家，首次参加这次盛会的不仅有中国学者，而且还有拉丁美洲和亚洲其他国家如日本、韩国等国家的代表。为了适应这一新形势，国际组委会修订了章程，其宗旨是：

1. 推动对艺术活动与产品的历史研究，并发展其研究方法。
2. 确保世界各国艺术史家之间的长期联系。
3. 促使艺术史国际会议的举行。这种国际活动包括两种形式：一是四年一度的世界艺术史大会，二是经由国际 CIHA 批准的符合其宗旨的其他会议。

4. 促进和调节在 CIHA 指导下所从事的研究成果和信息的传播。

5. 传播和发表世界范围里的艺术史研究信息，包括有关各种会议、出版物和研究计划的信息。

6. 探讨改善艺术史教学和研究方法，增强研究资源如资料库、图像库和图像学文献库等等的手段。

7. 为 CIPSH 所规定下的国际合作而服务。

第 30 届世艺会于 2000 年 9 月 3 日至 8 日在英国伦敦隆重举行。本届大会适逢新千年之际，经国际 CIHA 同意，大会主题为"千年节艺术史：时间"。由于此届大会盛况空前，所以在开幕式之后便设置了 23 个分会场，分布于大英博物馆、英国国立美术馆、大英图书馆、英国国立肖像馆、伦敦大学各学院和研究院如瓦尔堡研究所与考陶尔德艺术史研究所等重要文化场所。主席团的 23 位成员分别担任各分会主席，确定分会议题并主持会议。尽管 23 个分会所讨论的题目各个不同——例如，我所主持的 17 分会旨在探讨视觉文化中不同的时间速度的史学现象，即为什么有些艺术形式和风格被视作是永恒的，而另一些则被认为是落后于时间步伐的，以及这些观念本身对艺术史学科的确立究竟起了什么作用。——但是，各分会的主题都是紧紧地围绕着下列 5 个领域而展开的：

1. 史学史与方法论：即对艺术史学科的现状和时间的主题进行了研讨，而这种讨论不但与西方的而且与非西方的艺术史实践相联系。

2. 图像学研究：即探讨世界艺术中对时间的表现与观念化倾向，对时间的划分及其特质，并对象征流逝的时间的具体遗物进行了研究。

3. 艺术中的形式、理论与创造问题：在这个领域里，主要讨论各种形式和理论的生成与迁移，如性的问题，描述的方法，观看者的作用，永恒的主题，即兴手法和色彩等问题。

4. 艺术材料史：艺术作品的修复与保存；绘画、雕刻与建筑材料的发明及其运用与进步是这个领域的探索重点。

5. 新的媒介：这里所探讨的是动静图像的速度与空间，摄影、图绘艺术和数码图像的新动向。

为了配合这次大会，主办国推出了大型艺术书展和一系列艺术展览，如英国国立美术馆的画展《遭遇：新源于旧》、格林威治天文台的《时间的故事》、泰特美术馆的《智性：英国新艺术》、泰特现代美术馆的《在影院与实地之间》和考陶尔德美术馆的《第二自然：欧洲静物画展》。这些展览，紧扣大会主题，为它提供了丰富的实际论证图像资料。与此同时，创立于 1998 年的艺术史研究机构协会在 9 月 5 日晚上组织了关于绘画著录、建立油画底层透视档案等方面的研讨会。

学术会议的论文是构成任何学术会议的生命动脉。不过，由于篇幅的限制，我无法在此介绍具体的论文内容（这方面的情况可见将出版的论文集和其他刊物）。我仅想讲一讲论文的征集过程，因为这对我国学者将来进一步参与世艺会可能有些用处。

如上所述，本届世艺会的准备工作历时4年。早在1997年，各分会主席就向国际组委会提交了详细的计划，主要是分会的标题和主题。

翌年初，主办者开始向世界各地寄发正式印行的《征集论文》文件，其中注明了各分会主席和副主席的名单以及议题，要求于1999年6月30日前将论文提纲邮寄主办者。至截稿日期，组委会收到论文提纲或撰写计划数千份，同年7月初，我们到英国海滨城市布莱顿选稿，据此确定大会发言人和后备发言人约350名。值得一提的是，组委会收到论述中国艺术的提纲有近百篇，不过，只有一篇来自中国，两篇为旅美中国学者所作，其余的均出自西方学者之手（在该类目中，有15篇提纲被接受）。尽管如此，这是世艺会上前所未闻的现象，它充分说明了中国艺术正在成为世界艺术研究的重点。而在呈交提纲的数量和质量上，我国与西方的比率失调，我认为跟CIHA所规定的官方语言有些关系。为了增进中国学术在国际上的地位，大会举行期间，我让一位中国学者在我们第17分会上用汉语发言，此举受到了一些西方组委成员的支持，为打破CIHA语言成规迈出了第一步。第31届世界艺术史大会于2004年在加拿大的蒙特利尔召开，我们希望有更多的中国学者能够站在它的舞台上发言。

当然，发言人数的众寡还是一个表面现象，参加这次世艺会的我国代表无不深切地感到，与西方相比，我国近代的艺术史研究，无论在广度还是在深度上，尤其是在学科建设上，仍有很大的距离。我想，如果要将中国艺术史建设成为堪与我们往昔伟大的艺术成就相称的令世界瞩目的学科，我们首先必须改变两种习惯或态度：一是仅依据中西艺术史的表面差异便断言，西方理论和方法不适用于中国艺术研究，因为中国艺术自有其自身的特点。这种说法看似有理，其实是经不住历史事实检验的。在此，只要提及我国的传统艺术理论在多大程度上受到了外来的佛教思想的影响就足够了。或者，让我们想得更宽泛些，如果说源于一国一地的理论与实践必然不适应于另一国另一地，那么中国的"四大发明"怎么会被西方人用作强国的工具呢？此外，盲目拒绝研究和吸取西方方法，必然会助长狭隘的民族主义思想，由此而滋生一种我称之为智力上的惰性主义。我们知道，过去有些人常以鲁迅的一句名言即只有民族性才有世界性为这种惰性辩解。然而，鲁迅自己的文学实践，尤其是他的翻译工作，充分说明，我们应当将他的名言读解为：只有世界性，才有更深刻的民族性。倘若一个民族的东西，不具备普遍性特质，那就根本难以为其他民族所理解。其实，在21世纪初叶，王国维早就认识到了世界性与民族性的正确关系，他指出，在学术研究中，未有西学不兴而中学兴者，未有中学不兴而西学兴者。

现代世界学术的格局恰恰印证了他的预言。只有当中国艺术史家能够与西方同行在基本平等的学术水准上讨论西方艺术史的时候，只有当西方艺术史的新兴也有待于中国艺术史的贡献的时候，中国的艺术史才能真正走向世界，才能真正发达。

我们应当摈弃的另一种智力上的惰性是将艺术史研究仅仅局限于所谓的"艺术作品本体"之上。据说，最近有人频频撰文，批评我们要将中国艺术史建设成为一门堪与哲学、历史和文学等人文科学媲美的学科，反对将艺术放到广阔的社会文化背景中去加以研究。其理由似乎不言自明，即艺术研究必须针对艺术作品本身。然而，简单的真理往往掩盖着谬论。我不相信，哪位艺术史家竟会无知到要忽视其研究对象即艺术作品的地步，可以说，我们都是出于热爱艺术，出于要弄清它们的创造过程，出于想更好地理解和欣赏它们的愿望而步入艺术史领域的。但作为专业研究者，我们不能忽视这样的事实：即欣赏艺术是一回事，研究艺术又是另一回事。古今中外的伟大艺术鉴赏家都有一个共识，那就是艺术作品的魅力在于抵抗智性分析，或用我们的套语来说，只可意会，不可言传。我们的批评家天真地认为，他对于某件艺术作品的作者的生平，对作品内容、形式、风格和笔墨或色彩效果的描述，或对于其真伪和价值的判断，就是在研究艺术作品本身。他这样认为，一方面是因为他对自己所用的媒介的性质和功能认识不清，另一方面是由于他混淆了艺术史、艺术批评和艺术鉴赏这三门专业各自的性质、任务和目的，一言而蔽之，他不知道什么是艺术史。过去，我曾做过一个小小的实验，就是用一段原来是描述黄公望《富春山居图》画面效果的话来描述董源的《潇湘图》，读者似乎并未觉得有什么不妥，尽管大家都知道董黄绘画给人的实际感受有着天壤之别。为什么我们可以用同一段话来描述两件不同的作品呢？更确切地说，为什么我们不能用依据我们真切感受的描述性语言来区别这两件作品呢？原因是：我们所用的工具是语言，而语言是一种概念性媒介，它不能确切地表达比"平远"、"清逸"等词所暗示的更微妙的视觉效果或感受。其次，一个重要的事实是，正如巴克森德尔在《意图的模式》一书中指出，这种描述其实是对语言描述的描述，而非对艺术作品的描述。世上没有一个艺术研究者可以逃脱这个两难境地。

这就把我们引到了艺术史家究竟可以或应该做什么的话题。不可否认，我们如今所用的"艺术史"是一个外来概念，表示19世纪在欧洲所兴起的一门新的人文学科。"艺术史"这个名称本身就表明了它的定义即"在历史的框架中研究和理解视觉艺术"。确切地说，艺术史是我们透过艺术创造而认识和理解人类历史发展的诸方面的一种智性形式。艺术史家可以用一切方法，从任何可以设想的角度去研究艺术作品，去研究往昔人们对它的态度，从而更好地理解人类历史。他跟一般历史学家的区别仅在于他是以艺术作品为出发点的。正因为如此，在西方大学里，艺术史是一门学习人文学科的学生必读或选修的课程。而这也是它成熟的标志。

事实上，关于艺术史跟其他人文学科的关系问题，我们无须引证西典。1925年，陈寅恪在谈论中国学术落后现状的原因时，便明确指出，这跟艺术史学科的缺乏相关。胡适在美国留学时就修过艺术史课程。他在1941年所说的一段话对我们不无启示，他说："中国艺术可能是研究中国文化不可缺少的一部分。特别是我奇怪地发现，当我接触到中国艺术的某些概括性结论时，就觉得它对我研究中国文学史也是有用的。"其实，胡适大可不必为自己的"发现"感到"奇怪"。

研究中国美术史的人都知道，那些"概括性结论"即书画品评术语无不源于中国文学批评，尤其是诗论和词论。它们被移植到新的土壤里，经过与异质的长期交叉生育，一旦反馈到原来的领域里，便成了新的促进因素。学术就是在这种交融过程中更新与发展的。艺术研究也不例外，它不可能孤立进行，不论是哪个民族的艺术史，情况都是如此。无可否认，在世界艺术史之林中，我国的艺术史具有格外明显的特征，但是，如果我们翻开我国流传迄今的最早的一部中国美术史，张彦远的《历代名画记》，开篇讲的就是艺术与道德教化、图像与神话、绘画与文字之间的关系，而第二部分"叙画之兴废"则论述艺术及收藏的兴衰跟政局变化的关系。倘若我们忽视这类关系，那么我们怎么能够真正理解往昔的艺术呢？

张彦远深知其理，因此他的艺术史比西方第一部艺术史瓦萨里的《名人传》在观念上更接近于西方如今所理解的艺术史，例如，他以进化的观念来论述不同画目的兴衰等。然而，遗憾的是，迄今为止，我们对张彦远的艺术史观念尚未做出可与西方人对瓦萨里所作的研究相媲美的成果。西方学者不但对瓦萨里著书的时代背景、文献资料来源以及版本情况作了详细的考证，而且深入地探究了他的描述模式跟当时流行的史学模式的衍生关系，以及他个人的艺术实践、艺术理想对他采纳风格术语、做出艺术判断所起的作用。我认为，借鉴西方对瓦萨里的研究方法和某些角度，可以打开我们研究张彦远的思路与眼界，例如，我们也应该深入考察张氏所开创的画家小传跟《史记》等史学模式的具体联系，我们也可以探究张氏家族艺术收藏的聚散对张彦远的艺术趣味和理想，乃至对他撰写《历代名画记》的动机的影响等等问题。

总而言之，我想借此机会强调两点：首先，学术和思想没有国界，它们只能在与异国文化的广泛接触、积极对话与交融中才能发展。举个实例来说，我国的封建科举制度，对18世纪以来西方的民主思想的形成产生过深刻的影响。因为，在他们眼中，我们科举制度中那以个人才能而非出身为录用标准的做法包含着某种民主思想的因素。可见，学术上的国际主义，有助于人们从别的文化，甚至是腐朽的东西中吸取对自己有用之物。其次，学科也没有边界。在此，我们就第30届世界艺术史大会主办国英国的艺术史学科发展历程来做一说明。在瓦尔堡研究院于1935年自德国迁往伦敦之前，英国艺术史家普遍认为他们的研究跟其他学科无关。其中，不足 30 岁便被任命为英国国立美术馆馆长的著名艺术研究者肯尼斯·克拉克也持这种态度。后来，他在罗马听了瓦尔堡关于波提切利的讲座，在这个讲座中，瓦尔堡运用艺术、文学、哲学、神学和占星术等知识探索了一个时代的复杂灵魂，这使克拉克顿然醒悟，决定放弃过去的信念。20 世纪 50 年代期间，克拉克和其他一些英国学者，通过广播、讲座等形式大力宣传为什么艺术史应该成为一门令人尊敬的人文学科。瓦尔堡研究院带给英国艺术史界的新精神是敢于跨越学科界线，在这种精神的鼓舞下，英国艺术史家们对艺术和人类各方面的关系进行了探索，其成果频频为其他领域提供了有益的启示，从而吸引了许多科学家、心理学家、医学家、哲学家、文学家和历史学家放弃他们的本行而转向艺术史领域。他们反过来又不断为艺术史开辟新的疆域。英国的经验，值得我们借鉴。的确，现代学术进步表明，如果一个学科不吸收其他学科的东西，不对其他学科发生任何影响，它就不能发展自身，就没有什么前途与意义。世界艺术史大会的存在和发展本身就是为了进一步促进各国艺术史家之间的紧密合作并推动跨学科研究的。

本文原载于《美术研究》2001 年第 1 期。

观念史的历史、意义与方法

一 观念史的性质

观念支配世界，观念改变世界。[1]思想史家以赛亚·伯林［Isaiah Berlin］断言，在后世的眼里，有两个突出的事件塑造了20世纪的人类历史："自然科学与技术的发展"和"意识形态风暴"。这两个标志20世纪特征的史实，改变了全人类的生活，但都"始于人们头脑中的观念"。[2]这些观念，归根结底是关于人与人、人与自然、人与历史及未来关系的思想。美国观念史缔造者洛夫乔伊［Arthur O. Lovejoy］认为，观念史研究的根本任务就是探讨"人类究竟出了什么问题？"正是为了探究这个重大问题，观念史在两次世界大战之间的黑暗岁月里，从哲学史学科中脱胎而出，成为一门独特的学科。

观念史［the history of ideas］追溯人类观念的衍变。依据洛夫乔伊的定义，它是一门比哲学更具体但却更少限制的学科。然而，关于"什么是观念史"，学者们众说纷纭，终难达成一致的意见。这主要是由对"观念"［idea］一词的不同理解所致。据乔治·博厄斯［George Boas］统计，它有25个意思，其中最常见的两个意思源于希腊语：即"所知之物"［that which is known］与"所感知之物"［that which is perceived］。[3]对研究对象"观念"一词的多种解释，必然会引起学科定名的争端；长期以来，人们对究竟应以 the History of Idea，还是 the Intellectual History 或 the History of Concept 命名这门学科进行了激烈的辩论，迄今仍无定论。[4]不过，从这些辩论中可以看出，不论称其为"观念史"还是"智力史"或"概念史"，它显然有别于更倾向于哲学领域的 the History of Thought。前两种叫法大同小异，其差异主要体现在探索范围与方法上。本文姑且将 the History of Ideas 译为"观念史"，将 the Intellectual History 译为"智力史",而将 the History of Thought 译为"思想史",以示区别。

无论如何,通过对学科性质的讨论,探索者们对自己的研究对象有了某种共识:其任务是描述特定历史时期的思想假说,说明它们从一个时代到另一个时代所经历的变化。在某种意义上,一切历史都属于这个范畴。科学史家可以研究机体进化论的起源,政治哲学研究者可以探索自然人权理论的演变,宗教史家可以探讨关于自然与信仰启示的论辩。这种种观念模式,渗透着一个时代的思想,限定了它的智性问题,暗示着寻求其答案的方向。哲学、政治、科学和文学史家对具体的哲学、意识形态、科学和艺术理论感兴趣,而观念史家则主要关注特定时代的人们对这些问题的反思,以及这类反思对其思想的影响。无疑,这种研究对理解相关时代的其他方面都是有益的,因为观念具有跨越自身范围而弥漫到其他领域的奇妙功能。[5]达尔文的生物进化论对政治、社会和文化艺术等领域的影响即是一个明显的例子。[6]

在这个意义上,我们可以说"一切历史都是思想史"。[7]归根结底,人类历史是占统摄地位的思想模式的历史;这类模式不仅主导了人类的思想,而且控制了其行为、意识、道德、政治和审美诸方面。考察任何一种文明,我们都会发现,其最具特征的生活方式和文化产品都是特有的观念模式的反映,即是说创造这些文化产品的人无不受其主导。因此,若要理解一种文明,说明它的属性,以及生活于其中的人们的思想、情感与行为,就有必要将其主导性思想模式孤立出来,并从历史的角度加以剖析。

我们也可从类似的角度去认识观念史的性质。约定俗成的定义,仅能暗示所指学科的一般性质与研究取向,不可能给出明确的界定。要真正弄清"什么是观念史"这个哲学问题,最有效的办法莫过于考察它的历史,看一看历史上的实践者是以什么样的个人方式探究"观念史"的。观念史研究给予我们的一个重要启示就是:思想的新颖性并不存在于其模式本身,而存在于成分的新组合。因此,一个比较具有内在统一性的观念史定义有可能从其成分的组合与变异中自然地显现出来。

二 观念史的起源与发展

观念有其自身的历史,观念史亦然。观念史原本是西方哲学史的一个支脉。亚里士多德的《形而上学》堪称其发端。在该书卷一中,亚氏不仅阐述了苏格拉底之前的宇宙论,而且追溯了一般观念的发生与演化,由此而涉及了某些观念史问题及其衍生性质。亚里士多德将哲学门下的各学科分成"理论"与"实践"两种知识。前者是各种自然科学,后者包括政治和伦理学。他对前人的学说和具体学科进行了评述,而这种批评便是观念史的基本任务。这种与希腊哲学紧密关联的原观念史［proto-history of ideas］，直到文艺复兴时期才有新的突破，其探索范围逐渐扩大，乃至包容"一切技艺与科学"，成为百科全书式思想研究形式。克里斯托夫·米连［Christophe Milieu］将人类历史分为四个部分，它囊括人类物质环境的"自然史"［historia naturae］、自由学科和机械工艺的才干史［historia prudentiae］、统治史［historia principatus］和智慧史［historia sapientiae］。[8] 智慧史所指的就是人类一般观念的历史，有点接近如今所谓的"智力史"。而这种百科全书式的历史研究，即是18世纪启蒙时代所兴起的"文化史"的源头，所以，当今学者认为观念史与文化史有特殊的历史关联。

18世纪的欧洲，是一个思想丰产的时代，比以往任何时代都更具有反思和批评精神，亦即特别注重研究学术史脉络。诚如19世纪史学家莱斯利·斯蒂芬［Leslie Stephen］描述的那样，"哲学家……把注意力集中在最出色的思想家身上，因为他们可以告诉我们，那［观念］的火炬是如何从笛卡尔传到洛克，从洛克传到休谟，最终又从休谟传到康德手中的"。[9] 康德的出现，更加强了人们对学术史的重视。当时形成了两种与观念史发展相关的传统。一是"哲学史哲学"［philosophie der philosophiegeschichte］，它不仅推进了对哲学史功能的思考，而且引发了对合适的思想史研究范围的讨论。其论争焦点是应采用"内在"还是"外在"的方法探讨思想史。康德的"先验哲学史"［a priori history of philosophy］代表了"内在"方法的极端形式。与之相对的是"人类精神史"研究，即将人类心理行为引入哲学史，并将之与人类学、地理学和气候影响等结合起来探讨这些心理学事实。当时不少法国通俗哲学家采用这种角度写作，他们实际上把哲学史转化成了一种"心性史"［a history of mentalités］，离法国人后来所表述的 l'histoire des idées 仅一步之遥了。

顺便提一下，英语的"观念史"之名源于法语。该学科名称的演变与歧义，在一定程度上反映了西方观念史形成所经历的三个阶段。第一个是法国时代。第二个是德国时代，诚如斯塔尔夫人［Mme.de Stael］于1820年所说，"人类精神"［der menschliche Geist］正在漂游，现已抵达德国。[10] 在德语国家，观念史被表述为 Ideen-geschichte 或 Begriffsgeschichte［概念史］。[11] 观念史研究的重心从法国转移到德国，这与德国哲学史的繁荣直接相关；仅在1772年至1809年这段时间里，德国就出版了50多部哲学史，其中最重要的一部出自歌德门徒卡鲁斯［F. A. Carus］之手。卡鲁斯引进了历史心理学研究方法，在《哲学史的观念》［Ideen due Geschichte der Philosophie］中，他重申，哲学不应仅论述智慧，还应论述错误。哲学史应讲述"人类学的哲学化精神的历史"。[12] 当时所说的"人类学"即"心理学"，主要关涉人类的"精神"方面。卡鲁斯认识到，因果关系、智识原创性问题、民族性力量和语言的作用等智性问题，都是哲学史的内容。[13]

西方观念史研究的高峰是所谓"英美时代"。1927年，以洛夫乔伊为首的学者创立了

"观念史俱乐部"［the History of Ideas Club］，宣告了这门特殊的历史研究学科的成立，而该俱乐部于1940年所创办的《观念史杂志》［*Journal of the History of Ideas*］标志了其独特的研究方法的成熟。

至20世纪60年代，人们更倾向于把这门学科称为智力史，这也有其历史的根源。

伏尔泰是第一位相信人类心智是历史研究的真正对象的哲学家。在《风俗论》［*Essai sur les meaurs*］中，伏尔泰提出，政治史是外在变化的故事，而人类的心灵则经由宗教、哲学、艺术与科学发展的各个阶段而达至现时状态。他并不否定政治对人类文化发展所起的作用，相反，他认为国际和平的倡导、国家法制的确立等政治形式是世界各文明繁荣的必要基础。但是，在他看来，依据理性将人类自身升华到一个更高的自我认识境界，则是历史的本质内容，比外在的政治形式更为重要。

然而，伏尔泰的心智史缺乏观念史的动态特征。因为跟启蒙时代的其他思想家一样，他坚持认为：在整个历史过程中，人类在本质上保持不变，是外部环境，如习俗、偏见等因素，影响了其理性力量。

伏尔泰的观念，其实是一个悖论，倘若人类心智的实质真是一成不变的，那么就无历史可言了。但无论如何，伏尔泰开辟了通往观念史的路径，他至少提醒人们，心智是一把开启历史进程内在机制的钥匙。不过，若要将他的静态观念转化为真正意义上的观念史，必须加入动态的精神发展理论。黑格尔以及浪漫主义时期的德国哲学家做到了这一步，由此，他们不仅改变了历史的观念，而且改变了思想本身的观念，为智力史的发展铺平了道路。

在黑格尔的哲学体系里，进步的观念是考察历史的一个天然的尺度，而"精神"则是历史的生命动力。在此，黑格尔的Geist［精神］与伏尔泰的esprit［精神］有天壤之别。在黑格尔看来，历史是"普世心灵"［universal mind］在这个世界上的逐渐显现。这个普世心灵就是上帝，也就是绝对精神，它既是超验的又是无所不在的，活动于现实世界。不仅自然反映了绝对精神的结构，历史也是如此。这种绝对精神不仅显现于一切存在之中，而且显现于已然发生的一切事物之中。它是理性［Reason］，但并非是我们通常模糊地理解的那种理性。绝对精神涵盖一切思想范畴，它也是现实的范畴，包括心灵所具有的一切观念，一切可知的存在结构，不论从抽象的角度看，它们相互间是何等的矛盾对立都是如此。绝对精神使所有的对立范畴归于统一。

那么，这个绝对精神是如何显现于历史的呢？在黑格尔眼中，历史在时间上渐进地揭示绝对精神。时间与历史同义，它们是永恒的移动图像。理解历史，就是理解上帝思想的显现。黑格尔的绝对精神是思想和存在的统一，它存在于作为绝对的绝对形式的超验同一性之中，在时间上依照进步的法则，连续地展示自身，而通过这种法则，某种范畴引发其对立面，然后在更高的综合中得以统一。而这一更高的综合又产生新的对立范畴，然后达到新的综合。马克思主义者将这种辩证法视为搏动历史命脉的动因，其节律从命题转向反命题，再到综合，如此递进，直到时间结束为止。

在黑格尔看来，这种神圣思想的递进显示，最清晰地体现于伟大的哲学家的著作中。正是通过伟大的思想家的心智，神圣心灵才得以显现，并实现自身。上帝借助并在人类思想中思想。

时间的进程即历史本身，是上帝所设置的智识旅程，一种自我实现、自我显现的旅程。从人的角度看，这个旅程，始于人类哲学意识的觉醒，即是说，当人类开始对自己的经验与思想进行反思时，便在这个旅程上迈出了第一步。换言之，唯当人类超越自然状态、发挥其潜能、运用所赋予的改变现实的思想与理性力量之时，那普世心灵才会显露。

但人类的理性特征，唯有在人类社会中才能实现。国家是道德的化身，它是维系个人与伟大的历史发展的枢纽，只有在国家中，"客观的心智"才有了生命。反之，国家形式反映了人的理性力量和对自由的自我意识的程度，因为，"心智的本质是自由"，而自由源于将世界认知为其属性。黑格尔竭力辩明，人也是自然的一部分，其激情与欲望乃是行动的巨大动因。个人的意识受到个人情感的削弱，正是在个人欲望与意志搏斗的驱动之下，普遍性心智走向了更高的层面。甚至那些"世界史"伟人，如亚历山大、凯撒、拿破仑大帝，其行动也受个人利益的驱使，但他们各自都生活在一个富有特殊潜力的时代：现存的价值、法律和权力体系可以使他们实现尚未实现的目标。通过打破现有秩序，他们创造了各自的新时代。他们并非是精神进步的发动者，而是"世界灵魂"的执行者，黑格尔称这种状况为"理性的机巧"［cunning of reason］。

世界受世界灵魂的支配。人类虽建立了客观心智的世界，但不过是世界灵魂的辛苦木偶而已。历史的进程通向自由，一旦人意识到这种自由，便获得了更大的自由。正因为如此，黑格尔心目中的哲学由宗教、艺术和科学所组成，它们不是客观而是"绝对心智"的形式，通过这些形式，个人能够明了自己与"世界灵魂"的联系。[14]

黑格尔的"精神"虽与伏尔泰所说的"精神"有本质的区别，但他们都把宗教视为"精神"的核心成分。这一点对观念史的发展至关重要。事实上，在方法论上，是宗教史而非哲学史为它提供了行之有效的模式。如前所述，观念史出现的内在动力是批评的精神。18世纪的哲学史家步宗教批评史家的后尘，开始意识到在研究中应同时关注正确的和错误的历史；寻找错误，必然强化批评的意识，因而当时盛行的哲学史常冠以"批评的哲学史"［Histoire critique de la philosophie］之名。

如果说伏尔泰的观念史缺乏历史感，那么黑格尔的普世论则取消了人类思想在历史进程中的能动性。然而，黑格尔的历史观念强调：唯有理性的东西，才具有真正的历史性，因为理性是隐藏在世界背后的动力，决定历史依据其法则而推进。无疑，这种泛逻辑主义哲学，必然会将观念当作历史研究的主要对象，使我们认识到观念不但是人类的根本成就，而且是区分连续不断的历史的各个时代的标志，如"黑暗的中世纪"、"文艺复兴"、"启蒙时代"等时代称谓都是特定的观念的体现。

　　黑格尔并未将所有的历史简化为哲学史。绝对精神不仅是理解与理性范畴的总和，而且这些范畴反之也是生成的范畴。事实上，在哲学家尚未发现表达世界精神的生命观念方式之前，它已显现于生命形式亦即具体的文化事实和历史事件之中了。例如，黑格尔会说，是活着的德意志人促使他们的思想家去赋予构成德意志民族本质的生活方式与价值观念以概念性表现。思想史是依据观念而显现的文化事实和重要的生活形式，是存在的规范模式的表现。它们是思想与存在的普遍范畴之化身。唯当生命力已从一种特殊的生活模式消退，哲学才出现："当哲学在灰色上涂抹灰色之时，一种生活方式已然老化。密涅瓦的猫头鹰在暮色中飞翔。"哲学是文化的观念化表现。黑格尔的这一诗意化的哲学观，改变了西方的史学观，因为，他在各时代具体的文化生活［包括道德和价值观念、生活态度及其在政治、宗教、艺术中的表现］与这些时代的哲学和科学思想之间架设了一座互通的桥梁。哲学和科学思想是具体文化生活的观念性表现。前者是思想，后者是生活。历史终究是理性范畴的渐进显现。历史上的每一个时代，每一个特定的文化阶段，皆受同一范畴或原则的主导。这个共同原则就是 Zeitgeist［时代精神］。因此，文化的历史就是 Geistesgeschichte［精神的历史］。[15]

　　不难设想，为什么伏尔泰的学说对观念史写作并未产生什么深远的影响，而黑格尔的幽灵迄今为止却仍然在该领域的上空徘徊。

　　"精神"［spiritus, esprit, Geist］观念的引进，是观念史从哲学史分离出来的一个关键步骤。诚如布罗［Bourreau］所言，从某种角度看，观念史等于人类精神史，至少是一种人类精神处于最高点的历史。[16] 在整个启蒙时代，法国的思想家，诸如杜尔哥［Turgot］、孔多尔塞［Condorcet］、库辛［Victor Cousin］等，从智性的角度对精神史作了广泛的讨论，并高度赞颂人类精神的进步。19 世纪黑格尔主义的精神说，虽与之大相径庭，但在这一点上是声息相通的。不过，黑格尔主义的盛行，将孕育观念史的温床，从法国移到了德国。

　　狄尔泰［Wilhelm Dilthey］堪称是近代观念史的先驱。他的"精神科学"［Geisteswissenschaften］将意识视为历史的重要事实。他反对将人文或文化研究附属于自然科学的实证主义态度；他甚至认为，连康德也犯了这个错误，将其知识论奠基于物理学，把历史与人文学科排除在科学之外。他立志要在可靠而科学的基础上建立文化科学，撰写一部《历史理性批判》［Critique of Historical Reason］，与康德的《纯粹理性批判》抗衡。他认为，哲学必须摆脱康德的逻辑主义，因为这种逻辑主义相信在现实的上空悬挂着永恒不变的规则和原理。

　　狄尔泰是启蒙时代的信仰者，更广义地说，他是"精神主义"［spiritualism］的追随者，而这种精神主义挣脱了笛卡尔"我思故我在"学说的约束，经由洛克、休谟、康德、苏格兰道德学家、空想家、19世纪折中主义者、新康德主义和现象学家而延续了下来。狄尔泰确信，经验现实是我们的整一的知识世界。[17] 我们必须从人类的角度去理解人类的生活。在这一点上，他与实证主义精神相通。他坚持认为，哲学一旦超越生活，便无法回转，因为生活先验于知识，而非知识先验于生活。然而，他并不忽视精神世界的存在，只是强调这种精神世界是人类通过情感、意愿与思维所构建的世界图景[Weltbild]。人类是在世界图景中将其对眼中事物的总体理解组织成自己的世界，并在某种世界观[Weltanschauung]之下组织其对自己觉得理应如此的事物的种种反应。[18] 总之，世界图景与世界观是我们理解人类心智的主要资源。它们是活生生的经验的产物，凭借移情直觉，我们可以重新体验这种经验。而我们的移情直觉凝聚为观念，构成世界史的核心。[19]

可见，狄尔泰的主要兴趣落脚于智力史领域，这更进一步体现在他对历史方法和史学史问题的深入思考上。他的研究对于我们理解批评行为与历史想象力的关系做出了突出的贡献。例如，他认为，每当理解一件文学作品时，我们是在心灵中重演往昔的生活与思想，亦即我们实际所为乃是消除横亘在读者与作品之间的时间距离。在此，文学是经验的记录，而文学批评是一种历史探索的特殊形式，因为，解释的行为是对意义的发现。对往昔记录中的意义的探索，把历史学家和批评家联合了起来，不论他们所面临的文本以及所探求的意义多么不同。在这两种情况下，作者的心灵与读者的心灵在狄尔泰所说的"理解"中相遇，在那消除事件距离的行为过程中会合。这种距离有大有小，取决于作品创作的时间、区域和语言。我们是通过这样的途径而理解作品的：即认识到那时空上遥远的"文字"真正表现了一种接近于我们的关注与兴趣点的精神。理解的行为是解释的行为，是注解的行为，是最广义上的文学批评的行为。然而，理解并非在智性的真空中发生。它要求掌握尽可能多的知识，要求对作者思考和生活于其中的文化母体有深切的了解。唯当完全沉浸于一个时代的艺术、宗教、哲学、科学、社会习惯与风俗时，我们才能理解一件作品的风格及其惯用手法。唯有如此，才能理解它的内在语言，它所真正表达的东西。[20] 我们对往昔的理解，始于面对象征符号系统，终于对其所承载的意义的发现。文化的世界是意义的世界，就其时间而言，文化世界即是历史，也就是意义的历史。在此意义上，一切文化史都是观念与意义的历史。

狄尔泰并未将意义视作我们对刺激物的简单心理反应。因为人类的意义知觉，皆具有时间结构。存在于永恒的时间中的心灵，对过去与未来没有意识的心灵，大可体验永恒性，但难以理解其周遭的世界，也难以理解自身。每一个有意义的意识，在时间上，都是向后向前伸展的。每一个可以理解的当下事件，都是从那被铭记的往昔之河中流淌而来的，并指向一个未知的未来。记忆不单单是个材料库，还是我们感知现时意义的行为。

在狄尔泰心目中，观念史研究是发明一种有效的哲学之方式。的确，与黑格尔比较，狄尔泰的心智观念更易理解。狄尔泰也在哲学中看到了人类精神的巨大容量，并赋予了诗人以更大的创造作用，因为他相信，只有在诗性视像之侧，才屹立着显现于国家和社会法则之上的实践意志力。在很大程度上，哲学奠基于人类视像和意志的表达，凭借抽象将之提升到更高的理性层面。

在重视人类心智研究上，狄尔泰可以说是一位伟大的观念史家。然而，他研究的最终意图依然是哲学。他的观念研究，仅仅是他用以建造新哲学体系的砖瓦。维科［Giovanni Battista Vico］恐怕是最早启用"观念史"这个术语的人。他把 storia dell'umane idée［人类观念史］视为《新科学》系定理中的第三个主要方面，并提出了观念史的基本任务："这种观念的历史，要提供各民族所用的应用科学以及现在学者们所钻研的各门思辨科学这两方面的粗略起源。"[21]

《新科学》系定理的第四个方面是"哲学批判"。维科明确指出，这种批判精神产生于观念史，即是说，他所构思的新科学系定理的第三和第四方面具有逻辑发展关系。这一点至关重要。如前所述，批评的精神是观念史的原动力。维科的《新科学》的批评锋芒直指笛卡尔，直指他的反历史、反语言学的形而上学观念。维科继承瓦拉［Lorenzo Valla］等文艺复兴人文主义者的修辞学传统，从语言学的角度批评前人的思想。他认为，观念有赖于语言媒介而存在。这为观念史的未来发展奠定了一个重要的方法论基础，所谓的"语言学转向"［liguistic turn］将成为现代观念史家讨论的热门话题。

另一位将观念研究与语言学紧密联系的人是赫尔德［Herder］。与维科一样，他把语言视为思想的载体。他所提供的康德式先验论"原批评"模式便是建立在语言学基础之上的。[22] 这种对逻各斯本质的辩论，在专业哲学家圈子里经久不衰，现仍常发生于以"新修辞学"或"新文学批评和理论"为导向的观念史家之中。下文将谈到的洛夫乔伊与莱奥·施皮策尔［Leo Spitzer］的论辩，便是一个明显的例子。

从维科、赫尔德至新文学批评传统，逐渐把观念史与哲学范式分离了开来。一方面，它与"纯理性"或"纯观念"疏远；另一方面，它开始与意识形态、社会价值和社会文化情境等问题挂起钩来。如19世纪欧洲一个极为重要的思想是"进步的观念"，培根从科学文化的发展，洛克从心理学的角度表述了这种观念。法国百科全书派为这个观念构筑了平台，并进一步将文艺复兴的博学思想现代化、人性化，把"商贸与技术的艺术"也包容其中。这种包罗万象的思想，必然引起近代交叉学科产生难以预料的成果，反之又促进了几何学、物理学、词源学、古代史、比较解剖学、地理学等多学科的交叉。这种交叉形式不断塑造着西方观念史的特征。

观念史的前期发展与哲学史不分家。我们难以在哲学史范畴之外，发现观念史特有的规范与方法；它甚至是一种非正式的研究传统。至19世纪，我们可以依据专门的学科史去考察观念史。在诸学科史中，文学史尤其突出，它同时注重"内在"和"外在"情境。此点充分体现在赫尔德、迈纳斯［Christophe Meiners］、施勒塞尔［F.C. Schlosser］、艾克霍恩［J.G. Eichhorn］等人的著作中，他们力图将智力创造与社会环境联系起来。后代作者，如莱米尼耶［Lerminier］、泰纳［Taine］和巴克尔［Buckle］也是如此。

文化史的诞生，给予观念史以新的促进。文化史旨在探索宗教、神话与艺术等创造领域里的人类"精神"。布克哈特的名著《意大利文艺复兴时期的文化》是这方面的典范。[23] 到19世纪晚期，"文化"与"精神"相融合，成为人文学科和历史研究的显著特征。正是在这种融化过程中，出现了表示智力史的其他术语：例如，the history of thought［思想史］、the history of civilisation［文明史］、mental culture and progress［心理文化与进步］、the history of morals［伦理史］、the spirit of rationalism［理性主义精神］、intellectual development［智力发展］与 the history of particular ideas［个别观念的历史］。这后两种说法表明，我们如今所理解的观念史已基本成形。随着"新史学"的兴起，"观念史"和"智力史"两种名称日益流行，至20世纪初触发了前述关于应以"智力史"还是"观念史"命名这门新兴学科的辩论。其实，我认为这两种说法并无实质性差异，可依据上下文互用，现代观念史大师们的实践就证明了这一点。

三　洛夫乔伊与"单元观念"

对于观念史的名称、性质与方法的自觉讨论，说明在人们的心目中，它已是一门自身可以独立的学科。美国职业哲学家洛夫乔伊从巴克尔的追随者文德尔班［Windelband］的哲学史中汲取灵感，构想了观念史探索的方法体系。虽然洛夫乔伊的观念史在本质上与传统的哲学史一脉相承，但他认为，观念史绝非是历史研究中的一种辅助工具。观念史有其自身的存在理由。这个理由是自我知识，是在下述意义上的自我知识：观念史不但追求真理，而且分析错误。思想史不是一种"客观真理以理性秩序不断显示自身的绝对的逻辑进步"。恰恰相反，它展示了人类在智力主义与反智力主义，即在启蒙思想与浪漫倾向之间的摇摆。对于洛夫乔伊来说，这双重的自我认识的意义不仅在于赞扬人类的文化成就，而且提出了20世纪30年代后期在人们心中纠缠的问题："人类究竟出了什么问题？"[24]

洛夫乔伊继创立"观念史俱乐部"和《观念史学刊》后，又于1959年领导了"国际观念史协会"［International Society for the History of Ideas］。这个协会旨在关注上述问题。其宗旨是：1.促进对观念史及其对社会影响的交叉学科研究；2.检验和发展观念史方法，并探索迄今为止依然分离的学科即哲学史、文学史、艺术史、自然史、社会科学史、宗教和政治思想史的内在联系。该协会的第一次会议旨在结合对"文艺复兴以来的个人主义观念"的研究而探讨观念史的方法与问题。追溯某个观念在历史上的单一发展和与其他诸观念的离散聚合,以及这个或那个单元或复合观念跨越不同学科、不同文化的历程,这构成了洛夫乔伊所开创的美国观念史研究的特定目标与方法。

洛夫乔伊在1932至1933年所作的詹姆斯哲学与心理学系列讲座[The William James Lectures on Philosophy and Psychology]中首次陈述了自己的观念史方法论。这个讲座于1936年发表,题为《伟大的存在之链》[The Great Chain of Being]。

洛夫乔伊开宗明义,为他心目中的观念史作了如下定义:

> 我所说的观念史,指的是某种比哲学史更具体,但同时又更少受限制的东西。其区别主要在于它所关注的单元[观念]的特征。虽然,在很大程度上,它所处理的材料跟其他思想史各分支相同,并极大地有赖于它们先前的工作,但它以一种特殊的方法分化那种材料,将它的各部分组合成新的群集和关系,并从一个特殊目的的立场去看待它。可以说,它的初始程序跟分析化学有些类似,尽管这个类比有其危险性。例如,在处理哲学学说的历史时,它切入那些明确的个体体系,并为它自身的目的而将它们分解成它们的构成要素,即分解成我们所说的单元观念[unit-ideas]。[25]

洛夫乔伊认为,观念史所针对的并非是"体系"或"主义"之类的东西,而是这些体系和主义中的基本成分,亦即他所谓的"单元观念"。他相信,某种基本的"单元观念"存在于西方思想基础之中。"单元观念"是"永久的动态观念,在思想史上产生影响的观念"。早在1905年,洛夫乔伊便提出了"单元观念"的概念,而剖析这类观念成了他的方法论核心。不过,他并未对什么是"单元观念"给出明确的定义。他的"单元观念"具有各种形式,他在《伟大的存在之链》中所列举的几类,也许最近其意:明确或隐晦的假说,辩证的动机,对形而上学情念的易感性,早期西方思想史上所阐明的单个关键命题。

洛夫乔伊的论据在于,从任何思想体系或主义中,都可以分解出上述种种类型的"单元观念",因为,"任何哲学家或学派的整个学说体系,几乎都是复杂而多元的综合体"。这类体系,更带宗教运动而非科学假说色彩,没有内在一致性,不过是各种各样的单元观念的群集而已。以此而论,在洛夫乔伊的心目中,哲学家研究的是大的体系,而观念史家关注的则是其单元成分。

洛夫乔伊十分重视主导哲学家思想的理智与情感动机。他敏锐地看到,在思想史上,密切相关的理智与动机会在不同的时期,在不同的思想家身上,产生迥然不同的结果,一如不同的哲学家会从全然相异的观点出发而得出相同的结论。逻辑的把戏、思想的转折、方法论假说，诸如此类，都是主导某位哲学家，甚至一个时代"辩证动机"的动力。在这类动机中，洛夫乔伊特别论述了两种：名学论和机体论动机。前者试图将种种一般性观念约解为某个具体而可理解的殊相。后者认为，在任何有组织的思想体系中，离开了与整体的联系，部分就难以理解。哲学家的思想，不仅受此类智识动机的主宰，而且各种情感偏向，也常常使他们导向某种结论。洛夫乔伊称之为"形而上学情念"。这种情念有两类：一是热衷于晦涩难解的东西，二是偏爱永恒性，深信永久的东西高于短暂之物。同样的宇宙论，在不同的人身上唤起对无限空间的对立态度。例如，令帕斯卡［Pascal］恐惧的观念，在特拉赫恩［Trahearne］心里激发了强烈的宗教情感。

可见，大多数哲学体系的原创性，在于其模式［patterns］，而非组成成分。即是说，由于构成思想复合体的"单元观念"的数量屈指可数，所以，许多哲学体系的新意，完全有赖于运用与组合这些体系中的古老成分的新颖性。

在洛夫乔伊看来，重视单元观念就是关注"观念成分的连续性"，而非否定包容这些成分的模式。他的研究表明，分析这类因素，有助于说明被研究的哲学家思想中的组成部分，而理解其思想中的这些要素，对于理解其整体思想至关重要。当然，洛夫乔伊认识到，强调进入某个哲学体系的单元观念的连续性，不等于是要否定这个体系的基本目的和能动作用。相反，他认为，原创性往往体现于思想家的思想模式，而非其中可分辨的特殊的单元观念。

洛夫乔伊之所以重视构成不同时代特定作家思想中基本因素的连续性，是因为他相信这些单元观念具有自己的生命历史。诚如他所言：

> 观念史是对个别观念的整个生命史的研究。在这一探究中，研究者运用恰当的批评文献，追溯其中任何一个观念在历史场景上所扮演的许多角色，它展示的不同方面，它与其他观念的交相辉映，冲突和联盟，以及不同的人们对它的反应。[26]

在此，必须注意的是，洛夫乔伊论及观念的生命史，并非是说他认为这些单元观念可以脱离提出这些观念的人物或表述它们的著作而存在。强调它们的生命史，有助于研究者从历史的观念去看待人类思想的发展。也许，对于观念史的更确切的描述是对观念生命的研究。一旦观念史家确定了单元观念之后，其任务便是追溯它在不同时间、不同领域里的种种表现形式，以便揭示原初观念所经历的沉浮变迁。洛夫乔伊就是以这种方式，有效地勾画出了"伟大的存在之链"这一西方重要观念的历史，从中他追溯了构成"存在之链"的三个环节即充裕［plenitude］、连续［continuity］和渐进［gradation］的观念。[27]

任何研究方法，不论多有成效，必定难以概全；它某一方面的优势必然显露另一方面的缺陷。正是洛夫乔伊方法的长处，反而使批评家轻率地对他提出了两种批评。首先，他们批评他忽视观念的独创性。他们的推论是：一旦某位思想家越有独创性，洛夫乔伊的方法越会逼迫研究者将注意力集中到该哲学家与别人共享的单元观念史上去，从而遮蔽了其独创的东西，同时，追溯单元观念的做法往往易于低估前代哲学家对后代思想的影响，因为这种影响可能直接来自其思想模式，其重要性不亚于隐含其中的特定的单元观念。

然而，这个批评恰恰从反面揭示了洛夫乔伊的深刻思想：即思想的独创性并非显现于个体观念本身，而是对个体观念重新组合的结果。如果我们认真地阅读《伟大的存在之链》，不难发现，作者从未将任何观念看作孤立的概念，而是将之描述成在柏拉图至19世纪初不同的思想家的意志支配下而接合的不稳定链环。第二种批评指向他对单元观念生命史的强调。批评家认为，倘若将复杂的观念综合体解析成单元观念，那么，在理解这些单元观念时，势必要从时间上往后追溯其历史。不可否认，有些观念，如"原始性"，属于漫长而统一的历史观念，它们在任何特定的时刻出现，都有赖于先例的影响，也就是说，它们具有历时性和连续性。但是，并非所有的观念都如此。有些单元观念是"重复出现的观念"。洛夫乔伊自己所研究过的"自然"的观念便属此类。这个观念并非是个连续一贯的历史观念。洛夫乔伊对它的古代意义的调查，就分辨出66种不同的含义，即使虑及这种多义性是在极短的时期内产生的，即使说这66种意义相互之间没有直接关系，把这类观念描述成不论何时何地都呈现出统一的生命历史，难免过于武断。

评判上述两种批评中肯与否，与本文的主题没有直接的关系。但就观念史研究的意义而言，我认为，洛夫乔伊对于观念的原创性的看法，对我们具有特殊的启示。我们的时代，是人类历史上最具有创造意识的时代，至少是人们特别乐意宣称创造性的时代。但实际上，除了在技术领域之外，我们并不比以往任何时代具有原创性，学术、文学和艺术领域尤其如此。正是过分地追求原创性扼杀了我们真正的创造潜能。就学术和艺术而言，现代科技的突飞猛进，为我们带来了最便利的交流条件，这是人类思想发展的必要条件。在这种前所未闻的条件下，我们误以为自己比往昔的人们知道得更多，因为我们可以更快地占有更多的信息，"秀才不出门，尽知天下事"的理想，在我们的时代才真正变为现实。但，自相矛盾的是，我们时代的学术恰恰是历史上最狭窄、最粗糙、最缺乏历史意识的。智慧和思想的火花，在信息的洪流中淹没，在声称创造性的焦虑中泯灭。人们不再耐心思考，不再愿意思考前人的思想，却以为自己是在创造思想，将信息与知识和智慧混淆，以为信息便是知识，便是思想，在无知的自信中宣称创造，误解他人的思想。

可以说，对于洛夫乔伊的方法的批评，在很大程度上是受了这种"创造情念"的驱使。事实上，洛夫乔伊本人早已避免了陷入其"单元观念"探索法所潜在的误区。他的《伟大的存在之链》似乎预先批驳了对他的第一种批评即认为他将观念处理成固定的思想原子。只要我们仔细阅读全书，就不难发现，他时刻都把观念描述为由不同的思想家的意志而摆在一起的不稳定的集聚体。对他的第二种批评即认为他的观念史太具局限性而忽视与其他变化情境的联系，起于二战结束之后。倘若人们读一读他1938年春发表的《观念史研究方法》这篇文章，[28] 那么就不会断然提出这种批评了。在这篇文章里，洛夫乔伊列出了观念史的12个基本范畴，强调了跨学科研究的紧迫性和必要性。他所罗列的类目实已涵盖如今盛行的交叉学科之主要内容，包括语言学"跨语境"研究：

1. 哲学史。
2. 科学史。
3. 民俗学和人种学的某些方面。
4. 语言学，尤其是语义学的某些方面。
5. 宗教信仰和神学教义的历史。
6. 文学史，亦即普遍流行的那类特殊民族或语言的文学史。只要文学史家对文学的思想内容感兴趣，哪怕诚如有些人所做的那样，对这方面的兴趣是微乎其微的。
7. 不幸被称为"比较文学"的东西。在真正出色的研究者们看来，它是对国际知识关系，即对思想倾向、趣味和文学时尚是如何从一个国家转向另一个国家的研究，它特别关注它们被移植到一个新的环境后所发生的变形或质变。
8. 除了文学以外的各种艺术史，以及这些艺术的趣味变化史。
9. 经济史和经济理论史。尽管它们不是一回事，但它们的关系很密切，为简便起见，姑且将其归为一类。
10. 教育史。
11. 政治和社会史。
12. 社会学的历史部分。只要这方面的专家们就如他们目前越来越强调的那样考虑智力或类似的智力的发展过程，考虑那些"主导观念"或"舆论氛围"，不论它们在流行于特定时期的政治体制、法律、民德，或社会环境中是偶然的因素，还是它们的结果或"理性化"结果。这种研究对象有时被称作Wissenssoziologie。

洛夫乔伊是一位哲学家，而非历史学家。这在一定程度上反而使他比传统的思想史家少受限制。传统的思想史家往往只关心伟大的哲学家，而洛夫乔伊却独具慧眼，认识到某个观念的生命的重要部分，往往活在次要思想家和富于想象力的作家著作之中。他同意怀特海[Whitehead]的观点："人性的具体观念表现在文学之中，相应地，假如我们希望发现一代人的内在思想，我们必须留意文学作品，尤其是那些具有更实在的形式的作品。"洛夫乔伊向我们揭示，诗人可能在作品中运用某种观念，而这种观念所表现的含义，不一定见诸它所源自的那个思想体系本身。因此，在说明往昔的哲学思想时，洛夫乔伊经常使用文学资料，将文学作品视为记载智识和文化的有用文献。

洛夫乔伊认为，如欲透彻地理解文学作品，就需要丰富的历史想象力。当阅读一部文学作品时，我们难免是通过另一种文化、另一种时代或另一个民族去观察世界。一旦从这样的历史角度研究文学，我们就会忽视那种依据民族和语言差异而划分的区别，而且，似乎是自相矛盾地，我们自己的文明所持有的伟大信仰和指导原则会帮助我们超越这种区别。在某种程度上，观念史家是以比较学家的眼光看待自己的研究对象的。

四　语义学转向

在欧美观念史诸流派中，洛夫乔伊的方法是最没有社会学色彩的。不过，他反对以重要的思想家为主线撰写观念史的做法，这对以后的观念史研究产生了深刻的影响。他指出，思想史上的"山峰"固然重要，但"低谷"也不容忽视，事实上许多观念是经由次要的思想家和通俗作家的著作而延续、扩散其生命的。像神话故事的流传方式一样，精英圈子里产生的伟大哲学思想也会蔓延到各种阶层的人群中去。在传播的过程中观念必然发生蜕变，甚至衍生出不合原义的新义。纯以伟大的思想家的观念讲述故事，难免歪曲观念史的真实。

洛氏提出的"哲学语义学"［philosophical semantics］，也被后人演化成观念史的主要方法。有人甚至宣称观念史就是词语史，因为我们与世界的关系是由语言所决定的，而我们的经验是通过概念来传达的。[29] 这种语义学探讨 Nature［自然］、Art［艺术］诸观念的词义变化。这些意义模糊而宽泛的词语，常被无意识地用来指代完全不同的观念。例如 Nature 这个词，同一个词，表示各个不同的观念。观念史家必须努力破译该词在特定文本背后隐藏的观念意义。[30]

洛夫乔伊的批评家施皮策尔，就用这个方法，把观念史与词典学结合起来，从而将"哲学语义学"转化为"历史语义学"。在研究 milieu, ambience, world harmony 等词时，他首先追溯这些观念在特定时代和文化中的意义，然后描述在时间进程中围绕着它们而集聚的其他相关词语及其意义的多样性。他总是运用神学、哲学、文学、音乐、美术、科学，甚至魔术和迷信史材料去揭示词语与观念的复杂历史。他确认，特定的词组，或多或少是同义的词，是依靠观念的"概念域"［field of concepts］这个多元的相关意义世界而统一起来的。因此，施皮策尔认为，人们既不能从中分离出洛氏的"单元观念"，也不应将观念与观念被创造时所包含的情感与态度分离开来。因为一切观念，至少是在其初级阶段，都是对问题的情感反应之产物，它们的表述形式必然承载着情感，而这种非理性的因素本身就是观念的有机部分。

从语义学出发探索观念的生命史是德国 Begriffsgeschichte［概念史］的特色。它源于狄尔泰的精神史，二战后通过埃里希·罗特哈克尔等人创办的《概念史档案》［*Archiv für Begriffsgeschichte*］杂志而得以复兴。从 20 世纪 60 年代后期起，德国学者开始编撰多卷的《历史中的基本概念：德国政治与社会语言历史原理辞典》［*Geschichtliche Grundbegriffe. Historisches Lexikon zur Politisch-sozialen Sprache in Deutschland*］和《1680-1820 年法国政治和社会基本概念手册》［*Handbuch politisch-sozialer Grundbegriffe in Frankreich, 1680-1820*］。他们力求将概念与政府、社会和经济上的结构变化联系起来，从而决定什么群体、阶层或阶级在危机、冲突和革命发生前后运用或拒绝过什么概念。[31] 他们认为，只有把 terra、Land、dominium、Herrschaft 这类词语或概念放回到原初的历史时刻，观念史家才能理解它们的确切含义，才能准确地描述与之相应的社会制度。这种概念史探索与施皮策尔的方法异曲同工，其灵感都来自法国"年鉴学派"之父吕西安·费夫尔［Lucien Febvre］和马克·布洛克［Marc Bloch］所倡导的心性研究。

五 费夫尔与"心理装备"

费夫尔是法国心性史的理论喉舌。他在早年的两篇书评里阐明了他的心性史观。他首先提出了下列问题：是否可将一个人的思想或一种环境［两者时常是矛盾的、不断变化的］套进观念史常用的传统范畴，诸如"文艺复兴"、"人文主义"、"宗教改革"？其答案是这些分类性术语无法对应于其所描述的运动和智力生活。如果用"宗教改革"这样的名称概括 16 世纪初由勒费弗尔［Lefèvre］发动的宗教复兴运动，就是以解释来歪曲那个时代的心理现实。费夫尔认为，心性史有助于重新发现往昔每一个思想体系的原义，理解它们的复杂性和生命变化，从而废除那些旨在界定往昔思维方式但却给之蒙上迷雾的概念化标签。

在费夫尔看来，智力史家的主要任务是考察观念或意识形态与社会现实的关系。但在考察这类关系时，研究者还必须摈弃"影响"、"决定论"之类的东西，尽可能采用其他更有效的方式：

> 严格地说，并不存在"创造性"理论，一个观念……只要在事实领域里得以实现……已不再是一个重要而活动的观念，而是一种处于其（自身）地域和时代的制度，将自身融进了复杂而易变的社会事实网络，产生与经历着成千上万种不同的作用与反作用。[32]

显然，费夫尔想驱除这样一种智力史：它试图从有限的唯意志论思想中演绎一切社会变革的过程。社会现象，决不能融化为旨在塑造这些现象的观念意识。他注意到了两个裂层：存在于往昔的思维方式与历史学家将之归类的观念之间的裂层，往昔的思维方式与其所处的社会环境之间的裂层。这种认识，激励费夫尔去引进新的历史分析模式，得以描述他所谓的"心态事实"。他从涂尔干社会学派［the Durkheim School］和以莱维 - 布留尔［Lucien Lévy-Bruhl］为代表的人种学家那里借鉴了这个模式。40 年以后，他更严厉地批评了将观念史抽象化的倾向。这种忽视具体事实的历史，不但把观念或思想体系从其赖以产生的环境中孤立了出来，而且全然忽视了它们与各种社会生活形式的具体关系。它所建构的是一个抽象世界，在那里，思想似乎不受任何限制，因为它并不依赖任何东西：

> 我们不应低估观念在历史上的作用。我们甚至更不应让观念隶属于兴趣行为。我们需要说明，一座哥特式大教堂、一座伊普尔市场大厅，以及吉尔松在书中为我们描述的那座伟大的观念大教堂，都是一个时代的女儿，同一家庭里养大的姊妹。[33]

费夫尔暗示，特定的时代存在着某些由社会经济进步所决定的思想结构，而该时代的种种智识构造、艺术产品、集体实践、哲学思想都是通过类似于"时代精神"的"思想结构"而组织起来的。不过，此处的"时代精神"并非是解释智识创造之因，而是必须加以解释之果。因此，他力求从相反的方向去说明"思想结构"或"时代精神"与具体的智识产品之间的复杂关系。要达到这个目的，就必须引进新的工具即他所谓的 outillage mental［心理装备］。新工具的采用，必然改变智力史的研究对象。与洛夫乔伊的"单元观念"定义相仿，费夫尔没有明确界定他的"心理装备"，不过，在研究拉伯雷的书中，他作了如下描述：

> 每一种文明都有自己的心理工具。甚至于，同一种文明的各个时代，使之具有特征的每一个科学技术上的进步，都有一套修正的工具，或为特定目的而略加完善，或为其他目的而少些改进。每一个文明，每一个时代，都无法保证可以把这些心理工具完完整整地传给相继的文明与时代。此类工具，也许会经历显著的退化、变质、变形；或相反，有了更大的改善，变得更丰富、更复杂。对成功地制造它们的文明和使用它们的时代来说，这些心理工具是有价值的，但它们并不具有永恒的价值，并不是对全体人类，甚至对一个文明之中的整个狭隘发展过程具有什么价值。[34]

这段话的意思很清楚：首先，思想范畴并非是普遍适用的，过去的思想范畴不能为我们今天所套用；其次，思想方式的特色有赖于使之成形的材料工具、技术和概念性科学；最后，心理工具的替兴，并非意味着它们必然从简单向复杂进步。

在为《法国百科全书》［*Encyclopédie française*］所写的条目 L'Outillage mental, Pensée, langage, mathématique 和关于拉伯雷的宗教一书中，费夫尔进一步界定了"心理装备"。它们是"可资利用的工具与科学语言"、由知觉系统所表示的"敏感的思想支持"，以及"决定情感结构的易变经济"。他有时也用"观念材料"表示特定时代的人们可利用的智识储备库。其中有词语、象征符号、概念等等。在他看来，这全副智识装备几乎是一种"客观化了的存在"。由此，区别不同社会群体的不同心态的标志就是他们使用这类现存"工具"的向度。史学家的大忌是依据自己时代的智识标准衡量往昔，也就是犯年代误置的错误。拉伯雷的同代人，看似与我们相仿，但他们的智识装备与我们大不一样。我们"必须将一个 16 世纪的人物与同代人而非我们相联系，才能理解他"。[35]

与洛夫乔伊的观点相反，费夫尔特别重视思想史上的"山峰"，因为精英阶层比缺乏教育的阶层能更全面地使用时代所提供的智识装备。通过对路德、拉伯雷等重要人物的个案研究，他深入探讨了 16 世纪的人们感知与再现世界的结构形式，以及该时代所特有的宗教、科学和道德之间的相互联系。历史人物在他们原有的时代里，不论他们是谁，不论他们做什么，都无法使自己摆脱那控制着同代人的思想方式和行为准则的智识装备。在费夫尔的智力传记中，主人翁充当了限制个体自由发展的集体心态的见证人和产儿这双重角色。他们是社会观念史的典型人物。他的传记，实质上是一部再现特定时代或群体的信仰体系、价值观与再现方式的历史，也即"意识反应"的历史。由此费夫尔从根本上改变了法国心性史的探索方向。它现在针对的不再是思想的创新问题，而是观念的历史限度。

六 伯林的质疑与艺术史转向

以赛亚·伯林对此提出了异议。他认为，年鉴学派所说的历史"心态"很重要，因为观念不是单子，不是在真空中产生的，它与其他观念、信仰、生活方式、世界观有联系，它们互相流通，是所谓的"智力气候"中的一部分。若要理解马基亚弗里的思想，对 15 世纪意大利和佛罗伦萨的知识环境所知无几的确不行。这种想法有一定的道理，但并不完全有理。伯林也许会这样质问费夫尔：

> 我问你，我们对苏格拉底、柏拉图、色诺芬时代的雅典、雅典人的"心态"和生活方式了解多少？我们对当时的雅典是什么样子所知无几，它是像贝鲁特还是像祖鲁·卡拉尔？当然，我们现在还能见到帕台农神庙和其他的庙宇，以及一

些居民遗址。但我们无法知道当时的街道是什么样子，人们喜欢吃什么，他们又是怎么讲话的，他们看上去是什么模样。尽管有瓶画与雕刻传世，但我们并不了解他们家庭生活的细节、自由民与奴隶之间、穷人与富人之间关系如何。我们试图建构关于这些方面的观念。但与我们对近代几个世纪的了解相比，我们对此确实知之甚微。然而，柏拉图的观念对我们，特别在今天，仍有意义，即使我们缺乏从理想上说对理解古希腊词义所必需的环境知识。那些占据西方世界心灵的伟大观念都有自己的生命。我们虽然不能准确地了解这些观念对古雅典人意味着什么，也不知道古希腊语和古拉丁语的发音，不了解当时语言的曲折变化、词义的细微差别、词汇的出处和引喻，我们虽然对这些观念赖以产生、赖以发生影响的物质环境、历史细节一无所知，但这些观念的某些含义还是流传下来了。当然，很多政治、社会和道德观念都随着它们所生存的社会的消亡而消失了。人们从历史的角度研究这些观念，对于它们何以产生如此强大的影响力，只能得到不完全的理解。[36]

费夫尔所追求的历史的限度与他的意图相悖，因为历史是破碎不堪的残迹，无法全盘复原，更不消说往昔的心态和生活方式了。但是，人类思想史上的伟大的观念具有自身的生命力，一种超越历史［trans-historical］限度的生命力。伯林自己的观念史史观也超越了历史的刻度。他说，我们不能脱离历史环境抽象地探究观念，但也不能把观念局限在某个具体的历史环境中，仿佛观念脱离了其土壤便会失去意义。

伯林比他所有的观念史前辈都更明确地阐述了自己的研究方法，而这种方法是科林伍德式内心重演理论与波普尔的情境分析的融合：

> 在研究观念史中，我们确实在努力追溯观念的发展。观念史是我们认为人们所思所感的历史，而这些人物都是真实的人，不是雕像，也不是群体特征。撰写观念史不可避免地要运用想象力去进入思想家的世界观与内心世界，这种移情［Einfühlung］努力，不论多么困难，多么不肯定，多么不精确，都是不可缺少的。当我论述马克思时，我试图了解马克思在柏林、巴黎、布鲁塞尔和伦敦是什么样子。我试着用他的概念、范畴和德文词汇去考虑问题。在研究维科、赫尔德、赫尔岑、托尔斯泰、索雷尔和其他任何人时，我都用这些方法。
>
> 他们的观念是怎样产生的？在什么特定时间、特定的地点和社会中产生的？他们的观念本身可能有趣，但那是他们的观念。你必须考问自己是什么东西在困扰他们，是什么东西使他们为这些问题而自我折磨？他们的理论与著作是怎样在

他们的头脑中成熟的？[37]

总之，观念史是人类的思想与感受的历史，这是一个复杂而模糊的研究领域，一个"需要运用心智和想象力去探索的领域。在此领域中，没有任何东西是肯定的，有的仅是最大程度的可能性和连贯性，以及智力、创造力和实际效果所包含的证据"。[38]

伯林认识到，在这类证据中艺术可以提供生动的材料，但他也许不知道，在费夫尔力图以"心理装备"概念解释特定时代"思想结构"的同时，艺术史家潘诺夫斯基为了说明"时代精神"而发明了"心理习惯"[mental habit]的概念。[39]这两个概念的提出，突破了智力史研究的标准程序，从而改变了它的探究方向。

1965年春，伯林应美国华盛顿国立美术馆之邀做梅隆系列讲座，他借此机会探究了浪漫主义的根源。对他而言，浪漫主义运动是人类思想史上的广泛运动，它横扫传统的客观真理观念，辟出多元化的路径。这个人类历史上前所未见的思想革命，将艺术与思想的关系拉得更紧密了，诚如伯林敏锐地指出：浪漫主义运动不仅是艺术的运动，实质上是艺术主宰政治、社会和道德生活[a kind of tyranny of art over life]的思潮。[40]这个历史现实本身揭示了艺术史与观念史的深刻联系。

人类的许多重要观念，如自然、原始性、创造、个性、自由、天才、进步、衰退、革新、秩序、和谐、气韵、美和丑，以及许多历史观念如"文艺复兴"、"启蒙运动"等等，如果不是发源于艺术，就是在艺术中获得了最鲜明的表现形态。[41]因此，欧美伟大的观念史家都非常关注艺术史。跟伯林一样，洛夫乔伊在探究西方浪漫主义根源时，把目光转向了艺术——对我们中国读者来说，更意味为深长的是，他把目光投向了中国艺术，由此而得出一个震惊寰宇的结论：17世纪始传入欧洲的中国造园思想，尤其是"不规则"观念乃是西方浪漫主义思潮的本源之一。[42]伯林在结束梅隆讲座后就决定将演讲内容发展成一部专著，他为此阅读和搜集了大量的文献，并在家里腾出一个房间专门存放笔记及相关资料。在30多年的时间里，伯林从未间断这一研究，时常向助手口授文稿，但伯林离别人世时，书稿尚未成形。学术界对此深感遗憾。然而，在遗憾之余，我们至少可以欣慰地从他重视这个论题的态度中推演如下结论：艺术并非观念的附属品，它不仅赋予观念以生动的形式，而且它本身孕育思想。经由这双向功能，艺术不断地改变和重塑着我们观看世界、认识世界的方式，由此而与其他观念起着同样重要的支配世界的作用。

本文由两部分组成，第一部分论述观念史的一般问题，第二部分论述艺术与观念史的关系，原计划将两部分合为上下篇发表在《美术史与观念史》创刊号上，以辅助阐明发起本年刊的旨意。记得早在20世纪80年代末，范景中教授就提醒我们应当注意西方观念史的成果。后来，我有幸通过恩师弗朗西斯·哈斯克尔教授［Professor Francis Haskell］认识伯林教授，在他逝世前不久曾与他谈起过我们将在南京编辑这部年刊的设想，他很赞同我们的想法，认为世界上还没有这种类型的艺术专刊，值得一为。他也同意我当时建议的英文名称 The Intellectual History of Art。遗憾的是我们的年刊直到伯林逝世 5 周年后才问世，而令我感到惭愧的是，我迄今尚未完成论文的下篇。兹将上篇文字付梓，谨以纪念伯林教授逝世七周年。2005 年 11 月 3 日记。

1 Charles A. Beard 在为 John B. Bury 的名著 *The Idea of Progress* 初版（1932 年）所写的导论中，开篇就说："在很大程度上，世界是受正确或错误的观念统治的。" [The world is largely ruled by ideas, true and false.] 其实，此语是 Bury 的书之篇首引言的概括："When we say that ideas rule the world, or exercise a decisive power in history, we are generally thinking of those ideas which express human aims and depend for their realization on the human will, such as liberty, toleration, equality of opportunity, socialism." p. 1.

2 *The Crooked Timber of Humanity: Chapters in the History of Ideas*, Fontana Press, 1990, p1-2. 学术和思想观念可以引起历史变迁，陈寅恪先生在《突厥通考序》中也敏锐地指出了这一点："考自古世局之转移，往往起于前人一时学术趋向之细微，迨至后来，遂若惊雷破柱，怒涛震海之不可御遏。"

3 The History of Ideas, An Introduction, New York, 1969, p. 3, 在他先前的一篇文章中，他说 "观念" 一词有 42 个意义，见 "Some Problems of Intellectual History"，收入 Studies in Intellectual History, The Johns Hopkins Press, 1953 p.3-21.

4 这场辩论是由洛夫乔伊的文章 "The Study of the History of Ideas" (1936) 和 "The Historiography of Ideas"(1938) 所引发的，学者们发表了许多文章，探讨观念史的范围与方法。以下所举篇名，可使我们窥其全豹：Frederick J. Teggart, "A Problem in the History of Ideas" (*Journal of the History of Ideas* [以下简称 *JHI*], Oct., 1940); Harold A. Taylor, "Further Reflections on the History of Ideas" (*The Journal of Philosophy*, May. 27, 1943); Roy Harvey Pearce, "A Note on Method in the History of Ideas" (*JHI*, Jun., 1948); Franklin L. Baumer, "Intellectual History and Its Problem" (*The Journal of Modern History*, Sep., 1949); Rush Welter, "The History of Ideas in America: An Essay in Redefinition"; John C. Greene, "Objectives and Methods in Intellectual History" (*The Mississippi Valley Historical Review*, Jun., 1957); Philip P. Wiener, "Some Problems and Methods in the History of Ideas" (*JHI*, Oct. – Dec., 1961); George Boas, "Bias and the History of Ideas" (*JHI*, Jul. – Sep., 1964), "Some Problems of Intellectual History" 和 "What is the History of Ideas" (见注 3); Hajo Holborn, "The History of Ideas" (*The American Historical Review*, Feb., 1968); Joseph Anthony Mazzeo, "Some Interpretations of the History of Ideas" (*JHI*, Jul. – Sep., 1972); Felix Gilbert, "Intellectual History: Its Aims and Methods" (*Historical Studies Today*, New York 1972); Leonard Krieger, "The Autonomy of Intellectual History" (*JHI*, 1973)。

5 John C. Greene, "Objectives and Methods in Intellectual History", *The Mississippi Valley Historical Review*, Volume 44, Issue 1 (Jun., 1957), p. 59 - 60。在 20 世纪 80 和 90 年代，我国就 "思想史" 的性质问题也展开了类似的讨论，其结果非但没有阐明问题的实质，反而说明中国观念史缺乏界际分明的概念。就如何命名这门学科而言，学者们提出了混乱的意见，有的甚至将问题的焦点摆在 "学术史" 与 "思想史" 的界定上，主张将两者分离开来。还有的干脆将不同的概念叠加在一起，称之为 "学术思想史" 或 "哲学思想史"。这导致在实践中大多数学者分不清思想研究与思想史研究的界线。无数冠以 "思想史" 书名的著作，不是流于通史性叙述，就是没有越出传统学案的范围。关于这方面的问题，参见韦政通所编《中国思想史方法论文选集》，台湾，1987 年。

6 如达尔文进化论介绍到中国后，激发了进步主义维新思想，"新科学"、"新民"，乃至 "新中国" 等观念都与之相关。请见 James Reeve Pusey 的专题，*China and Charles Darwin*, Harvard University Press, 1983 年。

7 科林伍德的这句名言 "All history is the history of thought" 常被我国学者误引为 "思想史" 研究的理论依据。实际上，科氏的 "思想史" "并非是我们所习知的'思想史'之同义语"（余英时，《论戴震与章学诚》，三联书店，2000 年，p. 255），它旨在强调一种历史说明方法：史学家应努力摸索一连串历史行为中的思想过程，以理解事件发生的原因，而这一理解过程有赖于史学家的 "移情"(sympathy)，亦即科氏所谓的 "内心重演"(reenactment)。这与把 "思想" 演变本身当作历史材料加以研究的思想史有本质的区别。

我国有些学者还认为，明人开创的 "学案" 接近观念史。所谓 "学案"，相当于医生因病开方，恰如《明儒学案》作者黄梨洲所说："古人因病立方，原无成局。" 学案式研究似乎是中国学术史的主流，它以人物为中心题旨，探求其思想渊源、师承关系及其理论体系。《明儒学案》提出一家一个讲学宗旨，诸如墨子讲 "兼爱"，杨朱讲 "为我"，孟子讲 "性善"，荀子讲 "性恶" 之类。对于一家思想的剖析，当然是观念史的内容之一，但纯以人物为中心判定一家学说，显然无法揭示某一思想或概念的纵横相关之各个因素，亦即无法明了该概念的生命史。再则，观念史的主要任务旨在了解思想，而非评论其有效性。观念史家应以超然的批评态度，避免将自己的判断当作对别人思想的理解。这与"学案"的"开方治病"正好相悖。史华兹[Benjamin Schwartz]在"关于中国思想史的若干初步考察"一文中对观念史所提出的几个基本假说，值得我们参照（中译文见韦政通所编《中国思想史方法论文选集》，台湾，1987年，pp. 307-327）。不过，我认为他的方法源于本文将讨论的法国年鉴学派巨擘吕西安·费夫尔。

8 *De Scribenda universitatis rerum historia libri quinque* (Basel, 1556), quoted in Donald R. Kelley, "What is Happening to the History of Ideas", *JHI*, Volume 51, Issue 1 (Jan. – Mar., 1990), p. 5.

9 Leslie Stephen, *A History of European Thought in the Eighteenth Century*, London, 1876, pl, 3.

10 引自 J. T. Merz, *A History of European Thought in the Nineteenth Century* (New York, 1965), III, p. 33.

11 详见 Melvin Richter, "Begriffsgeschichte and the History of Ideas", *JHI*, Volume 48, Issue 2 (Apr. – Jun. 1987)。

12 F. A. Carus, *Ideen due Geshichte der Philosophie*, Leipzig, 1809, p.11,110.

13 以上的论述，参考了 Donald R. Kelley 的 "What is Happening to the History of Ideas?" 有关前-观念史的部分内容。他的文章见 *Journal of the History of Ideas*, Volume 51, Issue 1, Jan-Mar., 1990.

14 G. F. W. Hegel, *The Philosophy of History*, trans by J. Sibree, New York, 1899, p. 17.

15 在西方人的心目中，黑格尔是极为晦涩难懂的哲学家，记得在牛津大学哲学史课堂听讲三年，每位讲演者似乎无一例外地都以下列方式开讲："讲黑格尔，我觉得是最困难的事，在座的恐怕都比我更懂黑格尔。"我们听众往往会尴尬地会心一笑。现存最好的英语导论恐怕依旧是 W. T. Stace 1923 初版的 The Philosophy of Hegel。本文的论述在很大程度上得益于此书。

16 *Histoire critique*, iii.

17 Wilhelm Dilthey, *Gesammelte Schriften*, V, Leipzig, 1924, p. 418.

18 Ibid., p. 5.

19 Ibid., I, pp. 15-16.

20 Ibid., 本文关于狄尔泰的讨论，还参照了 Jose Ortega y Gasset 收录在 *Concord and Liberty*(New York,1946) 中的精彩文章 "Wilhelm Dilthey"， 以及 Hajo Holborn 的 "Wilhelm Dilthey and the Critique of Historical Reason", *JHI*, January, 1950, Gerhard Masur, "Wilhelm Dilthey and the History of Ideas", *Journal of the History of Ideas*, January, 1952.

21 《新科学》，朱光潜译，北京，1986年，pp. 171-172.

22 参见 Isaiah Berlin, Vico and Herder, *Two Studies in the History of Ideas*, London, 1976.

23 关于布克哈特在观念史上的贡献，参见拙文"'图像证史'——两个文化史经典实例"，《新美术》，2005年，第2期。

24 See Daniel J. Wilson, Arthur O. *Lovejoy and the Quest for Intelligibility*, Chapel Hill, 1980.

25 *The Great Chain of Being*, p. 3.

26 "观念史研究方法"，《新美术》，2003年，第4期，p. 57.

27 对于此书的影响力的评估，参见 Daniel J. Wilson, "Lovejoy's The Great Chain of Being after Fifty Years", *JHI*, Volume 48, Issue 2, 1987, pp. 187-206.

28　中译全文请见《新美术》，2003年，第4期，第56-61页。

29　See Nils B. Kvastad, "Semantics in the Methodology of the History of Ideas", *Journal of the History of Ideas*, Volume 38, Issue 1, Jan-Mar., 1977, pp. 157-174.

30　关于这方面的近期发展情况，参见 William J. Bowsma 的重要文章 "Intellectual History in the 1980s: From History of Ideas to History of Meaning", *Journal of Interdisciplinary History*, 12, Autumn, 1981。另请见 LaCapra 收入其 *Rethinking Intellectual History* 和 *History and Criticism* 两部重要文集中的相关论文。限于本文篇幅，我将在别处介绍他的思想。

31　关于这项工作的概况，详见 Melvin Richter, "Begriffsgeschichte and the History of Ideas", *JHI*, Volume 48, Issue 2, 1987, pp. 247-263.

32　"Une Question d'influence: Proudhon et les syndicalismes des années 1900-1914", *Revue de synthèse historique*, 1909, reprinted in his *Pour une Histoire à part entièere*, p. 785.

33　*Combats pour l'histoire*, Paris, 1953, pp. 284-288.

34　*The Problem of Unbelief in the Sixteenth Century: The Religion of Rabelais*, trans by Beatrice Gottleib, Cambridge, MA. and London, 1982, p. 150.

35　Ibid., pp. 394.

36　Ramin Jahanbegloo, *Conversation with Isaiah Berlin*, London, 1991, p. 26.

37　Ibid., pp. 27-8.

38　Ibid.

39　Erwin Panofsky, *Gothic Architecture and Scholasticism*, New York, 1951, pp. 21.

40　Isaiah Berlin, *The Roots of Romanticism*, Princeton, 1999, xi.

41　参照拙文"文艺复兴的观念"，收入《并非自明的知识与思想·学术思想评述第九辑》，贺照田主编，长春：吉林人民出版社，2003年。

42　"The Chinese Origin of a Romanticism", *Essays in the History of Ideas*, Baltimore, 1948.

中国美术通史的观念

通史的教学与写作构成了我国现代艺术教育的重要部分。近百年来，中国美术史研究的重心也偏向于通史的撰写。从 20 世纪初开始，对于新史学的倡导者梁启超等人来说，现代通史观念的引进与通史的编撰，简直就是史学革命的根本问题。[1]姜丹书于 1917 年出版的《美术史》，堪称我国出现的第一部现代意义上的美术通史。在简短序言中，姜氏一针见血地指出我国美术文献的弊端，认为我国一直重文轻艺，对艺术的记载仅限于与文接近者，专事绘画，尤其是文人画，而完全忽视"雕刻、建筑以及工艺美术之类"。即使记载绘画，"亦不过东鳞西爪，散见杂籍而已"，并无系统可言。他由此得出结论说：中国"无通史论其由来之变迁、历史之进化"。

姜丹书的观念代表了当时的普遍意见。1929 年，郑午昌在出版《中国画学全史》时，对传统的美术记载模式进行了更尖锐的批评，他说："欲求依时代次序，遵艺术之进程，用科学方法，将其宗派源流之分合，与政教消长之关系，为有系统有组织的叙述之学术史，绝不可得。"郑氏还特别提到日本人在中国美术通史上所作出的成绩，而"深愧吾人之因循而落后"。

姜、郑对传统史学的发难，主攻其两个要害：一是忽视绘画与其他艺术、社会和文化的关系；二是缺乏描绘艺术进化的模式。按传统史学理想概括，即丧失"会通"的精义。

姜丹书采用通史的体例，试图叙述中外建筑、雕刻、绘画和工艺美术史的嬗变，并附带讲中国书法印章。郑午昌力图以功能或论题编织中国绘画的发展，将之分为"实用"、"礼教"、"宗教化"、"文学化"四个时期，旨在突破传统樊篱，创造新的美术通史模式。

从姜、郑的时代至今，中国美术史界发生了巨大的变化，美术史已成相对独立的学科，其教学和写作也处于国际学术大环境之中，尽管如此，我们前辈所提出的通史问题依然摆在我们面前，并在新形势下衍生出新的问题，我们如何以新的史学角度看待美术通史这个问题显得更为突出，它直接关乎中国美术史学科的建设和人才培养的基础。

姜、郑前辈对传统史学的不满，无疑是受了西方思想的影响。我们如今所谓的"通史"就其观念和编撰方法而言，乃是欧洲19世纪史学的发明。在下文中，我将较详细地阐述欧洲通史观念的实质，在此，我希望先简单地讲一下西语"通史"词义的多义性。西语中的"通史"为Universal History，我们通常译为"世界史"，因Universal一词有"宇宙的"、"世界的"之意。这个译法并未传达其完整含义，Universal History包含横向与纵向两层含义，我愿用"包罗万象史"概括其多层含义：其横向性指全人类和人类方方面面的历史发展，包括艺术；其纵向性指：只有在连续的故事中才能显现出个体发展的关系与意义。这种"通史"观念背后隐含着这样一个信念：即历史的运动服从于某种法则。历史不是一种随意的连续，也不是事件的无意义的撮合，而是按照某种神圣智性的超然设计而显现的可理解的过程。西方"通史"的观念首先见于《圣经》，信奉历史是上帝创造的世界的一个方面，包容全体人类的生活。作为创世纪，历史有开端，通过神的智慧，历史起源中就包含了发展与终结的种子。历史有起点，有终点，呈现一种线性进步的方式。《上帝之城》的作者圣·奥古斯丁运用《圣经》通史模式，在世俗历史中辨认出古代四个伟大帝国即亚述、波斯、美索布达米亚、罗马的兴衰，以此标示人类历史的四个发展阶段。奥古斯丁的通史模式一直主导着西方史学，文艺复兴时期的史学家曾冲破过这种宗教式史观，恢复古希腊传统，强调国别史，但从根本上没有动摇其根基。奥古斯丁式通史在18世纪的法国达至巅峰，伏尔泰等人出面进行抨击，欧洲其他史学家如休谟、吉朋、孔德试图利用理性而非宗教观念探究历史，他们发现历史是关于世俗的自足体系，由此创造了一种内在的而非超验的历史意识，亦即发现了历史变化和进步中的内在进化模式。他们认为，正是这类模式将凌乱的人类事件连成有机的序列。

对西方通史观念影响最大的莫过于黑格尔和马克思的史学观念。黑格尔认为，历史的进步并非是人类物质存在的进步，而是人类精神发展的进步；人类精神通过综合和反命题的辩证过程而演进。在马克思眼中，普遍历史概念的本质体现于如下方式：占有生命方式的斗争主导一切历史的发展。

Universal History这一通史观念渗透于西方人的世界观，尽管时常有人如伏尔泰、维科出来质疑这个模式，但它深入人心，一如既往地充当着西方史学的核心假说。由此出发，西方人将时间和历史设定为一种线性运动，一种箭头，从过去射向未来，射向终结。在这种史观里，世界历史发展是含目的的，人类的一切事件有头有尾。它是某种种族、某种精神内在理性的呈现，由此而论，西方通史的观念一直没有超越《圣经》的模式。汤恩比在

《历史研究》中极形象地揭示出这种宗教模式的无所不在："历史是上帝创造的行进视像，从上帝的源泉趋于上帝的目的。"

可见，驱动西方通史观念的动力是寻求历史的意义。

除了上述动因，通史之所以主导19世纪和20世纪初的西方史学，还有现实的原因，其一是科学技术的进步大大改善了人类的生活状况，促使史学家去弄清人类如何从野蛮走向文明的轨迹，并从过去的发展推测未来。其二是欧洲秘而不宣的尘封档案向史学家们开放，使之能查阅第一手的史料。正是这种新的条件激励了英国史学家阿克顿爵士发起编撰著名的剑桥史。他希望由此实现当时史学家们的一个高贵的梦想：通过来自世界各地优秀史学家们的通力合作，借助新开放的史料，将历史的碎片拼贴成一部完整的世界通史。在这部通史中，人类的方方面面都是值得回忆的篇章，艺术虽然仅作为书尾点缀，没有纳入通史的机体，但毕竟成为值得注意的人类文明的一个侧面。西方的美术史也即从这种通史衍生了出来，这一点我在《艺术与历史》的第二章中有详细的论述，在此不加赘述了。

这种通史的观念不但改变了西方美术史的写法，而且促使西方人关注其他文化的美术，包括中国美术。最早译介到中国来的是英国人波西尔1904年出版的《中国美术》。姜丹书、郑午昌等中国美术通史的开山鼻祖就是受到了西方通史观念的刺激而反思和批评传统史学，并进行通史写作实验的。从此以后，西方的通史模式即讲述一个首尾相贯的美术发展故事的方式主导着中国美术通史的写作与教学。我的美国朋友埃尔金斯教授近年来对中国艺术史发生了浓厚的兴趣，但不无遗憾地发现近代的中国美术史写作的套路是属于西方的。我们看到，他的观察不无道理，但就通史的观念而言，未免有些武断。

"通史"这个概念并不是舶来词。通史在中国史官文化中具有悠久的传统，它肇于司马迁，唐代刘知几的《史通》将通史分为二体，一为《史记》体例，二为《汉书》体例，认为一述一代之事，一总历代之事。刘知几以"通识"作为《史通》的主旨，通识即"总括万殊，包罗万有"，用西方的观念就是 Universal。据传梁武帝曾撰《通史》六百二十卷。宋代郑樵的《通志》本名《通史》。后人由于不明此意，将它与《文献通考》一类书并列，攻击其体例。清章学诚替郑樵抱不平，在《识通篇》中指出，《通志》乃是一部欲包罗众史的别具心裁的通史。郑樵自己明确申明编撰通史的意图，他认识到，"自司马（迁）以来，凡作史者皆是书，不是史。又诸史家各成一代之书，而无通体。樵欲自今天子中兴，上达秦汉之前，著为一书，曰通史，寻纪法制"。

郑樵反对断代为书，力主编写通史，认为历史是一个整体，如同江河，后代之事与前代之事有着"相因依"的联系，惟有借助通史，才能理解这种历史的因果关系。

郑樵将刘知几的"通识"发展为"通变"和"会同"，将之作为史学探索的两个原则。在《通志·总序》中又将这两个原则合为"会通"。由此将刘知几的"总括"与"包罗"

提升为一种历史观念。他早在《上宰相书》里就说过："天下之理，不可以不会。古今之道，不可以不通。会通之义大矣哉！""会"即要求把各种学术和书籍集于一书，《二十略》的编纂正体现了这一"会"的实质，尤值得一提的是，郑樵创"图谱"一略，将图像纳入历史范畴。只有"会通"，才能"极古今之变"，即理解历史的进程与意义。

"会通"的另一个重要意义在于使史学家可以坚持刘知几的"据事直书"，避免以己意而诬以圣人之意的欺人之学。郑樵比19世纪欧洲史学家先行数个世纪而强调历史的"科学性"。19至20世纪初欧洲史家主张历史的中性，倡言摈弃褒贬，客观地观察历史。欧洲史家和郑樵一样，认为一部时代相续的通史既可以明古今之变，又可以避免对史事的讳饰，因为编写通史，无须为一朝一代而曲笔忌讳。唯有如此，才能反映出历史的真实面貌。

就美术通史来说，郑樵"别识心裁"的一个重要方面是首创《图谱》，提倡以图证史，以图证物。其思想虽然没有对中国美术史写作发生直接的影响，但也构成了中国通史传统中的有趣内容，这种包罗万有的思想，在西方直到18世纪才萌芽。可以说，通史的传统在中国史学中曾有光彩的一页，并直接影响了古代中国美术通史的写作观念与实践。从唐代张彦远到元朝夏文彦，以绘画为主流的中国美术史学，似乎对应着从司马迁的《史记》到《清史稿》的史学变迁，按照纪传体等"正史"体例，实现史学的认识、教化和审美功用。《历代名画记》堪称包罗万象史，《图绘宝鉴》也可说是一部有意识地构想为绘画通史的著作，因为它较全面地吸收了前人的材料与观念。但这个通史传统在此之后便中断了，取而代之的是更狭隘的专题史，如《国朝院画录》、《玉台画史》及其他宗教人物、竹、墨梅等，或《越中见闻录》之类的"方志史"。

中国传统美术典籍极为丰富，如果将之分为品评体、画论体、著录体和画史四个种类，那么相较之下，画史（其实本意也指鉴赏与收藏）是最薄弱的一种形式。正因为如此，余绍宋在编撰《书画书录解题》时，在分类上遇到了难题，他觉得将近代受西方影响的论著定名为"艺术通史"不成问题，但20世纪以前的旧籍就难以挂在这个名目之下，因为依他看来，中国从未有过真正的艺术史，除了记录书画家实践和行为之外，传统画史并无意于艺术的进化问题。

在此，余绍宋和姜丹书、郑午昌一样，受到西学的影响之后，开始考虑前人无意考虑的问题：即什么是艺术史？阮璞教授与余绍宋的意见相左，他不同意把《历代名画记》这样的著作归入"通史"范畴。其文章的标题就很能说明问题：《"历代名画记"的本质——绘画史和艺术批评、艺术理论、画目的混和》。表面看来，这场关于美术通史定义的论争，也许不能得出实质性的答案，但反思片刻，我们就会发现它与中国特殊的传统史学根源密切相关。具有讽刺意味的是，这场辩论恰恰是由于忽视这个历史事实而引发的。

这个西方史学未曾有的历史事实，赋予了中国美术史独一无二的特征，其优缺点皆源于此。

中国传统史学的独特性就是强调历史为国家制度服务，强调政治实用性。[2] 只有当历史能为行动提供实际指导，能够为统治者提供明确信息，据此而采取明智行为的时候，历史才有意义。因此，"史"在我国一直是国家职能部门的组成部分。唐代设定了史馆，浩繁的中国史籍出于官僚之手，又服务于官僚。据我所知，在西方，自古典时代之后，只有到了19世纪，当基佐、麦考利、蒙森、梯叶里等政治家插手编写历史时，才出现类似的史官文化。但是，当西方的政治家为了解释当时正在发生的历史而运用历史时，中国的史官文化的功能主要是证明皇朝统系的合法性，证明天授皇权的延续性，用史学术语说，就是以古鉴今，以过去来为现在辩解。英国史学家巴特费尔德将这种实用史观称为"辉格党解释法"。这种功利主义的史学使撰史逸出了自身的界限而像郑樵的《通志》一样，囊括所有的知识，使之成为一种通过历史而传承的政府体制参考书，一种可付诸实践的教化工具，一部可查询的百科全书，这有点类似于18世纪法国百科全书派的工作，但它并没有一个推理的方案，也没有试图去寻求理论上的综合性。就这一点而言，巴特费尔德的观点不无道理，他认为中国传统史学由伟人功业所主宰，不讲求更宽广的因果说明。从这个角度看，我们不难理解为什么中国传统的鉴赏学、画学和著录学如此发达，而通史则如此贫乏的原因。康有为、梁启超、章太炎等变法者所发动的新史学革命就旨在摧毁这种传统模式。早在1599年，一位法国学者曾断言，史学将经历四个阶段：诗、神话、编年和"完美的历史"。就通史而言，至20世纪初，中国史学从未走出编年阶段。还无人写出一部犹如希罗多德或修昔底德那样连贯的、有机的叙述，中国美术史的编写尚未掌握把艺术风格、人物生平、思想和时代背景揉为一体的方法。正因为如此，20世纪初以来的美术史家都将中国传统的通史观念搁置一边而吸收西方的通史写作观念。

纵观20世纪以来的中国美术史，我们在通史写作上出现了矫枉过正的现象。与此同时，这种倾向也体现了我们渴望使中国美术立于世界美术通史之林的强烈意识。薛永年教授在《美术史研究与中国画发展》一文中，对20世纪的中国美术通史进行了评述。20世纪80年代以来，我国的美术通史大致可分为三类：国家项目、教材和通俗读物。从第一项来看，传统的官修体制依然在延续。然而，今天的"通史"观念已然超过郑樵的通史范围，其"通"字带有"跨文化"、"跨时代"的意思。如果要恰当地详述中国美术通史写作和教学的利弊得失，必须将之放到世界艺术史发展的情境中加以考虑。由于时间的关系，我在此省略这一部分。而将话题转向我们编写"中国美术史纲"的动机、方法与背景。

如果说从19世纪与20世纪之交起，世界史学界出现了建构通史的热潮，那么从20世纪70年代至今就是一个解构通史的时代。中国美术史在欧美国家也卷入了这一思潮，尽管这点至今才缓慢地蔓延到大陆的中国美术史研究。从整体来说，国内美术通史在观念上迄今仍未超越姜丹书、郑午昌一代人的天真愿望，以为按时间序列、画派传承等他们称之为"科学"的方法,就能真实地勾画美术的进化。在这种通史观念中后来又加入了达尔文式进化论,例如著名的历史学家童书业就坚持反对历史倒退论和循环论,认为美术作品创作年代越近的越好,他研究美术史就是要证明这一必然规律。同时,美术通史的写作受到苏联党史教程模式的左右,要求人们在美术史中寻找"像生物学那样的铁的规律"。李浴在其1957年的《中国美术史纲》里就宣称发现了"现实主义和非现实主义斗争并不断取得胜利"这一中外美术史发展的"共同规律"。总体而论,国内不少美术通史离不开所谓的规律,不论是形式、风格,还是社会、文化、政治、经济的规律,这些规律如同一顶大帽子,空洞地套在"剪刀加浆糊"拼贴而成的文字里。如果这类通史的作者不是有意东抄西凑,那么这种做法本身就暗示出一种错误的史学观念:以为见诸文字,尤其是见诸史书的史料就是历史的真实。许多通史作者的意图就是希望读者也相信这一点。其实,任何一部通史,不论作者花费了多大精力进行考证和史料甄别,都不可能完整地体现历史的真实,不但因为史料本身早已经过某种理论或观点的"过滤",而且史学家个人的观点必然影响其选择。关于历史这一固有的悖论,司马迁早已说得再明白不过:"究天人之际,通古今之变,成一家之言。"通史可以让我们观察历史的变迁,但这必须是个人观察的结果。[3]

黑格尔曾经断言,中国没有史学,只有史料编纂。20世纪初的西方史学家开始背离黑格尔的看法,把司马迁、刘知几、章学诚视为世界上最伟大的超前的史学批评家,他们觉得,从他们著作中可以找到西方新兴史学思想的对应物。他们明白这几位杰出的史学家早已洞察其所谓批判性历史科学的内涵,并且理解通史的特殊模式与寻求历史意义之间那"通古今之变,成一家之言"的矛盾关系。

如前所述,中外通史的一个共同特点是寻求历史的意义。肯定美术史具有某种意义,就是断定美术从起源到结束的连续性和统一性。这样的历史必定与自然一样,服从某种法则,无论是感性还是理性的法则,前面提到的中外史学家都相信,信仰或理性能够提示这种内在的结构,没有这个或那个结构,通史就将成为一盘散沙。即使信奉历史的"铁定法则",史学家对决定历史的法则也会作出不同的解释,有的信奉神性,有的运用辩证法,有的运用循环论,有的运用进化论,有的相信社会或经济决定论,有的追求艺术形式意志。如滕固讲形式与风格,郑午昌重进化论,胡蛮(王钧初)偏倚社会经济决定论,同样写中国美术通史,各执一家之法。他们的观点,无意之中对应了西方几本主要的美术通史著作和教材,如詹森的西方美术通史侧重于形式与风格分析,贡布里希的"艺术的故事"以再现模式的进步为主线,昂纳和弗莱明合著的《世界艺术史》在观察美术现象的同时,注重它与其他方面的内在关系。史观模式决定了通史的分期,潘诺夫斯基喜欢把西方美术史分为古典、中世纪、文艺复兴和现代四个时期,沃尔夫林将注意力集中到文艺复兴和巴洛克两个时期,加德纳《各时期的美术》由"古代世界"、"中世纪"、"北欧洲世界"、"文艺复兴、巴洛克、罗可可"和"现代世界"所构成，昂纳和弗莱明的《世界艺术史》分为"艺术的基础"、"艺术和世界宗教"、"神圣和世俗的艺术"、"创造现代世界"和"20世纪的艺术"五个部分。这部通史是迄今为止一部真正的艺术通史，至少作者们在主观上作出了艰苦的努力，试图使之囊括全球各类艺术。这部通史也反映了传统的通史观念即按时代序列讲述美术发展故事的做法的解体，它似乎回归到了布克哈特所创造、也曾为郑午昌所采用的以论题为经纬编织美术史的模式。

这种回归，除了受到新兴的世界艺术史潮流的推动外，人们对"美术"概念的看法的变化也起了重要的作用。美术现在已不再局限于传统的绘画、雕刻、建筑与书法了，从20世纪90年代起，它包括人类的一切视觉活动与产品，有人预言"视觉文化"一词将取代"美术"。西方目前出现了以视觉文化重构中国美术通史的著作，其中影响大者如柯律格·克鲁纳斯［Graig Clunas］的《中国的艺术》［*Art in China*］和德国人雷德侯［Lothar Ledderose］于2001年出版的《万物：中国艺术中的模件化和规模化生产》。

柯律格的《中国的艺术》是牛津大学新编艺术史丛书的一种，该出版社曾委托我审稿，并撰写书评。克鲁纳斯曾是维多利亚-阿尔珀特美术馆中国部主管，对西方后现代理论颇为醉心，他的主要研究方向是明代社会文化的"视觉性"。他的著作颠覆了从波西尔到苏立文的通史模式（前者以器物分类法为宗，后者以对艺术作品的视觉感受描述为务），把中国"视觉艺术"分为五种功能类型，即"墓室美术"、"寺观美术"、"宫廷美术"、"文人美术"和"市场美术"，大胆解构了千百年来中外的美术"通史"观念，特别是20世纪以来的通史传统。

在克鲁纳斯的新框架中，"司母戊"大方鼎这样的庙堂重器、倪瓒那样重要的文人画家居然找不到其应有的位置，而书的耀眼封面所用图像则是装饰性绘画《关羽擒将图》。这说明旨在包罗万象的"视觉文化"也难以摆脱"会通"的内在悖论，一部没有"司母戊"和倪瓒的中国美术史很难说是一部合适的通史。雷德侯的著作虽然不是严格意义上的中国美术通史，但其"会通"性给人颇多启示。他参照康熙《古今图书集成》中涉及美术的若干部分，即文字、青铜礼器、陵墓塑像、作坊艺术、建筑、印刷术和绘画，展现了中国美术制作过程的奥秘，与柯律格的美术功能相互映发。

观念模式亦即史学家寻求意义的方式决定了通史的形式与结构，反复印证了司马迁一语道破的通史悖论。无人能够逾越这个困境，但这并不能质疑通史存在的意义和教育功能。我们每一个艺术史家都是从阅读通史起步的，通史不仅给我们展示了美术发展的基本线路，而且给我们描绘出了艺术兴衰点的地图。

基于对它的重要性的理解，我们构想编写一部深入浅出、图文并茂、适合普通读者阅读，同时又能成为美术史学生入门书的"中国美术史纲"。我们特邀请了国内美术史界有精深研究的中青年学者合作编写。我们要求撰写者在通俗易懂的前提下，在叙述中融入国内外重要的观点，指出存疑的重要问题，这就是说要求作者关注国内外中国美术史的研究状况，并且列出最重要的相关文献。我们希望这部简明的美术史纲能在传统的美术通史与现代"视觉文化"两者之间建立新的平衡，仍以历史时段为经，用相关时段的视觉文化作纬，从上古讲到民国。而在叙述中始终不忘世界艺术史的大背景，体现现代的跨文化、跨时代的"会通"精神。

同时，我们将配套出版中国美术史学论文集，由史纲编写者撰述他所涉及的时代与领域研究状况的评述性论文，为希望进一步研究美术史者提供本领域的总体面貌，从而也体现作为人文学科美术史的魅力。附带说一下，我个人还抱着这样一个希望，如果此书合适，将以英文版发行世界。中国美术史的研究在国外取得了很大的成果，事实上对我国美术史研究已产生了很大的影响，但西方人在理解中国艺术时有其无法逾越的屏障，例如，领会文人画神秘的笔意。他们对于中国艺术的某些误解是可以谅解的，但是，如果我们总从有利的视点去指责他们的错误，无助于他们理解中国美术的奥妙。让世界理解我们的艺术是我们的责任，而世界也在等待我们中国学者向他们亲述中国美术的故事。

在史学观念上，我们放弃各种宏大的决定论，但并不怀疑历史的意义。我们允许各位作者从个人的观点展开叙述，并不要求体例的统一，[4] 我们不相信所谓的史料搜集就会自动呈现历史的迷信，史料不会自行说话，必须通过史学观念表达意义。何炳松曾批评"吾国史家不辨史料与著作二家有别之流弊"，即为此意，历史不是往事的摄影，不是往事的实录，而是史学家研究往事的学术成果。我们坚持波普尔所反对的"历史主义"[historicism]的精神：即每一个世界观都受到了历史的决定，因而是有限而相对的；历史中的经验事实和逻辑技术不同于抽象的、一般性科学。美术史允许一代又一代的人对之进行重新解释，通史写作与教学的迷人之处也在于此。我们同样也愿借此机会重申波普尔观点的另一面，即他坚持认为历史没有最终的解释，[5] 亦不存在兰克所说的"如同实际发生"的历史，史学家总是从现在的观点出发，依据当前的兴趣撰写或重新撰写历史。[6] 我们期望写出一部开放的、有问题意识的简明美术通史，只有这样的通史，才能引人入胜，启人心智，才能接近司马迁"通古今之变，成一家之言"的境界。

本文原载于《新美术》2007年第5期。

1　被梁启超誉为"中国新史学派的领袖"的何炳松在《通史新义》一书中开篇指出:"吾国自前清末季废止科举改设学校以来,一般学子及社会中人之需要中外通史借资捃揽,不可谓不亟矣。然迄今已达二十余年,西洋通史之著作虽已相当之成就,而本国通史之纂辑,则求其能合现代所谓新史学眼光者反寥若晨星焉……著者愚见以为此盖因吾国编纂通史之人尚未能如西洋史家之能利用最新方法耳。""吾国史籍门类自奉二体为正宗之后,不将所有文献永远回翔于二体之中,即通史一门亦从此几绝其独立之望。",《通史新义》,广西师范大学出版社,2005年1月。

2　史学方法在史学发展中起着关键作用。有人认为,西方史学方法新颖多变,中国史学变不如西方,但切实可用则超过西方。见何炳松《通史新义》,及杜维运《史学方法论》,北京大学出版社,2006年。

3　司马迁一语道出了历史的永恒命题:一方面,这指向了历史研究中的普遍性与殊相的大问题,另一方面点破了史学研究的永恒悖论:史学家必须求历史的大真,但不能没有个人的判断。这个永恒的悖论在史学界激发出截然不同的史学观念。章学诚在《文史通义·答客问上》中说:史家须"详人之所略,异人之所同,重人之所轻,而忽人之所谨",唯有如此,才能撰"成一家之言"之史。克伦普指出,"史学家提出研究成果,必须坦然承受其中有个人特色,而非囊括一切,或绝无误谬。"《历史的逻辑》,P.Vii。这个悖论也导致了相对主义,迫使史学家放弃价值判断。1957年《新剑桥现代史》第一卷中的话就十分典型:"一切历史判断都涉及个人的观点,没有一种历史判断,能胜过另一种历史判断。"一旦放弃这个悖论,那么历史又会轮回到何炳松批评的"不辨史料与著作二家有别之流弊"。

4　钱大昕曾抨击集体撰史之举:"官修之史,仓卒而成于众人,不暇择其材之宜与事之司,是犹招市人而与谋室中之事也。"《潜研堂文集·万孚野先生传》。罗素也持同样观点:"历史巨著必须是一家之学,而非集众专家各出其所长以凝成。""作为艺术的历史"[History as an art],1954,p14。

5　卡尔在《什么是历史》中说,历史是史学家与其史实不断交互作用的过程,是现在与过去无穷尽的对话。What Is History, p. 24。

6　克伦普[C. G. Crump]在《历史的逻辑》[The Logic of History]一书中指出:"史学家须知其写作乃是暂定的,求真是其宗旨,但欲获全部真实是不可能的。p. 59。查尔斯·奥曼[Charles Oman]也说,对同一历史事件,"史家所见,可能分歧极大"。《论历史写作》[On the Writing of History],1939, p. V。

《新美术》与中国艺术学

自2013年1月始,中国美术学院学报《新美术》改版为月刊。依据艺术学科的发展需要,设"新美术"、"新设计"、"新媒体"、"新建筑"等四大模块。改版后的《新美术》坚持原有学术品质,凸显文本,重点推出艺术史学和方法论、观念史和视觉文化、国内外艺术批评与史论研究的优秀成果,密切关注新学科的发展,并及时选登国内外美术、设计、建筑和新媒体的创新作品。许江院长为刊物确立了如下基本定位:"高扬艺术精神,坚持学术标杆,深化体系建设,推进思想创新。"四个专题分期如下:"新美术"每年6期(1月、3月、5月、7月、9月、12月号);"新设计"专辑每年2期(4月、11月号);"新媒体"专辑每年3期(2月、6月、10月号);"新建筑"专辑每年1期(8月号)。对于这次改版,学校领导极为重视,许江院长亲自主持了各期的封面、扉页和目录页设计,并确定了如下栏目:思想、史学、文脉、批评、田野、教学、现场、艺术家写作,旨在使学报适应新形势的发展。

本刊从创办以来,受到了国内外学者、艺术家和读者的热情支持,在历任主编的努力下,它一直是艺术领域里的重要学刊。值此改版之际,编辑部同仁谨向所有关心、支持本刊的机构与人士致以衷心的感谢!

《新美术》创刊于1980年,当初为季刊。2006年改为双月刊,2013年定为月刊。在32年的历程中,《新美术》不仅充当了中国美术学院的学术窗口,而且折射了中国艺术学的某些轮廓,而这个轮廓侧面也是本刊的特色:力求坚持学术的纯粹性与国际前沿性。在办刊理念上,破除中与西、新与旧的二元分野观念;在方法论上,打破所谓宏观与微观研究的人为界限,尽可能地拓展学术视野,包容不同的研究取向。学术的发展,需要深厚的底蕴积累，而同时又要在此基础上不断地吸收新思想、新方法进行创新。

简要地回顾《新美术》三十多年的历程，就会看出它以比较低调的姿态，始终能率先触及我国美术，乃至艺术领域所发生的重大理论、创作和教学问题的命脉。它与我国改革开放的步调同行，就我国艺术的研究来说，这三十多年的发展出现了三个与之相应的明显可见的起伏：首先是拨乱反正之浪；其次是吸纳西学之潮；最后是新建中国艺术学体系之波。

只要看一下刊物第1期的目录，就能明白《新美术》的创刊号掐住了当时中国美术及其教育的要害。所登文章皆讨论素描教学问题，冯法祀、吴冠中、叶浅予、舒传熹、裘沙、钱绍武等都发表了各自的观点。而黑白图版印行的是国内重要美术学院的示范素描作品，以人体为主。与之相应，还选登了意、法、尼德兰、日本的人体杰作。彩色图版选登了法国印象派和后印象派的油画。如果没有忘记那个年代的思想依然封闭的现实，就能体会到《新美术》在诞生之初便奠定了坚持学术性与开放性的品格。当创刊号编选好国内外人体作品准备付印的时候，国内突发了关于裸体画的社会争议，出版发行部门唯恐造成不良社会影响，不敢印刷，几乎使刊物陷入无法出版的困境。这反映了"文化大革命"的"极左"阴霾依然笼罩在上空。素描曾被认为是美术教育的基础，而从这个基础课与创作之间关系的基本问题出发，创刊号针对的却是政治与艺术、形式与内容的决定关系，这两个关系属于"大都是郁积在心，长期存在，只有在今天才有可能作为学术上的问题提出来的一些亟待解决，但又必须经过认真讨论才能明确起来的问题"。艺术该从属于政治吗？内容真的决定形式吗？在那个时代，敢于重新考虑这两个关乎整个中国文艺界的大问题，是需要极大的学术勇气与胸怀的。在思考这类核心问题的前提下，创刊号也引发了美术理论与创作实践的关系讨论。最后，创刊号强调了民主的思想，认为文艺的"双百方针本身就是一个民主的方针"，而"自从1956年提出这个唯一能够使我国文学艺术正常发展的方针以后，所以始终未能得到贯彻，原因就在于民主的双百方针，缺乏民主的保障"。正是由于《新美术》的诞生切住了当时文艺界的思想脉搏，发行数达四万余册。

此前，法国印象主义艺术一直被误以为是西方没落的现代派沉渣，而对该画派的介绍可视为轰开封闭的中国美术大门的第一炮。《新美术》在全国率先系统地发表了研究文章，介绍印象派艺术的历史与作品，纠正了国内对其的严重误解。印象派绘画不是当时我国唯一提倡的现实主义的敌人，而是现实主义达至高峰的标志，它把眼睛所见的景象：光、影、形真实地再现出来，而其丰富的色彩表现给单调的中国艺术注入了生机。始于印象派，《新美术》比较系统地向国内读者介绍了西方美术史上的经典作品，由此对中国美术创作产生了深刻的影响，极大地丰富了我国艺术创作的参照系。

与《新美术》孪生的《美术译丛》为艺术研究者开辟了"一个共同研究和了解国外美术理论的园地"。它"刊载有关美学、美术理论、美术史、各美术流派和技法等方面的有价值的参考材料"。如今回想起来，在《美术译丛》介绍的内容中，影响最深远的是系统地译介西方经典艺术学成果。例如，沃尔夫林［Heinrich Wölfflin］的"形式分析"、潘诺夫斯基［Erwin Panofsky］的"图像学"、贡布里希［Ernst Gombrich］的"图画再现心理学"，以及一大批从19世纪至20世纪西方艺术史的代表性成果，无不经由《美术译丛》首次进入我国学者的视野，为我国的艺术研究和创作提供了新的思想与方法论参考。无怪乎，我国当代不少重要的前卫艺术事件如"85新空间"等发生在本刊的所在之地。《美术译丛》虽在1989年后停刊，但它与《新美术》一起给改革开放以来的中国艺术界输送的新思想、新方法、新艺术资源，迄今依然流淌在我国艺术史研究和创作思想的血脉之中。

《美术译丛》形亡实存，其灵魂在《新美术》中得以延伸。《美术译丛》发行5年后，发表了如下一篇编辑前记，因为它高度概括了在当时的学术情景下刊物的编辑思路，也因为其宗旨在相当一段时间里指导了《新美术》的工作，所以在此值得大篇幅引用：

> 当时，我们的编辑意图说来也很简单，那就是集中力量介绍西方艺术学的研究成果。这样想，大体上是出于以下几个原因：
>
> 首先是有感于国内美术研究的落后。这种落后在七十年代后期兴起的形式美术讨论中暴露得特别明显。我们常想，如果在那场讨论中，我们有沃尔夫林的一些著作在手，说不定讨论的水平就会大大地提高。后来的情况也表明，由于缺乏有效的参照系，我们是怎样迫不及待地生吞活剥哲学或人类学等专业的一些宏伟理论和专业术语的。当然，情况还不仅此，由于艺术研究的落后，很多美学甚至文学的高论也都错把它们的锚碇拴在了一些台脚不稳的基石上。
>
> 其次是出自我们对西方艺术学的认识。艺术学如果从1844年瓦根［G. F. Waagen］应柏林大学之聘成为第一位美术史教授算起，迄今已有一百四十多年了，它不但早已成为人文科学的一支，而且还是在人文科学的诸种学科中最能赢得声望的一支。而所谓的人文科学首先是要求学者抱着人文主义的态度来从事学术研究。这种态度，潘诺夫斯基曾将之定义为是对人的尊严的信仰，它坚持人类的价值……我们认为它（这种人文价值）代表着一种科学的和民主的态度。
>
> 正是这种态度保卫了西方古典传统的批判精神，促进了艺术学研究的长足进展……因此，全面系统地介绍西方艺术学研究，无疑会提高我国艺术学的水平，并进而有益于其他学科的繁荣，从而加深我们对整个中国文明的认识和理解。

由此也引出了我们的第三个想法。多年来我们一直感到知识的贫乏给学术研究带来的困难。所以我们还希望通过学术翻译来扩展我们自己的知识世界，通过艺术品的选编来扩展我们自己的图像视野。……如果说《美术译丛》还有什么特色的话，那就是它始终强调知识的重要性和整体性。有时我们甚至奢望，这份刊物也能对其他学科起一点补偏救弊的作用。例如，搞历史的学者可能会通过它对文艺复兴研究的介绍而对这个时期别有一番认识：那种十九世纪所认为的文艺复兴是一场摆脱中世纪僧侣教权的解放运动、并通过对人体的赞美而反对了神性的唯美主义的看法，可能会被对这一时期的新柏拉图主义影响的研究所纠正。而搞文学理论的学者在读了钱钟书先生的《论通感》之后如果觉得还不够过瘾惬意，也可以读一读译丛上发表的《从再现到表现》（《美术译丛》1986年第1期）等论文，那或许会给他打开另一片天地。（《美术译丛》1988年第4期）

回首往事，两本刊物在当时的情况下，不仅弥补了因文革而造成的学术资源的严重匮乏，而且志在补救时弊，树立健康的学风。《美术译丛》停刊后，其编辑思想融入了《新美术》。《新美术》在刊登国内研究者文章的同时，特辟一定篇幅，继续译介国外艺术学经典。

艺术研究是人文学科的重要组成部分。可是，甚至在我国的专业艺术院校里，艺术史论一直被视为辅助性专业，没有得到应有的重视。在这种状况下，艺术研究与一般人文研究之间的关系也模糊不清，导致艺术研究视域狭窄。鉴于此，《新美术》明确倡导艺术研究是一门人文学科的思想，刊登了一系列文章说明这个观念，其中影响较大的是潘诺夫斯基的《作为人文学科的美术史》（《新美术》1991年第4期）和贡布里希的《艺术史之父》（《新美术》2002年第3期）等名篇。这些文章说明，人文科学是对人的合适研究，而艺术是体现人类文明创造的高级形式之一。自从18世纪以来，伟大的哲学家、历史学家和科学家都把艺术视为关注与探究的重要对象，例如黑格尔［Hegel］的同事德罗伊森［Johann Droysen］从艺术作品中寻求历史与哲学的新模式（《学术思想评论》，1997年第2辑），而艺术史家布克哈特［Jacob Burckhardt］从艺术研究出发创建了以意大利文艺复兴为主题的现代文化史（《新美术》2004年第1期；2006年第2期），影响波及全球学术界。因此，艺术研究不止是对艺术家生平及其创作风格的评述，还与其他人文学科具有互动关系，在很大程度上，艺术可以帮助我们理解其他学科无法解释的文明侧面，开辟新的研究视野。

作为一门人文学科，有必要对其研究对象、理论与方法进行反思，《新美术》由此重点发表了艺术史学史与方法论方面的文章，尤其较系统地介绍了西方艺术史学理论。《美术译丛》曾以贡布里希为中心展示作为人文学科的西方艺术学。贡布里希是一位富有自我批判精神的伟大人文主义学者，其《艺术与错觉》［*Art and Illusion*］所阐述的理论关涉一切艺术的共同核心问题，如再现和表现、现实主义之性质、传统程式的作用、艺术功能、观看者的参与等等。这些问题一直是，也永远是艺术研究者必须正视的关键问题。从贡布里希出发，其艺术心理学可回溯"维也纳学派"，其图像学批评可回顾"瓦尔堡学派"，而其表现与再现理论又直指 20 世纪艺术哲学的中心问题即抽象和表现问题。《新美术》以此为基础，组织文章依据中国艺术学的需要，对欧美艺术史学理论进行了批评性梳理，并强调艺术学与其他人文学科的交互关联，亦即将艺术放在人文学科的大框架中加以研究，这不仅会加深对艺术本身的理解，而且也会扩大人文学科的视野。"图像证史"、艺术史与观念史、视觉文化研究、世界艺术研究等新观念均由本刊较早引进。这些观念现已为我国人文学科所运用。

开阔艺术学视野的目的是深化中国艺术史论的研究。本刊推出的中国画史、画论研究文章，如古代绘画文献考据、历代画家个案研究、《历代名画记》专题研究、明清绘画史研究、中国古典版画研究等，都达到了相当的国际水平。而我们所谓的国际水平，绝非是以西方为标准，而是指人类应共同追求的学术品质。

中国历史悠久的绘画传统和丰富多彩的艺术形式为世界所羡慕，然而我们的研究水平尚不能匹配这个伟大的遗产。我国艺术学研究的落后现状与学科制度问题不无关联。在我国长期的学科设置中，艺术被放在文学门类之下，这不但打乱了艺术门类自身的结构，而且贬低了艺术在文明发展和教育中的重要作用。本刊近年来提出"作为智性模式的艺术学"的观念，发表了一系列文章讨论艺术学的知识价值与学科自身的问题。（《新美术》2010年第 4 期、2011 年第 6 期等）艺术研究必须奠基于对其审美价值与创作机制的探究，而作为智性模式的艺术学不仅研究艺术与其他学科的关系，如哲学思想、科学技术、历史条件等对艺术的影响，而且承认艺术通过其美学品质和技术含量而实现的独立智性价值。（《新美术》1998 年第 3 期、2002 年第 2 期、2010 年第 5 期等）

从这个角度说，艺术是我们理解人类历史、社会和智力发展的一把必不可少的钥匙。2012 年 2 月，国务院学位委员会全票通过艺术成为我国第 13 个学科门类的决议，在漫长的呼吁艺术脱离文学而独设门类的过程中，本刊所发表的相关论文，为此提供了理论资源。按照艺术的定义，其范围包括绘画、雕刻、建筑、设计、戏剧、电影电视、文学、诗歌和现代新媒体。《新美术》此次改版，既为了顺应我国学科的新状态，也为了配合我院自身学科的新发展。

《新美术》经历的三次变化反映了我国学术杂志功能的变迁，这极大地影响了办刊的宗旨。《新美术》创刊之初，虽为季刊，但与其他杂志一样，成为国内传播美术信息的主要载体。当时艺术院校恢复教学不久，文艺封闭的大门也刚刚开启，人们如饥似渴地想通过刊物了解国内外美术的情况，所以当时的《新美术》着重介绍国外美术作品，选登国内特别是学院的优秀作品，刊登与教学相关的信息，反映学院的创作与教学成果。随着改革开放的深入，介绍国内外美术的出版物如雨后春笋，人们可以轻易地看到以往唯有在杂志上能得到的资料，刊物由此而渐失原先的角色。《新美术》即将重心倾斜至学术一侧，改变原先图文并茂的惯例，逐渐将图文分离，凸现论文的纯粹性。在以往的十几年里，学刊面临着一个从前没有的压力。在国家核心期刊发表论文的篇数成为评估学校的重要指标，也是大学职称评定的必要条件。《新美术》于2006年改为双月刊，不能说与缓解此压力毫无关系。因此，要办好一个杂志，在某种程度上取决于如何在正视现实压力的情况下依然凸现其学术本色。在第二次改版前后的一个时期里，如果本刊物具有什么特色的话，除了前文暗示的几个方面之外，还有三点值得一提：首先，做到了每一期中至少有两至三篇论文因其学术性、前沿性和国际性而值得读者阅读与参考；其次，不登赞美性的评论文章，图版集中刊登一至两位优秀艺术家的作品，并配以由选登艺术家自行撰写的文章，将其作品与创作思想或教学理念同时完整地推出；最后，刊物的封面与版式设计强调书卷气，力求单纯而典雅，使之符合学刊之名，使之贴近中国美术学院传统与现代的办学理念。

　　这次改版是为了适应我院发展的新需要和国家艺术学科整体格局的新要求。特增辟"新设计"、"新媒体"、"新建筑"专辑，以更广泛地刊登这些领域的学术与创作成果，及时反映国内外的最新动态。在恰当的时候，本刊将出版外文版，将中国艺术学融入国际学术，为世界的人文研究贡献应有的力量。每年6期的《新美术》专辑在继续发扬原有学术特色的前提下更注重思想研究，许江院长建议将之称为"新思想"。在一个互联网的时代里，杂志面临着前所未有的挑战。只要按一下电脑或手机键盘，人们就可得到所需的信息，而世界上不仅有便于查阅的电子杂志，而且几乎所有的纸本刊物都有电子版。一个现实的问题是：我们还需要办纸本杂志吗？比此更深层的一个危机潜在于这样一个知识界的悖论之中：日益更新的信息洪流逼迫读者将自身局限于可掌控的专业一隅，每个领域仿佛都有不可侵犯的专业标签。专业标签越细分，知识世界就变得越破碎，人们已习惯于按这种方式来标签出版物。例如，中国美术学院出版社出版的哲学类著作如卡尔·波普尔［Karl Popper］的书，在全国许多书店里被放在美术类书架上出售。原因很简单，因为是美术出版社的产品，纷至沓来的出版物已使人甚至无暇看一眼书名或目录，以明辨其归属。这种情境给《新美术》这类学术杂志带来了巨大的困难，无论其内容多么多元、多么人文化，人们都会将之简单归入特定的鸽子笼——美术刊物是美术类杂志，建筑专辑是建筑类专刊，难以引起该领域之外读者的兴趣。专业学刊的订阅数在不断地下降，这似乎与刊物质量本身没有太大的关系，而主要跟目前我国的专业评估体系和上述悖论有关。

　　然而，这些现实困难恰恰是我们今天改版的理由。在这个信息技术不断进步、资讯浪潮不断击碎知识、淹没智慧的时代，我们需要有刊物坚守学术的高远理想，捍卫知识的完整性，重新召唤对知识的惊奇感，以批评的理性和民主精神反思现代的发展。我们坚持认为艺术是人类理解世界、认识自我的智性产物，它在给我们提供审美享受的同时塑造着我们的人文思想、价值观念和创造性技能。

　　本刊的各期专辑将以这样的信念来进行编辑与出版。我们诚恳地希望艺术家、艺术研究者和广大读者踊跃赐稿，继续支持我们的工作。祝大家新年愉快！

2013年许江院长亲自主持《新美术》改版工作，重新设计了各期封面，并确定了新的栏目，本文为2013年改版后第1期《新美术》上所刊的改刊辞。

艺术教育与创意时代
论艺术的智性

> 艺者，所以旌智、饰能、统事、御群也，圣人之所不能已也。
> ——徐幹《中论·艺纪》

> 美的艺术乃科学与道德之产地……审美的境界乃物质与道德境界之津梁。
> ——席勒《美育书简》

> 要取得今天的成功，就要在教育与努力之外再加上如下要素：有创造性的、想象力丰富的心灵。
> ——约翰·戴维森·洛克菲勒

《艺术教育》杂志社约稿，让我谈谈"艺术教育的中国梦"。

梦者，理想憧憬也。梦想必基于现实的理想。当前与艺术教育密切相关的实际形势是：从战略上说，我国政府首次考虑到软实力的建设，提出了文化大发展大繁荣的策略。而其战术在于发展文化创意产业。艺术乃文化的主体化身。文化即人文，其战略与战术的实施取决于教育，故《易经》谓"观乎人文以化成天下"。由此而论，与其说艺术教育关乎艺术培养，不如说关涉整个教育的核心问题——教育的目的与模式。让我们先简要地反思一下我国艺术教育的问题，然后阐述本文的论题：作为完整教育的重要部分即艺术教育在现代教育中应起何种作用，才能适应新时代的挑战？

一个民族的梦象征着集体追求的理想，其中包涵着人类普世的价值观和特定时代所提倡的特有精神。美国在18世纪提出了"美国梦",詹姆斯·亚当斯[James Adams]1931年的《美国史诗》[The Epic of America]一书对此作了定义,至此其含义随着美国现实的社会思潮而有所修正,但其内核始终如一,紧扣美国独立宣言的精神。"中国梦"是复兴之梦,20世纪早期的"新文化运动"效仿欧洲文艺复兴,旨在破封建求变革。复兴非复古复旧,而是借古以更新,接续被中断的伟大创造时期而获取更伟大的当下辉煌。"邓小平理论"、"三个代表的重要思想"、"科学发展观"都是为了同一个"中国梦":中华民族的伟大复兴。

"复兴"就是"再生"。新生之本在教育的发达。欧洲文艺复兴时期乃现代高等教育勃兴之时。复兴之梦需有心智与体魄的完全之人去实现,德育、智育、美育三管齐下,才能形成培养社会人才的现代教育体系。王国维在20世纪初叶精辟地阐述了教育的宗旨,如今读来,更具深意:

> 教育之宗旨何在?在使人为完全之人物而已。何谓完全之人物?……完全之人物,精神与身体必不可不为调和之发达。而精神之中又分为三部:知力、感情及意志是也。对此三者而有真美善之理想:真者知力之理想,美者感情之理想,善者意志之理想也。完全之人物不可不备真美善之三德,欲达此理想,于是教育之事起。教育之事亦分为三部:智育、德育(即意育)、美育(即情育)是也。

三育育三德。三德是人类共享的最高之梦所追求的终极价值,而三育是实现此价值的最高手段。离开以此崇高价值观为旨归的三育,梦将以梦幻而破灭。

中国梦的实现,首先有赖于教育的复兴。如今中国的教育问题,人人都看得非常明白,无需一一点出,其后果是严重影响创造性人才的培养。钱学森等一代科学家认为这归结于我国教育中艺术与科学的人为分离。这种分离就是破损了王国维所说的三育三德这个教育有机系统:德育不讲意志的铸炼,智育仅以残碎的知识点充塞头脑,而美育仅成无关紧要的课余装饰而几乎在教育中无立足之地。如此状况,自然养育不出体育与心育完整健全的人。我曾在《两种知识类型?》和《艺术与教育》两篇文章中批评了这种教育状况,并强调了艺术教育对整体教育的塑造性作用:在历史上,凡艺术发达时期,必为教育和各领域创造力昌盛的时代。如果存在着历史的必然性,这就是不争的历史规律。

既然艺术对教育乃至对人类一切创造领域具有重要意义,那么首先必须重视艺术教育本身的建设。艺术教育的中国梦必以合理的学科体系为正途。这个合理的学科体系源于艺术的性质,并在自身的历史发展中不断更新完善。在世界教育中,现代艺术体系于18世纪早已确立,其大框架无需变动,而其分类也无需论证:美术(绘画、雕刻、建筑)、音乐、戏剧、舞蹈、创造性文学。随着时代的发展，增设了电影电视等。对于艺术的学术性研究产生了相应的历史与理论学科，如以美术为例，有美术史、美术理论、美术批评等，与艺术史与理论相关的哲学化研究是脱胎于哲学的美学。艺术学科由此形成创作与研究双翼齐飞的完整体系。在大学教育中，前者设立了专业学位，在本科之上设置了Master of Fine Arts 简称 MFA 即艺术硕士学位，该学位成为艺术创作与表演领域的终极学位。而在研究方面，授予研究型学位即硕士［MA］、哲学博士［PHD］学位，形成专业与研究两种类型的学位制度，分类确定培养方式与目标。在欧美大学里，艺术史是学生的必修课程。相比之下，我国艺术学科的现状、学科设置依然存在着许多不合理因素，评估体系也颇违背艺术的性质。如在美术本科目录设置中，将中国画与书法单列，而将油画与版画合为绘画，使本应并列的画种失衡，势必影响教学与人才培养。艺术中的一级学科设置也有随意性，如原本有内在联系的美术与设计分裂为两个一级学科，而勉强把音乐与舞蹈，戏剧与影视分别凑成一个一级学科，并将本应归属各门类的史论研究抽离出来而合成"艺术学理论"，后者既不研究具体的艺术史与理论，如美术史或戏剧理论，又不属于美学，尽管意欲推演超越个别艺术类型的一般性原理，但却包括了属操作性的"艺术管理"。这些问题本不该发生，其出现归结于我国教育中的三个普遍问题：一是不够尊重学科自身的性质与规律；二是学科的等级化偏见致使某些学科不断边缘化而丧失其主体力量；三是学科建设的异化而导致教学与研创游离其人才培养的根本目标。这些问题必须尽快加以纠正，否则，不仅"艺术教育的中国梦"，甚至整个教育的中国梦都将会落空。

19世纪艺术史作为人文学科在欧洲大学里兴起绝非偶然事件，而是重新思考教育的完整性与知识宇宙的统一性之结果。从康德到黑格尔、马克思，一直到杜威都认识到，艺术不仅是人类创造性经验与知识的组成部分，而且为教育和其他领域提供了创造性灵感与模式。这一点对21世纪所需的教育模式富有特别的启示。前面提到，我国政府首次将文化大发展大繁荣列为重大国策，并提出大力发展创意文化产业，这无疑是为适应新时期的世界趋势而提出的软实力建设规划。显然，文化软实力的积蓄首先必须以艺术为启示而改变现存教育模式。在上面所提到的两篇文章中，我以艺术智性为范式而指出，教育的目的不在于灌输不相连贯的知识点，而在于启发学生运用所学知识进行发明创新的综合能力。而这种能力绝非在学校内所能完成，它需要不断学习、不断实践才能完善起来。因此，学校教育的任务在于为培养这种自我学习和发展的能力打下基础。

可以说，学校本身不能即刻培养出天才的创新人才，绝大多数改变了世界的杰出人物都是通过自我发展而成才的。喊出"知识就是力量"这句震撼寰宇名言的培根进入剑桥大学一年即退学，比尔·盖茨大学未毕业即弃学创业，乔布斯也是如此。对这些杰出人物退学的通俗解释是他们不满学校的教学而反叛，但这只是说对了一半，其实，他们的退学正说明其所上学校的教育的成效,在很短的时间里,使之找到了自我发展的参照系,无论是积极的还是消极的参照系,都为他们的创业铺设了自我发展的道路。2005年初夏,乔布斯应邀在斯坦福大学毕业典礼上讲话,面对即将走上创业之路的年轻人,他道出了心声:"你们的时间是有限的,所以不要浪费时间活在别人的生命里,不要迷信教条——那意味着你将活在其他人的想法里。不要让他人意见的噪音淹没你们的内心。最重要的是,永远要有勇气去跟随你们的心灵与直觉,只有它们才能知道你们真正想要的是什么。其他一切都是次要的。"这段经验之谈遥相呼应了篇首引文,那"心灵与直觉"就是美国石油大王约翰·洛克菲勒[John Rockefeller]所说的超越教育与努力之外的"有创造性的、想象力丰富的心智"。在学校里所获得的参照系如何运用于未来任何领域以求创新发展,这不是学问的问题,而是关乎艺术的问题。"知识是外在的,是我们对所见事物的认识。智慧则是内涵的,是我们对无形事物的领悟;只有两者兼备,你才能成为一个全面发展的人。"作为一名无可匹敌的成功实业家,洛克菲勒深知,有形的知识的目的在于发现与把握从未被挖掘的无形事物,而艺术即是创造无形事物的智慧。这种创造不仅是创造性范式,而且是最高的品质标杆。因此,当人们欲描述任何领域的至高无上的成就时,都会用艺术一词加以形容。例如在谈到企业管理时,也许人们会谈论管理的科学,那是指建立量化指标并以此衡量企业各方面的业绩。然而,这些量化指标无论多么科学,都不过是评估的底线,严格遵循规则,并不能保证企业的发展。这类管理条规就像烹饪菜谱,如严格按照菜谱的配料分量、烹饪时间与火候,保证都能做出一盘标准口味的菜。这是按照科学的烹调技术所能达到的保险结果。然而,一位出色的厨师做菜时,他会用同样的菜料却凭感觉做出美味佳肴,这就达到了烹饪艺术的境界。同样,出色的企业经营管理也是一门艺术。从设计、集资、建厂、购置设备,到招工、开发产品、生产、销售等,都如艺术一样,是一个连续不断的创造过程。而这个过程中所取得的每一个业绩,往往难以用科学的道理解释,只能用艺术的方式加以衡量。其次,任何艺术作品包含着创造者的精神与个性标志,而任何成功的企业必须具备这种艺术的精神与鲜明的经济标志,用社会学术语来说,即是identity[身份或特征]。诺贝尔奖得主、经济学家乔治·阿克洛夫[George Akerlof]提出了"特征经济"的新模式。每一件不朽的艺术作品都具有不可复制的"身份特征",而企业必须在发展中树立起这个形象即管理与品牌的独一无二的标志,才能立于不败之地。从这个角度看,不管人们怎么理解"创意文化产业"的含义,我认为,它把产业、文化、艺术和创造性这几个方面联系在一起,即是其积极意义所在。

艺术在其中起着隐形却强大的作用。当今中外大企业家都热衷于收藏艺术作品,他们投入巨资,购买作品,建立艺术博物馆,其动机或出于人性的占有欲望,或出于投资升值意图,或出于纯粹的业余爱好,其中一个共同的明显好处是能够丰富企业文化,为企业形象增添光彩。然而，很少有企业家认识到艺术对企业的益处远不止于此。有一点已为历史所验证，即艺术延伸了许多世界著名企业的生命，其企业实体虽已不复存在，但其艺术收藏与资助惠利于后人，令世界铭记不忘。还有一个比这更重要、更深远的益处，那就是其艺术收藏潜移默化地塑造着企业的管理水平与质量把控技艺。审美趣味与企业管理能力具有逻辑关系。洛克菲勒家族企业能长盛不衰的秘诀就在于此。约翰·洛克菲勒热衷于教育、文化与卫生等慈善事业，他创办了芝加哥大学和洛克菲勒大学，建立"通识教育董事会"倡导通才教育，而热爱艺术、收藏艺术、赞助艺术成为其后代的生命职责。小约翰·洛克菲勒[John Rockefeller, Jr]和妻子艾比[Abby Aldrich Rockefeller]以其非凡的审美判断力感染子女，将艺术视为他们优良教育的重要因素。他们花费巨大精力与财力收藏艺术作品，并于1925年在纽约创建了现代艺术博物馆，艾比亲自操心其财政支出和行政管理，因而子女们戏称该馆为"妈妈的博物馆"，正好与之英文缩写MOMA谐音。除了"妈妈的博物馆"，洛克菲勒家族还无私赞助美国其他各家公私美术馆，并继续丰富自己的个人收藏。洛氏家族世代的艺术兴趣，不仅造福了美国乃至世界，也对民众艺术教育产生了深刻的影响，而且使家族成员从中获得了其创始者所谓的理解内涵之无形事物的智慧。1929年，洛克菲勒的三孙子劳伦斯·洛克菲勒[Laurance Rockefeller]入普林斯顿大学主修哲学，他在致父亲的一封信函中说："我现在发觉，对美好事物的欣赏和追求，远比鉴赏最好的音乐和艺术作品需要更多的学习与天赋。"撇开其表面的意思，可见他高雅的艺术趣味已内化为第二本性，能据此洞察形而上之思想以把握其祖父所说的无形的事物。此种洞察力唯能源于审美经验，是创造有形资本的无形资本。这种无形的资本尤其成为21世纪全球经济竞争的核心资源。

"文化产业"或"创意产业"似乎业已成为当今和未来经济的重要驱动力量，而其中的发动机是艺术与思想。在全球信息和物质资源日益共享的境况下，资本的概念也随之变化，创造性地运用资源的思想即是主要的无形资本，而创造性思想本身的产生以及实现大多与艺术息息相关。

人类在各个领域的创造性呈现三个连动的方式：一是"艺术创造性"。这是最具想象力的表现，以文字、声音、图像、动作等再现对世界的理解，而新思想、新观点由此层出不穷，源源不断。二是"科学创造性"，它包括人类的好奇欲望与实验精神，不遗余力地解决新出现的问题的能力。三是"经济创造性"，这是一种动态的过程，引导技术、经济实践、市场等创新精神的发展，并且与经济中竞争优势的增长有着密切的关系。而联结这三者的纽带则是"技术创造性"，它既是前三种创意能力的组成部分，又相互作用彼此联系。我们知道，从语义学与实践经验上说，"技术"与"艺术"不可分割，此两词的古希腊语是technē，指为某个目的而实现某事的非凡的专业技能。柏拉图在论述此概念时没有区分"美的艺术"与"实用技艺",而是区分了两种类型:一种是获取性技艺如赚钱等,另一种是生产性的创造技艺,即创造先前未存在之物,如绘画、建筑、编织、家具制作等。柏拉图的观念具有普遍性,在亚里士多德那里如此,在孔子和庄子那里也如此。"技进乎道",熟能生巧,巧即神来之笔,即艺术,道即天纵之智,即艺术的表现境界。"艺者,所以旌智、饰能、统事、御群也,圣人之所不能已也",徐幹的这句话不仅可用来诠释孔子、庄子、柏拉图、亚里士多德的思想,而且可用于定义如今流行的"创意文化产业"实质,它仿佛是对艺术的原意的回归。

创意产业的概念有多种解释,英国劳工党在1997年竞选中首先提出了"文化产业"。翌年竞选成功后,将这个概念转化为"创意产业"。有学者对英国政府的这个概念转变的文化政策含义进行了研究,认为只有在信息社会政策的上下文中才能理解这个术语的用法,其内容主要指艺术与媒体。在不同的国家里,相应的术语有"知识产权"、"知识经济"、"版权产业"、"信息产业"等。中国人善于折中,将英国的"文化产业"与"创意产业"合为一句口号:"创意文化产业"。无论如何理解这个概念,其发出的信号是世界和地区的经济模式已发生根本的变化,文化愈来愈显现为一种经济形式。然而,文化决不能直接转化为商品,创意文化产业并不能如国内常见的做法那样发展:以某个地区的现成特产为产品开发创意园。创意文化产业这个概念本身包含着无法调和的矛盾:作为人类高级精神产品的文化艺术与市场商品之间的价值冲突,以及作为个人独创性作品与批量产品的价值矛盾。中国和欧洲的传统思想,特别是欧洲启蒙运动至20世纪法兰克福学派,在尊重民众趣味的前提下,坚持高雅文化、高雅艺术的品位引领性。这是艺术必须坚持的神圣职责。这里,我们的目的不在于澄清概念,而试图说明一个全球发展的现实,并由此提出在新的现实中产业应当如何依靠文化和艺术这类软实力加以发展;如何通过无形的资本创造更大的有形资本。这应该是21世纪企业的生存之道。而开辟这条生路的先锋阵地还在教育。

在一个日新月异的信息时代,新技术迅速传播,为全人类所共享,成为大家日常生活中的事物。快速的发展对人类的经济活动和文化事业提出了更大的挑战,使之面临更大的风险。这类挑战当然也存在于往昔,如洛克菲勒早就从经商中悟出这样一个道理:"我们的思想大小,决定我们的成就大小。"但与历史相比,思想的挑战从来没有显得如此尖锐。而这种情形把创造性、革新性,连同风险一起推到了最前沿。创造性充当了决定知识与经济竞争胜负的主导因素。约翰·霍金斯〔John Hawkins〕在2001年出版的《创造性经济》〔*The Creative Economy*〕一书中暗示,信息时代正在让位于一个更富于挑战性的时代。一言以蔽之,在这个时代中,需要原创性。原创性源于艺术、知识与观念的更新。如此产生的创意才能驱动财富的创造。美国、英国、澳洲、韩国等文化或创意产业之所以能成为经济增长的生力军,是因为摆正了创造性思想与产业的关系。国内的创意文化产业只看到其经济利益而忽视了思想和文化创新的引领作用。

既然 21 世纪是创新思想和创新文化与艺术的时代，那么我们可以把"文化产业"或"创意文化"或用中国口号"创意文化产业"作如是理解：如果说 15 世纪到 18 世纪是航海统治的时代，19 世纪是煤和钢主导的时代，20 世纪是信息时代，或称消费时代，那么 21 世纪即是思想的时代，要求如生产批量产品一样涌现创造性观念，由此驱动社会经济的发展，迎接层出不穷的新挑战。

在这个以思想和文化创新为主导的时代里，社会分工与劳动方式自然会发生根本的变化，出现新的劳动阶层。对应于以前各时代的基本特征，主导的劳动阶层分别为：农民阶层、工人阶层、服务阶层，现在出现了一个新的经济阶层即创意阶层。他们由艺术家、音乐家、科学家、教育家等组成，自行支配时间，自行管理，在自在宽松而令人刺激的环境中工作。对他们而言，生活即工作，工作即生活，工作动力完全源于自身，而其创意以同行评价为标准。这种相对于以往制度管理的自由工作可谓是"软控制"状态。随着创意阶层的兴起，这种工作方式从边缘移向中心，开始主导现代文化与经济生活。其创意愈来愈成为经济增长的发电机。然而，发电机与其所发之电即产品不能混为一谈。犹如发电机离开能源本身发不出电一样，文化和艺术本身不是商品，不是赚钱的产品。文化是思想活动，艺术是美与高贵品质的再现。它们为创造更有效率的发电机提供创新模式与品质标准，由此产生更大的经济效益。丘吉尔曾说英国人不想拥有原子弹其物，只需拥有制造原子弹的艺术。艺术通过其审美价值与品质标准转化了物质的价值，由此也具有了更高的经济价值。

这种由艺术文化所创造性地转化而来的价值，我愿称之为"高效附加值"。不是把地方特产贴上"创意文化产业"的标签就成了创意产品了，而是要赋予其源于文化与艺术的附加值。可口可乐、苹果手机等例子都说明了这个道理。

软控制的工作方式当然不限于经济活动，业已开始渗透到所有的领域。可以说，现代的工作方式从传统的管理方式走向了艺术创作的方式。如同艺术家一样，没人可强逼其创作，而其无时无刻不在工作，生活体验本身即是工作。艺术创作不是模仿而是不断地实验创新。新兴的创意阶层也需要不断地磨炼其能力，结构性地塑造其工作内容，自由控制时间程序，通过思想产品表达其鲜明特征。为此，他们需要不断地学习，不仅更新知识和技能，而且提高自我教育、自我发展的能力。教育的形式由此而改变，继续教育成为更重要的形式。教育构成了创意产业的组成部分，教育既引导、提升创意产业，又是创意产业的直接产品。当然，这里并非提倡教育当随时代而变，我一直认为教育不能随意改革，教书育人如百年栽树，不能轻易将树东挪西移，以至夭折。世界上著名的大学不是靠经常性的教育改革而闻名全球的，而是依赖其崇高且一以贯之的教育理念和灵活的教育方法而培养出杰出人才的。

诲人不倦、因材施教，造就敏而好学、独立思考、举一反三的综合创造能力，培养品学兼优、兴趣广泛的完整之人，这些都是古今中外教育认同的千古不易的教育宗旨与目的。

如同其他任何领域，在历史发展中，教育也会形成惯例与惰性。例如，原本为了教育的方便，将知识分成学科，在可控范围内传授学科知识，既便于教学，又便于评估学生的成绩。可是，久而久之，出现了教师照课本宣讲，学生被动地熟记支离破碎的知识点的现象，完全扼杀了学生求知的欲望。孔子说，知之者不如好之者，好之者不如乐之者，学校不是知识学习的终点站，而是终身学习的起点站。激发求知欲，培养灵活的思维方式和处事技艺。在此特别应强调的是，学校应教授学生策略性思考的能力，而非手段性设计的技巧。因为手段在不断变化，因时因物而变，任何成功的范例都无法如实模仿、复制，而唯有思想能"用之则行，舍之则藏"，权变自如，从中汲取转化性创新智慧。这些是学校教育的根本。一切教育改革就是要将偏离了这个方向的教育拉回正道，而不是为了形式而改革。教育的目的始终如一，其改革的目的在于重新以新的形式强调某些方面，使之回归教育的本质目标。

今天的经济形式的变化，需要相应的教育，但这不是说要颠覆现行的教育根底才能适应新的形势。教育自然在创意产业时代（假如可以说有这样的时代的话）成了讨论的焦点。学者们将矛头首先对准了教育现状。20世纪教育体系的现代化出现了两个特征：首先是学科研究机构的扩张，其次是采用了以量化为目标的学术业绩评估体系。这两个方面在强化学校和政府的教育系统上起了积极作用，可是对知识传授与学术研究本身却具有消极的作用，一个明显的后果是影响了社会的求知欲。诚如查尔斯·利德比特［Charles Leadbeater］指出的，这个教育现代化的过程深刻地强化了教育的保守取向，知识成了有明显等级倾向的专门学科，与社会全然隔离。知识呈现出两种类型：一如修道院，知识体现在珍贵的手稿之中，是封闭的宝藏；二如裁缝店，知识标准化，易于重复模仿。"其结果是工场、图书馆、监狱的奇特混合。"他认为，在现代的学校里，过度的知识灌输扼杀了学生的求知欲，而学校应培养的最重要的能力是继续学习的能力与渴望。"教育的要点不是大量灌输某种知识，而是培养发展如下能力：基本的读写和计算能力、善待他人的能力、敢为天下先的勇气、创造性的工作能力、团队的工作能力，最重要的是继续学习的能力与欲望"即自我发展的能力。著名教育家坎·罗宾森爵士也认为，19世纪的教育观念已不能适应21世纪的挑战了，因为我们所生存的经济环境"与20年甚至10年前全然不同了"，我们需要不同的教育风格，需要不同的优先事项。我们的时代为科学、技术和社会思想革新的雪崩所冲淹，欲跟上这些变化，走在变化的前面，我们需要智慧，真正的智慧。我们必须学会创造。概言之，新时代渴求思想与艺术。

上引学者都批评传统教育不能适应创意时代，他们的批评应该是针对传统教育被异化的部分，而非精华部分。激发求知欲是传统教育的优良传统。教育机构的扩建、学科的细分等措施并不能解决教育中出现的根本问题，也不能应对新的挑战。个人和家庭应该为自己的知识需求负更多的责任，人们会从私立和公立教育机构获取所需知识，将为满足知识需求而学习，不为文凭而读书。学习将是一个分散系统，处处都是课堂，处处可以学习，目的在于创造与革新。高等教育与继续教育的界限将被打破。在此，工业革命前的传统教育中的精华可以复兴并为培养自由的创意人才服务。前述三连环创造活动的第一环即艺术创造性依然立于前沿。

成功的创意产业例子体现了艺术、思想、科学与经济的新的创造性综合。艺术不仅构成了创意产业的核心内容，而且其所产生的思想和技艺决定了创意产业的成败得失。艺术本身对思想、技艺和品质的高度综合为新的教育模式树立了有效的范式。我国以往半个世纪里偏重科学，在教育中理工科一直优先，但却依然缺乏真正的科学创造性。科学在创意时代的作用一如在任何时期那样重要。科学是发明创造，工程技术不是科学的核心而是其制作程序。科学与艺术一样，需要想象力，需要感受力，需要综合审美能力。无论是科学家、工程师，还是艺术家都面临相同的古老问题：如何将事实与观念从一个心灵移至另一个心灵，亦即如何获得转化性创造成果。教育如果不能教会学生将某个领域的智慧和手段转化到另一个领域中去，那么就是失败的教育。著名地理学家威廉·戴维斯［William Davis］认为，物理学家若欲获得思维原创性，必须向视觉艺术学习两项能力：一是物象维度分析，二是想象力投射。他认为大学应教授这两个科目，但遗憾的是没有设置此课程，因为这类艺术被视为无用之学。戴维斯指出，地理科学家的创见离不开它们。发表在近期《心理学科学》［*Psychological Science*］杂志的研究成果表明，戴维斯的说法绝非个人经验之谈。以美国范德比尔特大学［Vanderbilt University］心理学家大卫·卢宾斯基［David Lubinski］为首的研究者，从20世纪70年代起，跟踪一批受试者，以实验证明孩子想象和把握二维、三维空间物象的能力是其未来创造与革新的潜能。从小能拆装钟表和电视机的孩子比掌握数学公式和语言技巧者更可能成为创新人才。科学技术、工程和数学方面的成就与其说与数学水平相关，毋宁说与空间推理与想象天赋相关。鲁宾斯基断言，如果我们不将这种能力列入教育，那么"我们将会错失现代的爱迪生与福特"。艺术与科学是孪生兄弟，相依相生，不可分别。

教育的中国梦是中国梦实现的前提。美国梦的核心价值是平等、自由、民主，其坚定信念是只要经过努力不懈的奋斗便能获得更好生活的理想。习近平在美国访问时提出"中国梦与美国梦是相通的"，其相通之处正代表了人类的普世理想与价值观。人人生而平等，享有不可剥夺的生命权、自由权和追求幸福的权利。追求更好的物质生活必须与精神追求相和谐。人们通常认为，"通过自己的勤奋工作、勇气、创意和决心迈向繁荣，而非依赖于特定的社会阶层和他人援助"。这种态度代表了企业家的精神，是经济成功的标志。然而，上述洛克菲勒家族的例子说明，美国梦对精神层面的追求远甚于物质范畴。美国成功的企业家无一不重视投资教育，建立教育基金会，真心出力发展教育；无一不热爱艺术，赞助艺术，从这两个重要的教育方面回馈社会，惠利于民众。因为他们认识到，企业的成功乃一时之功绩，唯教育与艺术乃天下万世不朽之大业。从其倾心收藏艺术作品、无私捐助藏品、资助公私美术博物馆的行为中，可见其将艺术教育视为教育的重要部分。美术馆是开放的社会学校，民众不仅在此受到美的熏陶，而且得到智性教育。艺术教育的中国梦应注重两方面的建设：首先，要大力借助国家与社会的力量，建设向民众开放的艺术博物馆，其中必须有丰富的国内外藏品与长期的陈列，使之成为生动的教育场所。同时，又能为艺术教育本身提供观摩与研究的基地。其次，要依据艺术的性质和艺术教育的规律理顺艺术学科及其评估体系，实施分类管理，确立艺术人才的分类培养目标。我国艺术教育分四大类型：一是专门性艺术学院如美术学院、音乐学院、戏剧学院、电影学院等；二是综合性艺术学院；三是师范大学所办的艺术教育；四是综合性大学办的艺术专业。依据目前的学科设置与评估体系，这四类混同，长此以往，将泯灭各自不同的办学特色与人才培养目标，严重妨碍我国艺术教育的有效发展。前两类院校应重在培养创作人才，多出艺术杰作，丰富中国艺术的伟大传统。而师范类应重在培养艺术教育师资，最后一类应偏倚美育，使之融入整体教育的结构之中。当然，就教育而言，这四类都指向美育。

美育大哉！德育、智育、美育三位一体而成教育。世界教育辉煌之期都以美育为宗，反之，不施美育则德育、智育无以完善。古希腊信奉人的精神必取径于美，才能实现善。孔子强调"游于艺"为通往道、德、仁境界之津梁，其教书育人始于美育而终于美育："兴于诗，立于礼，成于乐。"（对此王国维曾有精辟的阐述："孔子欲完成人格以使之有德，故于欲之情意融合之前，先涵养美情，渐与知情合而锻炼意志，以造作品。于是始知所立，和气蔼然，其乐无极，是即达仁之理想，而人格完成矣。"）意大利文艺复兴人以美育为培养美德与才干的源泉，而欧美的理想主义、理性主义、浪漫主义、经验主义、实用主义，无论其教育思想有多不一致，也都认同美育具有完美通达德与智的塑造力量。可见，艺术教育的重要性关乎整个教育。美国在追求美国梦的过程中，创办名校，兴办美术博物馆与艺术中心，实施全民美育，使之梦想奠基于教育，这值得与之相通的中国梦借鉴。唯有如此，中国梦才能融汇古今中外的教育精华，铸造既具普世价值又具本国特色的核心价值，据此实现"中华民族伟大复兴"这个中国梦。

本文原载于《新美术》2013年第7期。

美术博物馆的定义与国际学术现状

一

人类以两种方式保存自己的记忆：文字与图像。史籍与其他形式的文献，如文学作品，用文字记载人类行为和思想的痕迹，而美术则以图像的形式保留了人类的历史。在照相术或录音、录像技术发明之前，即19世纪以前，甚至其他艺术形式如音乐、舞蹈和戏剧的实况，如今也只能借助文字和图像加以了解。美术博物馆保存着人类的图像记忆，在美术博物馆里，依照年代或风格展示的图像作品反映了人类视觉经验与视知觉变化的历史，而这部视觉历史也可验证人类其他的历史活动。事实上，在人类的整个历史时期，特别是早期人类的历史，图像一直是我们理解世界、表达思想与情感、记录过去事件的主要智性手段。以文字撰写的历史只记录了人类历史的一半，而图像记录了文字无法记录的另一半。假如我们烧毁美术馆中的全部藏品，大半人类记忆势必湮毁无存。因此，美术博物馆是"图像证史"的史料宝藏。

正因为如此，美术博物馆是博物馆的主要形式，而现代博物馆即脱胎于美术博物馆。在英语中，美术博物馆有两种表达形式：Art Museum 和 Art Gallery，在命名美术馆时，museum 和 gallery 两词可以交替使用，如美国纽约的现代美术馆即称 The Museum of Modern Art，而英国伦敦的泰特现代美术馆则用 The Tate Gallery 之名。世界上第一个公共博物馆是举世闻名的乌菲奇美术馆[Uffizi Gallery]，其展品奠基于梅迪奇家族的艺术珍藏，于16世纪向观众开放。圣彼德堡的艾尔米塔什博物馆[Hermitage]堪称世界上最早的专门美术博物馆，建于1764年，接踵其后的是法国卢浮宫[Musée du Louvre]。这类博物馆的创建，其目的是收藏和展示美术作品，如绘画、雕刻、版画和实用艺术。由此可见，美术博物馆是现代博物馆的原型。

直至 20 世纪，传统意义上的博物馆才被逐渐划分为三大类型：美术博物馆、历史博物馆和科学博物馆。

然而，这个分类并没有削弱美术博物馆在博物馆学中的奠基性作用。1759 年向公众免费开放的大英博物馆是现代综合性博物馆的典范，它集美术、实用艺术、考古、人类学、历史、科学博物馆和图书馆为一体，而世界美术构成了它的核心内容。而在美国的词典释义中，museum 一词直指美术馆。

中国的公私美术收藏可追溯到唐代以前，张彦远的《历代名画记》论及此题，而宋代出现的"画肆"在某些方面似接近现代的 Art Gallery，即美术画廊，主要是为商业目的而存在。如张师正《括异志·许偏头》一条记载："成都府画师许偏头者，忘其名，善传神，开画肆于观街。"再如，黄庭坚《答王道济寺丞观许道宁山水图》亦有："大梁画肆阅水墨，我君槃礴忘揖客"之说。但这些画肆与现代博物馆相去甚远。1796 年诞生于克拉科夫[Kraków]的恰尔托雷斯基博物馆[Czartoryski Museum]才真正开始具备现代博物馆的功能，它将权贵富翁的私人艺术藏品纳入公共空间，为教育民众、提高民众的艺术趣味服务。

西方现代画廊和博物馆的观念在晚清时期才传入中国。晚清、民国时期的南洋劝业会、西湖博览会都设有"美术馆"，展示同时代艺术家的作品，带有临时展览、陈列的色彩。此后，美术馆逐渐演变为收藏、展示现当代艺术作品为主的特殊机构，如中国美术馆、上海美术馆、江苏省美术馆、广东美术馆。这些美术机构属于美术博物馆，可见中国现代博物馆是世界博物馆发展史的组成部分。北京故宫博物院与法国卢浮宫一样，实质上是一座美术博物馆，而在中国历史博物馆的基础上成立的国家博物馆也是收藏和展示美术作品的重要机构。

美术博物馆是"美术"加"博物馆"，按照传统的说法，博物馆是实体，而其容纳的美术作品则包含内在的审美价值。作为实体的博物馆易于界定，而美术则不然。每件伟大的艺术作品都凝聚了创造者的高超技巧、丰富的想象力和独特的创造力，蕴涵着不可言喻的审美价值。所以著名博物馆学者李雪曼[Sherman E. Lee]曾机智地断言，欲摧毁作为实体的博物馆不难，但要整体地销毁艺术则办不到。美术具有永恒的历史与内在的美学价值。美术博物馆是这种价值的维护与展现之所，而这种复杂的价值与承载它的美术杰作一样，折射出往昔人类物质和精神的创造，他们的爱、恨、希望、失望和思想观念，这一切凝结于传世作品的情感与观念之中，与其物质形态一样，也是往昔的史实。美术博物馆藏品作为物象、史证、审美创造诸多意义的复合体，既塑造了其身的特征，又决定了其内在的压力与悖论。

二

博物馆的英文名称 museum 源于希腊语 mouseion，原意指供奉缪斯、从事研究之所。在罗马时代，它是从事哲学讨论的地方，因此，博物馆原初是研究机构、图书馆和学院的联合体，可以说是现代大学的原型，而非保存与解释物质遗产的博物馆雏形。

现代博物馆首先是人类的"记忆之庙"，它从艺术史、自然史、历史、考古学、人类学或人种学的角度出发，通过实物藏品呈现往昔，保持我们对过去的记忆，重现业已消失或正在消失的社会价值和自然价值，这些社会和自然遗产对人类文明的延续与发展具有无可替代的意义。

现代博物馆是征集、保藏、陈列和研究代表自然和人类的实物——用今天的话来说，即视觉文化产品——的场所，它是为公众提供知识、教化和作品欣赏的教育机构。它以直观的方式向观众传达对可见世界的客观看法，使之对世界和民族的遗产有所品鉴，以提高其欣赏能力，激发探索精神，促进科学与文化的发展。

博物馆还有一个与生俱来的重要功能，即培养和激励艺术创造才能。尽管 20 世纪有些先锋派艺术家扬言要烧毁博物馆，以解放艺术创造力，而他们对博物馆的憎恶恰恰反证出博物馆的伟大作用：它是艺术家的摇篮。历史上许多伟大艺术家的个人潜在创造力都在那里得到了萌发，并充实了艺术知识与技巧，诚如印象派大师雷诺阿所说："人们是在博物馆学会绘画的……画家虽然应当创作反映时代的作品，但要获得绘画的感觉，还得去博物馆，因为这种绘画感并非完全出于天性。"事实上，世界上许多重要的美术博物馆的建立，其明确的目的之一就是为画家提供向大师学习的机会，使之训练眼力与技法、为艺术的发展奠定基础。由此可见，作为文化连续性的保证者，博物馆对刺激艺术创新起着重要的作用。

"创新"已成为我们时代追逐的目标。博物馆对我们的生活愈显重要。从 20 世纪中期开始，人们试图用各种名称来概括我们的时代特征，诸如"销售作为主要文化形式的时代"、"图像的时代"、"新媒体时代"，而"博物馆的时代"似乎被用来描述 21 世纪的世界文化特征了。的确，21 世纪是世界大力兴建或扩建博物馆的时代，新馆在全球的各个角落雨后春笋般地涌现，而旧馆则花费巨资改建，连牛津大学的阿什莫林博物馆［Ashmolean Museum］这一最古老的记忆之庙近期也在闭馆扩建，以适应现代社会对博物馆的要求。

现代博物馆的概念在不断发生变化。从国际博物馆委员会［International Council of Museum］对博物馆定义的几次修订中，我们可以触摸到其变化的脉络。

1946 年的定义说："'博物馆'一词涵盖向公众开放的所有的艺术的、技术的、科学的、历史或考古的材料，包括动物园和植物园，但不包括没有永久展示厅的图书馆。"依据这个定义，博物馆的功能是展示藏品。

1961年的定义开始强调藏品的文化价值与博物馆的社会作用："博物馆是永久性的机构，它为研究、教育和欣赏的目的而保藏和展示具有文化和科学意义的藏品。"

1974年，专家们对博物馆的性质作了进一步的定义："博物馆是为社会及其发展服务、向公众开放的非营利永久性机构，它为研究、教育和欣赏目的而征集、保藏、研究、交流和展示人类及其环境的物质证据。"这个定义比较完整，一直沿用至今，2001年，国际博物馆委员会只对该定义作了两个补充，具体说明什么机构配称"博物馆"。然而，这些补充很快就不能适应新的变化了。博物馆的概念在过去短短的几年里发生了根本变化。博物馆无处不在，有墙的、无墙的、虚拟的并存。农场、航船、煤矿、商场、工厂、城堡，甚至监狱都能转化为形形色色的博物馆。博物馆不再受传统概念的限定，也不再是建立在国家或民族主义基石上的文化标志。人们参观博物馆的心态与以前不同了，去博物馆与到主题公园和游乐场所没有多少区别。

博物馆现已成为文化销售、图像传播和媒体竞争的焦点。在那里，学术与生活也史无前例地紧密结合起来。当下许多重要的学术论争皆以新颖而具有普适性的方式，在博物馆这个学术阵地激烈展开，博物馆学［Museology］应运而生，迅速成长为多元化的交叉学科，"博物馆现象"成为21世纪的一个显著面貌。

三

博物馆观念的变迁，在很大程度上是博物馆发展史上两次思想革命的回响。第一次观念革命发生在1880至1920年期间，被学术界称为"博物馆现代化运动"［Museum Modernization Movement］，其革命性理论奠基于这样的观念：各类博物馆所面临的实践问题都相同，各种类型的博物馆可以形成一个具有自身特色的学科整体。这就把纯依靠经验和其他学科技术的博物馆学提升到学术研究的高度，并围绕其明确的教育定向为引进新的博物馆思想开启了通道。虽然这次变革从实践、理论和批评的层面对博物馆工作进行了思考，但其目标还是瞄准了博物馆的实际操作。

第二次博物馆革命起于1960年，终于1980年。与以前不同，除了继续反思实践问题之外，其宗旨是要将博物馆转变成具有政治影响力的社会机构。这个突破，遂被描述为"新博物馆学"，以区别于第一次变革。然而，在实践中，新旧博物馆学难以截然分开，它们交织在一起，只是各有侧重而已。

博物馆的基本任务是保存与展示藏品，这是无法否定的事实。长期以来，博物馆人员凭借经验与借用其他学科技术展开工作。他们总结出了收集藏品的三个任务，陈列的三种类型和三种工作人员的性质。

收集藏品的三个任务包括计划、征集与管理。计划要围绕博物馆已有藏品及可能资源的特色进行；作品征集主要通过考古发掘、人文和自然科学考察发现，以及收藏家的协助而实施；管理涉及藏品登记、编号和修复，以及其他事物的处理。

三种陈列方式是：适合于艺术藏品的审美展示；综合性历史文物展示，这是历史、考古、人类学和人种学博物馆的常用形式；生态展示适用于自然科学博物馆，旨在对所展现物种的环境进行再创造。

博物馆工作人员分科研、技术和服务三类。第一类是博物馆的核心人员"Curator"，中文通常译为"策展人"，而这种译法并不能准确地反映其职能。Curator 不仅策划展览，而且从事藏品的鉴定、研究和征集工作，还参与艺术史研究与教学活动。第二类人员包括藏品保管与修复专家，以及摄影、出版和布展等技术人员。第三类是服务人员，包括馆内讲解员、书店和纪念品店的雇员等。

以上所述的任务与建制都是在经验的基础上积累的实践方法，对博物馆功能和社会作用缺乏整体理论反思。由此，西方学者提出了"博物馆学"的概念，是囊括"博物馆设计、组织和管理的学科"。"博物馆学"也通称为"博物馆研究"［Museum Studies］，意即对如何组织与管理博物馆及其藏品的探究。概言之，"博物馆学"注重对博物馆内在功能的实践，诸如有关管理、教育和保藏修复等具体问题的研究。

这种内向的博物馆学很快受到了"新博物馆学"［New Museology］的抨击，被贬为"旧博物馆学"［Old Museology］。新博物馆学认为，旧博物馆学注重博物馆方法而忽视意图，孤立地将博物馆及其藏品意义视为固定不变的东西，忽视其上下文情境和偶然性含义。新博物馆学力图探究博物馆事务的观念性基础，说明赋予其意义的假说，相比之下，它更关注博物馆的理论问题、作品呈现问题，以及当下的时髦理论，诸如身份认同、殖民或后殖民主义、女性主义、欧洲中心论、世界艺术等等。在新博物馆学看来，博物馆藏品的意义不是固有的，而是被人为地"布置"而被赋予含义的，会随着情境与重新组合而变化。其次，原为旧博物馆学所认为无关的问题，如商业、市场和娱乐等方面也应受到充分的关注。最后，研究不同层次的观众对博物馆和展览的看法，也是新博物馆学的重点。

"新博物馆学"概念的使用，与博物馆教育和社会角色的转变息息相关。1950 年，美国强调博物馆是教育机构的观念时，率先使用了这个术语。20 世纪 70 年代，法国新一代博物馆学者为了重新确立博物馆为社会服务的思想，引进了这个新概念。英国在 20 世纪 80 年代对战后整个时期博物馆所起的社会和教育作用进行重新评估时，也使用了"新博物馆学"的说法。

新博物馆学强调社会和教育功能，社区的发展自然是其关注的对象，"社区博物馆学"［community museology］由此衍生。社区遗产的展示与保护直接关系到自身的历史与发展,社区民众应自己整理和保藏其遗产,因而又出现了"民俗博物馆学"[popular museology]。以往把"博物馆"主要定义为"一座建筑"[a building],而依据现代发展,处处都可名为博物馆,如冠以一片热带雨林"热带雨林博物馆"之名。"生态博物馆"[ecomuseum]概念的出现就是为了适应新的形势,而研究生态博物馆的学问就叫"生态博物馆学"[ecomuseology]。

1989年出版的《新博物馆学》发表了一个简明的定义,胪列了新博物馆学关注的问题:博物馆的历史和基本哲学,其建立和发展的各种模式,其言明或隐含的目标与政策,其教育、政治、社会的作用,并涉及为之服务的各类观众(参观者、学者、艺术爱好者、儿童)的需求和反应,博物馆的法律和其他责任,以及对未来的设想等相关论题。总之,新博物馆学强调对博物馆的教育和社会的变化角色的分析。由于新博物馆学本身旨在追求开放性,因此西方理论家对众说纷纭,意见不一,其中得到多数公认的也许是迪尔德莱·斯塔姆[Deirdre Stam]的公正描述:"出于固有的偏见和假说,新博物馆学理论家们将博物馆视为具有政治议程的社会机构,他们提倡把博物馆与这些批评家自认代表并为之服务的多文化社会团体更紧密地结合起来。新博物馆学具体地质疑传统博物馆对价值、意义、控制、解释、权威和真伪问题的研究方式。"如此而言,新博物馆学意在激发新的视角,重新审视博物馆的功能。

四

美术博物馆与一般博物馆的明显区别是:它必须面对一个永恒悖论,而恰恰是这个难题构成了其特征。美术博物馆旨在收藏与展示具有审美价值的作品,而每一件伟大的艺术作品都是永恒的[Every great work of art is timeless],其内在的美学价值不受时代变迁的影响;而另一方面,每一件艺术作品都是其赖以产生的时代的表现[every work of art is an expression of its time],反映了不同时代的不同审美趣味。因此,美术作品的"历史价值"[historical value]与其之所以称其为美术的"内在价值"[intrinsic value]往往有矛盾。这个悖论是美术博物馆必须优先考虑的永恒难题,亦即"保藏对抗解释"[conservation vs interpretation]。美术博物馆与其他类型的博物馆的本质区别就在于此,而对于这个悖论的理解,决定了美术博物馆的不同取向。

依据《简明大不列颠百科全书》"博物馆"条目,世界上所有博物馆都有一个共同之处,即以实物标本的形式去展示人类活动及人类所处的生存环境,通过藏品展示自然史、艺术史、人类社会发展史等方面的事实,保存那些因时间流逝而不可能重现的历史遗物,突破人类认知的时空局限。由此,所有的博物馆都担负同一个使命,即通过珍藏实物去守卫那些已经消失或正在消失的社会价值，强调这些价值对于文化连续性的重要意义。就上述两点而言，美术博物馆与自然史博物馆、历史博物馆、人类学博物馆等其他类型的博物馆并无二致。

但是，就博物馆自身的历史发展和收藏内容而言，美术博物馆还是和其他博物馆有明显的区别。美术博物馆一般具有两个基本特征：第一，博物馆建筑本身大多是历史纪念物，如巴黎的卢浮宫和北京的故宫博物院，或是古代和现代建筑艺术的精品，如罗马的梵蒂冈博物院和巴塞罗那的当代艺术博物馆；第二，藏品多为传世文物精品，尤以绘画、雕刻、工艺美术品为主体。这两点构成了美术博物馆与其他博物馆的差异。

历史博物馆的特点是用实物、文献去证实人类历史的某一阶段或特殊事件，保存历史人物、历史遗迹的基本信息。就藏品特色而言，它首先关心的是史料价值而非艺术价值。而美术博物馆的侧重点与之相反，其藏品首先应具有艺术史典范意义。

美术博物馆与自然科学博物馆、应用科学博物馆和技术博物馆的差异更为明显。后者起源于科学实验室或近代工业博览会，用意是展示现代社会的进步，特别是用来说明工业文明的成就。另外除了藏品性质之外，它们在展览方式上也大相径庭。在自然科学博物馆、应用科学博物馆里，参观者可以参与展品的示范表演和实验，使用模型和机器。美术博物馆也提供实物临摹、把玩的机会，但从原则上讲，还是以保护为主，禁止触摸，因实物一旦损毁，永远无法复原，每一件美术作品是不可复制、不可替代的独一无二的创造作品，而工业或科技产品则可批量复制，两者有天壤之别。

在藏品内容上，美术博物馆与人类学博物馆、民俗学博物馆有某些相似之处，如美术博物馆也收藏工艺品、服装、织物、器具等实用生活用品，但在收藏性质上有本质的区别。人种学、人类学博物馆的用意是保存或研究原始文化、史前文化内容，带有"自然史"研究的色彩，其藏品为科学研究的标本、物证。民俗博物馆收藏有古代社会的生产、生活用具，服装、饰物等物件，同时也像人类学博物馆一样力图再现古人巢居、劳作、娱乐的场景，但其主要目的在于说明古人或异族的信仰与礼俗。从起源上看，人种学博物馆、民俗学博物馆受自然史研究或近代民族比较、文化比较思潮的影响较深。而美术博物馆则注重收藏流传有序的艺术精品。其区别显而易见。

《简明大不列颠百科全书》对美术博物馆与其他类型的博物馆的权威解释代表了传统的博物馆定义，已不再适用于现代博物馆功能的飞速变化。在现代学者眼中，博物馆的藏品本身的含义并非是确定不变的，进入博物馆的任何藏品，不仅已脱离了其所生存的上下文即其原处的环境，而且失去了它本来的用途，换言之，这些物品已不是制造者所制造的东西，而是所生成的东西，其意义在生成变化。过去的博物馆研究和物质文化研究倾向于把对某一藏品鉴定与意义阐释确定在固定的、原有的物质形式之中。对博物馆藏品的新认识与这种普遍看法相抵触，在很大程度上颠覆了传统的藏品定义，也直接加剧了美术博物馆本身的矛盾：历史价值与内在美学价值之间的冲突。

美术博物馆的主要职责是获得高品质的艺术作品，为未来的参观者欣赏美术作品而保存这些藏品。同时，博物馆应尽其所能地教育观众，借助一切手段，诸如各种类型的展览、展品标题、目录、影片、讲解、专题讲座、学术研讨会和实验作坊等，帮助公众理解艺术的重要性与意义。美术博物馆的主要功能是收藏与解释，人们对此没有疑义，但这两个功能在博物馆的实际运转中难以协调一致，常常相互冲突。特别是进入20世纪80年代后，博物馆的精英倾向受到了普遍质疑，美术博物馆由此负有更多的社会责任。博物馆主管人员光有博学的知识和收藏热情也不够了，他们必须担当起娱乐民众的职责。美国纽约的弗里克美术收藏馆［The Frick Collection］是一座藏有欧洲绘画精品的传统居家式博物馆，原先为高雅人士出入之所，但现在连这样小型的藏品馆，为了吸引和满足参观者的兴趣，也被迫添办各种展览、讲座、研讨会，并出版画册书籍，与其他大型博物馆一样力图扩大社会影响，以免遭受仅迎合少数精英趣味的指责。

在实际操作中，对上述诸方面的轻重处理往往会激化博物馆"收藏与解释"的矛盾。例如，是重在藏品获取还是举办外借作品展览，是添置新的气温控制系统还是发展网络系统，是优先聘用具有专业知识的主管策划人员还是具有极高讲解技巧的教育者，扩建空间用以保藏永久藏品还是给参观者提供空间或用以商品零售，是将公私赞助用来扩大收藏还是举办展览？这些都是美术博物馆在现代情境下日常面对的实际难题。

兹举几个例子说明：华盛顿国立美术馆是美国国家永久美术藏品馆，其收藏范围限于欧美绘画与雕刻，没有任何拉丁美洲和东方藏品，但在过去的30多年里，举办了一系列雄心勃勃的大型展览，展览作品与其藏品毫无关系，都是从其他机构或个人借来的名作。展览范围从古代中国到现代非洲，例如，大型《中国艺术五千年展览》轰动全美，而举办这类展览需要花费巨资，自然会影响该馆在国际艺术市场上与其他博物馆争夺重要的新藏品的竞争力。在这种情况下，只能依赖机构与个人的捐赠捐助。

世界上优秀的美术馆都设有高级研究机构，华盛顿国立美术馆的视觉艺术高级研究中心［Center for Advanced Study in the Visual Arts］是国际公认的最重要的学术机构之一，20世纪西方最具代表性的艺术学者，从贡布里希、哈斯克尔、巴克森德尔到尼古拉斯·庞尼都曾是其研究员或教授，不仅如此，许多人文学者也在那里工作过，著名哲学家以赛亚·伯林的《浪漫主义的根源》就是依据他在那里所作的讲座录音整理出版的。维持研究院需要很高的经费，与扩大博物馆的收藏等工作有冲突。这点更尖锐地体现在洛杉矶的格蒂博物馆［J. Paul Getty Museum］的建制中。该馆也许是世界上经费最充足的美术馆，以此优势，它坚持高水平的鉴定标准，并从最先进、最精通的世界文化观出发，迅速建设起一个质量无与伦比的收藏。同时，它不断耗费巨资，发起新的教育活动，资助庞大的研究项目，有人也许会质问，这方面的挥霍是否使其失去了其他方面如收藏更多杰作的机会。

美术博物馆现在面临的另一个苦境与对"欧洲中心论"的批判，或"世界艺术研究"的勃兴、艺术概念的无限扩大，以及对当代的极度关注这三种时髦思潮息息相关。这些思潮冲击了博物馆的收藏与展示政策。世界上著名的博物馆的收藏标准一般都保持其创建者的意图与个人趣味。华盛顿国立美术馆的开创者本着教化民众的目的，规定不准收藏和展示人体作品。格蒂博物馆的创始人偏爱古希腊罗马艺术、欧洲绘画、雕刻和家具，因此，该馆迄今没有20世纪艺术收藏，没有埃及、非洲、亚洲，甚至美国本土艺术的收藏。它坚持了以欧洲为中心的价值观，这种价值观恰恰与其在教育和学术领域所大力倡导、慷慨资助的世界艺术研究背道而驰。然而，如果在这类纯粹收藏欧洲精品中添加其他文化的作品，或现代与后现代的艺术，那么也会削弱其特色，正像在专门收藏非欧洲艺术的博物馆，如巴黎的国立非洲和大洋洲艺术博物馆［Musée National des Arts d'Afrique et d'Océanie］中掺和欧洲作品一样，总显得不伦不类。

为了避免"欧洲中心论"和保守的双重指责，博物馆界出现了展览"没有创作者名字"的原始艺术或民间艺术的潮流，在"所有艺术杰作都自由而平等诞生"的口号的影响下，班图、印加、卡内加等部落艺术进入了欧洲艺术的神殿卢浮宫。本属于民俗博物馆或历史博物馆的展品侵入了美术博物馆，模糊了它的界线与特色，同时也模糊了"美术"概念内涵的审美价值。

美术博物馆即是在其内在的悖论和外在的压力中改变着其形状与功能。世界上不存在唯一正确的博物馆运转模式，每座博物馆都必须制订符合各自特色与前景的政治、社会、历史和美学对策，面对由此带来的问题与挑战。在某个美术博物馆奏效的方法不一定适合另一个美术馆，同样在某个时期适用的策略并不一定在另一个时代发生相同的效力。美术博物馆可以说是社会和文化的晴雨表。以美国为例，20世纪60年代，美国社会召唤社会公正，美术馆把注意力转向黑人艺术，20世纪70年代是普及艺术的年代，借助仿效英国所新设的国家艺术与人文研究基金［National Endowments for the Arts and Humanities］的雄厚赞助，美国实现了将艺术带到每一个偏僻角落的计划。20世纪80年代，涌现了一大批私人慈善家，他们慷慨解囊，给美术馆捐助资金，使得美术馆有足够的钱购买杰作，保证了内在于藏品的美学价值重新主导美术博物馆。至20世纪90年代，美术博物馆进入了强调藏品情境［context］的时代，审美价值退居二线。21世纪是博物馆成为激进思想论争和文化消费场所的时代，最终导致"美的死亡"，而博物馆管理者必须像公司经理一样从事经营，又要像明星一样大力吸引观众。博物馆学中的核心内容从收集、保存和研究具有内在审美价值的藏品转向艺术行政、展览策划与营销。

五

无论当代美术博物馆的走向如何，从事博物馆学者必须坚持一个信念：即美术博物馆的内容之所以是"美术"，它之所以区别于其他类型的博物馆而自成体系，是因为其藏品具有其他人造物无可替代的审美价值。也必须怀抱一个希望：美术博物馆必将重新成为保存和展示人类美的创造的殿堂。

我国的博物馆研究刚刚起步，其理论和方法基本上参照欧美体系。在西方，博物馆学现在虽然从多个方向急速发展，但与其他学科相比，尚未到达成熟的时刻，这也是导致西方美术博物馆不稳定的重要因素。博物馆学是一门天然的交叉学科，需要吸收艺术史、历史、社会学、人类学、心理学和文化研究[culture studies]等领域的相关成果，正因为如此，博物馆现在成了各学术领域交汇、对话的场所。换言之，处于学术婴儿时代的博物馆学过早地承受起现代学术的重任，这一方面显示博物馆研究的重要性，另一方面也加剧了其内在悖论与压力。

然而，在西方，方兴未艾的博物馆学所依靠的主要学科是艺术史。在那里，艺术史早在19世纪就是一门令学术界尊敬的人文学科。西方艺术史家可分为两支主力，一支在大学里教学与研究，另一支在博物馆工作。博物馆藏品的收集、鉴定与历史说明都属于艺术史家的本色工作。其理论与方法为博物馆学提供了有效的智性与实践工具，所以掌管博物馆的都是训练有素的艺术史家，可以说博物馆学是从艺术史衍生而来的，如今西方重要的博物馆学者都与艺术史相关，在大学里，博物馆学教学一般都放在艺术史系。因此，进入博物馆学研究的捷径就是阅读美术史的经典著作，在欧美大学博物馆学课程中，现代艺术史家的著作，如哈斯克尔[Francis Haskell]的《画家与赞助人》[Painters and Patrons]、《趣味与古物》[Taste and the Antique]和《短暂的博物馆》[Ephemeral Museum]是必读之书。中国的情况也是如此，假如我们要建构中国的美术博物馆学，了解其中收藏的历史与方法，就不能不研究从唐代张彦远的《历代名画记》到清代安歧的《墨缘汇观》的艺术鉴藏史文献。艺术史永远是博物馆学的基石。

在欧美，博物馆学的奠基性著作几乎都出于艺术史家之笔：巴赞[Germaine Bazin]的《博物馆的时代》[The Museum Age](1967)，邓肯[Carol Duncan]的《礼仪文明化：公共美术博物馆的内部》[Civilizing Rituals: Inside Public Art Museums](1995)，卡尔帕与拉文[Ivan Karp and Steven Lavine]主编的《展览文化》[Exhibition Culture](1991)，麦克莱伦[Andrew McClellan]编辑的《艺术及其公众：千禧年博物馆研究》[Art and Its Publics: Museum Studies at the Millennium](2003)，施坦尼兹瓦斯基[Mary Anne Staniszewski]的《展示的力量：

现代艺术博物馆展览设置史》［*The Power of Display: A History of Exhibition Installations at the Museum of Modern Art*］(1998)。这些著作已成为该领域的经典文献，是每个从事博物馆研究者的必读之书。

近年欧美出版的博物馆学专著数量已相当可观，但良莠不齐。在此仅介绍几本较有参考价值的书籍，使我国读者略见西方博物馆研究的学术状况之一斑。

沙伦·麦克唐纳［Sharon Macdonald］编辑的《博物馆研究指南》［*A Companion to Museum Studies*］是学习博物馆专业者必备之书。这本指南的各章由博物馆、人类学、艺术史、历史学、文学、社会学、文化研究等领域的专家撰写。该书对博物馆在当代社会中的发展、作用和意义进行了全新的、多学科的探究。它从文化和政治管理、策展和藏品研究、历史和再现等视角检讨了博物馆的复杂性，既探讨了传统的博物馆问题，如空间、展示、建筑、收藏，又论述了更新的挑战性问题，如各种层次的访问者、博物馆的商业、社区和实验性展览形式等。这部指南旨在从不同的学科深入审视博物馆，及其展示和展览等关键问题，各位作者不求理论和观点的统一，力图发出不同的对话声音，真正体现学科多元化面貌。

另一部体现广阔的交叉学科视野的文集是由贝蒂纳·卡博内尔［Bettina Carbonell］主编的《博物馆研究》［*Museum Studies*］。这本文集对博物馆本体、博物馆与历史、文化、哲学，以及公众的关系进行了探讨。论文集旨在将当代分析与古典和历史文献有机结合，对博物馆的兴起与作用作了百科全书式的分析，论及历史与发展、博物馆与社会的关系、分类的伦理、展示、藏品与展览中的选择与排除、文化再现、财产与所有权、展览的诗学、物质文化和历史文献，以及博物馆实践的传统与革新。这是迄今为止该领域最富雄心、最全面的论著之一。本书的总导论在交叉学科的大情境中阐述了博物馆的背景。全书每个部分都有详尽的序论，引导读者理解各章的观点与学术背景。该书罗列的参考书目比较精当。

上述两部文集基本体现了西方博物馆学的学术水平与存在的问题。埃利斯·布尔肯［G. Ellis Burcan］所撰的《博物馆工作导论》［*Introduction to Museum Work*］较适合初学者使用。此书已修订三次，被誉为博物馆学基础的经典，它包含了博物馆学的系统基础知识，并对博物馆工作人员需知的重要问题和技术用语进行了简明的解释。每章都有练习题，是课堂教学的理想教材。

博物馆的主要功能是传播知识。这方面可参见艾琳·胡珀·格林希尔［Eilean Hooper-Greenhill］所著的《博物馆与知识的形成》［*Museums and the Shaping of Knowledge*］。该书论述了博物馆的社会作用及其塑造知识的活力。作者力求揭示文化情境如何影响并塑造我们对展示作品的解释。她从福科的历史、制度和分类理论中汲取分析模式，对博物馆的过去、现在和未来的知识力量提出了启人心智的见解。

如前所述，世界的博物馆到20世纪80年代处在一个矛盾的状况中，一方面博物馆的兴建达到史无前例的地步，而民众对博物馆与展览的兴趣也达到前无古人的程度，但另一方面，博物馆普遍陷入了重重危机，不仅经费紧张，而且多重头绪与压力使之失去了方向感。博物馆不再是传统意义上征集、保存、展示艺术作品的单纯机构，而是处理和面对社会、文化、学术、消费、娱乐诸方面的复合场所，正是为了面对这类难题，英国埃塞克斯大学艺术史和理论教授彼得·韦尔戈［Peter Vergo］编辑出版了《新博物馆学》［*The New Museology*］。全书收集了九位学者的论文，分别阐述了"博物馆、人工作品、意义"、"从历史角度论知识的对象"、"主题公园和时间机器"，"从国际博览会看教育、娱乐和政治的教训"、"艺术博物馆和参观者的体验品质"、"访问博物馆作为一种文化现象"、"博物馆与文化财富"等重要问题。这类问题是目前国际博物馆界争论的焦点。

2001年10月至2002年6月，美国哈佛大学美术馆举办了博物馆馆长论坛，欧美重要博物馆的六位著名馆长发表了演说，从各自的实践经验出发，对上述问题进行了探讨。其阐述角度虽不同，但最终归结到一个中心议题：即博物馆社会功能的扩大与经费吃紧的矛盾。由于博物馆日益变成公众娱乐、休闲、商业和精神提升等多种活动的场所，它需有相应的政策扶持，需有更多的发展经费，而各国政府却反而紧缩博物馆的年度开支，迫使有些博物馆为了维持而变相营利，终至放弃教化民众的崇高使命，丧失民众对博物馆的信任。面对这种困境，发表演说的馆长们凭其经验与信念，一致表示，只要博物馆不断完善反映国家或民族创造智慧的艺术遗产的收藏，不断给公众提供知识，创造参观的便利，始终把这三个工作看成博物馆的重要使命，那么，无论经费有多紧张，美术博物馆仍然可以取得民众的信任。2007年，该系列讲座结集出版，名为《谁的缪斯？美术博物馆与公众信任》［*Whose Muse? Art Museum and the Public Trust*］。

与前述韦尔戈的《新博物馆学》相比，珍妮特·马尔斯汀［Janet Marstine］编辑的《新博物馆理论与实践》［*New Museum Theory and Practice*］可说是一部实用的新博物馆学教材。该书分两部分。第一部分试图对新博物馆理论作出界定，然后分别论述"建筑是博物馆"、"20世纪70年代以来的女性主义博物馆策略与实践"、"新艺术、新挑战——21世纪保藏修复的变化面貌"。本书第二部分的主旨是展望未来：理论进入实践。分别阐述"批评性博物馆访问者"、"参观虚拟博物馆：艺术与网络体验"、"重新建构画室艺术生产与批评"、"大学博物馆与美术馆：作为机构批评的场所和课程的焦点之地"、"作为学术研究和机构认同的博物馆档案"。该书各章前有序论，后列思考题，两大部分均附有"当代实践个案分析"。

美术在博物馆研究中始终占中心位置，博物馆学所关涉的问题都尖锐地体现在美术博物馆学中。如前所述，审美价值问题是美术博物馆不可回避的难题。由李雪曼［Sherman E. Lee］主编的《论理解艺术博物馆》［*On Understanding Art Museums*］就讨论这个难题。1975

年他领衔拟定了此书。我们认为这本书仍是迄今为止论述美术博物馆的最佳著作。八位作者由博物馆馆长、艺术学者、艺术家、精神病学者组成，他们从各自的丰富经历和学识出发，深入浅出地论述了艺术博物馆的目的、任务、问题和未来。第一章论述"美术作品、艺术理念和美术博物馆"，第二章专论"美国的美术博物馆"，第三章讨论"美术博物馆的种类、组织、程序和经费"，第四章论述"美国博物馆的教育与学术"，第五章讨论"博物馆的管理、权力与真诚"，第六章专论"美术博物馆与在世艺术家"，最后以"美术博物馆与社会的压力"为题结束全书。

从某种角度看，新兴的博物馆学是在公众的批评声浪中崛起的，在欧美国家，大部分博物馆依靠公民的税钱而生存，至20世纪80年代。美国民众感到，博物馆的活动往往照顾"精英阶层"，而与他们的生活无关。《论理解美术博物馆》一书的出版旨在回应民众的批评，在如何满足民众或社区需要的同时保持博物馆的美学特色上找到了平衡点，进而对挖掘和发展博物馆的潜力提出了可行的设想。此文集由此也是整个博物馆学界迄今为止最有益的读物。

博物馆学不仅是理论问题，而且也是实践问题。它涉及博物馆建筑、展览设计、藏品征集和保藏修复等技术，欧美国家近期出版了不少这方面的专著，而本文所涉及的仅是博物馆学的基本参考文献，希望引起我国读者注意。古人说，学问之道乃目录之学，意即若要进入一个领域，首先要了解它的整体学术状况，唯有如此，才能走对路径，走进学科的有意义地带，发现有价值的问题，掌握解决问题的钥匙。进入美术博物馆学的途径也不例外。我国目前也跨入了大兴美术博物馆的时代，然而，与欧美相比，我们的美术博物馆在博物馆学，以及收藏、管理、教育等功能方面都有待完善。世界各国之所以重视美术博物馆的建设，不仅因为它是一个国家或城市的标志，而且它以视觉创造的方式为后人保存了历史，并为现代发展源源不断地提供了创造性灵感。

本文原载于《新美术》2008年第1期。

艺术管理的观念与国际学术状况

一 艺术管理的概念与功能

艺术管理［arts management or arts administration］是一门新兴的辅助学科，它顺应时代的需求而产生。在 20 世纪即将结束时，据说杰曼·格里尔［Germaine Greer］得出如下结论：销售是我们时代的主要文化形式。在这种时代特征中，一向带有高雅光环的艺术也成为销售品，传统的说法，如"艺术创作"［artistic creation］为充满商品意味的字眼，如"艺术产品"或"消费"［artistic production and consumption］之类所取代。艺术创作与欣赏体制的产业化成了艺术管理的内容，其功能就是以某种有效的方式把艺术家和受众联系在一起。

艺术管理者担负着双重任务：一方面，要为艺术家营造富有成效的创作环境，提供最佳机会发展其艺术，另一方面，要将由此而获得的成果呈现给理想的观众，为其艺术体验准备条件。在过去 2000 多年里，艺术家曾自行担当这个责任，而当艺术创作及其展示成为一种生产与营销机制时，人们认识到，艺术组织的领导与管理需要专业技巧。例如，美术博物馆馆长一般都受过艺术史训练，对艺术有着深刻的理解，但仍然未必能成为有效的经营主管者。预算、筹款、招收志愿者和讲解员、管理职员，从事营销等经营管理工作所需的才能，与学术研究或创作不同。经营管理者自身往往既不是艺术家也不是受众，而是调动者和操作手，他们必须具备综合的知识与能力。这由其职业的性质所决定：艺术管理是一门将文化政策、文化社会学、文化经济学、博物馆学和艺术史与管理学结合的操作性学问。艺术管理者需具备商学、财经、经济学、心理学方面的技巧，才能胜任其工作。

依照丹·马丁［Dan Martin］为《公共政策和管理国际百科全书》［*International Encyclopedia of Public Policy and Administration*］所写的"艺术管理"的定义,传统的管理功能由以下五个方面构成:计划、组织、职员安置、监督指导、控制,而运用这些功能促进表演和视觉艺术产品,并将艺术家的作品呈现给观众,就是艺术管理。艺术组织分为公共的、非营利的和私立的、商业性、营利的两类实体,前者通常包括非营利的剧团、交响乐团、歌剧团、舞蹈团、博物馆、公共电台、表演艺术中心,而后者有商业性剧院、通俗音乐团体、私立画廊、电影、电视、录像。经营与促进创作过程及其与观众的交流是这两种实体的共同目标。

管理的第一个功能是规划,它是管理中最重要、最难的功能。它要求管理者准确地决定想要做的工作,确定现实可行的目标,以及完成既定目标任务的具体步骤与时间表。

组织是管理的第二个功能,即是把规划转化为行动的过程。管理者要综合人力和物质资源,确定每一个行动细节,做出预算和时间进度方案,估计参与人员的人数和分配任务,以上工作都是组织功能的组成部分。

组织功能表明管理是一项合作性的工作,要求参与者都认同特定的规划目标,这就需要强有力的领导才能。领导对整个组织进行监督指导,领导技巧和效力对于任何艺术组织来说都是至关重要的。

领导是管理的第三个功能,而管理的第四个功能与之密切相关,即为控制。管理者需要监控工作的进度与质量,对照各项既定目标检验结果,必要时采取纠正行动。

上述四个功能是管理的基本内容,在此基础上,艺术管理一般需要处理如下七个基本方面:

1. 规划与发展;
2. 市场营销与公共关系;
3. 人事管理;
4. 财务管理;
5. 委员会关系;
6. 劳工关系;
7. 政府关系。

规划与发展总是相辅相成的,艺术机构从事新的项目,就会增加开支,这就要求艺术组织寻求新的增加收入的途径。营销与公共关系使艺术组织与社团或民众建立最明显的联系。没有这种联系,艺术组织就难以吸引观众和赞助者。假如艺术机构要使自己的工作富有成效,管理好人事、处理好员工关系至关重要。忽视或滥用管理者可资利用的人力资源必会扰乱整项事业。假如要成功地进行规划、营销和募款工作,那么出色的财务管理是关键的环节。赞助者或基金会一般愿意资助那些善于使用资金资源的艺术机构。至于人事关系，艺术管理者必须与指导委员会进行有效的合作，并向指导委员会报告用人情况。委员会与从事具体领导工作的管理者有时对工作重点的看法产生分歧，两者需要协商解决，这样才能实现预期的工作目标。艺术管理与政府关系涉及国家、省、市和地区层面，随着政治、经济的发展与变化，这层关系显得越来越复杂多变，政策的变动都会牵动和改变艺术机构所从事的工作，尤其是涉及艺术机构的资金开支问题。

二 传统的管理模式

管理渗透在我们生活的方方面面，从家庭生活到跨国公司的日常工作，都离不开管理。可见，管理是各种社会制度的基本成分。无论是组织一次家宴，还是领导一个公司，管理者必需善于协调从事既定任务的人员的相互关系。许多人在实际工作中掌握了管理技能，人类在过去两千多年的文明活动中，逐渐积累了丰富的经验，由此发展出了管理实践理论。现代管理理论主要源于西方国家。

在工业革命之前，西方社会运用法律、规则、神话、仪式控制和指导民众。文艺复兴和宗教改革时期创造了西方世界中的许多新的动力。贸易的开放、城市中心的扩展、中产阶级的兴起、政治和社会哲学的重要变化，导致了日益复杂精微的管理概念的形成。

工业革命彻底改变了西方的生产和劳动方式，由此改变了西方社会。工厂的机械化生产，进一步扩大了对管理者的需求，监督和指导工人生产成为生产力发展中的重要环节。铁路、电报、零件的制作，以及其他新的技术发明与进步，从根本上改变了19世纪的工作场所。随着新的生产方式的发明，人们开始记录管理受雇者和组织工作的文献。用于铁路和工厂的机构设置、产品监制和资料记载的早期系统为现代科学管理体系奠定了基础。

现代科学管理奠基人之一是弗雷德里克·W·泰勒 [Frederick W. Taylor]，(1856-1915)。1912年，泰勒在为调查科学管理对工人的影响而设的专门国会委员会面前，陈述了他的管理原则。他的原则不同于其他专为追求效率而服务的管理理论，他的最终目标是要运用其方法获得一场"伟大的心理革命"。他提出，科学管理并非是任何效率手段，并非是保障效率的任何手段。它也不是计算成本价格的新系统……科学管理涉及管理者和被管理者的彻底的心理革命。对于管理者来说，这场心理革命关涉他们在管理中对同事、对他们的工作及其日常问题的关怀与责任。

泰勒是记录改进工作产量和提高预期生产技术的第一人。商业世界迅速采纳了他的科学研究成果。泰勒早期的时间和运动研究，至今仍是检验某个组织完成其任务的固定规则，从制造汽车到做汉堡包都是如此。

19世纪后半叶涌现了一批现代科学管理的先驱,亨利·法约尔[Henri Fayol],(1841-1928)堪称现代行政管理[administrative management]的开山鼻祖。行政管理的基本观念是,它密切关注可用于协调某个组织的工作原理。法约尔在《一般和产业管理》[General and Industrial Management]一书中提出了14个原则,这些原则构成了对管理理论的最早的全面探究。法约尔的第一个原则强调"劳者分工"。专业化分工在管理和技术两种功能中都能促进效率。然而,专业化分工应达到何种程度,就此存在着局限性。第二个原则是"权威",即管理者有权发布命令,有权要求属下服从命令。有了权威就有了责任心。第三个原则是"纪律",纪律有助于劳工服从命令,勤奋工作,充满活力和尊敬别人。第四个原则是"命令的统一性",一个受雇者应只听从一位监管者的命令。第五个原则是"方向的统一性",所有目标相同的工作应由一个管理者负责,并只依照一个规划行事。第六个原则是"让个人利益服从总体利益",即某个受雇者或一组受雇者不应将自己的利益放在机构利益和目标之上。第七个是"酬劳"原则,对每一位雇主和雇员的补偿要公平合理。第八个是"集权化",要依据实际情况实施合理的中心管理或非中心管理。第九个是"等级链",即在一个组织机构中应建立从最高到最低的明确的权威链。第十是"秩序"原则,材料应保存在恰当选择的地方,以促进各项活动的有序发展。第十一是"平等"原则,应对雇员和善平等。第十二是"人员任职稳定性"原则,应避免频繁换人,因为训练一个有效率的新雇员需要时间。第十三是"创新"原则,管理者应鼓励和培养雇员最大限度的创新能力。第十四个原则是"合作的精神",即和谐、统一地建构组织机构的力量。

法约尔所提出的14个原则突破了传统的管理模式,奠定了现代行政管理的基础,迄今仍是管理世界中的常识。

法约尔身为矿山工程师,但他提出,如果一个人的管理技巧胜过专业技术,这对雇用他的公司来说未必是件坏事。相反,如果一位工程师对管理毫无兴趣,他对组织机构的弊必大于利。他认识到,管理可与工程分别研究,并注意到每一个组织机构都离不开管理:"不论是商贸、工业、政治、宗教、战争或慈善机构,在每一个方面都需实施管理功能。"

法约尔的管理思想侧重于组织的建构设计和组构工作的最佳方式。他提出的原理被认为适用于任何形式的组织机构。

另一位重要的行政管理理论的创始人是切斯特·巴纳德[Chester Barnard],(1886-1961)。1938年,他发表了《经营管理者的功能》[The Functions of the Executive],提出了"权威接受理论",其要点是,管理者的权威性源于受之管理的人对权威的接受。经营管理的日常效率取决于雇员遵从管理者的指挥意愿。唯有管理者的命令适合雇员看来具有可能性的范围之内,雇员才能接受管理结构的监控。

巴纳德的观点已暗示出管理中人的因素的重要性。经典的管理理论的主要缺陷在于忽视对管理中人的因素的理解。科学的管理理论认为，影响工作效率的最大障碍是雇主拒绝适应变化。由此，研究者们开始运用当时的新领域——心理分析的原则与概念，力图更好地理解职员，促使组织与人员更有效地工作。这类研究的基本假说是：（1）人们渴望令其满意的社会关系，并从完成特定任务中获得满足；（2）他们通过其产品对群体或同伴的压力作出反应；（3）他们在工作中寻求个人才干的实现。

玛丽·帕克·福利特［Mary Parker Follett］，(1868-1933) 分析了群体互动的观念。这些观念在今天的工作场所仍占一席之地。她认为，在各类组织里工作的人们不断互相影响，擅长以群体完成工作。如今时髦的"团队"工作方式，就源于福利特的思想。福利特呼吁创立这样的工作场所，在这个场所中，管理者与雇员共享权力，而不是凌驾于雇员之上。她进而提出"综合统一性"概念，用以描述组织机构如何更好地通过协调群体活动而达到其目标。

这种关注人类关系的管理思想被称为行为探究方法，它充分考虑人的需求。亚伯拉罕·马斯洛［Abraham Maslow］在1943年的论文"人类动机理论"中分析了人类的需求等级。这个理论很快被融合到管理理论和实践之中，尤其成为管理领导者必须要考虑的问题。马斯洛的理论说明，管理者的任务之一就是要为雇员的满意提供途径，管理者必须努力扫除妨碍雇员完成任务的一切障碍。人有不同的需求，包括最基本的和最高级的需求，如生理的需求、安全感、归属感、尊严感和自我实现的需求。在设计工作场所时，管理者应明白，这类需求既不能完全满足，也不容忽视。管理者的目标要让一个人自我实现，使之过一个充实而富有成效的生活。

道格拉斯·麦格雷戈［Douglas McGregor］在1957年将这种人性化管理称为"事业的人的一面"。他提出了一种改变管理者和雇员关系的理论。他的理论基于这样的概念：即管理者发展关于影响他们与雇员的相互关系的人的"自我实现预言"观念。

他辨认出管理者普遍采用的两种主要视角，他叫作"X理论"和"Y理论"。"X理论"认为：（1）人们普遍厌恶工作，只要能避免就尽量不干；（2）必须对他们进行管制、监控，或施以处罚威胁，才能促使他们工作；（3）他们希望得到指导，回避承担责任。"Y理论"与之相反，认为：（1）人们普遍愿意工作；（2）他们愿意承担责任；（3）他们能够自我引导；（4）他们具有在工作环境中尚未有效地利用的创造性和想象力资源。这一管理理论业已成为现代所谓"参与性管理"潮流的组成部分。组织机构或公司现在都会征求雇员的想法，而不是把他们仅仅当作劳工。麦格雷戈深信，只要建立起雇员与管理者之间的伙伴关系，任何管理事业都会繁荣昌盛。

三　现代管理模式

现代管理的学科化是以大学设立商学学位为标志的。第一所发商贸文凭的是沃顿［Wharton］本科学院，该学位于1881年设立，然后达特茅斯［Dartmouth］和哈佛大学先后于1900和1909年设立了管理学研究生学位。这进一步促进了将科学管理运用到工作实践中，在过去的60多年里，商学学位的设置和管理理论的实际运用，为管理研究奠定了扎实的基础。此外，电脑的运用，有助于设计最有效率、最富成效的工作场所，大大地改变了科学管理技术。

今天的科学管理主要采取量化途径。系统理论［System Theory］与随机方法［Contingency Approaches］是常用的两种模式。系统理论认为，各种组织机构皆由精心安排生产物品和从事服务的各内在联系的部分和活动构成。开放的系统模式就是系统理论在组织机构中运用的例子。系统理论认为，当某个组织机构开始收集输入物，并将之转化为以物品或服务为形式的输出物时，这个组织就在一个受多种环境影响的复杂世界里起了功用。"输入者"包括为组织机构工作的人员、材料、设备以及生产组织机构的物品与服务必需的资金。"输出"或组织机构的业绩，并非是其各部分的总和，而是各部分相互作用的结果。管理的过程将输入变为输出。从理论上说，组织机构的协调作用来自过程，而整体要大于各部分的总和。

管理组织机构的随机性方法建立在这样的假说之上，即在组织机构面临的所有情景中，不存在最有成效的单一方法。因此，管理团队必须灵活机动，善于理解不同的时候所要求的不同的管理技巧。这一研究途径也认识到，组成各个组织机构的人们具有不同的工作和管理风格。一流的管理必须期望不同的工作小组会采取不同的实现既定目标的途径。多样性不是威胁，而是一种力量。假如管理者善于有效地协调不同的工作小组，那就能再次取得协调配合的结果。

我们生活在一个变动不居的世界里，随机性方法也许是有效管理大多数组织机构的最合理方式。灵活应变，及时调整外部给组织机构的压力，同时密切监控组织机构的内部程序，这是极为重要的管理方法。

管理理论在不断地发展。威廉·G·乌奇［William G. Ouchi］和艾尔弗雷德·M·耶格［Alfred M. Jaeger］提出了"Z理论"［Theory Z］，这种理论试图在美国和日本制造业采纳积极管理技巧，然后将之融入新的体系。"整体品质管理"为生产物品和提供服务的公司所采用，这种管理模式的理论基础是：如果一个组织机构不断地改进其产品和服务，那么它就能更好地让顾客满意。对组织机构致力于完成的任务的每一过程进行管理和改进，这构成了当代对如何更好地管理一个组织机构的思考的重要部分。

现代时常听到的一个管理术语是"六个标准差"［Six Sigma］。这个术语专指一种管理体系与哲学，其焦点是通过实践消除缺陷，而这种实践强调理解、衡量和改进的过程。20 世纪 80 年代初，微软公司为了改进微软芯片的质量和可靠度提出了这六个标准差。从此以后，它成了众多组织机构进入国际市场竞争时所用的口号。

"范型的转型"和"重组"公司是当前管理理论家时常谈论的问题。对"范型"的流行定义是：它是一系列起着两项作用的成文或未成文的规则。第一个作用是建立或确定界线，第二个作用是指导人们如何为了成功而在界线之内行为。

"范型的转变"的例子在我们日益变化的时代里举不胜举，一个与艺术管理直接相关的显著例证是表演艺术的范型转变。过去人们要上戏院看戏，上电影院看电影，而在我们这个"数码时代"，人们可以在家看 DVD。"数码时代"对如何向观众传播娱乐节目，如何使观众体验这些节目产生了深刻的影响，然而，究竟应如何界定新的界线以适用新的发展，尚无人能得出明确的答案。

四　管理与艺术

现代艺术与管理的关系变得更为密切、更为复杂。尽管如此，传统管理的经典概念依然起着重要作用。例如，前引马丁 1998 年所写的"艺术管理"条目，实质上是对法约尔的 14 条管理原则的概括，将领导、计划、组织、协调和控制视为管理的基本内容。美国目前普遍使用的教材是伯恩斯的《管理与艺术》，此书即按这五个方面解释艺术管理的模式。

艺术管理专业是在欧美艺术机构经验的基础上诞生的。1946 年，英国成立了大不列颠艺术委员会［ACGB］，美国仿效其模式，建立了国家艺术基金会［NEA］。20 世纪 60 年代，美国处于所谓的"美国世纪"，亦即经济大发展时代，她把艺术和文化都直接纳入经济发展的对象，激励商业与艺术之间的联系。艺术史上的传统赞助和收藏制度已不能适应这一趋势了，需要更系统、更灵活的专业管理知识与技巧的支撑。1966 年，哈佛商学院的托马斯·雷蒙德［Thomas Raymond］和斯蒂芬·格雷塞［Stephen Greyser］，联手艺术管理者道格拉斯·施瓦尔贝［Douglas Schwalbe］创办了艺术经营管理研究所，四年后，这三位学者又创建了哈佛艺术管理夏季学院。英国、澳大利亚等国紧随其后，相继设置了该专业，训练新型的艺术管理专门人材。国际艺术管理教育协会［AAAB］也应运而生。中国于 20 世纪 90 年代注意到相关学科的建设，迄今已为我国创意文化产业培养了一批专才。

管理是一门科学。作为一门科学，要求管理者有效地运用计划、组织、协调、控制、检查、执行等手段与方法，把企业各生产要素有机地结合起来，协调运作，以保障产品经营有序地进行。而管理更是一门艺术，"管理的艺术"而非"管理的科学"乃是企业家的口头禅。作为一门艺术，管理指产业领导者为达到特定目的而掌握、运用的专门技巧，亦即为达到这一目标而具备的能力。

在艺术管理领域里,管理既是一门艺术,也是一门科学,这句话并非是譬喻,而是该专业的实质。当代社会中的艺术组织,无论是视觉艺术还是表演艺术,其面临的首要问题就是合理地摆正管理、经济和美学目标三者的关系,充分发挥其互动作用,最大限度地产生文化与经济双效益。否则,艺术管理就会失去其专业意义。

艺术是人类的文化产品,在各文明社会中,历来被视为神圣的精神产品,与金钱利益相对立。将艺术与商品相联系,将艺术视为文化产业,的确是人类观念的一个新近转变。当年美国开始创办艺术管理专业时,就遭到了质疑,许多学者认为这是一种邪恶甚至堕落的做法。晚至1986年,著名学者汉斯·哈克[Hans Haacke]尚在《博物馆,意识的管理者》[Museums, Managers of Consciousness]一文中抨击艺术管理,他认为从事艺术管理的教授们往往缺乏艺术知识,对艺术世界的特殊性不甚了解,只能机械地套用管理理论,损害艺术的本性。他写道,这些艺术管理者,"在著名的商学院里受训,关注的只是如何将艺术等同于其他市场产品出售。他们对此毫无歉意,丝毫不涉及浪漫的情感问题。

人们期待,这类新的艺术管理者既无幻想又无热望,这样便会对产业状况产生显著的影响。

主要被训练为专业技术政客的他们,不可能对其营销的产品的独特品质存爱慕情感。这种态度反过来会对我们很快开始见到的那种产品产生影响。"

哈克担忧管理的商业语言会同化艺术和文化的特殊价值,使之完全商品化。另一位学者约翰·皮克[John Pick]更直截了当地道明了此点:"这类新训练出来的艺术管理者……表明,人们不应从艺术中寻求愉悦,而应寻求市场回报。"

《闪光艺术》[Flash Art]杂志的主编贾恩卡洛·波利蒂[Giancarlo Politi]代表相反的意见,竭力为将艺术作为一种商品形式而辩护。他认为,从历史上看,艺术一直受各种赞助,与市场永难分离。他并不认为当前艺术的商品化会影响艺术创作和欣赏的质量。他甚至说,今天的艺术,其品质比以往都高。供应提高,造成竞争气氛,选择范围也扩大了。可见,"市场是决定艺术品质的最健康的过滤器"。

就生产过程而言,艺术管理对应于产品生产。经典的工业经济呈现出从产品到供销再到消费三个过程。艺术管理也由这三个步骤完成,例如组织一个展览,展品和解释展品者属创造性原材料,即是"产品";展现作品的场所即相应于"供销",而参观展览的观众即属消费范畴。当代有些艺术家就承认这层对应关系,如迈克·凯利[Mike Kelley]宣称,艺术与手工运动把成批生产的物像视为俗物是错误的,他愿将之看作完善的作品。其实,这三个阶段也是艺术家与受众互动关系的过程。马塞尔·杜尚[Marcel Duchamp]认识到这种张力,他认为艺术家大可自称天才,但必须等待观念的裁决。

艺术家个人制作产品，而观众又通过汇集各种解释而最终完成作品，因此，一件艺术作品也是经历生产与消费的商品。

尽管如此，经销商品的市场由人控制，如波利蒂所说，市场既无心肝，也无情感，它只服从艺术体系所确立的价值观念。现代艺术体制包括批评家、策展人、收藏家、博物馆、美术馆、画廊和媒体，市场从这类体制中接收一切输入产品。而上述艺术体系即构成艺术管理者与管理机构，是他们左右着艺术发展的健康程度。

五 三种敬业精神

著名商人、慈善家李嘉诚先生曾谈及经商伦理，强调管理不仅是"赚钱的艺术"，而且是"奉献的艺术"，管理者的社会责任心决定了其管理的根本效应。伦敦大学学者德里克·宗［Derrick Chong］在《艺术管理》［*Arts Management*］一书中，阐述了艺术管理者必须具备的三种敬业精神：一是追求卓越性和艺术真诚；二是追求亲和力和受众开发；三是追求公共责任心与经费的有效使用。

一个艺术组织的最重要的任务是要在国内外取得优异的成就，在演示和呈现艺术时确保艺术的完善性。艺术组织必须保护和培育艺术的鲜明风格，并努力在更广大的受众，不论是专家还是非专家心目中建立自己的独特形象。坚持艺术的完善性就是避免曲解艺术。艺术管理者倘若一味附和大众趣味，就是背离责任心的表现，其任务应是塑造大众趣味，帮助大众提高欣赏艺术的能力。这表明，艺术管理者的作用不仅仅是回应大众的需求，而要引导艺术产业的健康发展。

艺术组织第二个奉献精神是开发受众，普及艺术。把更多的观众吸引到艺术世界中来的关键问题是为他们创造方便的机会。在这一方面，一直存在着艺术项目制定与观众之间难以调和的矛盾。长期以来，观众开发一直受市场营销范畴的限制。过去艺术教育者面临的是"高雅艺术"与"通俗艺术"的矛盾，今天在把文化视为事件、艺术视为娱乐的市场营销环境中，这个问题转化为如何在尽可能吸引公众的情境下保护专业卓越性价值。继承和发扬优秀文化艺术遗产，依然是艺术管理者的重大责任。

艺术管理者的第三个公共责任心是合理而有效地使用经费。社会和私人只愿把钱捐献给有效使用基金的机构。合理而有效地使用经费，才能保证艺术机构的经费稳定性。钱对于任何艺术机构都是必需的，然而要获得成功，光以钱开路是断然不成的。这当然不是说管理的质量与利益必定相互排斥。保证经费的稳定性是确保艺术项目正常进行的前提。出色的艺术管理往往在努力维护主要审美价值的同时理解经费精打细算使用的重要性，它是一个艺术机构稳定发展的标志。

以上三个敬业精神和五个传统管理功能相结合便构成了艺术管理的核心方法。读者手中这部概论的结构与章节即按此原理设置。

六　信息途径与参考文献

新兴的艺术管理是一个开放的学科，它与形成和改变文化产品输出的环境相互作用，政治、经济、法律、文化、社会、技术和教育环境无不影响着艺术组织实现其目标的途径。由此，艺术管理没有确定的定义，它一方面不断地适应着新的变化环境，另一方面又奠基于自身应持的价值观念，借此提升文化和艺术产业的标准。我们难以预测艺术管理的未来理论与实践，把握今天和展望未来的最佳方法莫过于考察相关学科的学术状况。如果读者欲知艺术管理学科的新趋向，如伯恩斯［Byrnes］所建议的，一个捷径是去关注新出版的管理书籍和相关杂志。经常查阅《国际艺术管理者》［International Arts Manager］、《国际艺术管理杂志》［International Journal of Arts Management］、《国际遗产研究学刊》［International Journal of Heritage Studies］、《艺术与娱乐法杂志》［Journal of Art and Entertainment Law］、《亚洲太平洋艺术与文化管理杂志》［Asia Pacific Journal of Arts and Cultural Management］等杂志，便可了解该学科发展的情况。另一个方法是查阅约翰·L·皮尔斯［John L. Pierce］和约翰·W·内斯特罗姆［John W. Newstrom］合编的《管理者的书架》［The Manager's Bookshelf］，此书涵盖管理范式、管理伦理等内容。最后，也可关注世界知名大学商学院的课程和教学内容。精微的管理理论往往产生于大学。如果读者欲了解国际上的艺术机构，尤其是美国和加拿大的情况，可查阅2005年出版的《雷斯艺术资源指南》［The ReissSource Directory of the Arts］。

从20世纪70年代以来，欧美国家出版了一批艺术管理的书籍，而作为一门学科，艺术管理是欧美的产物，直接影响了我国相关学科的理论与方法。艺术管理其本性就是一个国际化的事业，因此，了解世界上重要的相关研究与成果，对我国艺术管理教学与实践的发展具有重要意义。

欧美艺术管理书籍大致分两类，一类是基础教材，另一类是对学科的反思，涉及理论与方法的问题。

艺术管理基础理论中的经典著作是初版于1987年的《艺术管理基础》［Fundamentals of Arts Management］，由玛丽·奥尔特曼［Mary Altman］等十五位学者合撰而成。此书论及战略性计划、委员会发展、艺术志愿者、项目规划、市场营销、募集资金、经费管理等内容。这部书不断得到修订，以适应艺术管理领域的新趋势，2003年的修订本增加了新的章节，包括社区组织、项目评估、艺术教育以及如何为公众创造欣赏艺术的便利条件等，以满足21世纪艺术管理者所需要的专业技巧。

艺术管理的基础教材当首推伯恩斯的《管理与艺术》[Management and the Arts]。此书现已发行第三版，为美国大学相关学科普遍使用。该教材对管理理论与实践和艺术管理的历史进行了简要的回顾。在此基础上，从管理的各个视角为未来的艺术管理者提供理论和实践工具，而这类范式适用于剧院、博物馆、舞蹈团、戏剧团等艺术机构。读者从中可就下列问题获得见解：艺术组织和管理是如何发展的；策略性计划和决策背后的理论与过程；组织与机构设计；管理人员配置与人际关系；有效地搜集信息的工具与技术，财务预算，募集资金和经费管理；融合各种管理理论与实际运用，管理生涯选择与就业市场准备。这部教材多次修订，还涉及本科生和研究生选择学校与训练方式问题。本概论的导论在许多方面吸收了该教材的思想。

在英国，该领域的标准教材是约翰·皮克撰写的《艺术经营管理》[Arts Administration]，此书也出版了修订版。政策、资金和艺术机构的改组都使艺术管理的性质发生不断的变化，此书论述促成这些变化的主要因素，包括在英国新的遗产部领导下的艺术政策，国家彩票的功能，少数民族的角色，边缘和社会艺术。该书收入十项案例，以说明艺术管理普遍面临的问题，如预算平衡、市场营销、资金募集和项目执行。与伯恩斯的教材一样，皮克把艺术管理始终放在历史、社会和实践的情境中加以论述。皮克是欧洲第一位艺术政策与管理领域的教授，执教于伦敦城市大学，著作宏富，声誉遍布全球。

艺术管理的指南读本还有哈维·肖尔[Harvey Shore]的《艺术经营与管理：经营者及其职员手册》[Arts Administration and Management: A Guide for Administrators and Their Staffs]、珍妮弗·拉德朋[Jennifer Radbourne]和玛格利特·弗雷泽[Margaret Fraser]的《艺术管理：实践指南》[Arts Management: A Practical Guide]等。其他还有依艺术门类分类的入门书，如《心灵的内部：表演艺术业务》[Inside the Minds: The Performing Arts Business]或朱里娅·朗特里[Julia Rowntree]的《改变表演》[Changing the Performance]等。在综合性基础书籍中，还值得一提的是约瑟夫·S·罗伯特[Joseph S. Roberts]和克拉克·格林[Clarke Greene]的《艺术企业：艺术商务》[Arts Entrepreneurship: The Business of the Arts]，此书详细论述了有效性艺术管理应采取的每一个步骤，以及如何实现艺术机构各自的计划。此书通俗易懂，不失为一部实用的课本。

德里克·宗的著作《艺术管理》充当着这门专业的基础教材与学术思考之间的桥梁。此书从管理、审美和社会责任的角度出发，对艺术管理这个辅助学科进行了全面的批评评述，同时像上面提到的基础教程一样，论述了管理所涉及的主要内容。本概论导论采用了该书的一些观点与材料。

德里克·宗的著作所反思的艺术管理方法论问题在下列专著中得到了进一步论述。鲁斯·伦奇勒［Ruth Rentschler］的《塑造文化》［*Shaping Culture*］一书讨论"高雅艺术"与"创意产业"的转化问题，提出文化与娱乐在当今社会中占有"第三位置"的观点。该作者的另一部著作《企业化艺术领导人：文化政策、变迁与重新发明》［*Entrepreneurial Arts Leader: Cultural Policy, Change and Reinvention*］则关注艺术领导的效率问题。

艺术和艺术家是艺术管理的核心对象，讨论这些论题的著作有玛丽安·菲茨吉本［Marian Fitzgibbon］的《艺术中的发明管理：制作艺术作品》［*Managing Innovation in the Arts: Making Art Work*］和《从艺术大师到管理者：艺术和文化管理中的重要论题》［*From Maestro to Manager: Critical Issues in Arts and Culture Management*］。罗伯特·奥斯汀［Robert Austin］和李·德温［Lee Devin］合著的《艺术化制作：管理者必备的关于艺术家创作、状态的知识》［*Artful Making: What Managers Need to Know About How Artists Work*］。

艺术管理虽已经历半个多世纪的发展，但与其他学科相比，仍然缺乏理论和学术的积累，有待确立某种可以衡量学科的标准。其次，艺术管理的现行模式基本上是在美国发展起来的，它们虽符合美国实际，但如何将之转化为适应各国特色，如何创造不同国家艺术管理者平等交流的机会，这些都是艺术管理领域必须探讨的重要问题。科丽娜·苏泰伍［Corina Suteu］的《墙中的另一块砖瓦：欧洲艺术管理教育批评评述》［*Another Brick in the Wall: A Critical Review on Arts Management Education in Europe*］从教育的角度探讨了这类问题。作者认为，文化或艺术管理作为一个教育领域，它仍处于初级阶段。而在过去几十年里，在欧洲，出现了多元的训练文化管理者的机会。此书对欧洲文化管理与政治教学和训练进行了比较批评研究，系统地分析了这类课程的结果，以及这些成果对学生进入管理工作后所产生的效应，同时阐述了什么是在当今文化情境中文化管理者的责任；在迎接管理文化组织或项目的现实挑战时，管理者需要什么能力；为了满足这些需求，应开设哪些文化管理教育课程。作者提出的问题，有助于我们完善艺术管理学科化的建设。

本文原载于《新美术》2007年第3期。

艺术收藏与企业文化

文化事业的繁荣与否是衡量一个国家综合国力的标准，也是民族"软实力"的重要象征。由民间力量赞助的文化活动，及民间自发形成的文化机构则是整个国家文化事业中最活跃、最有朝气的部分，在此过程中，民营企业扮演了一个无可替代的重要角色。

华茂集团是20世纪80年代之后迅速崛起的一家优秀民营企业，在获得了商业成功的同时，华茂总裁徐万茂先生即把目光投向了文化、教育事业，并在个人收藏的基础上筹办了带有公益性质的美术博物馆。从客观上看，这一举动显然在无形中提升了华茂集团的企业形象，推动了其所在区域的文化事业。但就徐先生而言，华茂美术馆的兴建也是其个人性情与文化品味的寄托。徐万茂先生对艺术品的珍爱一以贯之，在多年的收藏活动中，还专门聘请了国内著名艺术家、中国美术学院教授全山石、童中焘作为自己的典藏顾问。这两位名家独具慧眼，童中焘负责中国画，全山石为油画把关。正是在这样的基础上，徐万茂先生积累了一批有价值的绘画作品，并形成了鲜明的收藏特色。

纵观华茂美术馆的发展历程，我认为有三个方面特别值得关注：一是藏品的地域性，华茂藏画基本以浙江籍画家作品为主体，并通过一批具有代表性的艺术家来折射全国范围的艺术现象，无论是历史作品还是现当代作品，均体现了这一特点。此外，华茂还收藏了一批俄罗斯油画，这种延伸式收藏也表达了对全山石等老一代油画家的敬意。二是华茂集团特殊的企业文化现象。由企业来收藏艺术品，这一做法继承了明清时代江南富商的传统，同时也延续了近代浙商热衷于赞助文艺事业的特色。第三个值得注意的方面是其藏品特有的历史与艺术史价值。艺术作品不仅具有审美价值，而且也是我们人类认识世界的智力工具，诚如唐朝张彦远所曰："夫画者，成教化，助人伦，穷神变，测幽微。"前两句明言美术的教育功能，后两句强调美术的认知作用。这种观念在我国源远流长，谢赫就在《古画品录》中总结了前人的思想，提出了绘画乃是人类探究、记载宇宙与人事变迁的智性手段。所以，在古人的心目中，艺术图像与"六籍同功"，亦即它与文字一样，是我们用以理解世界和表达我们对世界的认识的智性工具。目前，华茂集团正致力于建设国内首座教育博物馆，而其艺术藏品必将成为这个宏伟项目中令人瞩目的直观部分，由此激活我国以艺术教化人心、以艺术证史的伟大传统。

为了更好地欣赏华茂美术馆藏品的价值，理解其历史与现实意义，本文姑且分为上下两篇，上篇将徐先生的收藏活动与美术馆的建立放到中外收藏史及博物馆发展中加以论述，力图说明其特色，彰显其潜在的社会与文化影响，而下篇则旨在勾勒一个与藏品相关的简明美术史框架，不仅为读者品析具体藏品提供参照，而且使藏品的总体艺术价值得到不证自明的阐发。

上篇

一

美术博物馆保存着人类的图像记忆，在美术博物馆里，依照年代或风格展示的图像作品反映了人类视觉经验与视知觉变化的历史，而这部视觉历史也可验证人类其他的历史活动。如前所述，在人类的整个历史时期，图像一直是我们理解世界、表达思想与情感、记录过去事件的主要智性手段。

作为一种现代文化模式，美术博物馆的出现伴随了现代民主政治进程的始终。世界上最著名的美术博物馆，其前身往往就是前朝宫殿，其藏品也多为王室旧物。1793年大革命胜利后，法国国民议会决定把卢浮宫改为国立美术博物馆，向公众开放。而中国的故宫博物院原为明、清两代皇宫，也是皇家艺术品收藏中心。辛亥革命之后，国民政府陆续接收清宫旧藏，并在此基础上成立了古物陈列所和故宫博物院，成为面向全体国民开放的现代博物馆。1922年成立的艾尔米塔什博物馆，其前身就是俄国女皇叶卡捷琳娜二世于1764年创建的"隐宫"（艾尔米塔什源出法语，有幽隐、栖居之意），其馆藏绘画更是以沙皇旧藏的拜占廷宗教画、文艺复兴、巴洛克时代的作品闻名于世。除了前述三大著名博物馆，另外像马德里的普拉多宫、佛罗伦萨的乌菲齐宫等博物馆都是现代文化的产物，同时具有浓郁的历史纪念色彩，它们的存在，见证并体现了历史的连续性。

美术博物馆的英文形式是 art museum 或 art gallery。其中 art gallery 又被译为美术馆。晚清、民国时期的南洋劝业会、西湖博览会都设有"美术馆"，用以展示同时代艺术家的作品，带有临时展览、陈列的色彩。此后，美术馆逐渐演变为以收藏、展示现当代艺术作品为主的特殊机构，如中国美术馆、上海美术馆、广东美术馆等。这些美术馆也称作美术博物馆，经过时间的累积，"现代"已经成了历史。

因此，现代美术博物馆主要包括三种类型：1. 古物、古迹博物馆，即在前代皇室、贵族旧居、旧藏基础上发展而成的博物馆；2. 19世纪以来的现代美术馆、画廊；3. 考古、遗迹、故居博物馆。

从藏品上看，在皇宫、贵族宅邸基础上发展而成的博物馆大多拥有丰富的历史收藏，而西方19世纪之后的现代博物馆则以收藏印象派之后的现代主义作品见长。自摄影术、电影、电子影像艺术出现以来，人们的艺术观念也经历了深刻的变迁。但新兴的实验艺术如现成品艺术、观念艺术、行为艺术等，其作品均无法收藏，或不便于收藏。摄影艺术、电子影像艺术又因为便于复制的特性而极大降低了收藏价值。因此，美术博物馆的藏品，其本质仍然是稀有、珍奇之物，具有不可复制、历久弥新的特点，今天来看，这一特征仍然没有改变。

中国的美术博物馆是世界范围内现代博物馆事业的一个组成部分，但同时有着两个鲜明的特点：第一是重视考古发现，省级以上的博物馆一般都设有考古组、考古部。有些新博物馆就建在墓葬现场或考古发掘现场，既保护了遗址，也有助于复现文物的原始保存状态。这与利用地上苑囿、寺观、石窟、学宫、名人故居建博物馆的做法是一致的。考古发掘所得的文物极大充实了博物馆馆藏，为日后的历史、美术史研究留下了宝贵资料。第二是政府行政力量一直在进行有力干预，对博物馆的推广普及起到了重要作用，从晚清、民国一直到新中国，这种努力从来未曾间断，而新中国的博物馆在数量与类型上都远远超过了历史上任何一个时期。

20世纪90年代以来，随着艺术品市场的兴起，中国的民间私人收藏开始活跃起来，小型私人"博物馆"随之出现，许多公司、企业纷纷筹建自己的行业博物馆或各类公益博物馆，由此对国立公共博物馆进行有益的补充，形成了一种重要的当代文化现象。国立博物馆在艺术品、古物以及自然史和古籍典藏上，都是最强的。国立、公立博物馆在管理、展览模式上也具有私人博物馆无可比拟的优势。但是，私立博物馆同样具有自身的特色和优势。如何正视、分析20世纪90年代之后兴起的这一现象，评估这一类美术博物馆的发展前景和利弊得失与本文所关注的华茂美术馆具有直接的关系。

私立博物馆的优势在于汇聚散落在民间的文化记忆，由于特殊历史原因而流落民间的珍贵文物正是通过私人收藏而得以留存。在此过程中，胸怀远大抱负的收藏家可以有效地开发乡土资源，为保存本土的文化记忆、培育地域文化做出自己的贡献。另一方面，虽然传世文物精品大多已被公立博物馆收藏，但私人博物馆也有独特的伸展空间，收藏家可以把目光投向民族民俗文化，投向现当代艺术作品，投向公立博物馆所忽视的部分。从这个意义上讲，美术馆、画廊恰如鲜活的现当代文化记忆库。在中国，这一点尤其具有现实意义，其情形和欧洲19世纪现代美术馆的发展如出一辙。私立博物馆建设对于刺激艺术市场、促进艺术创作的繁荣具有无法替代的作用。华茂集团的收藏也将发挥同样的功效。

乡土、现代、市场三位一体，这是华茂绘画收藏的特色。从已有藏品编目来看，华茂美术馆馆藏内容颇为丰富，元明清及近现代书画、近现代油画及俄罗斯油画凡三千余件。尤以明清和近现代书画为特色，包括文徵明、唐寅、恽寿平、华嵒、金农、郑燮、赵之谦、蒲华、虚谷、任薰、任颐、齐白石、黄宾虹、王一亭等大家作品。藏品中的现当代名家作品也相当丰富，以江浙地区画家为主，其中很多是中国美术学院或其前身的教授的作品，此外尚藏有其他各大美院教授的作品。俄罗斯油画是华茂藏品中的一大亮点，包括列宾美术学院教授梅尔尼科夫、彼德·珐明、佩西科夫等名家的风景画、肖像画作品。

从藏品内容来看，华茂美术馆的赞助人徐万茂先生堪称地域文化的守护者，即便是朱邦采、徐弘泽、詹和这样一些名不见经传的画家，其精品也收藏入馆。这一类收藏既体现了徐先生对文人画传统的珍爱，同时也折射出他对乡邦故土的深情。搜求、购藏这批带有历史文献色彩的书画作品，让长久以文字形式留存的江浙地方志又增添了生动的内容。例如，华茂藏品中有清人董棨《太平图册》五集，其中《元宵节》一叶跋语谓："案浙江元宵之节，无论士庶，必买粉团互相馈遗，谓之灯圆。谚云：上灯圆子落灯糕。糕谓高也，圆取岁岁团圆之义。周必大《元宵浮圆子诗》：时节三吴重，匀圆万里同。想此风处处有之。"《杂货篮》一叶，跋语："案《桐薪》曰：古朝服上有生紫袷，囊呼曰紫荷，今俗杂佩，称荷包。名虽不典，义有所承。《名物通》曰：碫䃔入云母，可作眼镜。今村镇间有提筐售卖荷包、眼镜，并氅梳、牙刷、剔齿签之类，琐细具备，号杂货篮。"《太平图册》以直观的图像记录了清代江南地区流行的民俗，并辅以精练的考证文字，这类图册是民俗及文化史研究者最珍贵的第一手材料，是我们重构清代江南风俗民物的重要信物。

明清时期，江南地区遂成文人画的中心。晚清、民国以降，江浙一带更是现代文人画的渊薮。在华茂美术馆中，扬州画派、海派的卷轴书画是藏品的重要内容。而杭嘉湖地区画家的作品占据多数，不乏精品、能品。名家巨制，兹不一一列举。除此之外，华茂美术馆还荟萃了现当代大师的作品，晚清、民国及新中国美术史中的重要人物，其作品均有入藏。在馆藏现代卷轴绘画中，浙江美院名师的作品是主体内容。这些作品涉及了中国画改造运动、新浙派人物画、浙派山水等现代中国画发展史中的几个重要环节。浙江美院的"浙派人物画"或"新浙派"是意笔现代人物画的重要形态，而浙派"彩墨人物画"、"工笔重彩人物画"同样也是中国画现代变革中的突出成就。华茂美术馆收藏的这批作品印证了中国美术学院的前身——浙江美院中国画改革的变迁历程。

例如，20世纪60年代初，潘天寿在浙江美院进行的中国画教学改革，对浙派中国画崛起起到了重要的推进作用：在基础教学上，他提出以白描和速写代替素描，以此作为中国画基础训练科目；在工笔人物画中，他强调线条的特殊价值；在写意人物画教学中，潘天寿将海派写意花鸟的笔墨技法引入人物画的造型之中，用传统大写意的笔法去表现体面、明暗关系；在华茂美术馆，潘天寿及其弟子的作品数量甚多，这批作品集中反映了浙江美院中国画教学改革的痕迹。

同样，华茂馆藏的现当代油画也具有重要的美术史价值。在近现代中国油画发展史中，我们曾经历了"中西融合"、"苏派"、"油画民族化"等几次明显的风格变迁，许多优秀的油画家正是在特殊的历史时期走到了艺术史的前列，为中国的油画史留下了宝贵的遗产。华茂收藏了徐悲鸿、倪贻德、关良、靳尚谊、全山石等一批具有代表性的老一代油画家的作品，正因为如此，我们才可从中寻绎出一条清晰的风格发展轨迹，验证中国现代美术史的特殊历程。

在20世纪二三十年代，油画中的"中西融合"呈现出几种取向。徐悲鸿等人敬慕欧洲学院派古典技法，而林风眠、刘海粟、吴大羽等人则吸收欧洲近现代表现性油画语言。他们依照自己的留学经历和中国画创作经验，分别对中国油画发展方向进行了探索。徐悲鸿在接受西方艺术时，依照国内的现实需要对欧洲油画重新进行分类，对西方艺术传统做了创造性的解释。他认为，要克服中国艺术的弊端，首先必须"采欧洲之写实主义，如荷兰人体物之精"。相比之下，林风眠则致力于追求纯形式的美感，通过形式来传达情绪的冲动，在这一点上，他深得西方现代主义的神韵。刘海粟与林风眠的观点类似，但更偏爱张扬个性的表现主义艺术，尤为推崇塞尚、凡·高、马蒂斯等欧洲现代画家。这点影响了一大批早期油画艺术家，关良就是一个典型例子。他对中国画的气韵、线条、色彩、平面空间的张力等因素情有独钟，并希望借助油画媒介加以表达，为油画领域的"中西融合"实践辟出一条新径。

华茂美术馆中收藏的徐悲鸿的《孔庙》和关良的《瓶花》这两幅作品，恰好是中国现代油画史上这段波澜壮阔而又微妙曲折的历程的一个生动缩影。

新中国成立后，苏派油画逐渐主导中国油画界。"派出去"与"请进来"是向苏联学习的直接方式，但在相对封闭的历史条件下，"派出去"的留学生实属美术界的凤毛麟角，从1953年始至中苏关系破裂，赴苏留学生尚不到30人，其中罗工柳、全山石、林岗即是历史的幸运儿。"请进来"的苏联专家，最著名者是马克西莫夫，他1955年在中央美术学院举办的油画训练班产生了深远的影响。此外，浙江美院举办的"博巴油画训练班"产生了同样的效应。这些训练班的学员是新中国培养的第一代油画家，也是全国各大美院油画创作与教学的中坚力量。闻立鹏、詹建俊、靳尚谊即是这类油画训练班中的佼佼者。在新中国油画史上，这批油画家也是"油画民族化"运动的见证人和践行者，他们的作品为我们记录了一段特殊而又珍贵的艺术史。

在苏派绘画的基础上，华茂美术馆的收藏又进一步延伸，直接去购藏俄罗斯绘画。和国内其他私立美术馆相比，这一点可谓眼光独具。现代中国艺术史和整个世界艺术史是一个不可分割的整体，油画等外来画种更是如此。欧洲的古典油画、现代派绘画均对中国油画史产生过重要影响，不理解欧洲的艺术，或中国油画的风格源头，那么中国油画史中至少有一半内涵会出现缺失。因此，就中国近现代艺术品收藏而言，完整的、有眼光、有魄力的收藏应该包括欧洲部分。华茂美术馆选择了和中国经验最为贴近的俄罗斯油画，这些藏品和馆藏苏派油画相映生辉，共同记录了新中国美术史中一段华美的乐章。

透过上述藏品，我们不难看出，徐万茂先生将艺术收藏视为企业进一步健康发展的文化激素，体现出其远大而睿智的抱负。由商海而出入文海，出资购藏名家作品，赞助艺术创作，进而兴办美术博物馆，这种现象在中国现代企业家中虽不罕见，但像徐万茂这样独成体系与规模的收藏家却无疑是其中的佼佼者，他们的心音和时代脉搏一起跳动。

二

21世纪初，国内企业家对艺术市场的投资日渐扩大，据统计数据，首届中国国际艺术品投资与收藏博览会暨2006中诚信专场拍卖会上，172件中国当代油画总成交额为3076万元。竞拍者中除部分画廊外，大部分是热衷艺术品收藏和投资的民营企业家。企业与博物馆关系之密切，国内外都有实例。在中国，晚清以来扬州画派、海上画派的繁荣发展与当时商人的赞助息息相关。而美国在博物馆建设过程中，企业财团做出了重要贡献，美国一些艺术博物馆的出现常与摩根、梅隆等金融巨子的名字联系在一起。

美国在19世纪下半叶，少数拥有巨资的商人、企业家和金融资本家开始大量收藏欧洲艺术品。在购买、收藏了大量艺术品之后，这些拥有大量财富的商人开始模仿欧洲，在美国兴建文化机构，其中就有美术博物馆。美国在19世纪晚期建立的博物馆通常是作为非政府、非营利的机构，由商业、都市、教育、文化方面的领导人及收藏家等组成永久性董事会监督其运作。大都会艺术博物馆（The Metropolitan Museum of Art）是1870年在美国律师约翰·乔伊（John Jay）倡议和组织下，由一大批商人、金融界人士、文化名人、艺术领袖共同组建的，得到了金融界巨子J·皮尔朋特·摩根（J. Pierpont Morgan）、约翰·洛克菲勒（John D. Rockefeller）、罗伯特·雷曼（Robert Lehman）等捐赠的艺术珍品，摩根还于1888年和1904年接连两次出任博物馆的董事长。美国国立美术馆（National Gallery of Art）是1937年安德鲁·梅隆（Andrew Mellon）将自己的艺术收藏品和资金捐出，在华盛顿建立的。美国现代艺术博物馆（Museum of Modern Art）主要是来自美孚石油公司创办者约翰·洛克菲勒家族的藏品。古根海姆博物馆（Guggenheim Museum）以矿业发家的古根海姆家族的藏品为主。保罗·盖蒂博物馆（J. Paul Getty Museum）的盖蒂别墅博物馆最初是盖蒂私人宅邸，用于艺术品收藏。此外，费城艺术博物馆的收藏主要得益于科恩·G·约翰逊（Kohn G. Johnson）的私人藏品。亚特兰大、丹佛、休斯顿、堪萨斯、孟菲斯、新奥尔良、西雅图等城市的博物馆都藏有萨穆尔·H·克雷斯（Samuel H. Kress）基金会捐赠的艺术品。

在中国，书画文玩收藏，自唐宋以来一直是文人雅士的一大嗜好。至明清两代，有殷实经济基础的商贾也涉入艺术市场，这种收藏字画的风气在巨商大贾日常生活中已有很重要的影响。明中期兴起的以沈周、文徵明为代表的吴门画派、明末清初兴起的以弘仁为代表的黄山画派，都与商品经济的繁荣有关。明清社会工商业异军突起，手工业和商业经营造就了一批财力相当、拥资丰厚的工商业主，他们成为明以后艺术史中重要艺术赞助人，其中尤以徽商为著。以经营盐业为主业而致富的徽商，往往也致力收藏古董和名人字画。徽商购求书画文玩的情况，明末吴其贞在《书画记》中作了如下记述："昔我徽之盛，莫如休、歙二县，而雅俗之分，在于古玩之有无，故不惜重值争而收入。时四方货玩者，闻风奔至；行商于外者，搜寻而归，因此时得甚多。其风开于汪司马兄弟，行于溪南吴氏丛睦坊，汪氏继之。余乡商山吴氏、休邑朱氏、居安黄氏、榆林程氏，所得皆为海内名器。"有无古玩字画收藏，成为区分雅和俗的标准，足见商人收藏风气之盛。

清代扬州地区是徽州盐商的聚集地，同时也是艺术赞助、艺术创作、艺术品交易的中心。徽商以雄厚的资财邀约雅士，主持文人集会。"扬州八怪"的出现即与扬州的经济繁荣有直接关系，并屡屡蒙受扬州商人赞助。盐商中之儒雅之士马曰琯（字秋玉）、马曰璐（字佩兮）兄弟是人所共知的例子，他们与扬州地区的艺术家诗酒酬唱，往来频繁。马氏兄弟"贾而好艺"，《扬州画舫录》卷四载，马曰琯"好学博古，考校文艺，评骘史传，旁逮金石文字。所与游皆当世名家，四方之士过之，设馆授餐，终身无倦色"。扬州八怪中的高翔、金农、罗聘等便为马氏兄弟诗会中的常客，汪士慎的《巢林集》也由马氏玲珑山馆出资刊刻。

从历史上看，由富商出资购藏散落在民间的字画、文物，赞助地方文艺事业一直有之，也是明代以后中国民间社会的一个重要传统。这对护持历史上幸存下来的名品、保存保护地域文化功不可没。依据吴其贞的记载，很多历史上的煌煌巨迹正是通过民间收藏而得以流传。例如，在徽州收藏家程正吉家中，吴氏即目睹过王维的《江山雪霁图》、李唐的《晋文公复国图》、翟院深的《雪山归猎图》、赵孟頫的《水村图》、王蒙的《秋丘林屋》等作品。另据黄次荪《草心楼读画记》记载，张择端的《清明上河图》、阎立本的《孔子事迹二十四图》、李龙眠的《白描十八应真渡海长卷》等名品亦曾由徽商购藏。收藏史上的如此盛事，足以令后人怀想不已。而通过艺术市场的运作，刊刻古画图谱、名人画谱，资财雄厚的豪商甚至会转移艺术收藏与创作的趣味与风尚。

嘉庆、道光以降，上海渐次成为富商大贾云集之地，高邕在《海上墨林·序》中记载："上海文物殷盛，邑中敦朴之士信道好古，娴习翰墨又代有闻人。雅尚既同，类聚斯广。""闻人"、豪商的经济赞助很快使上海发展成一个新的文化艺术中心。海上画派应运而生，海派名家赵之谦、海上三任、蒲华、吴昌硕、虚谷等人都是在上海达到了艺术创作高峰。

需要指出的是，在中国艺术品收藏史上，海派艺术的崛起是一个重要的现代现象。鸦片战争之后，中国迅速向现代社会转型，官商合营及私营企业日渐崛起，这些现实因素在无形中改变了中国社会的基本结构。都市文化及公共社会、公共空间开始迅速发展，并逐渐取代了以乡村为主体的社会文化结构。在上海一地，控制工商业的大抵有两个团体，一是浙商，尤其是浙商的"宁波帮"、"湖州帮"，二是有官府背景的新兴买办。上海滩最著名的商帮、行会、会馆、公所就来自于这两部分人群，而徽商的地位悄然衰落。当然，新兴的买办和浙商也是最重要的艺术赞助人。通过石莉博士的论文《清末民初上海新兴商人阶层对艺术家的赞助》，我们得知，旧上海曾汇聚一批热衷于艺术品收藏的企业家，其中尤以浙商，如虞洽卿（浙江镇海人，1867-1944）、庞莱臣（浙江南浔人 1864-1949）、王一亭（祖籍浙江吴兴，1867-1938）、陈小蝶（浙江杭州人，1897-1989）等为翘楚。

虞洽卿自27岁起先后在德商、荷兰银行任买办，后来组织四明银行，宁绍轮船公司，三北轮船公司、鸿安商轮公司等，逐渐成为上海商界的领袖人物。虞洽卿创办的宁波同乡会，曾是上海美术展览的重要场所。1924年，上海"东方艺术研究会"就在上海"宁波旅沪同乡会"为陈抱一、许敦谷、关良举办了画展。查《上海地方志》，宁波旅沪同乡会大楼（今西藏中路480号）设有画厅（二楼、四楼、五楼均有），自1921年6月8日举办"艺术会第一届美术展览"起，共办过266次各种美术展览。此外，由广东巨商蔡昌创立的上海大新公司四楼也是著名的展场，大新公司（今上海中国百货公司一店）二楼、四楼均有画厅，从1936年8月8日举办"力社书画展"起，共承办过189次各种美术展览。民国时期，宁波同乡会、大新公司是海上画家举办画展的首选场所。关良、唐云、陈抱一、张大千、萧屋泉、陶冷月、王个簃、邵洛羊等等都在此举办过个展或联展。

在近代艺术品收藏史上，湖商（浙商一支）庞莱臣更是声名赫赫。庞莱臣在杭州创办世经缫丝厂，在上海创办龙章造纸厂，并投资中国银行和浙江兴业银行。庞莱臣是实业家，同时也是精于绘画的古画鉴赏家、收藏家。在古书画收藏圈子中，传世书画只要盖有庞虚斋的鉴定印章，时人即认定为真品。庞莱臣家中的藏品曾给梁启超留下极深刻的印象，在写给梁思成的一封家信中，梁启超曾提到上海大藏画家庞莱臣："其家有唐画十余轴，宋元画近千轴，明清名作不计其数"，梁启超甚至希望梁思成为庞莱臣当几个月的义务书记，整理庞氏的收藏。

王一亭亦为上海实业界巨子，上海三大洋行买办之一，兼营运输、保险、电器，为日清汽船公司总代理。他对吴昌硕的赞助尽人皆知，而他对中国早期美术教育事业的扶持更是近代艺术史上的佳话。他是上海美术专科学校、上海女子审美学院的校董，并被聘为上海昌明艺术专科学校的名誉校长，以个人资财推进了艺术教育事业的发展。此外，王一亭还沿袭明清民间商业"善会"的程式，创办了"豫园书画善会"，出面组织画家义卖赈灾，将民间书画社变成了具有公益性质的社会机构，这是中国艺术赞助史上前所未有的现象。和王一亭一样热爱艺术收藏，并亲自参与艺术创作的另一位企业家是陈小蝶。在青年时代，陈小蝶即协助父亲创办家庭工业社，继而发展成为包括造纸、造镁、制盒、玻璃、汽水、蚊香、印刷等多家工厂的大型企业集团。杭州蝶来饭店、上海汉文正楷印书局也是陈小蝶的产业。陈小蝶与王一亭都是美术社团"天马会"成员，在1929年国民政府第一届全国美术展览会上，陈小蝶曾任筹备委员，与徐志摩、杨清磐等一起主编《美展》、《美周》。（万青力先生的论文《美术家、实业家陈小蝶》，载《美术研究》2002年第1期，对此论说甚详，此处不再赘述。）

沪上实业收藏大家已然具有现代收藏家的雏形，但其所作所为仍然受特定历史条件的局限，基本上是以私人小圈子为活动中心购求玩阅字画。虽然他们会资助公共展览会，但这些活动依然脱不开商业纠葛。实业家是否有能力、有意愿筹办公益性美术博物馆，这也许才是衡量现代收藏家的一个重要标准。

自近代以来，中国博物馆的发展一直依附于教育事业，或受政府的行政力量的干预。由企业筹办的行业博物馆数量有限，而由私人筹资兴办的文物博物馆、美术馆则几乎是一片空白。这是百余年来中国公共美术博物馆的基本事实。我想这主要由两个原因所致：第一，中国的现代企业发展历史短暂，且命运多舛，自身的利益空间并未得到充分的伸展或良性引导。在私立民营企业中，这一现象尤为突出。事实上，一个自顾无暇的企业并没有能力解决真正的社会问题，遑论文化？第二，现代中国在由乡村社会向都市化、城镇化转型的过程中，公共空间、公共社会尚未发育成熟。在中国，至少是20世纪80年代之前，这两个问题并未得到真正的讨论。

我们说，实业收藏家的真正转型其实就发生在当代，特别是20世纪90年代之后，民间企业家斥资筹办行业博物馆、美术博物馆的现象日渐增多。如果我判断无误的话，这将是一个新的历史转折点。由企业、财团出面赞助公共美术博物馆事业，这些做法将会影响政府的税收调节政策，从而形成社会资源的良性互动。

在20世纪80年代，全球艺术品投资出现了一个高峰，日本的诸多企业就在大力收购艺术品。1987年3月，日本安田火灾和海上保险公司以58亿日元（当时约合4009万美元）

的高价，从伦敦拍卖行买走凡·高的《向日葵》，此举当时引起世界瞩目，安田公司也借助传媒而名扬四海。此后，三越集团以47.7亿日元拍下毕加索名作《卖艺者与小丑》，西武百货也相继以13亿日元购得莫奈的名作《睡莲》。1990年，大昭和制纸公司以8250万美元、7810万美元高价分别买下凡·高的《加歇尔医生的画像》、雷诺阿的《红磨坊街的舞会》。1989年12月，奥特波利斯公司又以75亿日元（约合5130万美元）购到毕加索的上乘佳品——《皮埃雷特的婚礼》。世界范围内尤其是欧美国家在企业收藏大潮中，银行投资艺术品已成为一种时尚，海外银行通常把3%的利润投资到艺术品中。美国大通银行已有万余件的当代艺术珍品，德国银行目前在全球的多家分行已有公开的收藏，主要是年轻艺术家作品、现代艺术、德语系的作品，藏品已逾万件，这使企业的文化形象、知名度及盈利不断上升。

我国国内艺术品拍卖兴起于20世纪90年代后，近十余年来，艺术市场得到了迅猛发展，企业投入艺术品收藏也与日俱增，企业通常通过画廊或拍卖机构等市场中介进入艺术投资领域，或者主要借助于艺术赞助的方式而积极切入。目前在市场上有影响的如保利集团、万达集团、中凯集团、围城置业、王朝艺术品公司、刚泰集团等等。企业收藏本身也是投资、经营的一种方式，目前企业收藏名人书画，成为宣传企业形象的一个特殊途径。企业收藏已经提升到一个新的高度，成为加强企业文化建设的一种促动力，提高企业社会形象的同时，也将企业提升到较高的文化层面，并且对整个城市的文化形象也会有巨大影响。企业较一般收藏者拥有更强的经济实力，相比国家收藏又要灵活得多，这既有利于将市场上的艺术精品留在国内，同时也能吸引更多海外中国艺术精品回流。有经济实力又不乏艺术品味能力和修养的企业家介入艺术品收藏，在促进、保护和发扬传统文化作用的同时，甚至还能对当代的艺术创作和审美风尚产生一定的影响。

宁波华茂集团以建设一个教育事业和教育产业互动、有教育根基的"百年华茂"为总体发展目标，致力于中国教育事业和文教产业的改善、提升和创新，以及高品位生活氛围的营造，致力于将自身的发展融入中国现代化事业推进的历史过程中，并坚持文教产业与文教事业相互促进的企业格局。20世纪80年代，徐万茂先生带领企业员工创造了全国驰名的"七色花"品牌，生产中小学劳技课的活动教材；1992年，创办全国第一个中小学劳动技能教育器材研究所；1998年起走上投资办学之路，他亲自策划创办了宁波华茂外语学校、衢州华茂外语学校、龙舟华茂外语学校，并组建起华茂集团。创业三十年来，他始终把"以社会效益带动经济效益"作为经营理念，"把育人为本，支教为荣"作为企业宗旨。近年来，华茂集团逐渐发展成为以文教产业、房产置业、酒店旅游、休闲购物、进出口贸易、图书音像制品发行、金融投资等产业并重，集教育、科研、工业、旅游、地产、贸易于一体的大型企业。集团的文化基调是在汇集中华民族优秀文化的基础上，吸收借鉴世界优秀文化，创造充满活力的文化生态，企业的民族化和国际化是华茂文化的基本取向。

华茂集团董事会主席徐万茂先生以自己多年来收藏的书画珍品创办了华茂美术馆，徐先生常讲，企业的发展和财富的积累离不开社会的支持，要饮水思源，回报社会是个人乃至企业义不容辞的责任，华茂美术馆的创办正是出于这一崇高动机，而这个创举也使徐万茂进入了以上简述的金融巨擘创办艺术藏品馆的历史行列。我们无法预料未来，但历史不但可以帮助我们反思现在，而且可成未来之鉴。以上对往昔同类活动的简短回顾，就有助于我们展望华茂收藏的前景。

下篇

一

以上我们从私人收藏史的视角阐述了华茂绘画藏品的文化史意义和社会功能，现就其所藏作品所涉及的画家、画派及其在中国美术中的地位作更详细的评述，以为企业界艺术爱好者观赏之助。

华茂美术馆藏品丰富，其中大量名家画作具有很高的艺术成就。其藏品共分为中国画和西画两部分。

华茂藏品中，国画起自元代，其中明清文人画是华茂藏品的主体部分。名家名作，代不乏人，而各领风骚。从元末文人画到明中期重要画派——"吴门画派"，及略迟的"松江派"，再到清初"四王"、"四僧"清中期"扬州八怪"、近代"海上画派"，至当代成就斐然的书画名家，如此庞大的作品支撑为华茂美术馆奠定了坚实的基础。整个收藏构成了一部始于元代向下勾连发展的美术史。

元末画坛盛行的文人写意风气，在明初政治高压之下深受打击，至明中期时方为"吴门画派"所承，继而崛起成为占据画坛主导地位的新流派。沈周、文徵明作为吴门画派的开派大家名重一时，他们的家学背景、个人经历和创作才能，都是吴门画派中出类拔萃的。明王穉登所撰《国朝吴郡丹青志》中载吴郡名画家25人，以沈周为冠，且吴门画坛成就较之浙派犹有过之而无不及，遂奠定吴门画派之基。沈周诗画，堪称绝伦。其山水初学其父沈恒吉、伯父沈贞吉，早年宗法王蒙，远追董、巨，中年汲取黄公望及宋元各家之长，晚年则醉心吴镇。四十岁以前的作品多为小幅，四十岁后"始拓大幅"。沈周的诗情、人品、书艺给后人留下了深刻印象，他把文人画的程式发展到了一个新的境地。

例如，中国画向有"三绝"、"四绝"之说，三指诗书画三事，四指诗书画印，事实上，三绝、四绝的文人画形态只有到了晚明才发展成熟，北宋前的绘画。很少有人题款，即使题款，也只在不显眼的地方——石缝、树干上题作者的名字。到了宋代，苏轼、米芾等掀起文人之风，款题跋识也随之而起。但此风气在宋代并不盛行，这一形式只是到了元代才被确立了下来，元代赵孟𫖯、倪瓒等都是诗、书、画兼长，并善于将此三者有机结合的大家。到了沈周手里，款识题跋得以充分发展。以后再经过文徵明、唐寅的努力，使这一形式发展到更完美的地步。文人画家治印是明代中后期出现的现象，推动此风气的主要就是吴门画家文徵明及其子侄辈。诗书画印结合的艺术形式是中国传统文人画发展的极致，其趣味也因此而变得更为精微。

文徵明为沈周弟子，亦诗、书、画兼能，向有出蓝之誉。文氏绘画学于沈周，文学师吴宽，书法学自李应桢。其绘画风格秀雅清朗，风流蕴藉，注重胸臆的阐发和抒写，对于使墨、运笔、设色的认知和理解非常独到。值得一提的是，文徵明经常绘制文人雅集、文会等题材的作品，将元代形成的"书斋山水"和明代流行的"纪游山水"发展到了一个新的境界，将对政治的无奈寄托于山水间，表现了文人的情感和理想生活方式。从华茂美术馆所藏文徵明《书画合璧》册页中的《虎山桥图》，即可窥见画家于画学上的成就，及画家所倾注的情感。

在明代绘画史上，唐寅是一位性情疏放、博学多才的人物。而在民间传说中，唐寅更是一个充满传奇色彩的才子，人们对他的生平事迹多有演绎，这些传说也成了今天美术史家研究的一个问题，对于我们理解艺术家形象的建构、艺术趣味的变迁提供了很多新的视角。唐寅仕女人物师法周臣，自出新意，线条遒劲工整，颇具装饰意味，画风清丽婉约。作品有水墨、设色两种，笔墨富于变化，用色清丽，具独到之处，开吴门画派之新风。山水方面，变南宋院体画刚硬的风格为柔润明秀之笔，变斧劈皴为清劲细长的皴法，形成具灵逸秀雅之气的个人面目，"行笔极修润，缜密而有韵度"。华茂美术馆所藏唐寅《草堂话旧图》即为当时文人士大夫生活之写照，亦可领略画家内心对书斋生活的一种玩味，其潇洒率意性情跃然纸上。

蓝瑛为浙派殿军人物，风格接近黄公望，其传统功力在浙派画家中非常突出，所作没骨青绿山水，设色浓艳；浅绛山水，笔法秀润，笔势纵横奇古，气象雄强，骨力劲健，苍古之极。蓝瑛亦工竹、石、梅、兰等，观馆藏《嘉木幽兰图轴》，当知其艺之精。

晚明以来，以董其昌为领袖的"松江派"开始崛起。董氏通禅理、精鉴藏、工诗文，与莫是龙、陈继儒等名流主张山水画南北分宗，将文人画推向了新的高峰。降至清初，董其昌及"四王"的艺术受到了皇室的赏识，因此被尊为"正统"。"四王"首领的王时敏，早年笔墨精细淡雅，工整清秀，晚年渐得宋元标格，笔墨苍润，随意点染，丘壑混成，深得黄公望之妙，被秦祖永誉为"画苑领袖"，当时追随者甚众，王亦被誉为"娄东派"之祖。王鉴则精于临摹，晚年作画苍茫简劲。在清朝所谓正宗的画系中，他与王时敏二人有

"开继之功"，直接影响清代及后代画坛。

在清初的"正统派"山水画之外，恽寿平开辟了"花鸟画"的正宗，其花鸟画法宗北宋徐崇嗣之"没骨法"，融会明代花鸟画中的写意笔法，笔触明快，色彩清丽，当时宫廷贵族、朝野名流等争相仿效、珍藏，而恽寿平遂为"常州派"领袖，形成了清代花鸟画的重要画派，从者达百人之多。随恽寿平习画者如马元驭、范廷镇、邹显吉、恽冰、张子畏等人，均为一时之能手。

正统派之外，清初也涌现了一批极具个性的画家，他们与"清六家"有着不同的生活态度和艺术主张。其中最著者为"四僧"，即弘仁、髡残、八大山人、石涛，在这些个性突显、爱憎分明的艺术家中，"八大山人"更为世人注目，其画风简练雄奇，意趣冷傲不可逼视，时人称其："题跋多奇致，不甚解，笔情纵恣，不拘成法，而苍劲圆晬，时有逸气。"八大山人画品至上，备受推崇，对后世影响深远。和"四僧"一样，清中叶的"扬州八怪"也是一个富于个性和革新精神的画家群体，"八怪"中多是布衣、寒士，所作人物、花鸟，山水，大多笔意荒率，设色大胆。

晚清以来，当正统艺术和个性画派在清中叶都处于衰颓之势时，中国画艺术开始孕育又一次巨大变革。道、咸间中国文化界出现"金石学"热潮，使书法、篆刻和文人写意画呈现出欣欣向荣之势。虚谷、任熊、任薰、任颐（伯年）、吴昌硕、蒲华、赵之谦等人，他们共同构成了"海上画派"的生力军。他们大多以花鸟、人物为题材，画境纵逸隽永，风格清新独特。他们的创作受书法"碑学"影响巨大，作品追求金石趣味，画风别开生面，成为继扬州画派之后的又一个具有全国影响的重要画派。

赵之谦画风古朴典雅，苍茫的特殊审美趣味，笔墨酣畅，有宽博淳厚之气，开创了清末写意花卉的新风。任熊笔力雄浑，气息静穆，深得宋人真髓。任薰颇精于人物画，兼长花鸟，但其花鸟与人物画一样，颇多装饰趣味，色彩鲜丽，造型夸张。任颐是一位天才横溢的画家，技法多变，笔简意赅，着墨不多而意境深远，常常以勾勒、点染、泼墨等技法交互使用，大大拓宽了花鸟画的表现形式。虚谷初学界画，后攻果蔬、花鸟、山水、禽鱼，不拘成法，造型夸张，风格冷峭新奇，秀雅鲜活，逸笔草草，而超逸之韵寓于其中，别具一格。吴昌硕称誉其"十指参成色香味，一拳打破古来今"。蒲华与虚谷、任伯年、吴昌硕齐名，并称"清末海派四杰"。蒲华能诗善书，擅画山水、花卉，尤爱画竹，师法陈淳、徐渭、郑燮、李鱓，并独出心裁地创造出自己的风格，所作花卉笔姿奔放凝练，着色清丽，韵味隽永，生气蓬勃；山水大轴或册页，虽多作山居读书等传统题材，但笔力雄健奔放，善用湿笔，水墨淋漓，线条流畅凝练，柔中寓刚。

当然，海上画派成就最卓著者莫过于吴昌硕。吴氏用笔沉雄老辣，富有金石气息，体势茂密壮伟，气格不凡，将书法、篆刻的行笔、运刀及章法、体势融入花鸟画技法中，画风天真烂漫，纵横恣肆，气势雄强。海上画派的发展，在人物和大写意花鸟画方面取得了巨大成就。而以赵之谦肇始、吴昌硕推至巅峰的花鸟画"金石大写意"，则形成了更为广泛深远的影响，直接开启了近现代绘画。近现代美术各画科均有巨大突破，在西方艺术东渐的过程中，一边吸纳西方，一边推陈出新，从馆藏大量近现代名家作品来看，我们可以获得一个整体的概况。

画家齐白石师法徐渭、朱耷、石涛、吴昌硕等，形成独特的大写意国画风格，尤以果蔬、花鸟、虫鱼为工绝，兼及人物、山水，名重一时，与黄宾虹有"南黄北齐"之誉。而黄宾虹所画山川层层深厚，气势磅礴，形成"黑、密、厚、重"的艺术特色，使中国的山水画上升到新的高度。齐、黄之外，华茂美术馆也收藏了徐悲鸿、林风眠、傅抱石、刘海粟等一批中国近现代名家的作品。这批画家是蔡元培先生"以美育代宗教"思想最有力的实践者，也是出色的美术教育家。

1928年，林风眠在杭州创办国立艺术院，培养了一大批美术人才。嗣后一些卓有建树的画家相继加入到美育教育行列中。如吕凤子、陈之佛、潘天寿、陆维钊、吴茀之、诸乐三、陆抑非、顾坤伯、陆俨少等人。而潘天寿对于中国画教育及花鸟画的贡献最大，画作墨彩纵横交错，构图清新苍秀，气势磅礴，指画亦别具一格。吴茀之、诸乐三、陆抑非等人在花鸟方面的成就也极突出。顾坤伯、陆俨少则在山水一科成绩斐然，成为一代山水画大师。新中国成立后，由于历史的原因，浙江美术学院的人物画异军突起，顾生岳、方增先、宋宗元、李震坚、周仓谷等名家辉耀一时，形成"浙派"人物画。在北方，以徐悲鸿为主帅汇聚了一大批卓越的艺术家。其中最为著名的有李可染，他擅山水，重写生，并将西画中的明暗处理方法引入中国画，将西画技法和谐地融入深厚的传统笔墨和造型意象之中，取得了杰出的成就。李可染之外，其他如叶浅予、黄胄等也是盛极一时的画家。

杭州国立艺术院五易其名，而为中国美术学院。目下馆藏当代绘画作品多为中国美术学院名家名师作品，花鸟画家主要收藏有卢坤峰、章培筠、杜曼华等人作品。卢坤峰早年精工笔画，善写生，后专事水墨写意画，作品清新高雅富有个性；章培筠则擅长工笔画鸟，曾师陈佩秋，笔墨功底深厚，设色高雅；杜曼华画作构图简洁，意境清新，善以少胜多。山水画则有孔仲起、童中焘、曾宓、卓鹤君等人，其中孔氏取法传统，追求真趣，画风雄健奔放，于云水技法方面多有开创；曾宓浓墨重笔，气格深厚，童氏则骨气清奇，风神秀发，笔墨细腻，于传统山水画的表现力方面颇有推陈出新之功，其作品在传统的秀骨清象中波动着现代敏感性的韵律，作为华茂藏品的中国画顾问，其非凡的艺术造诣，保证了所收作品的品质；卓鹤君致力于中西结合，重形式构成，意象幽眇，而不忘笔墨。人物画主要收藏有吴永良、刘国辉、吴山明等人的作品。吴永良擅长水墨写意人物画和指头画；刘国辉画作多简拙古雅之气，造型与笔墨并重；吴山明则喜用宿墨，长线勾皴，笔墨浑朴，大结大化。

绘画之外，书法作品在华茂美术馆藏品中亦占相当的分量，作品起于明代至现当代。有"松江派"主帅董其昌的作品，其书风飘逸空灵，风华自足，笔画圆劲秀逸，平淡古朴，可见董氏之功力。其书学理论对后世影响深远。另外与董氏同郡齐名的陈继儒书作亦萧散秀雅，骨气洞达。清代书法则主要藏有王铎、姜宸英、刘墉、王文治、伊秉绶、何绍基、沈曾植、康有为、郑孝胥、张之洞等人的作品。其中王铎的作品最令人醒目，其书出二王，而能自出胸臆，风樯阵马，殊快人意，魄力之大，非赵、董辈所能及。近现代作品有黄宾虹、于右任、王福厂、余绍宋、张宗祥、马一浮、沈尹默、李叔同、林散之等，还有开启中国高等书法教育专业的先驱者沙孟海、陆维钊、诸乐三、章祖安、刘江等一批美院名师，他们师法传统，诸体兼善，学养深厚，书艺精深。另外还有一批以画名行世的书画名家，如李可染、陆俨少等，他们也具有非常高的书法艺术水平。

成扇收藏虽不是收藏主体，但可谓少而精。多为近现代海上名家，其中赵之谦黑底描金《梅花》成扇，一面树石一面篆书，书画同出，十分精美。还有吴昌硕《红梅》成扇，一面石鼓一面红梅，笔墨坚挺，金石之气，跃然纸上。黄宾虹之作则于尺半之扇上绘制了苍茫山水，试想纸扇摇摇而意态已足，遍观万千山水，令人神往叫绝。另外还有来楚生、陈半丁、唐云、马公愚等书画名家合作纸扇，更有一代京剧大师梅兰芳先生之成扇，实为难得。

华茂美术馆馆藏十分丰富，作品艺术水平之高，蔚为壮观。藏品的特点同时决定了华茂收藏的层次、品味。这些作品基本都来源于江浙与沪上，少量来自北方。这种特点正好与文人画各画派生存发展区域相一致。

二

华茂收藏的油画，也与中国画一样，主题集中，特色鲜明，即以中国早期油画、民国时期油画，尤其是结业于马克西莫夫和罗马尼亚博巴油画训练班的一批优秀油画家，和中国当代一批实力派油画家的作品为主体。不过，华茂美术馆在注重本土艺术收藏之时，把眼光放到了更广阔的国际视野之中，收藏了大批国外油画作品，特别是俄罗斯现实主义油画作品。这批中外油画均由著名油画家全山石精心挑选入馆，其中不少堪称精品中的精品。可以毫不夸张地说，就其艺术质量而言，在我国目前私人油画收藏上尚无人可与之匹敌。

在上篇中，我们已对我国三代油画家代表人物的贡献作了扼要评价，这也适用于华茂藏品。其中颜文樑借鉴法国印象派传统，在斑斓的色彩中显露质朴的厚重；倪贻德横扫竖抹，显露油画笔触的节奏。胡善余、费以复、金冶、马玉如吸收法国印象派技法，而吴大羽和苏天赐秉承林风眠的旗帜，前者写意，将欧洲表现主义与中国笔韵有机融合，而后者坚持以油画语言为主体，但作品中处处洋溢着中国特有的诗韵。赵友萍似把张大千式泼彩运用于油画风景，气势不凡。沙耆和王流秋的油画个性突出，充满浪漫与表现特质。靳尚谊探究欧洲古典油画的肃穆，注重体积的塑造和边线的处理，并将毕沙罗式的笔触与我国题材相融合，力图变幻出富于中国意境的油画。朱乃正擅长以线造型，其人物肖像形神生动。詹建俊发扬其一向大刀阔斧的油画风格，由崇高的人物形象转向静穆而单纯的风景，给人以世外寂寞之感，闻立鹏则以宽阔的笔调与强烈的色彩表现如火如荼的雄壮境界，而宋惠民的风景静默中滚动着生命的能量，张祖英则旨在将山河静音凝固在画面上。蔡亮、张自嶷的油画与前辈莫朴、黎冰鸿一样，根植本土，朴素而动人。而在华茂油画藏品中颇为耀眼的是所谓的"苏派"作品。上述从靳尚谊到蔡亮的油画都受到了"苏派"的熏陶，而罗工柳、林岗和全山石等则直接出于"苏派"传统而有所创新。罗工柳的早期作品洋溢着苏派绘画余韵，而后期富于平面与装饰感，林岗意在挖掘油画媒质抽象力度，而全山石在"苏派"的基础上，吸收欧洲油画大师，尤其提香的表现手法，强调油画色彩之美与笔触的力度，将油画媒介的特性发挥得淋漓尽致。正因为如此，他培养出了一代又一代风格多样的油画家，其中有风格纯正的胡振宇，形体塑造超强的徐芒耀，意境深沉悲壮的许江，还有表现取向各异的章仁缘、翁诞宪、杨参军、章小明、何红舟等，其作品也已为我们耳熟能详，无需多加评论。

当然，华茂藏品中最令人羡慕的还是苏俄杰作。在新中国文化发展史上，俄罗斯油画凝聚了一个时代的情结。小学语文课本彩色插图《伏尔加河上的纤夫》，中小学美术课本上的《无名女郎》、《近卫军临刑前的早晨》等作品几乎家喻户晓，在几代中国人心目中留下了难以磨灭的历史印痕。建国初期，通过国家选派留学生，以及苏联选派专家来华授课等方式，俄罗斯油画已经在中国大地上深深扎根，构成了中国人现代文化体验、视觉体验的重要组成部分。华茂美术馆俄罗斯油画的收藏重点围绕列宾美术学院展开，梅尔尼科夫、谢尔盖·列宾、彼得·珐明、缅西科夫、戈留塔、尼古拉·勃鲁辛、克拉夫采夫等人的作品均有收藏。

梅尔尼科夫是俄罗斯艺术科学院副主席、院士、人民艺术家，在列宾美术学院任教近半个世纪，是当代俄罗斯著名艺术大师，现实主义学派巨匠，曾三次获苏联列宁和斯大林勋章。他是一位抒情的画家，擅长风景和肖像画，善于用丰富、饱满的画笔表现景物的特点。在色彩语汇上富于诗意。现实主义与大型纪念性创作是梅尔尼科夫油画艺术的特色。早在1963年，梅氏即担任苏联油画研究院纪念性油画工作室领导职务，而其早年一直致力于大型主题性纪念油画创作。梅氏成名作《波罗的海军人的誓言》及代表作《在和平的原野上》、《觉醒》、《告别》都曾深深打动观众。20世纪50年代，《觉醒》等作品来华展出，曾引起轰动，并对中国美术界产生了深厚的影响。20世纪70年代，梅氏创作了系列风俗画《梦》，这批作品成为其风格转型的重要标志，新风格突出了线条和色彩的装饰性，画面气息平和舒缓。华茂美术馆收藏的两幅梅尔尼科夫风景画，均体现了这一特色，在画面上，树干、树枝用单色线条勾画，笔法轻松随意，在趣味上和中国传统绘画颇多亲和之处。华茂美术馆近期入藏的梅氏巨作《黄昏》，可谓油画部分的镇馆之宝。这幅作品不仅是画家本人一生探究的总结，而且也是对欧洲乔尔乔纳、提香所开创的斜躺维纳斯传统的创新之作。女人体的纤长形式与树木风景舒适协调，将油画的色彩、形式与笔触演化为动人的视觉音乐，达到气韵生动的至美境界。

梅尔尼科夫与中国有着不解之缘。l957年，他曾到北京、武汉、杭州等地写生。在中国美术界和广大美术爱好者心目中，梅尔尼科夫的作品享有盛名。20世纪50年代，全山石、肖峰、李天祥、徐明华、林岗等中国著名油画家留苏时都曾在他的工作室中学习。全山石先生在列宾美术学院留学期间，六年中几乎大半时间是在他的工作室中度过，彼此建立了深厚的友谊。在"艺术之常青树"一文中，全山石回忆说：

> 去年，我与山东美术出版社的领导在从芬兰回国的途中，特意转道圣彼得堡，拜访俄罗斯著名画家、列宾美术学院教授、我的老师A．A．梅尔尼科夫。梅尔尼科夫由于不久前失去了爱妻阿里莎，看上去精神欠佳，但让人高兴的是我们的到来使他的情绪有所好转。我们一起回忆过去，又谈到希望在中国出版他的作品集一事，他欣然答应并感慨地说道："我非常怀念中国，怀念和阿里莎一起在中国的美好日子……中国朋友最爱我！"

的确，中国朋友一直惦记着梅尔尼科夫，2002年，山东美术出版社出版了精装画册《俄罗斯画家梅尔尼科夫》，2007年6月，上海刘海粟美术馆、长宁区图书馆等多家单位又联合主办了"俄罗斯艺术大师梅尔尼科夫作品展"，展出梅尔尼科夫的油画及素描、速写作品109幅，展品创作时代跨越1956-2006年整整五十年。而华茂美术馆收藏的梅尔尼科夫作品，流淌着中苏油画艺术渊源的生命血脉。

彼得·珐明曾求学于列宾美术学院，后留校工作，并主持风景画工作室多年。1941年6月，苏联卫国战争开始，珐明作为志愿者奔赴前线。1941-1944年从属列宁格勒编队，1944-1945年从属白俄罗斯第三编队第一空军兵团，是克尼格斯别拉战役的参加者。1983-1991年，珐明任列宾美术学院院长，其作品分别被苏联、欧洲、中国、韩国等50多个博物馆珍藏。珐明的作品，风格深沉厚重，华茂美术馆收藏的1978年的那幅《风景》堪称这一风格的代表作。

缅西科夫是梅尔尼科夫的学生，1983年起任列宾美术学院油画系主任，现为列宾美术学院执行院长。华茂美术馆收藏有他的风景画《布拉格的伏尔塔弗河畔》，是一件风格成熟期的作品。

戈留塔毕业于列宾美术学院，其指导教师是梅尔尼科夫。1991年起被吸收为俄罗斯艺术家协会会员，目前任教于列宾美术学院。其作品在德、英、法、芬兰、保加利亚、中国、澳大利亚等国博物馆均有收藏。华茂美术馆藏有戈留塔多幅作品，《窗边》表现的是镜前逆光女人体，此幅作品以女人体、窗口、镜子、画框组合画面，人体在其中多次出现，精巧的画面设计，堪称一座空间迷宫。其余几幅肖像画，风格潇洒、酣畅。

勃鲁辛、克拉夫采夫是列宾美术学院的两位后起之秀，华茂美术馆也收藏了这两位画家的作品。其中勃鲁辛的《人体》（1996年）当属精品。画中人物身姿修长优雅，在体态处理手法上沿用了古老的拜占庭艺术手法，类似一尊精美的雕塑，但在光线处理上又充满了写意、率性之美。

除了列宾美术学院的画家，华茂美术馆还购藏了其他美术学院及艺术团体代表性画家的作品，如库普里扬诺夫、雅勃隆斯卡娅、特卡乔夫兄弟等等。其中，谢尔盖·特卡乔夫和阿列克赛·特卡乔夫兄弟均为苏联美术研究院院士，获苏联人民美术家称号。两人共同合作，作品有表现革命历史题材的、体现生动现实生活的，尤其是表现农村生活题材的油画十分出色。特卡乔夫兄弟不断去观察、感受，深入生活，反复实践、大胆创新，画风具有鲜明、新颖、独特的艺术风格。

华茂美术馆收藏的俄罗斯油画，一部分是苏联艺术家在卫国战争胜利后创作的作品，如库普里扬诺夫的《格尔切斯克风暴》，一部分是1989年苏联解体前的作品，还有一部分是苏联解体后俄罗斯画家创作的当代艺术作品。这些藏品，多多少少透露了俄罗斯现代美术史变迁的轨迹。从我们熟悉的苏派现实主义手法，再到风格多样、受欧美画风影响、充满表现性的"现代"画风，俄罗斯的美术同样经历了一次自我调适、自我蜕变的过程，而这一点最容易打动中国观众的心弦，并从中发现和中国现代艺术发展史相互印证的元素。不过，华茂美术馆收藏的俄罗斯油画依然有自己的标准：即以现实主义为基础的"旧式"经典，这充分体现了收藏家的趣味和品格，更重要的是，这批收藏凝结了一段与我国油画发展息息相关的历史。

结论

综观华茂美术馆的藏品，其主题突出，数目众多，精品迭出，具有非常高的美学价值；同时又由于作品创作时间连贯，表现形式、师承关系、画派更迭等非常有序，构成了自元末明初至今的一部完整的绘画发展史，具有相当翔实的史料价值，可见，其美术馆的建立与藏品的收集构成了华茂集团文化理念的重要部分，即通过艺术与教育提升企业的社会责任心与崇高品质。由此而实现企业的终极目标：为中华民族的复兴做出应有的贡献。人类历史证明，唯有仰仗文化与经济双车的并驾齐驱，一个国家才能真正走上持续的强国之路。历史上所有开明的企业家都认识到，文化与教育乃强国富民之本，当他们积累了巨大财富后，就会不遗余力地赞助这项事业，而其企业的不朽美名也因此流芳百世，倘若没有古根海姆现代艺术馆，谁还会记得其创始者的家族企业名称呢？我国的艺术赞助事业尚未真正起步，不少企业家虽然收藏艺术作品，但大凡是将之视作投资项目，以期获得更大的利润，而华茂收藏的目的是通过保存和展示优秀绘画作品回报社会，正因为如此，像历史上所有杰出的艺术赞助者一样，华茂集团创始人徐万茂在藏品搜集上完全听从全山石和童中焘两位专家的意见，由此保证了藏品的质量与总体特色。在艺术赞助方面，犹如在教育领域一样，华茂家族在我国民营企业中一马当先，其创举将随着时间的进程而益增光彩。

本文原载于《新美术》2011年第3期。

艺术的概念与视觉文化研究

本文以"艺术学"之名，统括美术、电影、音乐、戏剧、舞蹈研究，全面概览了今日世界艺术学术发展的总貌。艺术史与音乐学是艺术学体系中两门历史悠久、传统深厚的学科，故分别做了较详细的历史回顾。鉴于我国目前艺术学科分类的错位，在阐述国外学术情况时，我们有必要为"艺术"正名，因此，文章首先论述艺术概念的历史变化，力图构筑出"艺术"学科的基本框架。

一 "艺术学"的概念

"艺术学"是我国发明的一个概念，用以统括各个艺术门类，诸如音乐、美术、设计、戏剧、戏曲、舞蹈等，在此基础上，有的学者还提出"大艺术学"的概念，以此包括传统的艺术范畴所排除的种类，如各类民间艺术。在国外，迄今并不存在"艺术学"概念。学科设置是西方19世纪高校的重要标志，就艺术研究而言，19世纪的德语国家建立了"艺术科学"［kunstwissenschaft］，旨在将艺术研究变成自然科学那样有规律可循的系统学科。"艺术科学"中最重要的分支是"艺术史"［history of art］，在随后的发展中，尤其是在二战以后的英语世界里，"艺术史"取代了"艺术科学"的全部内容，在高校中设置的研究艺术的系科都名为"艺术史系"［Department of Art History］，西方著名艺术研究者均在那里从事研究，培养硕士和博士研究生。"艺术史"的研究对象主要指视觉艺术，亦即绘画、雕刻、建筑和实用美术的历史与理论。在西方艺术门类中，与"艺术科学"或"艺术史"平行而独立成学科的只有"音乐学"［musikwissenschaft］。戏剧和舞蹈等则并未纳入"艺术科学"或"音乐学"的范畴。

国外艺术学科的发展与其研究对象即"艺术"[Art]的概念变迁密切相关。"艺术"本义为"技术",直至文艺复兴时期,欧洲尚不存在一个"美"的艺术体系。在文艺复兴时代,一个重要成就是将绘画、建筑与雕刻从工艺中分离出来,并激发了不同艺术门类之间的相互比较,培养了一批业余艺术爱好者。此后出现的"美的艺术"[Beaux Arts]这一术语,除了专指视觉艺术、造型艺术,还包括诗歌、音乐等非造型艺术等。例如法国批评家夏尔·佩罗[Charles Perrault]于1690年曾写过一篇文章"美的艺术陈列馆"[Le Cabinet des Beaux Arts]。他所说的"美的艺术"[Beaux Arts]就包含八个门类,即修辞学、诗歌、音乐、建筑、绘画、雕塑、光学、机械学。

在18世纪早期,英国和法国的业余艺术爱好者、收藏家、鉴赏家撰写了大量探讨艺术问题的论文,这些论文将各艺术门类的共通原则进行归纳,为"美的艺术"这一观念的形成铺平了道路。例如,法国艺术理论家夏尔·巴特[Charles Batteux]在1746年出版了《统一原则下的美的艺术》一书,目的是通过一个全新的统一原则——"美"的原则来取代古希腊的"模仿"原则。至18世纪下半叶,德国思想家开始把"美的艺术"的研究纳入哲学体系中,并在美学框架内对美术门类、美术的特性等问题进行了讨论,其中最有影响力的人物是哲学家康德。在《审美判断力批判》中,康德对美的艺术进行了分类,即语言艺术(诗歌、雄辩术)、造型美术(雕塑、建筑、绘画和园艺)、感官游戏艺术(音乐和色彩艺术)。康德所确立的类目对后世产生了极大的影响。19世纪之后,"美的艺术"[schone kunst, fine art, beaux arts]逐渐演变为大写简化形式:"Art"或"Kunst"。[1]

近代以来,康德的学术思想传入中国,王国维、蔡元培等人都对康德美学思想进行了介绍。其中王国维还在康德所说的崇高美、自然美之外补充了一个新的概念:"古雅",其目的就是强调艺术美的独立性、特殊性,以及艺术史的内在连续性。在现代汉语中,"美术"是从日本传入的一个译词。明治五年(1872)正月,日本明治政府发布"太政官布告",附有根据维也纳万国博览会规约而翻译的《奥国维纳府博览会出品心得》,其中出现了"美术"一词,并说明"在西洋,将音乐、画学、制像术、诗学等谓之美术"。这种"美术"的概念其实比我们现指的造型艺术含义更广,囊括现代"艺术"概念中的主要门类。而以"艺术"专指绘画与雕塑的术语最早出现在唐代张彦远的《历代名画记》中。

1904年2月,王国维在《教育世界》第69号发表《孔子之美育主义》,文中提到的"美术"包括宫观、图画、雕刻、诗歌、音乐等五种门类。1906年,严复在孟德斯鸠《法意》一书按语中则说:"夫美术者何?凡可以娱官神耳目,而所接在感情,不必关于理者是已。其在文也,为词赋;其在听也,为乐,为歌诗;其在目也,为图画,为刻塑,为宫室,为城郭园亭之结构,为用器杂饰之百工,为五彩彰施玄黄浅深之相配,为道涂之平广,为坊表之崇闳。凡此皆中国盛时之所重,而西国今日所尤争胜而不让人者也。"王国维、严复对美术定义与康德之后的"美的艺术"体系相互吻合，包容文学、音乐、美术等给予人类精神美的启示的门类。鲁迅所倡导的"美术"也具有同等包容性，可见，如今我国的流行的"艺术学"概念似乎是对前辈定义的回归，比西方通行的"艺术科学"、"艺术史"和"音乐学"更宽泛，为国际交流方便起见，我们不得不铸造一个新的英文词去囊括我们的艺术学科：Artology。

二　概况

本文概述了 2007 年至 2008 年国际艺术学科的研究成果。自 18 世纪以来，艺术逐渐演进为一个创作与研究的学科，它包括文学、音乐、美术、戏剧等，而在我国，各门艺术却被放在"文学"门类之下，原是艺术之子的"文学"则成了"艺术"之父。这种分类正好与国际惯例相左，成了教育界的一个怪现象。这个怪现象在我国的出现，说明我们对艺术的性质与价值认识的偏颇，在人们心目中，艺术不过是一种与娱乐相等的审美产品，与"知识"和"学术"无关。正是希望纠正这种偏见，提升艺术的学术含量，学者们给"艺术"冠以"学"之名，称其为"艺术学"，统括美术、设计、音乐、戏剧、电影、影视和舞蹈等不同类别。然而，这个"学"字给艺术的实际发展带来了混乱，而不是补益。艺术是一门研究与创作并举的学科，前者应指艺术史与艺术理论，是对后者的研究。当"艺术"成为"学"之后，在学科评估体系中自然就把创作的成果排除在外了，由此也严重地影响了艺术研究的进展。他山之石，可以攻玉，追踪国际艺术研究的最新动态，可为我们提供启示。艺术史与音乐学是艺术学体系中两门历史悠久、传统深厚的学科，故分别做些较详细的历史回顾。

在此之前，我们先概括点出今年的趋势，以为整体叙述奠定基础。自 20 世纪 80 年代开始，视觉文化研究［Visual Culture Studies］和世界艺术研究［World Art Studies］成为世界艺术界的首要学术思潮，2007-2008 年本学科的发展依然体现出此趋势。美术研究（即艺术史）中的视觉文化研究包含内容丰富，研究方法多样，成为新型跨学科研究的典范。而世界艺术研究突出对欧洲中心论的质疑。同时，二者都对高雅艺术与民间、民族文化艺术之间的关系提出了新的看法。本年度国外电影与新媒体研究呈现出两个特点：首先是在全球视野中重新审视本土或民族电影的历史与品质，其次是旨在建构多媒体的历史。在理论方面，对电影在现代媒体冲击下的命运进行了思考，同时继续关注性别与身份认同理论。通过借鉴不同学科的研究方法，对历史材料重新进行深入探析，表现了音乐研究纵深发展的趋势，原来不受关注的地区和音乐形式渐渐成为研究的中心，尤其是对黑人音乐、欧洲以外音乐形式的研究力度大为增加，而流行音乐、爵士乐、多媒体等都进入了研究范围。

戏剧研究中后现代性、后殖民理论所关心的性别问题、民族、国家、种族、阶级等问题既构成了当下戏剧演出的内容，也自然成为戏剧研究的热点话题。随着现代舞的发展和流行，对现代舞的编创动机、表演技能、风格、接受效果、音乐等开展的讨论，都是舞蹈研究中新的内容。与此同时，传统舞蹈的研究也更深入、广泛地进入研究视野，许多研究者的目光不再局限于欧洲文化领域，对不同地区和民族的舞蹈现状及其历史进行比较和研究，分析舞蹈背后的文化、社会、政治、性别等因素与舞蹈编创、表演、文本、观众之间的关系；不同地区文化差异导致的不同舞蹈类型和表演方式也都构成现代舞蹈研究中的重要课题。

1. 艺术史

西方艺术史学的兴起可以追溯到文艺复兴时期瓦萨里［Giorgio Vasari］撰写的《名人传》［*Lives of the Most Eminent Painters, Sculptors and Architects*, 1550］。在这部经典著作中，瓦萨里首次不是零散地记叙艺术家的生平，而是将三百多年间意大利的建筑、雕刻和绘画艺术看成一个整体，描绘了它的变化历程，同时提出了评判艺术价值的标准，为后世的艺术写作树立了全新的楷模。晚于瓦萨里两个世纪的德国人温克尔曼［Johann Joachim Winckelmann］则是另一位倍受尊崇的先驱。他的名著《古代艺术史》［*The History of the Art of Antiquity*］出版于1764年，第一次把"艺术"和"历史"这两个词合称为"艺术史"来使用。他把揭示艺术的起源、发展、变化和衰退规定为艺术史的任务，并倡导用传世作品对之加以阐明。他第一个将文学批评中的惯用语"风格"引入艺术史写作，并使"风格"从此成为贯穿艺术史的一条红线。

在西方，艺术史的学科化从19世纪起率先在德国展开。1834年，柏林大学最早设立了艺术史教席，随后为欧洲各国效仿，艺术史逐渐成为一门独立的学科。这一时期艺术史学的迅速壮大与公共博物馆事业之勃兴以及考古学之发展步调一致。许多艺术史家供职于博物馆，柏林美术馆馆长瓦根［Gustav Friedrich Waagen］即是一例。这一时期对艺术品本身的细致研究还推动了鉴定学的发展。出身外科医生的意大利人莫雷利［Giovanni Morelli］创立了通过比对次要细节来鉴别画家身份的绘画鉴定法，后来美国学者贝伦森［Bernard Berenson］和德国艺术史家弗里德兰德［Max Jacob Friedlander］又对莫雷利的方法加以完善。贝伦森对15世纪意大利大师的全面鉴定，弗里德兰德对尼德兰大师的全面鉴定，是19世纪艺术史学的重要成果，也标志着鉴定学的成熟。

另一方面，19世纪的艺术史学也从哲学——主要是黑格尔［G. W. H. Hegel］哲学中获得了新的理论基础。黑格尔借助"精神"发展的概念和辩证法提出了历史发展的普世模型，他的《美学》［*Philosophy of Fine Art*, 1835］描绘了与"精神"进步相表里的艺术发展的全过程。对艺术史家来说，黑格尔不仅解决了艺术史发展的动力问题，也为他们撰写"世界艺术史"

提供了一个诱人的体系和无限的余地。[2]

稍晚的布克哈特［Jacob Burckhardt］不仅以《意大利文艺复兴时期的文化》［*The Civilization of the Renaissance in Italy*,1860］成为文化史的开创人物，同时他也是一位地道的艺术史家。他教会人们把艺术看作文化互动中的一个因素，并通过研究历史文化的方方面面来加深对艺术和社会两方面的理解。他的学生、瑞士人沃尔夫林［Heinrich Wolfflin］转而强调探索艺术自身形式的发展规律。沃尔夫林立足于对作品本身进行形式分析，分辨出两种分别在文艺复兴时期和巴洛克时期绘画中占据主导地位的风格特征。沃尔夫林创造出以"线性"［Linear］和"涂绘性"［Painterly］为代表的一套成对术语来描述这两种风格特征，并致力于写成一部不依赖于艺术家传记等"外部"文献的"无名艺术史"。他开创的形式主义理论体系，连同他采用两部幻灯机进行图像比对的艺术史教学法，都对后世产生了很大影响。在接下来的十年中，被称为"维也纳学派"的一群艺术史家重新研究了诸如晚期罗马等久被忽略的时代的艺术，恢复了他们在艺术史研究中的地位。其中李格尔［Alois Riegl］对当时的一个术语"艺术意志"大加发挥，建立起颇具影响的风格发展的原动力理论。到19世纪末，以德语国家学者为代表的形式和风格理论成为艺术史学最热门的话题。

这种局面在世纪之交得到改变。法国中世纪艺术史家马勒［Emile Male］为理解中世纪的基督教艺术作品，开始在题材、内容的象征意义方面痛下功夫。另一位稍年轻的德国学者瓦尔堡［Aby Warburg］沿着他的方向进一步努力，两人由此为推动图像志［Iconography］的研究起了重要作用。瓦尔堡的私人图书馆在二战前夕迁往英国，后来发展成一所影响深远的研究所，造就了现代艺术史上一代又一代的大师。在瓦尔堡的追随者中，博学的潘诺夫斯基［Erwin Panofsky］以研究中世纪和文艺复兴闻名，他广泛运用文献对艺术作品进行深度解释，将久已有之的图像志推到新的理论高度，成为完善的"图像学"［Iconology］。

西方艺术史学到潘诺夫斯基这一代学者时迎来了他的黄金时期。研究课题从考据和风格研究向着更广阔的领域拓展，和其他社会人文学科的学术交叉前所未有地活跃，一时形成了形式分析、图像学、精神分析、心理学和社会学等多种研究方法并存的繁荣局面。出生于奥地利、后移居英国的贡布里希［E. H. Gombrich］广泛涉猎艺术史学科的各个领域，被看作最后一代具有深厚人文素养的艺术史大师之一。他重视艺术品的功能和观看的心理学基础，并在他的代表作《艺术与错觉：图画再现的心理学研究》［*Art and Illusion: A Study in the Psychology of Pictorial Representation*, 1959］中为自文艺复兴以来成为西方传统的再现艺术提供了最可信服的心理学解释。[3] 与此同时，英国学者哈斯克尔［Francis Haskell］在《赞助人与画家：巴洛克时代意大利艺术与社会之关系研究》［*Patrons and Painters: A Study in the Relations Between Italian Art and Society in the Age of the Baroque*, 1963］中，开创性地从艺术家和赞助人的关系出发，将公共风格、趣味的阐释推进到新的深度。他的一系列著作将艺术史的视野扩展到和社会历史同等广阔的境地，开创了一整个后继无穷的艺术史研究领域。

20世纪30年代，希特勒的侵略战争和种族主义政策迫使大批德国学者迁居异邦，这使艺术史学的格局发生了质的变化。潘诺夫斯基移居美国，供职于普林斯顿大学高级研究所。在他的权威领导下，以普林斯顿学派为代表的美国艺术史学迅速崛起。其中波特[Arthur Kingsley Porter]和默雷[Charles Rufus Morey]的中世纪研究成果最令人瞩目。在20世纪中期，跨越大西洋的移民潮将大约400名优秀的艺术史学者从欧洲带往美国，到二战结束时，英、美的艺术史研究开始成为国际上的主导力量。

不过到20世纪70年代，随着社会的发展变化，老大师们所代表的学术价值观开始受到怀疑。具有不同教育背景和价值观的年轻一代学者，开始重新思考艺术史学科的定位和方向，结果出现了所谓"新艺术史"[New Art History]的学术思潮。"新艺术史"是一个极为宽泛的称谓，主要涵盖如下四种研究倾向：一，运用马克思主义政治、社会和历史理论解释艺术史；二，对男权持批判态度的女性主义艺术史；三，对视觉再现，以及他在社会建构和性认同中的作用的心理学阐释；四，分析符号及其意义的符号学和结构主义艺术史。

在"新艺术史"家中，克拉克[T. J. Clark]通过《人民的图像：古斯塔·库尔贝和1848年革命》[*Image of the People: Gustave Courbet and the 1848 Revolution*]等著作，成功地发展了马克思主义艺术史，在艺术社会史研究领域中广受好评。更为激进的"新艺术史"家则把传统艺术史看作是围绕欧洲艺术"规范"建立起来的价值大厦，急欲将其摧垮。他们一方面对传统大师进行全面的但失于轻率的批评，一方面急切地把符号学和各种批评理论引入艺术史。老大师中唯有巴克森德尔[Michael Baxandall]不在"新艺术史"的攻击之列。这位学者对文艺复兴艺术与社会的研究，及其对视觉意图和美学的关注，集中反映在其《15世纪意大利绘画和经验》[*Painting and Experience in Fifteenth-Century Italy*, 1972]及《意图的模式》[*Patterns of Intention*, 1985]中，堪称交叉学科的典范。尤其是《15世纪意大利绘画和经验》一书，在"新艺术史"家的阵营里产生了广泛的影响，并直接促成了"视觉文化"这一研究倾向的诞生。

当代西方艺术史学界活跃着来自各个学科的各种理论，其启发性和错误差不多同样突出。实际上，"新"、"旧"学术之间原本不存在绝对的界限，新理论对旧理论的梳理过程，也是一个"新"、"旧"学术之间的对话过程，而富有原创性的对话成果，将左右着艺术史学未来的方向。

2. 音乐学

音乐学[英文Musicology，德文Musikwissenschaft]是对音乐的学术性研究，其内容有狭义、广义和中间义之分。就狭义而言，音乐学仅限于指西方文化中的音乐史；中间义指多有相关的人文科学和音乐形式、风格、类型、传统；广义音乐学则包括所有文化中任何与音乐相关的学科和音乐表现形式。世界上两部权威的音乐百科全书《新格罗夫音乐与音乐家大辞典》[New Grove Dictionary of Music and Musicians, 2001]和《历史与现时的音乐》[Die Musik in Geschichte und Gegenwart, 1997]中对音乐学做出了极为广泛的定义，认为今天的音乐学包括了所有环境中对任何音乐形式的研究，包括从物理、声乐、数码、多媒体、社会学、文化、历史、地理、民族、心理学、生理学、药用学、教育学、治疗学等任何与音乐相关的角度对音乐的研究。西方音乐学通常分为三个独立的研究领域：历史音乐学 [Historical Musicology]、民族音乐学 [Ethnomusicology]、系统音乐学 [Systematic Musicology]。三者的分界线不是很明确，但是都有相对独立的研究对象和方法。

历史音乐学或音乐史 [music history] 是研究历史上的音乐创作、表演、接受和批评，关注内容广泛，如作曲家生平和作品、风格和门类的发展（如巴洛克协奏曲）、特定人群中音乐的社会功能（如宫廷音乐），或是特定时间地点的表演模式（如莱比西的约翰·塞巴斯蒂安·巴赫的唱诗班）。一如艺术史研究，历史音乐学的不同分支和学派强调音乐作品的不同类型和研究音乐的不同方法，不同国家民族对历史音乐学的定义也不相同。历史音乐学的方法包括史料研究（尤其是手稿研究）、古文书学、语文学（尤其是校勘）、风格批评、历史编纂学（对史学方法的选择）、音乐分析和图像志。音乐史家的研究成果包括音乐作品编辑、作曲家和其他音乐家的传记、词语和音乐关系的研究以及对音乐在社会中地位的思考。

民族音乐学，旧称比较音乐学 [comparative musicology]，是在文化语境中对音乐进行的研究，常认为是音乐的人类学或民族志，所以杰夫·托德·提顿 [Jeff Todd Titon] 称其为对"人类创作音乐" [people making music] 的研究。民族音乐学通常主要关切非西方音乐，但也取径人类学或社会学方法，对西方音乐进行研究。民族音乐学家常运用来自文化人类学、文化研究和社会学以及社会科学和人文科学体系中其他学科的理论和方法。一些民族音乐学家主要开展历史研究，但大部分民族音乐学家则依靠深入实地调查的民族学研究方法。民族音乐学和历史音乐学会产生交叉，一些学者用民族音乐学的工具或方法分析历史音乐学的主要曲目，也有一些学者主要从文化角度探索流行音乐，或采用西方调性理论为分析工具，研究民族音乐。

系统音乐学研究范围较为宽泛，关注不同环境中以不同方式发生的音乐现象。针对当前学科发生的重大变化，2007年奥地利格拉茨大学心理学和音乐学系教授理查德·帕恩卡特 [Richard Parncutt] 发表了题为"系统音乐学与西方音乐研究的历史和未来" [Systematic musicology and the history and future of Western musical scholarship] 的论文，把系统音乐学也划分成了两部分，人文系统音乐学 [Geisteswissenschaften] 和科学系统音乐学［Naturwissenschaften］，前者主要包括文化研究和理论社会科学，后者则集中于经验社会科学和技术。具体地说，人文系统音乐学或者是文化音乐学主要包括主观性和思辨性，注意力放在哲学、美学、理论社会学、符号学、解释学、音乐批评和（非历史与非民族学的）文化与性别研究（包括了20世纪80、90年代的"新音乐学"），而这些方面都由人文学特有的认识论和方法论统领。科学系统音乐学则集中于经验、信息方面，对经验心理学和社会学、生理学、神经科学、认知科学以及电脑、技术等做出研究，所有这些方面都具有科学所特有的认识论和方法论特点。[4] 系统音乐学的研究方法和对象越来越宽泛，与周围学科关系更加密切，跨学科研究方法成了研究的重要工具，这种学科性质和分类上的思考是对当代理论发展在音乐研究中的积极反应。

由于研究方法受到学术大环境的影响，20世纪80年代晚期，出现了"新音乐学"［New Musicology］，强调用文化研究、分析和批评的方式研究音乐。这一研究基于女性主义、性别研究、怪异理论、后殖民理论、阿多诺［Theodor Adorno］的理论，特点在于借用新的学术成果和方法研究音乐，但实际上也与历史、民族和社会研究相互交叉。新音乐学曾是对传统历史音乐学的反抗，但今天的许多音乐学家不再区分音乐学和新音乐学，因为新音乐学的许多问题已成为这一学科研究的主流，"新"也就不再使用了。同样在20世纪80年代，许多音乐学家、民族音乐学家和其他门类的欧美文化史家开始关注流行音乐的历史与现实，对流行音乐的研究蔚然成风。

音乐理论分析音乐元素，包括作曲方法和通过记谱或乐声本身分析音乐方式的发展与应用，广义而言，理论可包括音乐或关于音乐的任何表述、信念或观念。一些音乐理论家以建立规则和模式的办法解释作曲家所用技巧，另一些则为聆听或音乐演奏的经验建立模式。虽然许多西方音乐理论家研究兴趣和关注对象有较大差异，但他们有统一的信念，即创作、表演和聆听活动可以被非常详细地加以分析。总体来说，音乐理论既描述音乐现象又想建立规范，既试图对实践理论化，又想指导以后的音乐创作和演奏。音乐理论总体上在重要问题上落后于实践，但又指向未来的探索、作曲和表演。

表演研究是用历史音乐学的许多方法来研究过去音乐在不同时间和地区是如何被表演的。前期的研究限于早期音乐，近期表演学的研究已包括了诸如"录音的早期历史如何影响古典音乐中颤音的使用"，或"犹太民间演奏团体Klezmer中的乐器"等问题。表演学倾向于强调收集和分析音乐该被怎样表演的证据。另一个重要的方面是学习如何真正演唱或演奏一件古乐器，通常是音乐学院或其他表演训练的一部分。而许多最优秀的表演实践研究者亦为出色的音乐家。音乐表演研究（或音乐表演科学）与音乐心理学强烈相关，它意图记录和解释"音乐事实上是如何演出的"（而非"音乐该如何演出"）之心理、生理、社会和文化因素，研究方法倾向系统性和经验性，包含对定性和定量数据的收集及分析。

音乐表演研究的发现常会应用于音乐教育。

3. 新趋势

2007-2008年国外艺术学术研究有两大显学：视觉文化与世界艺术研究。这两种艺术研究趋向虽在过去一段时间已有较多讨论，但如此受到学界重视和关注还是最近的事。"视觉文化"是表示视觉研究的热门术语，新潮学者在许多场合都用他来代替原先通用的"艺术史"这个术语。"视觉文化"不仅悉数涵盖艺术史的传统研究对象，而且其研究领域还包括电影、摄影、录像、数码图像等新媒体。它尤其重视日常生活中的视觉经验，把它提升到具有和高雅艺术同等地位的高度来研究。在过去的50年里，社会文化逐渐由文字、文本转向视觉，尤其是近10年到20年，视觉文化突飞猛进，成了占据主流地位的文化现象。视觉文化研究打破了原有的研究模式，把美术、建筑、雕塑等"高雅"艺术与印刷、电视、电影、网络、广告、摄影、时装等所有通过视觉传达的东西都归于视觉文化，任何可视的东西都是视觉文化研究的潜在对象，因为实物研究不是看物体本身所具有的艺术品质，而是看在整个文化语境中的地位。视觉文化研究的方法来自艺术史、人文科学、自然科学和其他社会科学，可以说跨学科研究是视觉文化研究方法论的主要手段，这其中艺术史的研究成果无疑占据着主导地位。不过"视觉文化"具有借助视觉来解释社会的倾向，这和传统艺术史学借助社会来解释艺术的做法刚好相反。在这个意义上，"视觉文化"带有强烈的政治批评和社会批评的倾向。此外视觉文化研究问题还包括视觉产品的产生、接受、意图、展览、视觉文化机构、经济、政治、社会、意识形态、市场等要素。相对于传统艺术史研究来说，视觉文化研究较为年轻，无论是国际学界还是国内，经典著作很少，因此也限制了学科的发展。国内视觉文化研究还处于起步阶段，虽然很多大学都设立了视觉文化学科或研究所，但学术成果不多、良莠不齐。

西方人撰写艺术史的传统方式受到了来自各方的批评，原因是以欧洲艺术为中心，极少或根本不涉及欧洲以外的艺术，同时西方艺术史学者内部就现有艺术史研究也进行了深刻反思，而世界艺术研究正是在这种背景下产生的新的研究思潮。世界艺术研究的特点主要体现在研究内容范围的扩大和方法的多样化。由于对原有以欧洲为中心的研究方式的不满，世界艺术研究把研究目光投向了世界不同地区和时期的不同艺术形式，并充分利用跨学科的研究方法，多角度深入地探讨世界范围内的各种视觉艺术形式。2007年9月7-8日，英国东安格利亚大学的塞恩斯伯里视觉艺术中心 [Sainsbury Centre for Visual Arts] 举办了以"世界艺术：艺术研究的趋势"[World Art: Ways Forward] 为主题的研讨会，会议邀请了来自不同国家和地区的学界代表就世界艺术研究问题展开了激烈而深入的讨论。大会认为现有的艺术史研究状况存在局限，尤其是不能对不同地区和时期的艺术做出令人满意的阐释。研究任何具体时间地点的艺术，如果与艺术的整体活动联系起来的话，就会更具合理性、提供更多信息并能激起更广泛的兴趣，尤其是对仅关注欧洲艺术或其他某一地区艺术的研究者来说，同时关注世界不同地区的艺术是十分必要的。出席本次会议的代表有来自考古学、人类学、艺术史、视觉文化研究、博物馆学等不同领域的学者，也有博物馆、画廊、双年展工作人员和组织者，大家汇聚一堂，同时在探求一种新的话语和研究背景，试图对艺术作为一种世界现象进行理解、阐释，或对当今艺术做出理论探讨。不管个人对这一话题的结论如何，本次研讨会所讨论和传达的思想与信息，无疑将会对世界范围内的大学、博物馆以及其他机构的研究工作产生深刻影响，也会对每个人的艺术经验产生改变。

二 学术成果与理论创新

1. 美术研究

如前所述，当今美术研究（即艺术史）有两大学术主潮，视觉文化研究与世界艺术研究。经过多年发展，视觉文化研究产生了大量专著，理论深度也比以前有了相当进步，对当代视觉占据主导地位提出了担忧和批判，并对以往研究中以图像证明文字的模式进行反驳，认为要从图像本身出发，解读图像自身的信息。针对世界艺术研究这一思潮，不但举行了国际会议，也出版了许多学术著作，探讨世界艺术研究的学科建立、方法、对象等问题。当代艺术创造发生了很大变化，强调公众的参与，这一点尤其在公共艺术中体现突出，所以对公共艺术和公众参与问题的研究，也成了近年来美术学研究的重要话题。但是，我们也看到传统学科领域的研究者们继续就一些古老问题做深入讨论，当代思想对传统观念的批判也激起了研究者们的反驳，他们撰写著作捍卫传统学术和思想的地位与价值。

《图像批评与柏林墙的倒掉》[*Image Critique and the Fall of the Berlin Wall*] 是2008年出版的一本重要视觉文化研究论著。作者苏纳·曼厄尼[Sunil Manghani]在书中提出了新的图像批评思想，即既批判图像又利用图像的双重方式，对我们当代媒体文化研究提供了新思想，并对最近活跃的视觉文化研究理论提出了彻底批判。本书关心话题从弗朗西斯·福山[Francis Fukuyama]的"历史的终结"到"后设图画"理论[metapictures]、当代东德电影以及公共领域观念，广泛涉猎。书中作者并没有对柏林墙的倒掉的视觉材料直接进行分析，而是放在历史和后期的反响中进行研究，作为对历史、政治、人的行为、自由、媒体和视觉文化的相互复杂关系的说明，雄辩地阐释了图像如何建构其环境，以及受周围环境的影响，这些环境因素包括了历史、政治、个人和集体行为、媒体等。书中引用了大量柏林墙倒掉以来的视觉杂志材料，讲述了我们思想和记忆中的柏林墙是如何形成的。通过其图像批评理论，作者说明了困扰视觉文化研究的一个问题，即认为并非要驯服图像来服务于文字说明，研究必须从图像本身入手，让图像说话。这两个对问题的新认识，无疑将会改变视觉文化研究的方向，因此也成为该年此领域重要的理论著作。

葛内塞尔达·波洛克［Griselda Pollock］是当代知名的女性主义艺术史家和文化研究者，2007年她出版了《视觉女性主义博物馆：时间、空间与记录》［*Encounters in the Virtual Feminist Museum: Time, space and the archive*］。本书以她一贯方式，对我们体验和研究视觉艺术方法进行了女性主义理论重构，本书对20世纪女性艺术展览进行了新的研究，对博物馆在艺术和历史中所占的统治地位提出了挑战，原因是在20世纪博物馆展览中时常拒绝展出女性艺术家的作品，书中探讨了女性主义、现代性和展览文化间的复杂关系。也有学者就视觉呈现和艺术与新媒体中的真实再现的关系撰写了论文，并关注媒体如报纸、新闻网站和电视新闻中的形象对艺术与社会与政治的影响等。

由凯蒂·茨尔曼斯［Kitty Zijlmans］和威尔弗雷德·范达姆［Wilfried Van Damme］主编的《世界艺术研究：观念与方法》［*World Art Studies: Exploring Concepts and Approaches*］一书对几乎所有艺术史模式中狭隘的以西方为中心的现象提出了挑战。考古学家发现，数万年来，所有人类文化中都存在视觉再现和表达欲望，但过去几个世纪艺术史研究传统主要关注西方艺术品。本书从文化、全球、当代的广阔视野，汇集了各种研究方法，包括神经科学、生物进化论、人类学以及地理学中借用的理论方法，同时也包括传统艺术史研究方法，对艺术现象和问题进行了深入探讨。第一部分主要集中讨论世界范围内的艺术史文献编撰，围绕世界艺术史研究的起源与学科，是否可以发展出世界艺术研究这门学科，以及当代艺术与艺术体系全球化等问题展开，其中《世界艺术研究与中国艺术史编撰》一文由曹意强撰写。第二部分是艺术研究的跨学科与多元视野。第三部分有三个主题：艺术起源、跨文化比较、艺术跨文化的实现。最后，在人类共通的人性背景中讨论艺术的特点，以更进一步增强对人类自身的理解。对世界各个时期和地区的艺术进行深入和跨学科视野研究，需要发展出新的概念、方法，并能应用到研究中去。本书是进行这方面探讨的首部著作。主编组织了世界范围为的艺术史家、考古学者、人类学家、哲学家分别撰写了本书内容，必将有助于世界艺术研究的深入发展。

针对世界艺术研究这一问题，现任英国东盎格里亚大学世界艺术研究学院世界艺术研究中心主任的约翰·奥尼安［John Onians］主编出版了《简括vs表现：世界艺术的内容与解释》［*Compression vs. Expression: Containing and Explaining the World's Art*］，本书就艺术并非以欧洲为中心的艺术，也不属其他地区专有传统，而是世界范围内历史研究的现象，提出了我们如何看待艺术才是合理的这一值得所有艺术研究者思考的问题。在这本划时代的著作中，重要大学学者、图书编辑、博物馆部门主管、相关国际组织的代表分别撰写论文探讨简括需要与表达欲望之间的冲突。无论是谁，不管是院校课程建设或教材写作的撰写者、博物馆收藏或展览陈列管理者或其他世界文化遗产展示的组织者都会对从本书中受益。

2006年在美国斯特林·克拉克艺术中心举办了由美国亚洲协会发起的亚洲艺术研讨会，会后论文以《21世纪亚洲艺术史》[Asian Art History in the Twenty-First Century]为名结集出版（2007），由亚洲协会会长丁文嘉[Vishakha N.Desai]女士担任主编，是当年研究亚洲艺术史的重要文献。自20世纪初叶以来，由于深受世界政治秩序转变的影响，亚洲艺术研究发生了巨大变化。本书深入探讨了亚洲各艺术领域的发展状况、艺术史修撰情况、不同艺术形式间的对立状态以及将来的发展方向，对中国、印度、日本等国家的艺术史进行多方面研究，集中于日本中世纪的禅宗画、亚洲艺术对美国艺术的影响、当代中国艺术中的公共艺术和战争题材艺术等问题，就亚洲艺术的内容，博物馆、展览会、画廊的展出情况以及在地缘政治发生变化的情况下如何理解亚洲艺术等问题也有所探讨。书中还希望建构一种符合21世纪现实和今天亚洲艺术的新的理论框架。

西方学术界对大众文化与艺术的关系的研究成果斐然，并特别注重公众与艺术的交流对话、艺术的公共性等。与架上绘画的相对式微相比，公共艺术继续受到各界重视，在学理上的研究也日益精深，并产生了许多独特的观点。纪念建筑物、城市雕塑、纪念雕塑是为人熟知和公认的公共艺术，而有时建筑装饰甚至建筑本身都被认为是公共艺术。但是，公共艺术的定义和范围一直受到怀疑和冲击，不断发生变化。随着艺术范围的扩展，舞蹈、游行、街舞等非物质形态也被归类为公共艺术。新近出版的《公共艺术：理论、实践与平民主义》[Public Art: Theory, Practice and Populism]在回顾美国公共艺术史的同时，对公共艺术的传统观念提出了挑战，大大扩展了公共艺术的空间，作品和观念的范围更加宽泛，甚至于将波士顿的大隧道[Big Dig]、拉斯维加斯酒店[Treasure Island]、迪士尼乐园都看做是公共艺术的典范。其所以对公共艺术范围做出如此界定，除了建筑本身的艺术性外，更重要的是强调了公共艺术的参与性。

一般观众与艺术的关系一直是艺术界讨论的重要话题。加强公众对艺术的参与，使人们的日常生活与艺术建立联系，不但可以为人们的生活带来乐趣，提高生活质量，而且可以激发人们对艺术的热情，进而支持和促进艺术创作与发展。传统的艺术批评与理论在这方面比较欠缺，对博物馆在艺术和社会文化生活中所扮演的角色认识不够，虽然博物馆也逐渐强调教育和动手参与，但应该更加突出其公众的参与性。随着艺术形式的多样化，当代社会参与艺术的含义也获得极大丰富，从参观博物馆扩大到了从网上下载音乐等不同方式参与现有文化潮流，艺术体验从视觉扩展到了听觉等多方面，尤其是在科技电子和网络时代，人们参与艺术的方式更是丰富多样，而艺术创作不能无视这些新情况。

除了上述较为新型的研究课题外，对传统人文学科和艺术史的研究在新时期依然畅行不衰。针对新的学术环境和理论，对传统观念理论的评价和再阐释显得十分重要。当代批评家常常会误解传统概念，甚至对其怀有敌意，尤其是一些新近发展出的激进理论，对传统更是提出了严厉的批判。但是也有许多学者站在新的高度，从不同批评角度和民族视野深入研究各类理论和历史的概念，包括一系列对艾略特以及20世纪其他一些主要的批评家对传统理解的研究和评价，有力地捍卫了艺术和文化传统在形成历史和建构未来中所具有的恒久重要性。后现代主义之后是否还存在人文主义？这也是许多学者思考的问题。有人认为后现代主义宣告了历史、艺术、思想形态、科学甚或整个西方哲学已经死亡。在21世纪，人文主义传统学科能否保持其地位，学术界众说纷纭。但是我们看到，也有许多学者对当今文化领域中的赛义德［Said］、福柯［Foucault］、拉康［Lacan］、德里达［Derrida］，以及来自拉丁美洲的萨默［Sommer］和米格诺鲁［Mignolo］等人的革命性理论做了大胆评判，继续呼吁各学科承认真、善、美这些本质性概念的价值。

人类可以多角度地分析艺术，诸如从形式、道德、政治、性别、宗教、社会等方面出发，都可能有所发现。2008年出版的《情境中的艺术：理解审美价值》［*Art in Context: Understanding Aesthetic Value*］主要探讨艺术情境对把握艺术的价值的重要性。作者戴维·E·W·芬纳［David E.W.Fenner］有广博的哲学修养，书中开门见山直入主题，概括介绍了各种研究情境决定艺术品价值的理论，并从历史角度进行分析，罗列了大量历史证据，向我们说明在许多重要场合，艺术周围的环境可以增强审美体验。虽然用距离、分离、唯美、为艺术而艺术、形式主义方式来思考艺术有时可能很有启发性，能激发起兴趣，但这些方法会错失很多东西，有时甚至遗漏艺术的中心问题，而本书作者通过哲学家的广博视域和批评家的细致考察，以及翔实的艺术史资料，为我们提供了一个理解和评价艺术品的坚实基础，即情境维度和艺术品具体所在的环境。

2. 电影研究

2007年和2008年国外电影与新媒体研究同国际学术总趋向步调一致，呈现出两个特点：首先是在全球视野中重新审视本土或民族电影的历史与品质，其次是旨在建构多媒体［multimedia］的历史。在理论方面，对电影在现代媒体冲击下的命运进行了思考，同时继续关注性别［gender］与身份认同［identity］理论。

英国剑桥大学出版的《电影的进化：对电影研究的再思考》［*The Evolution of Film: Rethinking Film Studies*］一书，如其副标题所示，对现代电影研究中的理论与实践问题——诸如电影发生了什么变化？其何作何为？我们应如何从事电影研究？——进行了重新思考，并将哲学、人类学和新媒体领域的论争与电影研究的历史论题联系起来加以探究，以检讨在21世纪从事电影研究的理由。作者珍妮特·哈博德［Janet Harbord］提出，当代电影已然失去表现某个特定文化的功能，而以类质同象的方式作用于我们，亦即向我们揭示世界的动向。电影是行动、能量、物质,它穿越空间并建立关联,创造遭遇,填补我们对他者知识的匮乏。作者认为,研究电影所常用的理论框架,如民族［nation］、身份认同［identity］、再现［representation］、好莱坞电影工业［Hollywood industry］等,已经无力说明电影的发展状况,因此,作者试图融合当代核心思想家的观念,提出革新理论。他运用马尔科·奥格［Marc Auge］的"无地域"观念［concept of 'non-place'］解释（甚至颠覆）民族电影的类目,曼纽尔·德兰达［Manuel DeLanda］的形态发生论将电影理解为一种持续进化的过程,而保罗·维里洛［Paul Virilio］的惯性观念［concept of inertia］则可使我们理解电影的不同活力。此书将电影与理论富于创造性地有机结合,力图说明电影的进化史本身证明它是当代无形但重要的媒体,一种调解地域、技术和思想关系的媒体。

此外性别问题也是电影研究中的重要主题,最近由玛格丽特·格里波维茨［Margret Grebowiczr］主编的《利奥塔后的性别》［Gender after Lyotard］就利奥塔的种种后现代思想中被人忽视的问题进行了思考,如：性别与种族对后现代伦理提出怎样的挑战？伦理义务与情感、激情［passion］、性欲［eros］的女性主义诠释之间的关系如何？如何在为他人的伦理责任与反抗控制、非正义与不平等而进行的民主斗争之间进行斡旋？她认为利奥塔的许多著作表明,性别问题是哲学问题中最重要的问题之一,虽然如此,欧洲和英美传统的女性主义思想家在很大程度上忽视了她的工作,也许是因为她分析性别问题的方法不够系统,不够稳定,而且难以理解。该书试图在利奥塔的理论框架中讨论当代女性主义者所关注的关于美学、体现、表现、性别差异、道德伦理、信仰申明等等问题,以说明这些问题一直是关注的焦点问题。各位撰写者就电影理论、身形修饰、女性主义者科学批评、大屠杀后的艺术、女性崇高和舞台等进行了讨论,对女性主义理论和利奥塔研究等方面做出了重要的贡献。总体而言,《利奥塔后的性别》是对利奥塔所理解的"政治"性质的深思,该书还运用各种不同的方法来讨论女性主义者关注的内容,涉及当代欧洲大陆思想中的政治问题。

而维拉·阿普费尔塔勒［Vera Apfelthaler］和茱莉亚·B·奎呐［Julia B. Köhne］共同编写的《性别记忆：德国与以色列的电影和戏剧》［Gendered memories: transgressions in German and Israeli film and theatre］则主要论述了德国和以色列电影与戏剧中的性别认同问题。这是一部以学术会议上提交的论文为基础编写而成的论文集。书中主要内容包括"电影中的性别认同"、"戏剧中的性别认同"、"电影中的女性"、"记忆（哲学）"、"电影中的1939-1945年犹太人屠杀事件"五大章。此次跨学科博士和博士后国际会议于2005年5月在以色列比尔谢瓦［Beer Sheva］的本·古里安［Ben-Gurion］大学的德国研究中心举行。

如何在现代生物技术下关注人类,特别是女性的生存状况亦成为后现代视觉文化的讨论焦点。安妮克·斯梅利克［Anneke Smelik］和妮娜·丽克［Nina Lykke］共同编撰的《生命的残余：媒体、生物科学和技术交叉中的女性主义》[Bits of Life: Feminism at the Intersections of Media, Bioscience, and Technology, 2008]描述了自二战以来，生物与技术间全新融合的方式导致了两者之间不再有明显的区别。生物与技术的融合并非新见，但是，就像二者在最近几十年相融合的速度一样，这种结合的普遍性令人称奇。随着这一进程在日常生活中的渗透，重新考虑生物与技术，上升为迫切的需要。事实上，身体不能再被视为是一个独立于周围事物的实体，也不是公认整体中自然赋予且独特的部分。《生命的残余》在对当今生物文化质疑的基础之上，为身体假设了一个后人类的定义，这既与人文主义者的生命整体性无关，又抛开了"身体是唯一重要的东西"的人类学假设。该书的主编斯梅利克是荷兰奈梅亨[Nijmegen]得邦[Radboud]大学的视觉文化教授，妮娜·丽克是瑞典林学平[Linkoeping]大学性别研究教授和北欧研究学校跨学科性别研究的负责人。在文中他们为读者描绘出了变化与转变的图景并在隐喻与素材之间找到折中的方法。两位编者在重新建构身体和主体表达问题上找到了一条很关键的道路，同时阐明了彻底的新道德评价标准。

《爱尔兰电影研究（第四辑）》[Studies in Irish Film 4]是一部将爱尔兰电影纳入全球电影研究视野的论文集。本书根据爱尔兰电影研究会研究生专题讨论会[the Irish Postgraduate Film Research Seminar]的内容，由阿尔斯特（Ulster）大学媒体研究教授马丁·麦克劳[Martin McLoone]和电影研究副教授兼都柏林三一学院戏剧、电影及音乐部主任凯文·罗迪特[Kevin Rockett]编辑出版，反映了爱尔兰目前正在从事的电影研究的多样性、研究水平和研究中体现出的国际性。这些论文涉及了一系列和爱尔兰、英国、美国以及世界电影相关的话题，并考虑了电影形式与美学以及如何表现这些关键问题。其中由电影研究的先驱查尔斯·巴尔[Charles Barr]撰写的论文，重新审视了爱尔兰籍美国人约翰·福特[John Ford]的身份的连续问题。查尔斯·巴尔对福特复杂文化身份的创新理解与分析，为年轻学者讨论国家和国际电影提供了一个新的框架。

在国家社会主义失败后的六十年里，纪念和悼念活动在德国和奥地利持续不断，同时形成了关于纳粹之后的文学和电影潮流，这股潮流虽然并不很大，但在公开辩论中却产生了巨大的影响。此间，德国和奥地利一直在兴建博物馆和纪念物，如安德烈·亚斯[Andreas Huyssen]所称，是"记忆兴盛"[memory boom]的时代，然而记住什么，如何记忆，却不断在变化。学者们必须跟上这一纪念文化的每一个新的发展步伐。克洛艾·帕沃[Chloe Paver]所著的《德国和奥地利小说与电影中的第三帝国》[Refractions of the Third Reich in German and Austrian Fiction and Film]并非是有关第三帝国的文学和影视作品概况的调查，而是在微观视角下的批判研究。克洛艾·帕沃认为研究的目标不仅仅在于分析，而且在于通过学者的研究和界定建构起评价第三帝国作品价值的学术标准。研究涉及电影、小说以及纪念碑文化等不同方面，对图像与文本给予了同等重视，同时对电影、历史展览以及纪念遗址的研究，也要考虑社会背景和活动。书中对奥地利两个恐怖地点遗址的专题研究中展示了作者研究纪念馆和博物馆的方法，并探讨了记忆与场地之间紧密联系的方式。

对具体电影文本的诠释长期以来一直是电影学术研究的主要内容。21世纪人们越来越认识到电影并不仅仅局限于银幕，而是一种社会、政治、文化的现象和缩影。《银屏之后：美国电影史与方法个案研究》［Looking Past the Screen: Case Studies in American Film History and Method］远远超越了屏幕本身，在社会、政治、文化维度中理解阐释电影，极大地拓展了美国电影研究视野，提供了一种新的电影研究模式，在此研究方式中，电影本身仅为研究者所掌握的众多资源之一。同时本书以个人论文、流行商业报刊、影迷杂志、演播室出版物和产业纪录等一手资料为基础，为我们呈现出了一个五彩缤纷的电影史。这部书的案例研究主要关注从早期电影到20世纪70年代的好莱坞电影，突显了这一系列历史材料在对电影明星、规范、接受和生产的跨学科研究中的重要价值。书中还展现了政府在美国出口电影的内容方面的谈判过程，分析了因谋杀情人而臭名昭著的克拉拉·斯密斯·哈蒙［Clara Smith Hamon］的影星形象，探讨了好莱坞建立电影督导制度时，电影记者对该现象的理解。其中一篇文章梳理了电影作为学术研究的发展历程，另有一篇对黑色电影的起源做了社会性和政治性的诠释，还有文章通过大萧条时期电影评论和拍摄规则备忘录材料，揭示出他们在解读电影中性爱表现时表现出的诡辩手法，这种解释影响了人们对电影的认识，以至于今天发展出了用怪异理论来诠释电影。

此外，德国后法西斯主义先锋派的演变问题以及从彼得·魏斯［Peter Weiss］到热内·波雷什［Rene Pollesch］作品中展现的德国暴力年代审美活动的现代性和后现代性问题在理查·兰斯顿［Richard Langston］的著作《暴力视觉：法西斯主义以后的德国先锋派》［Visions of Violence: German Avant-Gardes After Fascism］中得以呈现。纳粹德国焚书、反"堕落艺术"［degenerate art］运动、对实验艺术家的迫害把先锋派推到了灭绝的边缘。先锋派如何回归并从战争中觉醒寻找新的目标成为《暴力视觉》的主题。审美现代性的一个极端派别正费尽心思威胁当代生活，先锋派则使用暴力视觉推动社会和文化的更新，但是在规模空前的战争和种族灭绝的阴影笼罩下，这样的审美暴力失去了他的力量。与此同时，该书探索了先锋派为回应欧洲现实的剧烈变革而进行的重组，独立先锋派实践者兴起，并取代了原来的集体运动，由此作者理查·兰斯顿研究了德国后法西斯主义先锋派的作品，这些作品在过去的六十年中一直流行着。他们分别是：兼画家、作家及制片商于一身的彼得·魏斯［Peter Weiss］在20世纪50年代创作的法国超现实主义作品、作家迪特尔·韦勒斯霍夫［Dieter Wellershoff］的"新现实主义者"作品集、艺术家沃尔夫·福斯特尔［Wolf Vostell］融合奥斯威辛［Auschwitz］审判和越南战争经验创造出的作品、诗人和小说家迪特尔·布林克曼［Dieter Brinkmann］20世纪70年代的作品集、亚历山大·克鲁格［Alexander Kluge］的"多媒体迁移"作品以及戏剧家克里斯多夫·施林根西夫［Christoph Schlingensief］和热内·波雷什［Rene Pollesch］的"表演性参与"作品。

凯瑟琳·弗勒-西莱［Kathryn Fuller-Seeley］主编的《好莱坞在各地区的发展：地方电影业发展的历史个案研究》［Hollywood in the Neighborhood: Historical Case Studies of Local Moviegoing］一书，生动地向我们展现了美国电影如何进入全国中心地带，成为远离东西两岸电影中心的数以千计的较小城市、城镇以及村庄重要的娱乐资源。本书研究资源丰富，撰稿人都是研究电影的重要学者，他们详细探讨了电影这一新的娱乐形式给一些城镇所带来的社会以及文化上的变化，重点突出了当地参展商、社区观众、区域文化以及日益增加的国家大众传播媒体的作用，展示了电影是如何迅速而成功地进入旧歌剧院以及全美各地主要街道上光彩夺目的新影城之中的。

值得注意的是，东方电影研究，在新媒体全球情境范围内，亦是一股不可忽视的力量。中国动画影片多年来如何演变发展，以及中华民族是如何通过动画文本和动画电影参与民族、国际的文化与经济交流和竞争的问题在《东方之旅：中国动画的重建》［Journey to the East: the re(make) of Chinese animation］一书中有清晰的诠释。书中剖析了动画与国家之间的复杂关系，揭示了中国当代文化、社会以及传播媒体的内涵，设法在更加宽广的政治、社会、经济和文化背景中理清中国动画电影摄制与民族情况间的关系。首先，通过调查改革之前的早期中国动画电影来探索对民族动画样式追求的起源，充分论述了当前民族动画电影得以复苏的背景。其次，仔细研究了商业三维动画片《魔比斯环》［Thru the Moebius Strip］，该片被认为是全球资本主义时代国家"原创"的一个例子，文章从工业及文本两方面来研究当代民族文化建构问题。再次，本书还详细研究了另一部近期故事片《小兵张嘎》［Little Soldier Zhang Ga］，这部作品被认为是一部继承了社会主义电影遗产的新型"民族"电影，但他却旨在改革动画电影。结尾回到了当代动画电影所注重的民族性和创造性这一核心问题上。

日渐流行的香港电影新浪潮，对东西方文化冲突、殖民政治、贫富差距、现代化亚洲城市里的妇女境况以及香港疏远大陆而引起的身份危机等问题进行了全方位演绎，卓伯棠博士［Pak Tong Cheuk］的近著《香港新浪潮电影，1978-2000》［Hong Kong New Wave Cinema, 1978-2000］正是对这一历史时期电影研究的成果，本书全面而深刻地分析了这个充满活力时代的具体电影作品，并研究了导致新浪潮产生的历史和社会条件。卓博士在书中利用性格导演［auteur］和风格理论［genre theories］审视了新浪潮导演们的电影风格和美学风格，这些导演大部分是在英国和美国电影学校接受教育。除了研究各部影片的叙事内容、结构和场景布置［mise-en-scène］之外，书中还追踪了20世纪60年代与70年代香港影片和电视产业的总体发展。卓博士在深入研究香港电影黄金时代的盛衰的同时，昭示出新浪潮时代对电影学者、通俗文化和艺术所具有的历史性意义。本书是对20世纪后期香港电影业有趣而详尽的研究，不仅对新潮电影的起源做了翔实的概述，而且仔细研究了一些新浪潮时期的著名导演，包括徐克［Tsui Hark］、许鞍华［Ann Hui］、帕特里克·谭［Patrick Tam］等人的作品，以及他们的影片对世界各地的电影制造商的影响。

数字新媒体的兴盛，取代了电影的制作与观看，威胁到赛璐珞影片的生存，未来的电影制作与研究将会出现什么局面，哈佛大学"视觉和环境研究"教授兼"电影与视觉研究"研究生项目主任罗德韦克［D. N. Rodowick］出版了《电影的虚拟生命》［the Virtual Life of Film］，探讨电影的未来命运，及其在21世纪制作和观赏美学与文化中的作用。在这本书中，作者提出并检讨了对因其他时间媒体的出现而消失的电影的三种不同的批评反应，同时也探究了对当代视觉文化研究的同类反应。他认为，影片在虚拟艺术谱系中占据特殊的地位，即使胶片［film］消失，电影［cinema］也会持续。他进一步论证说，所谓的"新媒体"大凡都依附电影隐喻［cinematic metaphor］。如同先前的电视与碟片，数码技术虽然对电影形成冲击，但结果使电影的观念［the cinematic］永久成为20世纪成熟的视听觉文化，同时正为新的视听觉文化的诞生铺垫道路。奥利·弗格劳［Oliver Grau］编著的《媒体艺术史》［Media Art Histories］就多媒体历史、艺术与技术、装置艺术、早期计算机艺术创造、电影到互动艺术等媒体艺术的演变发展历史以及社会的反应等问题展开了全方位的研究，展现了媒体艺术研究的新近成果。

詹姆斯·莱昂斯［James Lyons］和约翰·宾吉［John Plunkett］主编的《多媒体的历史：从魔术彩灯到网络》［Multimedia Histories: From the Magic Lantern to the Internet］是第一本详细探讨当今的数字文化与银屏娱乐方式的历史与技术之重要联系的书籍。从魔术彩灯、立体视觉和早期电影发展到DVD与互联网，通过回顾19世纪创新媒体实践，《多媒体的历史》揭示了19、20、21世纪多媒体文化的连续性。该书囊括了这个研究领域中一些重要作家关于媒体艺术和历史的新近成果，必将成为这门学科中一本不可或缺的重要参考书，并将对重新思考英美电影及媒体的历史界限产生重要影响。围绕这个问题，第三届媒体艺术、科学与技术发展史国际学术会议于2009年11月26日到29日在澳大利亚的墨尔本举行，由此我们发现，国外已经充分意识到媒体艺术对文化所产生的越来越重要的意义，这次关于媒体艺术的会议将第一次在跨学科和跨文化范围内讨论媒体艺术的历史。致力于虚拟艺术数据库的班芙新媒体研究所［Banff New Media Institute］、列奥纳多/国际艺术科技团体［Leonardo/ISAST］和教科文组织数码艺术研究所［UNESCO DigiArts］现正共同合作举办第一届国际美术史会议，该会议包括艺术和新媒体、艺术和技术、艺术科学的互动以及与当代艺术相关的媒体历史。

3. 音乐学

各学科间相互作用和转化的现象对音乐学的研究方法产生了极大影响，甚至对学科划分和定义，都有相当冲击。文化人类学、历史学和文学研究的方法为音乐学研究增加了新的内容，许多看似无关的学科也与音乐学建立起了联系，成为音乐学研究所借助的工具。在此基础上，即使对传统领域的研究，也会有新的成果，更不用说研究内容的扩大。音乐学的研究内容，最早仅指西方精英文化中有乐谱记录的音乐，发展至今，几乎包括了所有具有音乐性的内容。欧洲以外地区音乐，尤其是长期处于主流学术圈外的少数民族地区等群体的音乐，渐成考察研究之重要对象。此外除了早期的主流音乐外，流行音乐、爵士乐、多媒体等都进入了研究范围。

1885 在维也纳大学任教的音乐学家圭多·阿德勒［Guido Adler］(1855-1941) 发表了论文《音乐学的范畴、方法和目标》［*Umfang, Menthode und Ziel der Musikwissenscheft*］，被认为是西方现代音乐学的开端。一个世纪之后的今天，有学者首度对当时的音乐学进行深入研究，并对音乐学制度中观念形态的两难和方法上的担忧做出分析。《音乐、批评与历史的挑战：19 世纪晚期维也纳现代音乐思想的形成》［*Music, Criticism, and the Challenge of History: Shaping Modern Musical Thought in Late Nineteenth Century Vienna*］的作者凯文·卡恩斯［Kevin Karnes］认为，今天音乐学的一些关键问题，如音乐学与批评之间的关系、分析对象和历史描述的关系、学者对听众所负责任等，都源于那个充满矛盾而且完全被人遗忘的早期阶段。通过深入阅读三位长期受到忽视的音乐学前辈——阿德勒、爱德华·汉斯利克［Eduard Hanslick］和海因里希·申克［Heinrich Schenker］——的著作，卡恩斯为读者揭示出了 19 世纪后期的音乐研究的实质。尤其是对汉斯利克完整的音乐思想的介绍和评价，纠正了那些由于只阅读了部分著作而对汉斯利克产生的误解。同时作者也对阿德勒传统研究进行了反思。本书还深入阐述了音乐学的哲学基础，以小说的形式展现了 19 到 20 世纪转折时期维也纳的思想潮流，说明了音乐学这一新兴学科与其时其地之文化密不可分的联系。

这种从文化背景对音乐史进行的研究产生了很多新的成果。例如，2008 年出版了另一部音乐史研究重要著作：《早期现代英国宗教音乐中的人文主义与改革：雄辩家约翰·莫别克与含乐谱公祷书 (1550)》。约翰·莫别克［John Merbecke］1550 年撰写了第一部配乐的英文祈祷书——含乐谱公祷书［The Booke of Common Praier Noted (BCPN)］，人们以往总是局限在宗教领域内对这一史实展开研究，而本书通过将莫别克和他的作品置于广阔的都铎王朝时代的英国思想与宗教文化之中，对以前仅在宗教改革的背景中以狭隘的神学方法讨论莫别克提出了挑战。作者还进一步提出应重新审视目前对宗教改革音乐史方面最流行的阐释方式。基于这个新的研究背景，本书致力于从人文修辞学角度重新阐释莫别克的作品，通过评介其对早期现代英国的民族音乐和文学发展所作的贡献，认为莫别克是一位人文主义改革家。本书的兴趣点不只在研究教会音乐家，而且也向我们展现了宗教改革历史学家和都铎时期文化学者的情况。

另一本重要著作是芭芭拉·L·凯利［Barbara L. Kelly］主编的《法国音乐、文化与民族身份，1870-1939》［French Music, Culture, and National Identity, 1870-1939］。本书以论文集的形式研究法国第三共和国时期国家身份和区域身份之间的关系、法国的政治联盟以及其创造性的实践。不同学科背景的撰稿人，通过熟练而巧妙地利用新闻（1889 年巴黎世界博览会）及新技术，探讨了第三共和国时期兴建与重建法国文化和艺术的状况。文中还研究了人们对德彪西歌剧《佩丽亚斯和梅里桑德》的态度转变、作曲家及评论家确立音乐规则的企图，以及宗教教育、灵性、异国情调对高更［Gauguin］和若利韦［Jolivet］的影响。在对拉摩［Rameau］这位有名无实的全国音乐领袖的颂扬中，在并入法国领土的阿尔萨斯和洛林地区蓬勃发展的文化地方主义过程中，书中还向读者呈现了当时中央和地方之间的紧张关系。主编芭芭拉·L·凯利是基尔大学的音乐学教授，她把不同历史学科的学者集聚一堂，展开激烈讨论，展现出了一幅 19 世纪末法国的历史画卷，尤其是阐述法国各地区（"省"）身份的章节，使读者对有关佛朗哥-普鲁士战争后几十年的情况有了更全面的认识，而不仅仅局限于听巴黎人的解释。

虽然音乐学中分出了民族音乐学研究领域，但长期以来研究的范围比较狭窄。近些年来对非洲黑人文化与音乐研究有了新的突破，威特沃特斯兰德大学人类学系教授戴维·B·科普兰［David B. Coplan］在 1985 年出版了《都市夜不眠：南非黑人城市音乐与表演》［In Township Tonight!: South Africa's Black City Music and Theatre (Second Edition)］，立即引起各界注意，很快成为这方面研究的经典著作，被学术界频频引用。这是一部在南非黑人城市音乐、舞蹈与戏剧领域具有开创性的社会史著作，弥补了黑人音乐史方面著作的空白。作为第一本翔实记录黑人表演艺术的历史著作，作者全面探究了三个多世纪的南非黑人流行文化，从而将读者从土著音乐的传统带入了一个由奴隶管弦乐、玩具哨子、牧师兼音乐制作人、矿工胶鞋舞、流浪歌手和流浪杂耍技艺等构成的纷繁杂陈的世界。之后作者经过了长时间的修订，2008 年本书第二版出版，在新版中作者扩充了部分内容，所涉的历史一直写到今天，记述了过去三十年来的南非表演艺术方面新的发展，反映出南非自种族隔离结束后政治与社会领域的巨变。新版著作将会受到人种音乐学、南非研究学者、世界音乐爱好者以及任何关心南非和南非发展的人们的欢迎。今年还出版了另外一本研究南非音乐的重要著作，《聚焦南非音乐》［Focus: Music of South Africa］，书中对南非音乐进行了全方位深入地研究，指出其间体现了该国种族、宗教、语言、阶层、性别等方面的丰富性。著名人种音乐学家、南非本地人卡罗尔·马勒［Carol Muller］凭借亲身经历及对档案和其他各领域材料的广泛蒐集和研究，考察南非人如何用音乐表达出他们在南非、非洲大陆及全世界所处的地位。

除了对南非音乐有研究外，世界其他地方的音乐也是研究者们关注的对象。伊利诺伊大学拉丁美洲研究专家亚利桑德罗·L·马德里［Alejandro L. Madrid］所著的《现代国家的声音：墨西哥革命后的音乐、文化与观念》［*Sounds of the Modern Nation: Music, Culture, and Ideas in Post-Revolutionary Mexico*］，在与社会和文化变化的联系中探索墨西哥现代派和前卫艺术音乐风格和美学的发展。作者认为这些现代派作品基于现代性和民族性的新理念，有助于深入理解个人和集体身份的建立。书中并未对现代性和民族性作对立分析，而是认真思考了这两个概念和对话方式可以产生的多种交叉点，并指出正是通过对话，这些观念才具有意义。马德里否定了拉美现代派音乐和其他艺术仅是对欧洲潮流进行模仿的观点，提出拉美艺术家依据他们独特的历史和文化环境重新阐释了欧洲理念。本书向读者说明了微音程音乐和未来主义音乐、现代派和前卫派美学以及土著和印第安思想如何相互交融，并最后形成了20世纪墨西哥音乐思想。这些研究试图确立欧洲以外音乐的价值和地位，并在某种程度上凸显其文化身份，从而建构出新的文化蓝图。

在对各种不同类型的音乐形式的研究中，有传统音乐史所忽视或者还未进入音乐史的内容，也有新出现的音乐形式，如电影音乐、网络多媒体音乐等，这些研究各有专著。卡农［Canons］是流行于中世纪和文艺复兴时期的音乐，但对其从未有过深度研究。凯特琳·施尔茨［Katelijne Schiltz］和邦纳·J·布莱克本［Bonnie J Blackburn］合编的《14-16世纪卡农音乐与卡农曲创作技巧：理论、实践和接受史》［*Canons and Canonic Techniques, 14th-16th Centuries: Theory, Practice, and Reception History*］，从乐理、音乐分析、作曲和演奏、古文学和谱曲以及听力预期和策略等较广泛的层面，研究卡农音乐及卡农曲的创作技巧。特别是在对谜语卡农［riddle canon］的研究中，证明对文学、神学、图像志、象征学及哲学等不同领域的把握，有助于更好地理解和阐释此类作品的创作。

爵士乐和流行音乐一样，是最近才进入研究家视野的音乐形式。霍华德·T·韦纳［Howard T. Weiner］主编的《20世纪早期铜管乐风格：艺术、爵士及其他流行传统》［*Early Twentieth-Century Brass Idioms: Art, Jazz, and Other Popular Traditions*］，集合了众多学者的作品，在对话中将铜管乐演奏和爵士风格的传统结合在一起，蒐集了世界最杰出的爵士乐及铜管乐学者和演奏家的文章。其中的主题涵盖了跨越各大洲、数十年直至今日仍未解决的种种难题。两个基本主题贯穿全书，并相互对话：20世纪早期铜管乐演奏家对爵士演变的贡献以及爵士乐、流行乐风格对铜管乐演奏风格的影响。书中的13篇文章涵盖了诸如意大利爵士乐小号风格、即兴爵士乐演奏的起源及犹太民间音乐中铜管乐的角色等不同论题。由于其中很多文章研究了路易斯·阿姆斯特朗［Louis Armstrong］、巴迪·博登［Buddy Bolden］、邦克·约翰逊［Bunk Johnson］、金·奥利弗［King Oliver］、詹姆斯·瑞斯·欧罗巴[James Reese Europe]和内维尔·"斯皮格尔"·威尔考克斯[Newell "Spiegle" Willcox]等许多重要音乐家的作品,所以这些乐手生活的新奥尔良成为讨论的焦点。同时,书中还有一篇对两个传奇般的爵士小号乐手威廉·费尔德[William Fielder]和乔·怀德[Joe Wilder]的专访,以及知名乐手和教师吉米·欧文斯[Jimmy Owens]讲述他练习技巧的文章。

4. 戏剧研究

21世纪西方戏剧研究越来越呈现出戏剧作为学科的交叉性特征,成为汇聚了文化研究众多热点的前沿场域。这首先是因为戏剧呈现的方式本身,正是知识和观念与民众的日常生活和经验融合的场所。近些年来较为重要且讨论最多的文化话题是后现代性、后殖民理论所关心的性别问题、民族、国家、种族、阶级等问题,这既构成了当下戏剧演出的内容,也自然成为戏剧研究的热点话题。

在最近出版的著作中,首先是对传统戏剧史与理论的研究。阿德里安那·邦特[A. Bontea]的《法国古典喜剧起源》[Les Origines de la Comédie Française Classique]认为法国戏剧发展到18世纪达到了一个历史顶峰,正因为莫里哀创作的喜剧在剧院的演出,使其保持了持续的影响。岁月流逝,他的重要作品被当作经典得到了艺术界公认。他那些使人感动的巴洛克风情使过去的作品变得晦暗,甚至浪漫主义作品也失去了吸引力。在他的作品中,闪耀着纯洁的光辉,维持了文学作品经典的地位。该书旨在回答以下问题:莫里哀的作品是否对当代具有巨大影响,同样,他是否改变了读者的认知。同时,本文探讨了历史上的"先定和谐主义"[préétablie doctrine]的介入等外部因素,是否对戏剧创作的推陈出新产生影响。

伯纳德·福瑞伯格[Bernard Freydberg]的著作虽然是传统的研究内容,却产生了发人深思的结论。他的《哲学和喜剧:阿里斯托芬、逻各斯和厄洛斯》[Philosophy and Comedy: Aristophanes, Logos, and Eros]通过对阿里斯托芬令人捧腹的通俗作品的研究,探讨戏剧中隐含的更加微妙和复杂的含义,启发读者如何正确理解喜剧中潜在的哲学意义。事实上,阿里斯托芬的喜剧自问世以来就一直被誉为喜剧文学史上最伟大的作品,然而对阿里斯托芬及其作品所体现的思想的评价却众说纷纭,直到目前为止对他的喜剧始终没有一种系统的哲学评价。在《哲学和喜剧》这本书中,福瑞伯格通过仔细研读分析阿里斯托芬的作品《云》[Clouds]、《蜂》[Wasps]、《女议员》[Assemblywomen]、《吕西斯特拉特》[Lysistrata]之后,向读者揭示出了剧本中潜在的深邃的哲学思想,同时高度赞扬了作品中的喜剧。有一种观念认为悲剧情节最能体现哲学思想,福瑞伯格对这一思想提出了相反看法,并认为戏剧中也体现着哲学的重要内容。

米歇尔·马拉博德编辑[Michele Marrapodi]的《莎士比亚及其同时期剧作家戏剧中

的意大利文化》[*Italian Culture in the Drama of Shakespeare & his Contemporaries*] 把新历史主义与文化物质主义理论应用到戏剧研究中，以及最近对互文和剧本结构的争论中开启的新研究视野，重新思考了意大利文化、文学、传统在现代英国早期戏剧中产生的广泛影响。作者不但深入研究莎士比亚的剧作，还包括对马斯顿 [Marston]、米德尔顿 [Middleton]、福特 [Ford]、布罗姆 [Brome]、阿瑞提诺 [Aretino] 等其他现代早期剧作家的作品的研究，以及意大利文学文化传统对欧洲文艺复兴的产生的深远影响，并对伊丽莎白和詹姆士一世时代建立戏剧准则所做出的贡献及其跨文本互动这一罕有人研究的问题做了探讨。在对具体时期的戏剧文本研究中，对早期意大利现代戏剧图像志进行了系统综合讨论，将其看作是诗歌与艺术的原形，也是表现通奸、卖淫、政治腐败的材料。这本论文集通过对戏剧文本的政治意义与结构的关注重新分析了早期英国现代戏剧。

对德国戏剧的研究近期出版了两本重要著作，一是丹尼斯·瓦尔内 [Denise Varney] 主编的《柏林共和国的戏剧：统一后德国的戏剧》[*Theatre in the Berlin Republic:German Drama since Reunification*] 一书。本书是 2006 年 9 月墨尔本举行的一次研讨会的论文集，在文化政治交叉中着重探讨了德国重新统一后的戏剧问题。本书对社会认可的新创戏剧如何回应统一后的德国社会、文化、政治等状况做了深入研究，包括对在著名前东德剧院如德意志剧院、人民剧院 [Volksbühne] 以及柏林剧院上演的戏剧的研究。其中所讨论的话题有戏剧表演的演变、演出身份认同、戏剧与世界之间新的联系、重新与历史建立联系以及民族主义、国际化、全球化不同视角之间的转化问题。2009 年是柏林墙倒掉 20 周年，这些话题也得到重新关注。本书是第一本有关文化政治变革时期戏剧研究的英文著作，再次肯定了戏剧与公众事件之间的关联。

与德国相关的另一本著作是对纳粹时期戏剧的研究，根据大量档案材料，格温·施特罗布尔 [Gerwin Strobl] 在《纳粹标记与舞台：德国戏剧和社会，1933-1945》[*The Swastika and the Stage: German Theatre and Society, 1933-1945*] 一书中向读者展现了纳粹时期德国戏剧的历史状况。本书是第一本用英文书写的对第三帝国戏剧的完整研究，作者挖掘了当时政权与纳粹党、德国戏剧界和公众之间的斗争压力和野心，并通过对纳粹戏剧的起源一直到 19 世纪晚期右翼戏剧改革运动的回溯，表明戏剧被普遍认为是德国民族身份的中心支柱。本书各章在论述戏剧、纳粹激进政策、反宗教运动和利用历史的过程中，深入探析 1933 年后舞台角色中体现出的德国集体意识的发展变化，回顾了"全面战争"之前第三帝国戏剧演变的命运以及战争对大部分德国剧院的破坏情况。

对美国戏剧的研究值得关注，殖民时期的戏剧与民族文化建构问题、现代消费社会中舞台演出的演变等，都是研究者们倾心的论题。《演绎爱国主义：美国殖民和革命戏剧中的民族身份》[*Performing Patriotism: National Identity in the Colonial and Revolutionary American*

Theater]一书由詹森·谢弗[Jason Shaffer]所著,描写了18世纪英国北美殖民地与美国早期的戏剧,并论及了戏剧与帝国及革命政治的联系。18世纪时期,北美殖民地人民开始对专业或是业余的戏剧表演产生越来越浓厚的兴趣,对英国戏剧,包括莎士比亚[Shakespeare]、艾狄生[Addison]、罗威[Rowe]的悲剧,以及法夸尔[Farquhar]、斯蒂尔[Steele]、盖伊[Gay]的喜剧,他们都十分熟悉和喜爱。当王室与殖民地之间的关系恶化,这些剧本也就常被用来当作批评殖民地政策的政治工具,戏剧的演出过程转化成了文字,这些批评争论也就成了表达政治优越性的文本和戏剧隐喻。最后,随着在独立战争中美国宣传剧的出现,殖民地人民开始形成他们自己的爱国戏剧,尽管这些戏剧还是强调美国爱国主义中的"英国"特征。在早期美国政治文化发展过程中,演绎爱国主义成了审核戏剧表演和戏剧文本角色的标准,詹森·谢弗认可当时社会的共识,即剧院应是教育公众道德的学校,所以通过对美国戏剧历史和出版文化的广泛研究,阐述了18世纪英属北美和英国戏剧表演的普遍盛行与殖民地人民在革命所拥护的美国国家身份认同之间的联系。

帕尔格雷夫·麦克米伦[Palgrave Macmillan]出版社近5年在推动音乐剧、舞台戏剧研究方面所作出的贡献有目共睹。米兰达·郎德斯卡尔-尼尔森[Miranda Lundskaer-Nielsen]的《导演和新音乐剧》[*Directors and the New Musical Drama: British and American Musical Theatre in the 1980s and 90s*]一书追踪了20世纪80-90年代英国和美国音乐剧的发展状况,作者对戏剧和音乐剧十分了解,并在不同的作品和影响之间找到一种联系,与许多对百老汇音乐剧衰败与20世纪80年代所谓的"大型音乐剧"的崛起情况所发表狭隘的一己之见不同,本书是一部周密而翔实的研究最近历史和美学流派的著作。本书第一次把注意力集中到研究导演对现代音乐创建的贡献上,对过去30年英美音乐剧的发展提出了独到见解。书中对"大型音乐剧"的起源和它在大西洋两岸产生的巨大影响进行了研究,深刻而严密地分析了"音乐剧"文献忽视导演,而将编舞置于中心这一现象。

此外,帕尔格雷夫·麦克米伦出版社之前相继出版了不少这方面的戏剧书籍。如阿瑟·弗朗科·韦特海姆[Arthur Frank Wertheim]的《歌舞大战》[*Vaudeville Wars, 2006*]是一部关于基思·阿尔比和奥费姆连锁夜总会如何保证其一流的规模和演出人员的著作,本书描述了两个最大的娱乐场所如何相互协作制造出美国第一个全国性的大众娱乐系统。又如君特·伯格豪斯[Günter Berghaus]的《剧场、表演与历史先锋派》[*Theatre, Performance and the Historical Avant-garde, 2005*]研究表演如何成为历史先锋派的表达媒介。再如布兰达·佛雷[Brenda Foley]的《为成功而脱衣》[*Undressed for Success, 2008*],该书首次对脱衣舞和选美比赛作为展示女性身体的美国舞台表演形式作了系统比较研究。还有曼侬·冯·德·沃特[Manon van de Water Palgrave Macmillan]的《年轻人的莫斯科剧院》[*Moscow Theatres for Young People*, 2006〕是关于1917年至2000年意识形态高压下的艺术创造的文化历史，属首次出版的英文本俄罗斯青少年戏剧研究著作，揭示了整个青年戏剧的复杂性及其重要作用。另外乌代·约翰逊〔Odai Johnson〕的《美国殖民戏剧中的缺失与记忆》〔*Absence and Memory in Colonial American Theatre*, 2006〕、萨莉·黛布拉·查诺〔Sally Debra Charnow〕的《巴黎世纪之末的戏剧、政治和市场》〔*Theatre, Politics, and Markets in Fin-de-Siècle Paris*, 2005〕等都是近年来研究戏剧的重要成果，从不同角度对与戏剧相关的众多内容做了深入思考。

整个20世纪都有人认为戏剧写作并不属于文学，戏剧的批评工具也并非来自文学研究，这种以舞台为中心的观点限制了文本分析，破坏了戏剧文本的自主权。唐妮·莫瑟夫〔Donia Mounsef〕和乔赛特·菲拉〔JosetteFeral〕编辑出版的《耶鲁法国研究第112册：当代舞台写作文本的透明性》〔*Yale French Studies No. 112 : The Transparency of the Text - Contemporary Writing for the Stage*〕不仅提出重建戏剧文本的自主性，而且把丰富多样的当代戏剧文学作品看作一个充满创造性的政治社会文化空间，为读者提供了从语言学、美学、文化背景等展开思考的新的戏剧文本批评思路。而凯瑟琳·蒙克里夫〔Kathryn M. Moncrief〕和凯瑟琳·麦克弗森〔Kathryn R. McPherson〕共同编辑的《早期现代英格兰表演艺术中的母性》〔*Performing maternity in early modern England*〕一书提出并阐释了一种新型观念，即在舞台表演中必须考虑到母性的存在。母亲的身体成为文化冲突的场所，也是想象与争论之地。研究英语文学的学者发现，在北美大部分地区以及英国，这样的冲突在早期现代英语文本和表演中，包括男性剧作家为剧院所写的剧本，男演员在舞台上所扮演的女性角色，男性和女性所写的出版物，在妇女的私人日记和祈祷文中都随处可见。

与此同时，日本作为东方文化的典型代表之一，其戏剧艺术与历史研究亦日益得到世界的瞩目。凯文·J·韦特莫尔〔Kevin J. Wetmore〕的论文《现代日本的英文戏剧》〔*Modern Japanese Drama in English*〕研究了日本现代戏剧的发展历史，该文阐明了日本明治维新和向西方开放后，日本戏剧发生的一系列变革，国家文化、经济和政治改革在根本上改变了传统能剧〔No〕、狂言剧〔kyogen〕、歌舞伎〔kabuki〕和傀儡戏〔bunraku〕，并向日本的戏剧观念提出了挑战。面对其他文化现代化局面，对日本戏剧如何实现现代化有两个对立的观点：传统戏剧现代化与以西方戏剧模式为基础发展出新的戏剧形式。从1870年开始，人们尝试对歌舞伎进行改革，使其在主题和结构上更加现代化，这些努力的结果是创造出一种新戏剧形式："新歌舞伎"〔shin-kabuki〕，坪内逍遥〔Tsubouchi Shoyo〕和冈本马基斯〔Okamoto Kido〕等文学家为此新形式戏剧撰写了剧本。然而这种形式并不成功，歌舞伎本身也开始转化成一种当代的演出方式，随后的现代戏剧改革浪潮导致了与传统戏剧的进一步决裂，用西方戏剧为样板来发展剧情的"新派"〔Shimpa〕最终只是一个过渡形式（尽管它今天依然存在）。

5. 舞蹈研究

20世纪20年代，大学开始设置舞蹈研究学科，包括舞蹈编创、表演、批评理论与舞蹈史等内容。今天，通过融合各类艺术和人文学科研究的成果和方法，舞蹈研究已经发展成为一门综合性的学科。到20世纪末，随着文化人类学与体质人类学融合的身体人类学的诞生，舞蹈技能研究与学术史论研究不仅分类并立，而且产生了交叉学科的研究成果。舞蹈学科研究的具体内容大致可划分为：舞蹈专业技能研究（编创和表演技术、拉班动作分析与形体研究等）、舞蹈史学研究、舞蹈理论研究（从人类学、文化研究、性别研究、地区研究、后殖民理论、民族学等方面研究及对舞蹈风格、音乐等的研究）、舞蹈科学研究（包括舞蹈运动力学或舞蹈运动治疗等）、舞蹈与科技研究（新媒体表演技术等）。舞蹈研究的历史比较短暂，对古典芭蕾舞的研究依然是主要话题。但随着各民族自立和现代舞的发展和流行，舞蹈编创动机、表演技能、风格、接受效果、音乐等的研究也随之高涨起来。现代学术的发展使舞蹈研究迈出了重要的步伐，许多研究者的目光不再局限于欧洲文化领域，对不同地区和民族的舞蹈现状及其历史进行比较和研究，开始深入和广泛地探索。舞蹈背后的文化、宗教、社会、政治、身体、性别等因素与舞蹈编创、表演、观众的关系，以及不同地区文化差异导致的不同舞蹈类型和表演方式等，都是现代舞蹈研究中的重要课题。

任何艺术的历史都是学术研究的重点，并且根据新发现的材料和阐释手法对历史进行新的研究是每门学科发展的必然。2007-2008年间，世界舞蹈研究界在舞蹈史和传统舞蹈研究方面取得了较多成绩，尤其是用跨学科的研究手法，借鉴了文化人类学、性别研究以及传统人文学科的研究成果，写出了像《15世纪意大利的舞蹈与人文环境》[*The eloquent body: Dance and humanistic culture in fifteenth century Italy*]、《当代秧歌：中国民间舞蹈流变史》[*Contemporary Yangge: The moving history of a Chinese folk dance*]等论文，研究文化地域、历史时期、文野高下各有不同的舞蹈类型的发展史。前一篇对意大利这个文化中心的人文环境和舞蹈的关系进行了深入研究，而后一篇则从政治角度对中国民间舞蹈的建立、发展与"文化大革命"等政治运动和文艺政策之间的紧密联系进行了深度剖析。

德蒙特福德大学研究教授特里萨·吉尔·巴克兰[Theresa Jill Buckland]主编的《舞蹈的过去与现在：民族、文化、身份》[*Dancing from Past to Present: Nation, Culture, Identities*]一书对历史上不同文化地域中的舞蹈采取了民族志与跨学科的研究方式，向我们呈现了一个丰富而激动人心的舞蹈史图画。本书收集了各种民族志和历史研究论文，反映出世界各地，包括汤加、爪哇、波斯尼亚和黑塞哥维那、新墨西哥、印度、韩国、马其顿、英格兰等地舞蹈所扮演的重要文化角色，深入探讨了过去与现在人们是如何跳舞的，并说明了肢体舞蹈是身份的重要内容，也是文化的缔造者。书中讨论的问题超越了典型的欧洲人对舞蹈的观念，为我们打开了一个全新的世界性视野，说明舞蹈表演在形成与表达文化身份中的重要作用。

《身体交流：爪哇舞蹈传统与变化》［*Embodied Communities: Dance Tradit and Change in Java*］一书是民族舞蹈学中的另一本重要研究成果。借助文化人类学的研究方式和成果，本书作者费利斯特·休斯-弗里兰［Felicity Hughes-freeland］探讨了东南亚爪哇岛人民的舞蹈历史与文化变迁。爪哇宫廷舞从原来的殖民地庆典舞蹈转变为古典民族艺术舞蹈，这种转变说明了在当地，舞蹈对个人生活的重要作用，如规范日常行为和加强说教，这种说教功能来自日常生活中娴熟的肢体礼仪和文字礼数。通过对爪哇岛人舞蹈训练的广泛研究，以及跳舞者对演出节目和舞蹈动作的解释，作者对舞蹈在表演和日常生活中的意义进行了详细说明。研究发现爪哇人舞蹈发生的种种转变是与社会价值、宗教、哲学和旅游兴起后的商业化背景联系在一起的，同时书中还对急剧变化时代的文化、社会和身体理论提出了根本性质疑。

与上述传统舞蹈研究并行，现代舞的研究也在逐渐完善。现代派舞蹈出现在20世纪早期，由美国舞蹈家邓肯首创后流行于欧美，主要是对欧洲古典芭蕾舞的反叛，建立了截然相反的训练方法和编舞原则。美国既是现代舞蹈的发源地，也是取得成就最高的国家，并且由于现代舞蹈的特殊性，20个世纪现代舞蹈发生了很多变化。杰奎琳·谢伊·墨菲［Jacqueline Shea Murphy］所著的《人民从未停止舞蹈：美国本土现代舞蹈史》［*The People Have Never Stopped Dancing: Native American Modern Dance Histories*］正是要展现舞蹈表演迅速多样化的原因及周围环境对其的影响。美国本土舞蹈在北美舞台上一直占据着主导地位，作者首次考察了19世纪晚期及整个20世纪美国和加拿大对本土表演艺术的政策，反映出政府在削减庆典舞蹈的同时实际在鼓励舞台舞蹈的演出，说明了本土文化和现代舞蹈在编舞上的复杂关系。作者还讨论了泰德·萧恩［Ted Shawn］、里斯特·霍顿［Lester Horton］、玛莎·葛莱姆［Martha Graham］这些现代舞蹈的开拓者的创造性贡献，强调本土舞蹈对20世纪现代舞蹈形成的重要影响。

在研究方法上，跨学科研究方式无论对传统舞蹈还是对现代舞蹈都被普遍应用，性别研究即是其一，他并非研究生物雌雄的区别，而是指对男性或女性的社会与文化研究，关系到阶级、民族、种族、性别和区域等问题。近年来受学术大环境的影响，舞蹈研究中对性别问题特别关注，它分析历史和现实与性别相关的文化和社会因素对舞蹈发展的影响。由玛利亚·史密斯［Marian Smith］撰写的论文《消逝的芭蕾男伶》［*The Disappearing Danseur*］，研究19世纪的芭蕾男演员的历史状况。这个问题很难研究，因为当时的社会文化反对男性跳舞，并且在舞蹈史编写中刻意消除男性舞蹈的历史情况，所以他们最终几乎从舞台上消逝了。安德烈·莱文森［Andre Levinson］要为男芭蕾演员的命运负主要责任,他完全删减了19世纪芭蕾历史中对男性的记录,1929年他宣布女演员玛丽·塔里奥妮［Marie Taglioni］已经把男人逐出了芭蕾舞台。莱文森还规定芭蕾舞《仙女》只能用女演员演。他还是"巴莱·勃朗"［ballet blanc］这一术语的倡导者,这个很具女性色彩的词汇误导了很多人,直到今天依然通行而不受怀疑。事实是男芭蕾演员的演出贯穿了整个19世纪,在巴黎剧歌院男性是主要演员,也是独舞演员。本文通过简要研究,提供了男演员的丰富背景材料,以及各种风格的演员、丑角的技巧等。但是这样的研究还需深入,并非一篇论文就能澄清所有问题。

虽然男演员在舞蹈史上并非毫无作为,但确实无法与女演员对舞蹈的贡献相媲美,林恩·布鲁克斯［Lynn Brooks］主编的《妇女之职:1800年前欧洲的舞蹈创作》［*Women's Work: Making Dance in Europe before 1800*］,用新的资料和深邃的洞察力向我们证明了这一点。书中呈现出了很多有趣的历史资料,如迷狂的修女表现上帝受难的痛苦,慷慨大方的贵族资助文艺复兴的宫廷舞蹈,一些偶然发现的角色和名字使得匿名的舞者得以浮现,芭蕾的女舞蹈家依靠美色实现或断送了自己的前途等等。书中9位世界知名的学者向我们展现了妇女在舞蹈表演、编舞中的作用和对美学思潮的影响,并对1800年之前意大利、法国、英国、德国对舞蹈的赞助等历史情况进行了生动描绘和深刻研究。通过舞蹈,妇女在由男性主导的世界中——宫廷、剧院、教堂等——争得了权力。因为舞蹈界基本属于妇女的世界,但男性也参与并对其有极大兴趣,所以女性的生活和观念会和男性发生冲突,成了妇女创造、精神、政治表达的复杂斗争场所。在19世纪的宗教秩序中,舞蹈是妇女文化中的重要部分,书中就妇女的故事、表演、舞蹈肢体的意义进行了深入分析,说明舞蹈是妇女地位和权力传承的真正场所。

此外还有单项研究成果,如对舞蹈编创与表演研究、舞蹈批评研究等。这些论文或著作都是基于具体的舞蹈表演,思想和观念与实践联系紧密,对舞蹈创作和欣赏起到了关键作用。在各种不同文化中,舞蹈都是传达身体信息的重要手段。但是肢体运动中产生了什么信息,怎么产生信息,怎么研究,如何来传达,这些是萨宾·格姆［Sabine Gehm］等编著的《运动中的知识:舞蹈的艺术与科学研究》［*Knowledge in Motion: Perspectives of Artistic and Scientific Research in Dance*］一书试图回答的问题。本书中多位知名编舞、舞蹈家、理论家和教育家探讨了舞蹈作为记录和媒介的独特而潜在的价值,以及在艺术和科学共同领域中的意义,为我们从不同角度解决了上述疑难问题。而研究日本舞蹈的民族音乐学家和舞蹈家托梅·哈恩［Tomie Hahn］在《感受知识:日本舞蹈中的文化体现》［*Sensational Knowledge: Embodying Culture through Japanese Dance*］一书中,对群体如何通过音乐和舞蹈与世界交流、感觉如何在文化知识信息的交流中发挥作用等问题进行了探讨,也部分地回答了舞蹈交流问题。作者向我们展示其学习日本传统舞蹈［Nihon buyo］的过程和细节。通过案例研究和个人经历，以其独特的文化视角探析了肢体语言的复杂性。对肢体与肢体间交流的效果，基于深层文化背景中肢体交流如何形成我们的自身感觉，作者都进行了实际分析研究，认为感觉促成了物理世界和社会中的"存在界线"的出现。作者还认为文化造就了我们的各种知觉器官，我们对感觉到的信息的解释形成了我们的现实世界。

作为批评理论，《消解舞蹈文本：舞蹈阐释的挑战》［*Decentring Dancing Texts: The Challenge of Interpreting Dances*］一书，也探讨了几乎相同的问题，并且方式更为激进。主编珍妮特·兰斯代尔［Janet Lansdale］通过11位作者的文章，分析了近年来舞台、俱乐部、电影、舞会中的舞蹈，与音乐、绘画和娱乐的跨学科关系。消解中心［Decentring］是后结构主义理论的典型观点，在这里成了舞蹈表演中的关键问题，也是舞蹈批评中的术语。莫尔赛·库宁汉［Merce Cunningham］通过同时发生的多个舞蹈动作，削减了舞蹈的中心主题，舞蹈直观结构的缺失对于观众认识来说就出现多样选择，且没有主题。本书还分析了编导新式电视舞蹈，让观众与舞者共同建构舞蹈的意义，而不是舞蹈者本人通过肢体语言传达某种思想信息。这种从主题舞蹈到消解中心的理念，是现代舞蹈发展的极端形式，但任何舞蹈信息必然要通过舞蹈动作来传达，所以消解中心实际上也是在传达另一个主题。需要说明的是，自20世纪中后期始，原本滞后的中国的舞蹈研究取得了长足的进步，除舞蹈史学深入研究外，舞蹈的基础理论和跨学科研究成果也日益成熟，出版了众多人文学科研究与自然科学研究专著，在理论广度与深度上逐步与世界接轨，许多研究还显示出了独立的学术品质。

本文为《国外高校人文社会科学发展报告2008》艺术学内容，教育部社会科学委员会秘书处编，北京：高等教育出版社，2010年。

1　参阅克里斯特勒[Paul Oskar Kristeller],"艺术的近代体系"[The Modern System of the Arts],邵宏、李本正译,《美术史与观念史》(第II卷),范景中、曹意强主编,南京师范大学出版社,2003年,第437-533页。原文参阅 Journal of the History of Ideas, Vol. XII (1951), No.4, p496-527 and Vol. XIII (1952) No.1, pp. 17-46。

2　参阅贡布里希著,曹意强译"'艺术史之父'——读G. W. F. 黑格尔(1770-1831)的《美学讲演录》",《新美术》,2002年,第3期。

3　参阅贡布里希,《艺术与人文科学——贡布里希文选》,范景中选编,浙江摄影出版社,1989年。

4　Cf. Richard Parncutt, "Systematic Musicology and the History and Future of Western Musical Scholarship", *Journal of Interdisciplinary Music Studies*, 2007, Vol.1, pp. 1-23.

推荐参考文献：

美术

Cher Krause Knight (2008). *Public Art: Theory, Practice and Populism*, Wiley-Blackwell.

David E.W. Fenner (2008). *Art in Context: Understanding Aesthetic Value*, Swallow Press.

Frederick Luis Aldama(2008).*Why the Humanities Matter: A Commonsense Approach*, University of Texas Press.

Giovanni Cianci(ed.)(2007). *T.S. Eliot and the Concept of Tradition*, Cambridge University Press.

Griselda Pollock(2007). *Encounters in the Virtual Feminist Museum Time, space and the archive*, Routledge.

John Crossley(2007). *Artifactuality and Actuality-Visual Representation and the Production of Truth in Art and the News Media* (Phd Thesis).

John Onians(2006)(ed.). *Compression vs. Expression: Containing and Explaining the World's Art*, Clark Art Institute.

Kitty Zijlmans, Wilfried Van Damme(2008)(ed.). *World Art Studies: Exploring Concepts and Approaches*, Valiz.

Steven J. Tepper, Bill Ivey (ed.)(2007). *Engaging Art: The Next Great Transformation of America's Cultural Life*, Routledge.

Sunil Manghani(2008). *Image Critique and the Fall of the Berlin Wall*, The University of Chicago Press.

Vishakha N. Desai (ed.)(2007). *Asian Art History in the Twenty-First Century*, Yale University Press.

电影

Anneke Smelik, Nina Lykke(2008). *Bits of Life: Feminism at the Intersections of Media, Bioscience, and Technology, University of Washington*, Baker & Taylor Books.

Chloe Paver(2007). *Refractions of the Third Reich in German and Austrian Fiction and Film*, Oxford University Press.

D. N. Rodowick(2007). *The Virtual Life of Film*, Harvard University Press.

Dawne McCance, Medusa's Near(2004). *University Findings from Kant to Choral*, State University of New York Press.

Ewa Plonowska Ziarek(2001). *An Dissensus: Postmodernity, Feminism, and the Politics of Radical Democracy*, Stanford University Press.

J.F.Lyotard(1984). *The Postmodern Condition: A Report on Knowledge*, Manchester University Press.

James Lyons, John Plunkett(ed.)(2007). *Multimedia histories: from the magic lantern to the internet, Exeter Studies in Film History*, University of Exeter.

Janet Harbord(2007): *The Evolution of Film: Rethinking Film Studies*, Polity.

Jon Lewis, Eric Smoodin(ed.)(2007). *Looking Past the Screen: Case Studies in American Film History and Method*, Duke University Press.

Kathryn Fuller-Seeley(ed.)(2008). *Hollywood in the Neighborhood: Historical Case Studies of Local Moviegoing*, University of California Press.

Margret Grebowicz(2007). *Gender After Lyotard*, State University of New York Press.

Martin McLoone, Kevin Rockett(ed.)(2007). *Studies in Irish Film 4*, Irish Academic Press.

Oliver Grau(2007). *Media Art Histories*, MIT Press.

Pak Tong Cheuk(2008). *Hong Kong New Wave Cinema, 1978-2000*, Bristol.

Richard Langston, Visions of Violence(2007). *German Avant-Gardes After Fascism, Avant-Garde & Modernism Studies*, Northwestern University Press.

Rudolf Arnheim(2000). *Film Essays and Criticism, Berkeley*, University of California Press.

Vera Apfelthaler(2007). *Gendered memories: transgressions in German and Israeli film and theatre*, Turia+Kant.

音乐

Alejandro L. Madrid(2008). *Sounds of the Modern Nation: Music, Culture, and Ideas in Post-Revolutionary Mexico*, Temple University Press.

Barbara L. Kelly (ed.)(2008). *French Music, Culture, and National Identity, 1870-1939*, University of Rochester Press.

Carol Muller(2008). *Focus: Music of South Africa*, Routledge.

David B. Coplan(2008). *In Township Tonight!: South Africa's Black City Music and Theatre(Second Edition)*, University Of Chicago Press.

Howard T. Weine (ed.)(2008). *Early Twentieth-Century Brass Idioms: Art, Jazz, and Other Popular Traditions*, Scarecrow Press.

Hyun-Ah Kim(2008). *Humanism and the Reform of Sacred Music in Early Modern England: John Merbecke the Orator and The Booke of Common Praier Noted (1550)*, University of Toronto.

Katelijne Schiltz, Bonnie J Blackburn (ed.)(2007). *Canons and Canonic Techniques, 14th-16th Centuries: Theory, Practice, and Reception History*, Peeters Publishers.

Kevin Karnes(2008). *Music, Criticism, and the Challenge of History: Shaping Modern Musical Thought in Late Nineteenth Century Vienna*, Oxford University Press.

Richard Parncutt (2007). 'Systematic musicology and the history and future of Western musical scholarship'. *Journal of Interdisciplinary Music Studies*, Vol .1, p. 1-23.

Timothy E. Scheure(2007). *Music and Mythmaking in Film: Genre and the Role of the Composer*, McFarland.

戏剧

Adriana Bontea(2007). *Les Origines de la Comédie Française Classique*, Peter Lang Publisher.

Bernard Freydberg(2008). *Philosophy and Comedy: Aristophanes, Logos, and Eros*, Indiana Univ Press.

Denise Varney(ed.)(2008). *Theatre in the Berlin Republic*, Peter Lang Publishing.

Donia Mounsef, Josette Feral(2007). *Yale French Studies No. 112 : The Transparency of the Text - Contemporary Writing for the Stage*, Yale University Press.

Edward Margolies(2007). *New York and the Literary Imagination: The City in Twentieth Century Fiction and Drama*, McFarland Co. Inc. Pub.

Gerwin Strobl(2008). *The Swastika and the Stage: German Theatre and Society, 1933-1945*, Cambridge Studies in Modern Theatre, Cambridge University Press.

Jason Shaffer, Performing Patriotism(2007). *National Identity in the Colonial and Revolutionary American Theater (Early American Studies)*, University of Pennsylvania Press.

Kathryn M. Moncrief, Kathryn R. McPherson(ed.) (2008). *Performing maternity in early modern England*, Ashgate Publishing Co.

Kevin J. Wetmore. "Modern Japanese Drama in English", *Asian Theatre Journal*, University of Hawai'i Press, Volume 23, Number 1, Spring 2006, p. 179-205.

Mark Pizzato(2006).*Ghosts of Theatre and Cinema in the Brain*, Palgrave Macmillan.

Michele Marrapodi(2007). *Italian Culture in the Drama of Shakespeare & his Contemporaries*, Ashgate Pub Co.

Miranda Lundskaer-Nielsen(2008). *Directors and the New Musical Drama, Palgrave Studies in Theatre and Performa*, Palgrave Macmillan.

Susan Harris Smith(2007). *Plays in American Periodicals*, 1890-1918, Palgrave Macmillan.

舞蹈

André Lepecki. "Machines, faces, neurons- Towards an ethics of dance", TDR-THE DRAMA REVIEW-A JOURNAL OF PERFORMANCE STUDIES, 51, No. 3 (FAL 2007): pp. 118-123.

B. Sellers-Young. "Sensational knowledge: Embodying culture through Japanese dance", ASIAN THEATRE JOURNAL, 25, No. 1 (SPR 2008): pp. 160-163.

B. Stocks. "The eloquent body: Dance and humanistic culture in fifteenth century Italy", PARERGON, 24, No. 1 (2007): pp. 218-220.

EVR. Gerdes. "Contemporary Yangge: The moving history of a Chinese folk dance", ASIAN THEATRE JOURNAL, 25, No. 1 (SPR 2008): pp. 138-147.

F. Pouillaude. "Scene and contemporaneity", TDR-THE DRAMA REVIEW-A JOURNAL OF PERFORMANCE STUDIES, 51, No. 2 (SUM 2007): pp. 124-135.

Felicity Hughes-freeland(2008): Embodied Communities: Dance Tradit and Change in Java, Berghahn Books.

G. Brandstetter. "The virtuoso's stage: A theatrical topos", THEATRE RESEARCH INTERNATIONAL, 32, No. 2 (JUL 2007): pp.178-195.

H. Thomas. "Merce Cunningham: The modernizing of modern dance", *TDR-THE DRAMA REVIEW-A JOURNAL OF PERFORMANCE STUDIES*, 51, No. 1 (SPR 2007): p180-182.

Jacqueline Shea Murphy(2007). *The People Have Never Stopped Dancing: Native American Modern Dance Histories*, University Of Minnesota Press.

Janet Lansdale(ed.)(2008). *Decentring Dancing Texts: The Challenge of Interpreting Dances*, Palgrave Macmillan.

K. Fagan (2008). *The delicate dance of reasoning and togetherness*, University of Nebraska Press.

Lynn Brooks(ed.) (2007). *Women's Work: Making Dance in Europe before 1800*, University of Wisconsin Press.

M. Smith. "The Disappearing Danseur", *CAMBRIDGE OPERA JOURNAL*, 19, No. 1 (MAR 2007): pp. 33-57.

R. Gilbey. "Dance party, USA", *SIGHT AND SOUND*, 18, No. 9.

Sabine Gehm, Pirkko Husemann, Katharina von Wilcke(ed.) (2008). *Knowledge in Motion: Perspectives of Artistic and Scientific Research in Dance*, Transcript Verlag.

Theresa Jill Buckland(ed.)(2007). *Dancing from Past to Present: Nation, Culture, Identities*, University of Wisconsin Press.

艺术学科与社会文化

《艺术学科与社会文化》以2008-2009年度国外艺术学领域的重要学术成果和学术活动为依据，梳理了在艺术史、电影研究、音乐学、戏剧研究和舞蹈研究中国外学者所关注的主要问题和思想动向，重点分析了本学科中的学术创新和发展趋势。艺术学作为本土的学科分类，内容众多，所以学术成果也就异常丰富，在作总体概览之余，本章力求突出发展的关键和思想的主流。故比，文中首先说明了本年度艺术学科中发展的总特征，突出"世界艺术史"［world art history］问题的地位。它不但是本年度艺术史研究中的热点问题，而且渗透到了其他相关领域，在学科中形成一种跨文化、多元化的学术研究势态，表现在对欧洲之外艺术的研究和对边缘文化、亚文化的关注。在众多新的思想理论潮流的影响下，无论是电影研究还是在音乐学、戏剧、舞蹈研究中，都对传统研究模式提出了潜在的挑战，不但突破原有研究主题，而且以激进的方式打破了原来艺术中的美学思考和等级制度，将其作为研究社会文化的生动材料。在对各个具体艺术类型研究成果的概括分析中，国外学者同样重视从多元的社会文化角度研究问题，这种学术立场与视觉文化研究、音乐人类学、戏剧人类学、舞蹈人类学的蓬勃发展形成对应关系。在艺术史研究中，除了重要的学术会议和学术成果外，我们还将注意力放在国际艺术展这一当代艺术现象上，认为艺术展是艺术发展的重要媒介。讨论电影、音乐、戏剧、舞蹈共同特征之外，还凸显了各自不同的新成果，比如借助音乐来理解社会和文化，及戏剧中的性别、黑人问题，舞蹈的身份、民族问题等。

一　概况

本年度国外艺术学研究的态势基本延续了此前的发展格局与思想倾向，但是在某些具体问题上获得了更进一步的探讨，研究思路更加明确，方法日益成熟，并对此前的研究成果进行了总结与反思，以更进一步推动研究进程。此外，我们也不难发现，各学科都积极探索新的研究领域和方法，纷纷召开研讨会，探讨学科发展中的新问题和新思路，关注对象在深度和广度上都有不同程度的深化和扩展，不断产生新的研究成果。

2008-2009年度国外艺术学研究中，艺术史和电影研究异常活跃，显示出蓬勃生机和不可阻挡的发展态势。艺术史研究领域最引人注意的是世界艺术史［World Art History］的研究问题，在2007年的报告中，我们已经谈到世界艺术研究是今日国外艺术史研究中的显学，认为现有艺术史研究方式已经不能满足学科的发展和应对外部世界的变化，尤其是无法对不同时期不同文化中的不同艺术作出令人满意的解释，所以提出一种更广泛意义上的世界艺术研究思路。2008年，这一问题再次成为世界艺术史界讨论的焦点，这集中体现在第32届国际艺术史大会上。本次大会首先就"世界艺术史的观念"［The Idea of World Art History］进行了讨论，学者们对文艺复兴以来的欧洲传统艺术史观念提出了质疑，同时对世界艺术史这一思路提出自己的看法。在肯定的声音之外，学者们就是否可能写就一部真正意义上的"世界艺术史"，尤其是脱离了西方艺术史传统之外的世界艺术史，及如何撰写、意义何在等问题进行了讨论。当然在大会之外，也有学者已经开始这方面的研究实践和反思，并有专著出版，从而多方位多角度地推动了对世界艺术史和世界艺术研究相关问题的深入思考。

与世界艺术研究思路相一致的，无论是在艺术史研究中还是在电影、音乐、戏剧、舞蹈研究中，最值得注意的研究倾向是研究范围、关注对象的世界化、多地域化，形成一种跨文化、跨学科的多元研究态势。我们不能说传统研究路径无法继续向前发展，但新型思路确实令人刮目相看，这是人类社会、经济、文化全球化的必然结果，同时也是学科内部发展的重要推动力量，此种思路为传统研究内容注入了新血液，使其呈现出另一种面貌。第32届国际艺术史大会呈现的就是当前艺术研究领域的多元性。全球化、多元性的思想观念直接导致了两方面的结果，一是西方思想观念在全世界的传播，同时也意味着各种地方、边缘文化要素的彰显。随着后殖民理论、人类学、文化研究及种种相关研究对艺术学科的渗透，使欧美学者对本土以外的艺术世界发生了浓厚的兴趣，他们对亚洲、拉丁美洲、非洲的美术、电影、戏剧、音乐文化形式的研究大大推动了今日西方各艺术文化人类学的发展；同时由于高雅文化与低俗文化之间的界限日益被打破，边缘文化、亚文化，甚至恶俗表演都进入研究者视野。它们不再是美学追求的对象，而是成了文化社会分析的材料，包含了深刻的政治、社会、文化意义。而科学研究，尤其是认知科学和精神学的理论成果更进一步削减了艺术的美学内涵，从而在研究中突出了艺术与物质、技术、产业之间的关系。

在艺术与产业、机构关系的研究中，美术与博物馆、艺术展览、电影与电影产业、表演艺术的舞台等原来处于学术边缘的话题，逐渐进入了话语中心。美术与美术馆、国际大展机制结合在一起，形成了一个极为复杂的公共交往系统。艺术展览早已成为艺术发展的最重要的现场和文化盛事。电影通过将现场娱乐程序自动化、标准化，最终实现产业化，并可交易，从而大大推动了电影的传播和电影事业的发展。一百年前，欧洲的公司占据了美国电影的一半份额，工业竞争的结果是，今天大量美国公司主宰了全球的娱乐行业。但我们也看到，非西方世界虽然早期受到西方电影思想的影响，但是正在走向独立，创作出体现本民族、本土文化的电影作品，希望自己也能在国际艺术舞台上发出声音，表达他们对电影艺术的看法。在不同时期和文化环境下的舞台表演中国家剧院发挥了重要价值，而今天，民族主义和国家身份日益受到全球化、跨国交流、多元化和地区议程挑战，并在市场竞争下有着严重的经济压力，面临困境。总之，从艺术机构和机制的角度研究今天的美术、电影、音乐、戏剧、舞蹈，不但具有很强的现实意义，而且成为学科发展的新力量，正不断得到强化。

二 研究成果与理论创新

1. 艺术史理论与当代艺术实践

如果把时间之流瞬间冻结，我们会获得一个历史的切片，在这个历史横截面上，有无数的潜流暗涌，导向无数个方向。然而，历史只能一次性发生，这一瞬间被选择的万中之一才成为真正的历史，继而认领为命运，再也无从选择。神学家们把这称为"实现"。从根本上说，人难以认知和把握当下之历史。因为历史的趋势和动向始终牵系于过去与未来，而未来始终是尚未实现的和即将到来的。

（1）学术会议与当代艺术史问题

2008-2009年度，国外艺术界最重大的学术活动是第32届国际艺术史大会。自创办以来，这项被称作艺术界奥林匹克的学术盛会，每隔4年都会向国际学术界呈现出艺术研究领域最前沿的思考和最新的方向，极大地推动着全球学界对于艺术活动与生产的历史及方法论研究。2008年1月13日至18日，第32届国际艺术史大会在澳大利亚墨尔本大学举行，大会主题为"跨文化——冲突、迁移与融合"［Crossing Culture——Conflict, Migration and Convergence］。大会旨在探讨艺术史学在当代文化中的境遇，探索它当前所面临的危机和机遇：如何消化20世纪的艺术史遗产？如何在多元文化主义的语境中建构其知识学基础？如何在全球化境遇中确立多元而开放的叙述？如何协调与当代艺术实践的关系？如何处理艺术史学科与美术馆、艺术展览等机构的关系？又如何应对媒体时代的视觉文化转型？大会共设19个主题，与会的艺术史家们围绕这19个专题展开了热烈的研讨交流。

在由美国普林斯顿大学的教授考夫曼［Thomas DaCosta Kaufmann］教授主持的"世

界艺术史的观念"［The Idea of World Art History］会议中，学者们对文艺复兴以来的欧洲传统世界史观念提出了质疑——在文化经济全球化的今天，真正意义上的"世界艺术史"是否可能存在？其方式和意义为何？全球化推动了文化同质化和异质化的双向发展，所有的词语、概念都有着多重语境，总体叙述已经不可能，艺术史难道只是为了构造"众语喧哗的话语现场"、重建"分享的价值空间"［negotiating space of values, shared horizons］？世界艺术史的书写和全球史书写竟然伴随着族群主义［tribalism］的泛滥？在全球化的境遇中，我们如何为21世纪的世界新艺术寻找和确立一个共同的知识学基础？各种"本土化感知"造成了艺术史写作的混乱，如何在缺乏一个共同知识基础的情况下写作？在符号、话语和意义全球化流通的今天，艺术史家的工作是如何展开的？他的写作原型是什么？他如何去共建一个知识和感性的文化共同体？

第二分会场的主题为"流动的边界：地中海艺术史"，学者们就公元500年至1500年间拜占庭、伊斯兰教、犹太教、基督教在地中海区域展开的文化交流和塑造进行了深入讨论。作为文艺复兴时期文化冲突与交流的典型区域，拜占庭、西方和伊斯兰艺术史之间的文化历史性地交织在了一起。会议提出，地中海世界是否可以作为一个"全球化"的历史分析模型？

题为"制造现代世界的文化与艺术交流，1500-1900"的第三分会场提出，社会自我建构、自我定义的一个基本方式，就是在文化的传播和交流中创造自身的特性和不同叙述。最近几年，对世界各地的本土文化生产和消费系统的研究，正在被学者们视为探讨早期现代观念的一个重要角度。本次会议意在通过对于艺术-图像的传播、交流史的研究，呈现出现代观念世界的系统背景中的文化多元和冲突，并进一步发掘特定的本土性主题和框架进入"现代"的原因和方式。

在主题为"艺术与移民"的讨论中，艺术史家们就移民、离散对艺术产生的深远影响进行了细致的剖析：移民的感觉表达经常伴随着地点的改变和新的现实知觉所点燃的创造力的释放，移民经常与"新家园"的主流视觉文化进行创造性的互动，不同艺术传统和趣味因此杂糅、混合。

"艺术与战争"是由法国艺术史家Thierry Dufrêne和澳大利亚艺术史家Nigel Lendon主持的。会议调动了艺术史之外的大量学科资源，如历史、文化研究、政治学、宗教学、社会学、经济学、人类学和博物馆学等，阐明了历史上战争对艺术主客体的影响，以及这种影响对于艺术本身来说所具有的意义，会议还分析了在诸多媒介发展的今天，政治对于整个艺术史及周边学科的影响。

以"艺术与冲突中的都市文化"为主题的分会场在本次大会中备受关注。该会场探讨空间组织和城市建筑环境之间的动态关系。城市公共空间为政治、艺术和视觉文化提供了一个社会论坛，同时也是冲突的交点。几个世纪以来，城市的发展呈现出各民族、各文化之间物质、视觉与象征意义的交往与传播，而战争、帝国主义征服、暴动与革命已彻底改变了城市的形态与景观——这是一个现代性的建构过程。城市戏剧性的变化带来了新的建设和城市环境的更新，所有的媒介与意识形态都在支持着这一天翻地覆的变化。会议分析了城市文化中的冲突个案，探讨了艺术史、建筑学和都市化现实之间的互动关系。

英国 David Bomford 教授与澳大利亚 Alison Inglis 博士主持了"跨文化的物质性"专题讨论。会议从多元文化的物质性定义出发，收集了历史、经济和文化发展过程中的各种物质性实践，通过个案研究来分析艺术概念与物质经济之间的复杂联系。会议再次挑战我们对"艺术史材料"的知识：一旦古物离开原来的场所，被放在博物馆或私人收藏的解释情境中，它们无形的文化意义该如何确认和保存？

在题为"记忆与建筑"的会议中，学者们讨论了在跨文化的设计或观看过程中，人们对建筑物的记忆或误记的方式。大脑是如何记忆空间、大小、颜色、纹理和装饰的？又如何随着时间的推移不断修改记忆？建筑以何种方式成为记忆传播的途径？在建筑中，外国元素如何转化为本地传统文化并为本土记忆所认可？

"跨文化的神圣"分会主要就备受争议的"西方文化的神圣"这一观念进行论辩。宗教似乎是男女之间神圣可视化代表的唯一调解人，而当代艺术则提供了与传统的宗教艺术全然不同的表达模式。会议从赞助人、神职人员、信徒等叙事主体的不同观点，讨论了艺术史中的"圣像"背后的神学、风格、趣味和理论的争执。

"跨文化的新媒体：从古登堡到谷歌——1450 年至 2008 年"专题开启了艺术史大会对意识形态状态下的媒体及其"新"形式的探讨。每一文化的媒介和规则在某种程度上都会无可避免地被所遭遇的事物改变。本次会议探讨：当新的和不熟悉的媒介进行跨文化交流、建立媒体和拟定交流规则时会发生什么？什么样的媒介特点在这种遭遇中会被发现、被阻碍或被去除？哪些新的信念和行为围绕着媒体发展起来？媒体的跨文化交流对于传统艺术及艺术史产生过怎样的挑战？

在 Philippe Sénéchal 教授主持的"杂糅的文艺复兴：欧洲内外"会场里，学者们针对文艺复兴的概念提出质疑。文艺复兴往往被认为代表了一个新与旧的起点，一个崭新的开始，以及艺术的净化，这种净化基于对长久被忽视的原则的重新发掘。文艺复兴艺术对中世纪的破坏、置换与重新使用，体现在作品中，就是对不同的冲突性风格的并置与混合。文艺复兴艺术通过历史编纂和地方传统的输出影响了世界。近年来，国际学界对混杂的、折中主义的形式兴趣日益浓厚，文艺复兴艺术也逐渐展露出它的文化间性，以及国际变化或冲突的形式。

"全球现代艺术：世界的内外翻转及上下颠倒"同样是一个热门主题。虽然国际上当代艺术研究的重心在北半球，可是在欧洲以及北美之外的广大区域所发展出的形态各异的现代主义传统中，地理和文化多样化之间的界限被刻意模糊了。在南半球的某些国家，现代主义在那些地区至今仍存在着强大而持续的传统。本次会议旨在通过现代主义的地缘政治研究，展示南半球艺术家的贡献以及他们对二十世纪的艺术史写作的重要意义。

"原生性／本土性，艺术／文化和机构"注意到，最近二十年来，大量本土艺术家、艺术史家以及策展人，他们许多人都在西方机构中接受训练，开始挑战既有的艺术市场和博物馆传统。新的本土参与者将文化模式和实践以及跨文化的政治带入议题，他们坚持机构必须通过协商和谈判的方式适应文化知识的传统继承者。本土参与者的集体声音被听到，通过协商来确保新的原则和围绕原生性问题的政策落实这些问题——在艺术市场和机构中处理、展示和诠释本土风俗和当代本土的艺术／文化。

"艺术的当代性及其跨文化历史"是针对当代问题的一个重要会场。当代艺术看上去迥异于距离最近的现代阶段，他是对于当代性的回应，特别是全球化。今天，各种艺术在世界上的传播，并不局限于一两个中心，艺术家的传记已经成了一部全球活动的索引。20世纪60年代以来，"跨文化"这个概念是如何照亮了艺术史研究？波普艺术仅仅局限于消费型社会吗？现代艺术过时了吗？后现代艺术在这个跨文化时代的逻辑还充分吗？

大会针对新博物馆研究专门开设了"跨文化的新博物馆"专题讨论。会议针对1965年明确提出的"新博物馆"这个词语进行阐释，以全球化使跨文化问题与艺术博物馆和画廊联系越来越密切为主线，提出博物馆本身就是文化交换的产物，它们的功能不仅可以保存和展览艺术，而且可以促进不同文化之间的艺术交流。在本届会议上，通过研究亚太地区、非洲、欧洲和美洲这些地方博物馆的发展进程，明确地分析了跨文化的美术馆和世界各地的画廊文化的问题。

"平行转换：20世纪和21世纪的亚洲艺术史"是特设的地域性专题会议。会议探讨了艺术家、艺术作品、艺术概念和艺术机构在亚洲内部的跨文化运动，在现代性的环境下，这种运动并不比在早期的文化系统中来得更平和。一个多国的、跨国的亚洲语境正在确立，在交流工具取得了一个重要地位的今天，这决定着艺术的生成以及新语境的转化。会议对亚洲的探讨可以被视作是为"欧美以外的世界"提供了一种新的视野和方法。

"欲望经济：跨文化的艺术收藏与交易"是针对艺术市场的一个专题会议。会议希望加强收藏和市场领域与艺术史学科间的对话。会议特别强调艺术的跨文化收藏和交易，在不同地域文化、经济的全球性斡旋中，本土艺术家和非本地收藏家、制造者和推销者、批评家和艺术史家，以及艺术家、博物馆和拍卖行的关系，都在发生着深刻的改变。这所有的机构和元素共同构成了一个"欲望经济"的综合题。

以"遣送"为主题的会场针对文化身份和文化特质的问题进行讨论。目前，"遣送"

引起的争议大部分限制在技术、司法和政治领域。然而对于艺术史而言，遣送具有重大的启发性价值，它使身份和价值问题表露无遗。"遣送"涉及的远远超乎艺术作品，它使艺术站在了人类学、考古学、文化研究、经济学、法律以及社会学的十字路口，它呼唤艺术史与其他学科开放地对话。本次会议探讨了艺术史研究中这个已经、正在或可以被视为"遣送"的定义，是否有助于抛弃地域、时代和类型学的限制。

大会最后一个议题是"二十世纪之前对自然的跨文化陈述"。与会学者们认为，大部分稳定的社会都曾经提出自然和人之间的特殊关系，并从中定义自身。会议还探讨了各文化历史上自然与风景之间的关系，以及这两个议题在艺术和文学史中的表达。

"世界艺术史的观念"作为第32届国际艺术史大会的开篇，对真正世界艺术史存在的可能性，及其叙述方式和意义进行了深刻的讨论。大会后面的18个主题均不同程度受到这种新的艺术史视野的辐射，讨论的议题主要分布在三个层面上：一是艺术史写作的新视野和新的可能性。例如"跨文化的神圣"、"艺术的当代性及其跨文化的历史"等议题；二是艺术在当代与其他复杂文化、文明现象的关系。如"艺术与战争"、"艺术与城市文化冲突"等议题，我们注意到文化现象之间呈现出前所未有的复杂交织状态；第三是原生性与国际化的冲突，或者说是本土艺术与全球化相遭遇的情境研究。这个层面的议题包括"原生性/本土性，艺术/文化和机构"、"平行转换：20世纪和21世纪的亚洲艺术史"、"欲望经济：跨文化艺术收藏及交易"等。在全球化的今天，艺术和艺术家的本土状态被打破，进一步卷入世界艺术的意义场域，这一过程带来的政治、意识形态以及文化之间的冲突与融合，其复杂性超出了本土社会所能接受和想象的程度。

第32届国际艺术史大会呈现的是当前艺术研究领域最重要的困境，多元文化主义捍卫了艺术史的多源性和复调性，而这种多元性却在不断挑战着艺术史传统的表述逻辑和叙事范式。大会之后，与此相关的国际会议不断出现，共同展现了艺术史研究的当代性和跨学科性，特别是在视觉文化与政治体系这两方面产生了更多的议题。粗略看来，2008年至2009年度国际艺术研究领域的重要学术活动主要体现出三种征兆。

首先，继续从全球化的角度探讨艺术史的多地域性和多元文化实践，在这个方向上，德国 ZKM ［Zentrum fur kunst und medientechnologie Karlsruhe］主办的 GAM 计划已经整整推进了三年。GAM 计划即"全球艺术与博物馆"，2006 年开始启动，由系列论坛和学术工作坊组成。目前已经在柏林、华盛顿、圣保罗、新德里、香港等地举办了8次大规模学术活动，就美术馆所面临的全球化挑战、当代在何方、印度艺术的全球转向、亚洲艺术的新地理学等议题进行了深入的探讨。

而在北美，弗朗西斯·克拉克研究院的 2008 年年会与 2009 年年会堪为代表。1998年以来，位于威廉斯顿的弗朗西斯·克拉克研究院每年举行的艺术史年会为艺术史研究提供了一个重要的国际性平台，目前已成为北美艺术史界最重要的学术会议。克拉克艺术史年会并不关心宽泛的理论问题，而每每透视出理论照射下艺术史中的关键议题。2008年的会议主题为："流亡的艺术史：谱系、理论与实践"。本次会议由娜塔莎贝克、C·Ondine Chavoya 教授和莫拉·博尚［Beauchamp］博士主持，会议汇集了二十余位艺术家、美术馆馆长和艺术史学家，深入考察了艺术史中犹太人的流亡与离散现象所产生的影响。在19世纪末20世纪初，犹太人因为强制驱逐、改变信仰系统、战争和其他形式的民族冲突而导致的被迫迁移，其离散与流亡构成了怎样的艺术史故事？而2009年10月30日至31日召开的2009年年会推出的主题是"巴黎仍然是19世纪的首都吗？"据称，此次论坛将从25年前出版的克拉克［T. J. Clark］的著作《现代生活的画家：马奈及其追随者笔下的巴黎》开始讨论，围绕巴黎这个"现代性之都"的主题之匮乏进行论辩。

其次，继续推进视觉理论和视觉文化领域的研究，该领域的研究极大拓展了艺术史的领地，同时也使艺术研究方法变得更加丰富。2008年4月，"历史中的图像转换"研讨会在英国伦敦召开，会议由英国罗汉普顿大学组织。这次会议致力于研究历史和视觉图像之间的关系，人们日益认识到，历史学家们对图像及其他视觉材料的长久忽视，已经形成了巨大的知识缺憾，从视觉出发，艺术史和电影史正在为历史学研究提供巨大的支持。同样在4月份，美国俄勒冈大学艺术史协会组织了题为"影响力"的学术研讨会。会议从社会史的角度出发，聚焦于技术、赞助人以及社会观念对艺术文本和艺术品的影响。

2008年7月14日至19日，美国芝加哥大学Stone Summer理论研究中心举办了"什么是图像？"的学术工作坊，集中讨论了图像这一视觉性—文学性之间的主题。视觉与视觉性在今天的学术研究中究竟具有怎样的含义？这个被思考了二十年的问题被反复重提，学者们试图通过对这一问题的深入反思，建构视觉性与语言性之间的观念史视野。而2009年3月20日至21日，英国圣安德鲁学院举办的题为"后共产主义的视觉文化与电影：跨学科研究与方法论"的研讨会则致力于研究后革命话语对于"后共产主义时期"的视觉文化的塑造作用。随后在4月7日，在英国伦敦又举办了题为"视觉冲突：艺术史与政治记忆的构成"的学术研讨会。该会议发掘并讨论了视觉艺术与军事、政治以及暴力的历史关联，同时也分析了当代艺术创作中的国际政治以及暴力化策略。6月25日至27日，英国的泰恩河纽卡斯尔大学举办了"北方：视觉文化中北方的观念与图像"国际研讨会。会议呈现出的是多义的"北方"，无论是英国北部、北欧或是北极，跟"北方"有关的绘画、电影和摄影都成为讨论的焦点。

随着视觉文化研究的日益深化，视觉问题逐渐与物质、技术、产业等议题相互渗透，视觉表征越来越多地与其他学科的论述纠缠在一起。2008-2009年度，国际学术界涌现出大量跨学科论坛。

2008年7月18日至20日，英国布里斯托尔大学、爱克塞特大学和维多利亚研究中心联合举办了艺术与工业：文学和视觉艺术中的创造力（1830-1900）研究会。这场国际跨学科会议对于19世纪工业革命所导致的英国实用美术和商品艺术的发展进行了一系列深入的历史分析。

2008年9月5日至6日，伦敦艺术学院召开了"参与：历史与等待中的文本"国际跨学科会议，会议涉及视觉文化的消费、传播与推广等各个方面，试图建立当代视觉文化与创意文化产业形态的系统性认知。而几乎同期召开的还有9月3日至6日在法尔茅斯大学举行的由英国设计史学会、法尔茅斯大学和牛津大学出版社共同主办的"设计的网络"学术研讨会，会议重点在于探求视觉文化和设计的内在联系，社会学家Bruno Latour，设计师Jurgen Bey和Jeremy Myerson做了关键演讲。会议探索的范围跨越了各个时期和主题，涉及视觉文化和设计的历史、理论与实践操作。

2009年2月6日，"21世纪的艺术与设计教育"会议在英国伦敦举行，议题集中于未来的艺术和设计教育所扮演的角色和遭遇的问题，探讨了经济、社会、文化、政治等各方面对艺术与设计教育所构成的挑战。同年4月2日至4日，英国曼彻斯特大学又举办了名为"交叉口：艺术，医学，视觉文化"的研讨会，作为第35届英国艺术史家学会的一部分，这一多学科交叉的会议集中探索了在西方医学史中视觉艺术的角色，以及医用制像技术在视觉艺术史上的地位。

5月15日，题为"信仰，概念和物品：物质和非物质"的跨学科论坛在英国伦敦举行，重点关注人类是如何通过物质来阐述非物质世界的，话题包括宗教建筑将信仰物质化的方式、仪式中的物质、物质的象征价值和信仰的关系等。同年7月9日，伦敦又召开了"视觉与物质：理论、方法和实践"国际研讨会，这次会议将三十年来学界最流行的话题视觉文化与物质文化研究汇聚在一起，图像不再只是视觉理论谈论的表征和内容，同时还是日常生活实践的一个部分，视觉生产与物体系的符号生产之间的关系成为一个重要的话题。与此会同期召开的还有7月9日—11日在英国建筑师皇家协会[RIBA]举行的一场以"视觉化/材料化"为主题的研讨会。会议探讨了建筑史与当代建筑实验中重视觉和重材料这两种趋势。视觉图像以其符号性和文本性在传统视觉理论中占有重要位置，但这次会议倾向于将视觉材料理解为物质的符号化表征，从而将视觉理论引向物质文化的日常实践。

学术跨界、文化冲突和形态变异所带来的新视野及其挑战已经成为诸多学术会议所关注的焦点。这些关注或者以要求重书艺术史的姿态出现，或者表现为对当代跨文化冲突和融合的深入研究，沉默的本土性艺术与文化在复杂的全球化形势下获得了前所未有的发声契机。全球化意味着西方的形式、观念和机构的全球播撒，同样也意味着各种地方性因素的彰显。在过去的半个世纪之中，艺术史作为一个学科已经对全球性的历史写作产生了深刻影响，而另一方面，后殖民理论、人类学、视觉研究、文化研究及种种相关研究对艺术史学科的渗透，正在使这一学科对欧美以外的地方性知识与本土化艺术实践产生日益浓厚的兴趣。

（2）学术著作中的成果展现

正如我们在上一年度报告中所指出的，世界艺术史已俨然发展成为艺术史界不得不面对的焦点问题，这一点我们在上文世界艺术史大会所讨论的问题中体现得最为明显。同样在2008年，由原东英格利亚大学艺术史教授约翰·奥涅斯［John Onians］编撰的《世界艺术史地图》［The Art Atlas］的出版，是这方面的首次尝试。虽然许多学者对撰写一部世界艺术史的可能性存在怀疑，但作者以其严谨的态度、开放的视野，多方搜罗了从史前到当代所有地区和时代所有的艺术，这种开创性的工作令人激赏。但是美国艺术史家大卫·卡里尔［David Carrier］却对世界艺术史从理论上提出了质疑。他在2008年出版的《世界艺术史及其对象》［A World Art History And Its Objects］一书中，讨论了撰写世界艺术史的可能性问题，也给出了许多有价值的建议。他拷问了这样一些问题：写一部世界艺术史可能吗？在西方艺术史传统之外，是否存在这样一种艺术史？在不以西方为中心的情况下是否可能写出一部艺术史来？卡里尔并不想写一部世界艺术史，他甚至怀疑这一行为的可能性，但在其著作中，向我们提出了他个人对包括了人类所有文化美术的艺术史撰写方法的一些看法。同时他还对多元文化艺术史所引发的政治和道德问题进行了深入思考。除了讨论各种艺术传统的相互交叉影响外，卡里尔还就某文化中的一件视觉产品进入另一文化的视觉传统中时，其意义变化和完全改变进行了探讨。最后，卡里尔认为用时间叙事方式来理解多元文化的艺术史是一种可行的解决之道。本书可以被认为是本年度对世界艺术史进行反思的重要著作，以至于奥涅斯也认为本书确实发人深思。

在众多新的研究视野的推动下，在传统西方艺术史研究方法中，从社会文化角度出发研究艺术史取得了丰硕成果。与此相关的是，图像作为历史文献在西方史学界逐渐受到重视。在早期文化史学者，如布克哈特和赫伊津哈笔下，视觉文化尤其是绘画艺术成为他们书写历史的重要依据。近年来兴起的视觉文化研究更是推动了图像证史学说的发展，通过研究图像在古代社会中的功能，以及他们所反映出的当时社会的价值观可以进一步理解历史。2007年出版的《罗马艺术社会史》［The Social History of Roman Art］即在此学术背景中探讨了在社会文化语境中罗马艺术如何、为何被创造出来和使用。作者彼得·斯图尔特［Peter Stewart］通过对一些壁画、雕塑、钱币、墓碑等视觉艺术的主题研究，在宏大的社会背景中讨论当时的观众如何阐释这些艺术，以及现代有关艺术神话在当时的实际情况，同时分析了现代人制造的艺术神话在解释古代艺术中所遇到的问题和矛盾。正是借助对古罗马艺术创作的目的、如何发挥其功能以及如何被接受等问题的分析，对罗马艺术进行了新的批评研究，向读者呈现了发人深思的崭新罗马图像。同样，美国雪城大学［Syracuse University］的艺术史教授、荷兰艺术史研究专家韦恩·法兰尼兹［Wayne Franits］的新著《荷兰17世纪风俗画：风格与主题的变迁》［*Dutch Seventeenth-Century Genre Painting: Its Stylistic and Thematic Evolution*］从多角度考察了荷兰的风俗画，以及他们在当时的接受状况，同时深入探讨了绘画与当时政治、文化和经济背景之间的关系。维米尔、扬·斯蒂恩、彼得·德·霍赫、格里特·道等荷兰17世纪伟大风俗画艺术家一直备受推崇，正是他们的艺术成就使得风俗画在荷兰黄金时代达到了顶峰，作者详细分析了从17世纪早期一直到18世纪荷兰风俗画的发展状况和历史细节，认为这些艺术家笔下的形象非常相似，因为当时风俗画家之间经常相互临摹，在具体风格和母题上互相参照，以至于几代画家作品中的主题很少有变化，此外作者还详细讨论了每位艺术家的偏好以及偏见，为我们提供了相当丰富的有关艺术家和17世纪荷兰文化的信息。

文艺复兴艺术从来都是艺术史研究的重镇，每位艺术史家都将文艺复兴时期艺术研究作为学术水平高低的标准，本年度也产生了研究文艺复兴艺术的学术著作，例如《文艺复兴时期的面孔：从凡·艾克到提香》［*Renaissance Faces: Van Eyck to Titian*］是多位学者探讨此一时期肖像画的重要著作，对当时欧洲肖像画的发展进行了全面研究。文艺复兴时期的南欧和北欧在肖像画方面发展出了各自不同的风格和绘画技法，但之间又有着千丝万缕的联系和深刻的影响。作者对当时的画像写真观念进行了专门分析，认为画像不仅是后世子孙悼念先祖的重要纪念物，而且要在画像中表现出个人生活的所有方面，起到宣传作用，包括被画人的权利、职位等，表现出主人的博爱甚至雄心，还要反映出他的家庭出生、社会阶层等各方面情况。贝尔尼尼、波提切利、丢勒、克拉纳赫、达·芬奇、提香等艺术家都是当时的肖像画大师，书中分析了他们笔下的各种肖像类型、风格和绘画技法，讨论了绘画、雕塑和胸像之间的关系等。此外，在反理想化肖像的研究中，作者认为画家在描绘宫廷中的小丑和侏儒时，可以不受到人物理想化的限制而自由展现画像技法。

在世界艺术史大会上讨论的艺术收藏和博物馆问题，在学术研究成果中也有很好的体现。收藏研究和博物馆学与艺术史有非常密切的关系，在艺术史上，对艺术品收藏史的研究最早可追溯到艺术史家尤利斯·冯·施洛塞尔［Julius von Schlosser］。他在《文艺复兴晚期的艺术与珍宝馆：研究收藏史的一篇论文》［*Die Kunst- und Wunderkammern der Spätrenaissance; Ein Beitrag zur Geschichte des Sammelwesens*］（1908）中首次对中世纪的艺术品收藏进行了研究。此后许多学者在不同背景和研究主题中对此进行了深入探讨，重要的研究著作包括弗朗西斯·亨利·泰勒［Francis Henry Taylor］的《天使的趣味：从拉美西斯到拿破仑时期的美术收藏史》［*The Taste of Angels: A History of Art Collecting from Rameses to*

Napoleon］（1948）、N·冯·霍斯特的《创作者、收藏家与鉴赏家》［*Creators, Collectors and Connoisseurs*］（1967）、J·阿尔索普［J. Alsop］的《珍品述闻：收藏史及相关现象》［*The Rare Art Traditions: A History of Collecting and Linked Phenomena*］（1982）等。2008年由担任牛津大学阿什莫尔博物馆古物部部门主任25年之久的艺术史家阿瑟·迈克乔治［Arthur MacGregor］撰写的《珍品与启蒙：16-19世纪的收藏家与藏品》［*Curiosity and Enlightenment: Collectors and Collections from the Sixteenth to Nineteenth Century*］出版，此书回顾了欧洲博物馆收藏史，追溯了收藏文化在文艺复兴的起源，以及到19世纪的历史演变过程，特别突出了博物馆在后期艺术收藏中的作用。文中既涉及私人收藏也有博物馆机构收藏，涵盖了收藏各方面的问题，比如自然和人工制品在收藏中的选取和展示方式、保存和展示中的问题、藏品如何归类，以及19世纪公共博物馆的出现和藏品的公开化。与前面著作相比，此书讨论的问题比较集中，特别是收藏观念转变对收藏产生之影响的分析较为全面，见解独特。因迈克乔治博物馆部门主任这一特殊身份，使他对博物馆和收藏问题有深刻的理解和认识。他曾主编过《博物馆的起源》［*The Origins of Museums*］一书，对16、17世纪欧洲博物馆的原型有过丰富而精彩的分析。

神经学艺术史是人文学科中最新、最令人激动的研究领域。前文提到的原英国东安吉利亚大学艺术学院院长、国际权威学刊《艺术史》［*Art History*］创刊主编约翰·奥涅斯［John Onians］在本年度出版的学术专著《神经学艺术史：从亚里士多德、普林尼到巴克森德尔、泽基》［*Neuroarthistory: From Aristotle and Pliny to Baxandall and Zeki*］，考察了人的神经系统和艺术，主要是视觉艺术间的关系。通过对许多思想家如孟德斯鸠、伯克、康德、马克思、弗洛伊德等，艺术史家如普林尼、温克尔曼、罗斯金、帕特、贡布里希、巴克森德尔等，科学家如亚里士多德和泽基等，以及艺术家如阿尔贝蒂、达·芬奇等的理论、绘画作品的分析、研究，说明神经学对理解人类各种行为的有效性，以及理解艺术起到的作用。正是对不同领域内重要思想系统所进行的考察，以一种跨学科、历史的视野，证明了神经科学与哲学如何影响我们理解艺术品。脑视觉［visual brain］研究在近年来有了飞速发展，其中神经可塑性［neutral plasticity］和神经镜像［neural mirroring］等理论知识对艺术创作过程和接受中那些一直无法做出合理解答的问题给予了令人信服的回答。神经学在艺术创作和欣赏中的作用是近年来艺术研究中不可忽视的重要方法，此书作者对神经学艺术史所作的饶有趣味的解释值得国内学者借鉴。

研究颜色的历史一直是某些学者的兴趣所在，颜色的历史首先应是一部社会文化史，因为社会、文化赋予了色彩以具体含义。法国高等研究学院教授、历史学家米歇尔·巴斯图罗［Michel Pastoureau］早年主要研究象征符号史及相关领域（纹章学、印章学、钱币学），近年来在研究色彩史方面取得了重要成果，表现在前几年出版的《蓝色的历史》［*Blue:*

The History of a Color]和2008年出版的《黑色的历史》[Black: The History of a Color]。在西方，黑色是牧师、忏悔者、苦行僧、艺术家和时尚设计师甚至法西斯主义者喜好的颜色，但这种颜色通常代表了两种截然对立的观念：权威和卑下、罪恶与圣洁、反抗与服从、富有与贫穷、好与坏等。作者在书中讲述了黑色在欧洲的社会文化史。起初，黑色是黑夜和死亡的象征。在基督教发展的早期，黑色与地狱、魔鬼相关，同时黑色也象征着一种禁欲主义的品格。到了中世纪，黑色成为廷臣服饰以及皇家奢侈的象征。在西方现代早期，黑色被赋予了新内涵，此时开始出现黑白印刷图像，而艾萨克·牛顿[Isaac Newton]则认为黑色是无色。浪漫主义时期，黑色成为忧郁的代表，到了20世纪，艺术、印刷品、摄影、电影中都以黑色（以及白色）为主，黑色最终获得了本色地位。作者从早期的岩洞壁画、古埃及宗教信仰到现代流行服饰，在神话、纹章学、宗教、科学和绘画中回顾了黑色在历史上的意义，分别从物质、美学和社会角度分析了黑色的历史和不同领域对黑色观念的相互影响，还向读者呈现了各种奇特的观念和习俗。作者借助大量的历史材料和艺术图像向我们展现一部生动的文化史，说明黑色在欧洲社会意义、象征、思想意识的形成中具有的重要价值，并纠正了一些偏见和长期被忽视的问题。全书思想深邃、博学睿智，是一部重要的文化和艺术史著作。另一部独辟蹊径的著作是《身体与艺术》[The Body and the Arts]，它探讨了一个由来已久的文化问题：身体与艺术之间的互动关系。身体给艺术以灵感，是艺术的主题、象征和媒介。此书由多名学者共同写就，从不同角度和学科出发，探讨了从古典美学到中世纪宗教思想、现代主义、后现代主义中的艺术形式与身体之间的关系。还深入探讨了身体的物质现实与理想、美与丑之间的张力，医学史与身体文化史、真实的身体与艺术家画笔下的身体之间的复杂关系，以及科学和技术对身体的艺术表现的影响等问题。

对艺术设计的研究也是当前学科的重要内容，学者们在研究中非常注重设计背后的文化和社会背景，以及两者之间的相互关系。2000年出版的《平面设计史》[Graphic Design History: A Critical Guide]在探讨了从史前到当代的视觉交流的社会与文化价值之外，尤其对设计者的文化目的和历史维度进行了深入探讨，给人耳目一新的感觉，而密苏里州立大学时尚与室内设计系教授珍妮·艾尔兰[Jeannie Ireland]撰写的《室内设计史》[History of Interior Design]则对从古至今的居民建筑、室内装潢、家具进行了研究，本书的突出特点是突破了西方中心主义，将研究的视野扩大到非洲、亚洲和土著文化。当代新的视知觉科学研究为设计提供了极具价值的参考，如果将这些新的发现应用到设计中，就能启发和引导观众对设计含义、价值的认识和思考。科林·韦尔[Colin Ware]教授具有计算机科学和认知心理学的双重学科背景，在科学技术和平面三维设计方面有很深的研究。正是这种学科背景优势使他在2008年出版的《设计中的视觉思维》[Visual Thinking: for Design]备受瞩目，他将其数年来对人的知觉、认知能力、注意力的科学研究成果转化为具体的设计理念和方法,并把视觉思维这一复杂过程贯彻在设计的每一步具体步骤中。作者向我们指出了人类在理解视觉设计的过程中生理学与认知学之间的交叉关系,通过详细分析视觉认知方法,告诉我们如何像设计师一样看,并对歌德、克利、阿恩海姆、吉布森、爱德华·塔夫特等人的理论进行了批评分析,吸收了其中合理的思想,形成其视觉化的艺术科学。这种从科学角度对平面设计的研究为我们理解具体设计提供了很好的方法,也为设计师提供了目的性强、可具体操作的设计建议。

(3)艺术展览与当代艺术状况

半个世纪以来,西方美术学院与当代艺术之间的因缘始终纠缠不断。当代艺术日益超出了学院的领域,发展成为一项综合性的创造活动。它与学院以外的其他文化领域互相交往、彼此渗透,对于现代社会生活起着越来越重要的作用。当代艺术的运作平台已经远远超出了高校的范围,与美术馆、国际大展,尤其是城市双年展机制结合在一起,形成了一个极为复杂的公共交往系统。艺术展览早已成为艺术发展的最重要的现场,而展览也正逐渐成为艺术史与艺术理论研究的一个重要叙述对象。

艺术展览制度的确立标志着艺术向公共领域的自我公开,在这个意义上,现代艺术史也就是现代展览的历史,艺术展览是艺术现代性的根本标志之一。同时,艺术展示已经成了一种综合型的文化展示,它远远超出了艺术实践的领域,与哲学、社会学、传播学、文化研究、政治理论等学科领域相结合,形成了一种独特的展示文化,勾连着多重意义领域和生活空间,并且逐渐组构起一个"没有围墙的学院"。

今天,全球国际大展的格局已基本确立,主要地理分布图如下:

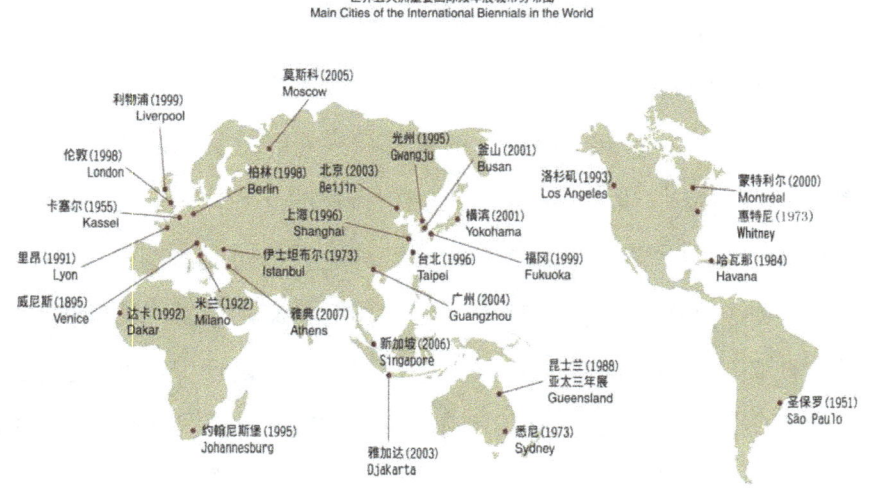

图1:世界五大洲重要国际双年展分布图

2008-2009 年，国际大展在全球范围内蜂拥呈现，共同打造出一个当代艺术视觉与话语的发生现场，本文仅选择最重要者略加介绍。

第五届柏林双年展自 2008 年 4 月 5 日至 6 月 15 日举办，策展人为 Adam Szymczyk 和 Elena Filipovic。本次展览以"若万物皆无阴影"［When things cast no shadow］作为主题，本次双年展的与众不同之处是分为"日间展览"和"夜间活动"两部分。除了白天的展览，晚上还有一系列诸如表演、演讲和影片放映等活动。每晚一个主题或一位艺术家。获邀的艺术家大都来自欧洲，纵跨几个年代。活动遍及全柏林城，内容包罗万象，科学家、诺贝尔和平奖候选人和日本噪音艺术家等等同时出现在展览项目之中。

第四届利物浦双年展于 2008 年 9 月 20 日至 11 月 30 日举行，双年展的主题被定为"MADE UP（虚构）"——想象是艺术的发电机。不论展出的作品是恶作剧式的、建设性的、抑或是打破传统的，"MADE UP"的宗旨都在于传播艺术的能量及产生在艺术信仰和怀疑之间二中择一的真实情况。

第 55 届卡内基国际艺术展于 2008 年 5 月 3 日至 2009 年 1 月 11 日在美国宾夕法尼亚州的匹兹堡举行，策展人为道格拉斯·福格和 Heather Pesanti。展览主题为"火星上的生命"，探讨在当今全球政治、经济、环境的挑战中，作为日常存在的人类本身意味着什么；在这个宇宙中，我们是孤独的吗；或者，我们自己，便是这个世界的陌生人等。

2008 年的亚洲艺术界异常忙碌——光州、釜山、广州、上海、新加坡、横滨和台北皆举办周期性展览，再加上悉尼双年展［Biennale of Sydney］、纽西兰基督城公共空间艺术双年展［Christchurch Biennial of Art Public Space］，还有首尔国际媒体艺术双年展［Seoul International Media Art Biennale］以及近十个亚太地区琳琅满目的城市艺术大展，这些展览几乎同时开幕，形成国际巡回的艺术展览，轻而易举地超越了去年欧洲双年展的"大环游"［Grand Tour］，成为 2008 至 2009 年度全球艺术界最引人注目的大展集群。其中五大都市共同筹备的"艺术罗盘计划"［Art Compass, 2008］，横向联结"横滨三年展"［Yokohama Triennale］、"新加坡双年展"［Singapore Biennale］、"光州双年展"［Gwangju Biennale］以及"上海双年展"［Shanghai Biennale］，成为该年度的艺术盛事。

第 16 届悉尼双年展（2008.06.18-09.07）由意大利裔策展人克斯多夫·巴可几夫［Carolyn Christov-Bakargiev］担任艺术总监，汉斯·欧布希特［Hans Ulrich Obrist］、司多洛［Russell Storer］、卡威旺［Gridthiya Gaweewong］、吉澳尼［Massimiliano Gioni］、马拉萨斯卡［Raimundas Malasauskas］及摩根［Jessica Morgan］共同参与策划。此次展题为"革命：形式翻转"［Revolution: Forms That Turn］，是希望借此发掘更多的展出形式与艺术表现，克斯多夫·巴可几夫在策展论述中说到，展题的"革命"是政治议题，也是展览概念的变革，而副标题"形式翻转"则是针对作品本身的自主性与日常生活的疏离。这次展览企图对调、混淆、变革、甚至瓦解艺术秩序,以呈现一个"革命性"的无政府状态。

2008年光州双年展(2008.09.15-11.09)的展览概念分为三个部分:第一部分"年度报告"[Annual Report]报道全世界2008年的展览方案,第二部分"意见书"[Position Papers]收集了国际青年策展人的展览方案,第三部分"插页:光州双年展计划"[Insertions — Gwangu Biennale Project]则是由双年展策展邀请创作的作品展示。同时,本届光州双年展还启动了"全球学院"计划,在8月份一个月的时间内,来自17个国家的47名研究生参加了该活动。"全球学院"以光州双年展为中心,举行了一系列各种当代艺术讲座和研讨会。在众多双年展中,光州双年展最有经济实力,在2008年度它从政府取得了1200万美金的资金支持,而在韩国这个只有4900万人口的国家,观众人次达164万。

第二届新加坡双年展(2008.09.11-11.16)艺术总监由南条史生连任,但此次南条史生将跨越区域与时代,与另外二位新一代策展人共同合作。一位是旅居澳洲的知名新加坡艺术家马修[Mathew Ngui],另一位则是菲律宾籍女性独立策展人克鲁兹[Joselina Cruz]。本届新加坡双年展的规模比上一届精简,除美术馆内二处主要展览会场,也进行一系列公共空间的展示,将艺术延展到了城市的规模,一定程度上促进了当代艺术与普通大众的对话与互动。此次展览主题为"惊奇"[Wonder]。

2008年横滨三年展(2008.09.13-11.30)的艺术总监由水泽勉[Mizusawa Tsutomu]担任,共同策展人则包括毕尔包曼[Daniel Birnbaum]、胡昉、三宅晓子、汉斯·欧布希特[Hans Ulrich Obrist]及鲁夫[Beatrix Ruf]等人。此次三年展主题为"时间的缝隙"[Time Crevasse],以时间为主轴,从不同的文化、社会、宗教、性别、国家及各个不同时代的多元价值切入。

在2008年底,已成功举办至28届、世界排名第二的巴西圣保罗双年展做出了出人意料的举动——展览和作品几乎被彻底取消。这一届的双年展与其说像艺术展不如说更像座谈会,双年展的主要活动是讲座和讨论,还有对双年展历史的研究和回顾等。用艺术总监伊沃·梅斯基塔[Ivo Mesquita]的话说,2008年10月至12月,这两个月所呈现的是"关于双年展的双年展",是目前全球双年展体制的问题和困惑。

2009年,国际大展呈现出一种地缘政治的"南方化"趋势。2009年3月27日至4月30日,第十届哈瓦那双年展在古巴首都哈瓦那举行,共有来自44个国家的艺术家参加,代表性的地区为拉丁美洲和加勒比地区。本次双年展的主题是"全球化时代的整合与反抗"[Integration and Resistance in the Global Era]。而此后连续举办了第二届波利/卡圣胡安三年展(2009年4月18日至6月28日)、蒙特利尔双年展(2009年5月1日至5月31日)以及第七届南方共同体双年展(2009年9月至11月)都将"南方"这个一直受到忽视的地缘政治共同体前所未有地凸显出来。

在 2008 至 2009 年度的诸多大展中，第 7 届欧洲艺术宣言展［Manifesta 7-The European Biennial of Contemporary Art］可谓独树一帜。Manifesta 由荷兰的 Foundation European Art Manifestation 自主发起，现在已发展成城市欧洲文化—政治—视觉实践的主要场域。始于 1995 年的 Manifesta 1 在其后冷战的时代背景下，开拓了一个柏林围墙倒下后欧洲大格局的政治视野，将如何看待欧洲认同、东西欧的分裂与融合、地理政治、区域主义等议题，作为此双年展一个重点性的政治意识形态，也让这个游牧式的双年展在欧洲各地举办以来，有着与其他城市双年展完全不同的论述基础，并强调结合在地主办城市的艺术生产。这个不断寻找政治背景纠结复杂的双年展，一直在想象着下一个柏林围墙、新的歧界文本，始终致力于探讨政治艺术［political art］与政治和艺术［politic and art］在策展实践上的不同关系。

2008 年 7 月 19 日至 11 月 2 日，第 7 届宣言展在意大利北部地区举办。宣言展这次挑战了更为艰困的地理环境，也是法西斯主义的大本营——意大利北部特伦蒂诺·上阿迪杰自治区［Trentino South Tyrol］，策展团队面对的并非一般的城市双年展规模，而是一个区域性的整合挑战。在策展人的选择上，则是找来三组策展人，各组独立策划一个展览之外，也三组合作共同策划第四个展场：瑞克斯三人组［Raqs Media Collective］在波札诺［Bolzano］的 Ex Alumix 展场策划"当下之余"［The Rest of Now］、法兰克［Anselm Franke］与佩雷格［Hila Peleg］在特伦多［Trento］的 Palazzo delle Poste 策划"灵魂，或是灵魂流放之恼"［The Soul(or, Much Trouble in the Transportation of Souls)］、布达克［Adam Budak］在罗维雷托［Rovereto］的 Ex Peterlini 与 Manifattura Tabacchi 策划了"主要希望"［Principle Hope］；集所有策展人合作策划的，则是在 Fortezza 的"场景"［Scenarios］。

Manifesta 7 在整体呈现上，或许脱离 Manifesta 原本承袭的政治意识形态，却没有被双年展普遍疲软的征候给消费掉，同时也暗示当下的欧洲文化场域逐渐脱离后冷战的阴影，正转望建立更多元的全球关系和在地实践。四个展览城市的设置稀释了城市双年展中典型的节庆式展演模式，而三组策展人也多重视开拓特定而更为细致的在地文本与文化生产，可深度感受到展览与地域交织的对话关系，这些关系并且二度反映出不同策展团队切入处理在地议题的观点差异。

近年来，双年展这种大型文化生产机制改变、催生更多策展分工与合作的方式，Manifesta 7 即展现地理政治以外的分分合合，加起来超过一打的策展人也似乎反映当代艺术创作与展演中，对于合作实践的渴求逐渐超越著作权［authorship］与权力［authority］的表征，而愈趋壮大的双年展文化中也已经培养出更为紧实的供需关系。趋向复杂多元的各种临时合作结构更是穿透展演的地理空间边界，重新定义了对于地缘政治的观念探索，在展览墙内墙外都为艺术开放了诸多新的议程与视野。

2. 电影研究

2008年和2009年国外电影研究的基本格局与以前大致保持稳定，但是在一些新的领域与方向上呈现了一些新的倾向，各个分支学科的发展也显示出不尽平衡的动态分布。就比较传统的电影理论研究而言，"电影是什么"这样的本体论问题由于网络技术的飞速演进而获得了别样的思考途径，现象学方法、精神分析与历史批评等方法仍然占据一定的地位，并取得了相当成就。电影史研究方面相比以前表现出相当大的推进，一些视野更宽见解更为深刻的论文与著作相继面世，令人耳目一新。就宏观研究即视电影为影响社会历史的大媒介的研究来说，比较技术性的探讨更加丰富细致，在数量上也超出了纯理论性的研究。与此相关，对电影工业本身生产机制与具体流程的研究也日渐增多。从某种意义上来说，这种较为技术性的研究与传统的文化批判型的研究相结合，使人们对新技术时代与图像时代各种问题的反思更为全面深入。此外，由于电影自身强烈的历史性特征与社会学意义，将电影作为方法与资源的跨学科研究在学术界方兴未艾。对电影与历史书写、记忆等理论问题的关系的思考更为普及，而对阶级、性别、种族等等重大现实问题的关注则日益深化和细化，其现实针对性与局部性／本地性［Locality］特征更为明晰。

2009年3月，意大利的著名学府乌迪内大学［Università di Udine］举办了"第16届世界电影研究大会"，主题为"在最初与在最后"［In The Very Beginning and At The Very End］，并附设与之相关的永久性电影理论史讲座。本次大会探讨的三大问题框架为："电影是什么？过去的电影是什么？电影将会是什么？"，因此可视之为探讨电影之本质以及电影史发展的一次大会。会议的目标，是研究早期的电影是如何在当时时代的文化现实中得到定义的，当时的国家环境又是多么复杂多样的；如今的电影又要做出何种的转变，以应对来自"数字革命"的冲击：这包括如何面对来自个人电脑与移动电影等技术日益发达的技术新现实，以及方兴未艾的"数字电影"的各种形式。将百年前电影早期与当下的情况相对照，本次大会集中思考了以下问题：理解电影中如何对特定时代的各种需求作出自己的反应；而与此同时，电影也对自己身处的复杂语境作出了"并非同步的"［OUT OF SYNC］反应。这两者对理解电影的本质而言都非常核心，缺一不可。从这一角度来说，"电影理论"也是真正塑造了电影实践的一种话语。

20世纪60年代晚期，电影研究作为一门学科在西方大学兴起，当时就已经开始结合哲学来讨论电影问题，这种研究方式似乎非常自然甚至没有人对其进行反思。过去10年中对电影与哲学的关系研究逐渐升温，不但提出许多有关电影的哲学问题，而且试图将各种哲学家的理论与电影建立关系，包括用哲学理论解释电影现象，以及对两者之间的关系进行反思；这些都受到国外哲学界的关注，相关主题的著作、杂志陆续出版，成为很重要的学术潮流。2009年7月16-18日间苏格兰邓迪大学［University of Dundee］的艺术与社会科学学院举办了第二届电影与哲学年会［The Film-Philosophy Conference: Second Annual Conference of Film and Philosophy］。此次会议讨论的问题十分具体，包括电影本体论和认识论问题，电影与哲学、美学、教育学等关系，朗西埃［Jacques Rancière］、德勒兹［Gilles Deleuze］、巴迪欧［Alain Badiou］等人的哲学在电影研究中的应用，电影哲学的发展史，性别、女权主义与电影，哲学与电影运动如德国表现主义、苏联蒙太奇、意大利新写实主义等之间的关系等等，议题非常丰富。

与此形成对应的是本年度出版了一系列学术专著探讨电影与哲学关系。剑桥大学出版社2009年出版了电影哲学家阿兰·卡塞比耶［Allan Casebier］的专著《电影与现象学：走向一种电影再现的现实主义理论》［*Film and Phenomenology: Towards a Realist Theory of Cinematic Representation, 2009*］，对现当代电影理论的走向作出了全面的反思和质疑。卡塞比耶整理并发展了隐含于现象学之父胡塞尔著作中的再现理论，并将其应用到对电影再现问题的研究之中。他认为，在阐明20世纪电影带来的独特艺术经验时，现象学的力量巨大，不可或缺。本书的意图，在于矫正迄今为止关于电影再现之本质问题的各种经典理论，比如安德烈巴赞的电影理论、拉康式的后结构主义的精神分析、罗兰·巴特的文本细读法以及梅茨的电影符号学理论皆然。卡塞比认为，现象学方法可以将任何这些电影理论的目标予以深化发展，并对女权主义电影理论、纪录片与德里达的解构主义理论等问题作出了回应。作者最后的观点是，电影理论必须是现实主义的，无论是在认识论方面还是本体论方面；相较之下，当代的电影理论却全都是"反现实主义"的。

著名学者欧文·辛格［Irving Singer］则推出了电影哲学方面的重要专著《电影的神话制造：电影中的哲学》［*Cinematic Mythmaking: Philosophy in Film, 2008*］。作者认为，电影乃是制造神话的最高级的媒介。神话里的神与英雄都高于生活，却又同时非常像人；他们教我们认识世界，讲述优美的故事。与此相类，我们对电影的经验也是既遥远又切近。电影通过各种技术，创造出一个既不是现实而又非常像现实的世界。观众是被动的观看者，但同时他们却又建立起同这些活动影像之间的各种个人关系，对他们来说，这种联系意义重大。作者探索了斯特奇斯、考克托、费里尼等著名导演电影中隐藏着的或反复运用的神话，并探讨了电影意义的哲学元素；神话主题无论是在电影艺术还是在哲学本身之中，都发挥着至关重要的作用。

电影史方面，英国电影专家吉纳里［Daniela Treveri Gennari］在劳特里奇出版社推出了其研究意大利电影史的专著《战后意大利电影》［*Post-War Italian Cinema, 2008*］。他采用了现行的意识形态理论，并对搜集自梵蒂冈教廷与美国外交部的大量档案进行了细致地分析，缜密考察了美国电影公司在意大利电影发展进程中的决定性作用及其与梵蒂冈教廷的千丝万缕的关联。作者将该时期意大利电影业对美国政治经济利益的迎合与梵蒂冈教廷的意识形态作了比较，并对此时期意大利电影业的核心个人如 Giulio Andreotti、机构如 ANICA 等进行了研究。与此相关，朱迪斯·布坎南［Judith Buchanan］的专著《默片中的莎士比亚：一种卓越的喑哑叙述》［*Shakespeare on Silent Film: An Excellent Dumb Discourse*, 2009］研究了默片时代的有关莎士比亚的大量影片，对其成因、制作手法、宣传营销等等方面都进行了全面探讨，并钩沉了该领域中一些罕有人知的杰作。英国莱切斯特大学的电影学者约翰·费茨杰拉德［John Fitzgerald］则放眼近期，出版了《1999-2009 年英国电影研究》［*Studying British Cinema: 1999-2009*, 2009］一书。本书内容丰富，兼容并蓄，对主流电影、艺术电影、科幻片与恐怖片等多种类型都予以收录分析，并在性别、再现、作者身份以及社会、经济与政治的语境中，对影响英国该时期电影的制度与财经性因素进行了全面地研究。对十年来最为重要的导演迈克尔·温特鲍线［Michael Winterbottom］和西恩·迈德斯［Shane Meadows］，本书也给出了详尽的分析。

伦敦大学学院学者菲利普·卡文迪什［Philip Cavendish］推出了专著《苏联主流电影学：默片年代》［*Soviet Mainstream Cinematography*, 2008］对 1918 年到 1936 年之间的苏联主流电影实践进行了全面考察。作者特别强调了在电影生产过程中摄影师的创造性贡献，并对存在于导演和摄影师之间的合作方法尤为注意。作者将对电影的研究同静物摄影与油画作了类比，对大战前电影规则对电影生产过程的持续影响进行了考察。本书的重要意义在于：他对人们所谓"进步"、"落后"的既定观念提供了一个崭新的理解角度，并质疑了所谓存在于苏联电影之中的前卫与"主流"之类的简单区分。

英国电影学院出版的《实验电影与录像史》［*A History of Experimental Film and Video*, 2008］被称为 20 多年来出现的首部关于先锋电影与录像艺术的重要历史。作者里斯［A.L. Rees］一方面追溯先锋电影的踪迹，另一方面则展开对现代艺术及其后现代余绪的追索。与此同时，他也不忘记将先锋电影重建为一种独立的艺术实践，具有其内在的逻辑与审美话语。本书论述了从塞尚到 20 世纪 90 年代的英国录像艺术新潮运动，使新一代人得以了解历史中的先锋电影，并激发读者对之进行更为深入的反思。R·布鲁斯·埃尔德［R. Bruce Elder］的专著《和谐与异议：20 世纪初期的电影与先锋艺术运动》［*Harmony and Dissent: Film and Avant-garde Art Movements in the Early Twentieth Century*, 2008］关注的主题与前书相关，但角度和立意不同。埃尔德最关注的方面是这些早期影片中的哲学、精神理念与政治理想；随着新技术的勃发，新的观念也日新月异，层出不穷。本书立论清晰，资料翔实，比如俄国当年的至上派、建构派和生产论等都得到了论述；更重要的是，作者再一次提醒读者，电影意义巨大，它能做的绝不仅仅是娱乐而已。大卫·科蒂斯［David Curtis］的《英国的艺术家电影和录像史：1897-2004》［*A History of Artists' Film and Video in Britain, 1897-*

2004，2008］也是在这一领域的开拓之作。他使人们了解英国艺术家在运用电影这一艺术媒介方面达到的广度与深度，同时也对支持这一运动的各种艺术家组织结构进行了介绍。作者将英国低成本影片与好莱坞的大制作作了对比，极大地拓展了人们对"英国电影"这一概念的理解，并阐明了电影这一媒介形式在整个英国艺术史中占据了何种不可或缺的地位。

李·格利夫森［Lee Grieveson］主编、杜克大学出版的论文集《创造电影研究》［Inventing Film Studies, 2008］讨论的则是"电影研究"这一学科的历史。在占有大量材料的基础上，本书展示了电影研究是如何在与各种机构、技术、个人、政府机关、宣传与理论等复杂关系中发展起来的历程。论文作者从各个角度，探讨了早期电影与社会科学的关系，电影节目与国族建构之间的关系，以及大学和美国先锋电影之间的关系。电影研究与现代美术馆、美国电影协会的活动、英国电影学院等的关系都在本书中提到。电影研究的丰富历史与其在当代的生命力也都借此为人所知。正如有论者指出的，本书建构了电影研究这门在人文学科中最乏历史性学科的历史身份，也改变了学者们长期以来对该研究领域的认识。

卡米莉亚·埃利亚斯［Camelia Elias］的新书《凝视之间：女性主义、酷儿与"其他"电影》［Between Gazes: Feminist, Queer, and 'Other' Films, 2009］则介绍了女性主义、酷儿与后殖民等理论，从"你想从我这里得到什么"这一问题入手，借助于拉康的凝视理论，对娱乐性与诗性交织的电影之中的主体性与再现问题作出了新的阐释。卡拉·欧勒［Karla Oeler］在芝加哥大学出版社推出的新作《谋杀的原理：暴力场景与电影形式》［A Grammar of Murder: Violent Scenes and Film Form, 2009］中则以新的方式审视了暴力的各种表现，并对从苏联蒙太奇学派、让·雷诺阿、库布里克到现在的吉姆·贾木许等重要导演的电影进行了重新解读。作者认为，谋杀在电影中作用突出，因为它在许多层面上都反映出电影再现的悖论：死亡与谋杀消灭了生命，却又让人注意曾经存在过的生命，正如电影又传达了现实，又不让它描绘的物在场一样。而且，更为重要的是，谋杀如电影一样，你不得不在哪里要剪、哪里要留的问题上作出艰难的选择。

近年来，美国电影学界对拉丁美洲的关注日渐增多。玛丽·贝特兰［Mary C. Beltrán］的著作《美国人眼中的拉丁美洲/人：影视明星的制造与意义》［Latina/o Stars in U.S. Eyes: The Making and Meanings of Film and TV Stardom, 2009］考察了自20世纪20年代以来的美国影视界的明星，对他们在建设、巩固或挑战流俗的拉丁族群观念等方面的角色进行了探究。作者集中精力研究了这一历史进程中与好莱坞相关的关键时刻，并对拉丁美洲的媒体与明星状况作出了论述。约拿·佩基［Joanna Page］主编的《拉丁美洲虚构电影与纪录片中的视觉合力》［Visual Synergies in Fiction and Documentary Film from Latin America, 2009］收录了该主题之下的许多重要论文，也是该领域的第一本重要文集。本书引用了题材各异的大量电影作品，对诸如主体、历史、记忆、再现现实、电影与公众的关系以及制作、营销等多方面主题进行了探讨。加利福尼亚大学教授克里斯托弗·比奇 [Christopher Beach] 的著作《阶级、语言与美国喜剧电影》[*Class, Language, and American Film Comedy*, 2008] 也是这方面的力作。通过自有声电影伊始以来（1930年左右）美国喜剧电影发展历程的回溯和分析，作者集中探讨了自马克斯兄弟、卡普拉等早期大导演一直到如今的伍迪·艾伦、柯恩兄弟等导演影片中蕴含着的语言、阶级与社会关系之间的复杂纠结与相互运作，认为电影的声音与叙述方式拓展了影片的语义学与意识形态上的潜力，因此足以提供真正的社会批判，也可以成为大众娱乐奇迹。

在跨学科研究领域，电影史家劳拉·温特姆-凯勒 [Laura Wittern-keller] 和小雷蒙·哈伯斯基 [Raymond J., Jr. Haberski] 合著的《"奇迹"案：电影审查制度与美国最高法院》[*The Miracle Case: Film Censorship and the Supreme Court*, 2008] 引人注目。1951年美国最高法院对意大利导演罗塞里尼导演的影片《奇迹》的裁决已经成为美国"文化战争史"上的里程碑。本书探讨了电影在美国文化中的重要地位，以及由电影的社会力量而生的焦虑以何种方式参与塑造了美国文化。本案判决削弱了电影审查局与天主教廷的影响力，并预示着一个电影更为自由、更具争议性的新时代的来临。来自太平洋大学的梅丽尔·施莱尔 [Merrill Schleier] 教授则将重点放到了建筑之上。她的新书《摩天大楼电影：美国电影里的建筑与性别》[*Skyscraper Cinema: Architecture and Gender in American Film*, 2008] 详尽分析了大量包含摩天高楼的美国影片，对这些常常为虚构的现代化建筑中的图像学与空间实践，尤其是性别观念作出了独特的阐释。受到德国哲学家瓦尔特·本雅明的启发，作者在本书中构建了一个理解建筑的新模型——将其理解为欲望和阶级价值观的供应者，并对环境营造、电影与性别等相互错综的问题作出了新的思考。与此相关，英国利物浦大学也在2008年3月召开了以"电影中的城市：建筑、城市空间与移动图像" [Cities in Film: Architecture, Urban Space and the Moving Image] 为题的世界学术大会，对存在于电影、建筑与景观营造等问题之间的关系进行了详尽地探讨，吸引了来自电影、建筑、城市研究、文化研究等多个学科的世界专家。该会议的目的在于促进和激发建筑界、电影理论与电影史界之间的积极对话，提供一个强有力的智性交流的平台。本次会议在非虚构影片、纪录片、真实电影与业余电影、电影对城市设计与建筑设计的影响和电影在虚拟环境与记忆空间的塑造等方面都取得了相当的成果。

在对亚洲电影的思考方面，为纪念印度电影大师萨吉亚特·雷伊，总部设在美国加利福尼亚大学的"雷伊电影与研究中心" [The Ray Film and Study Center] 举办了一系列的活动。2009年4月中旬在纽约林肯中心的"第一道光：从《阿普三部曲》到《加尔各答三部曲》的雷伊" [First Light: Satyajit Ray from the *Apu Trilogy* to the *Calcutta Trilogy*] 很受注目。该活动重点关注了雷伊早期的电影作品，其中，东西方之间的紧张、新与旧、城市与乡村的矛盾等重大问题在作品中都非常突出。可以发现，雷伊的电影其实正是对印度"现代性"问题的认真思考。在2008年，该中心也举办过活动，介绍了雷伊在电影音乐方面作出的贡献。2008年11月27-29日东南亚电影第五届年会［5th Annual Southeast Asian Cinemas Conference］在菲律宾的马尼拉举行。本届年会讨论的主题是身份问题，探讨了"独立电影"［independent cinema］及其美学和制作人，并对"独立电影"的具体文本进行分析。"独立电影"指与欧美不同的具有鲜明东南亚特色的本地电影。在商业电影产业逐渐消亡的情况下，电影传播却依然需要商业链，但这些商业链又不愿放映"独立电影"，因而，此时"独立电影"的传播渠道主要集中在美术馆、社会—文化中心或家中的"微型放映厅"或互联网等。另一个主题是技术和新媒体在创作不同地区"媒体景观"［mediascape］方面的作用。探讨数字技术对东南亚电影制作发展中电影语言的影响。此外会议还探讨了东南亚电影的依赖和独立史，如一些欧洲国家在东南亚的殖民遗产、当代欧洲与东南亚之间的内在依赖性（比如东南亚电影对欧洲电影节、基金会或影视公司的依赖）。从这些议题不难看出，本次会议集中探讨东南亚本土电影的发展问题。与此同时，2008年7月3-4日，在香港城市大学举办了"东南亚电影研究中的跨文化视野"为主题的研讨会。近年来，对亚洲电影研究，尤其是对中国、日本、韩国电影的研究对理解电影和地区文化具有重要意义，也对研究非西方电影提供了新思路。

中国电影方面，伦敦大学歌德史密斯学院的著名教授克里斯·贝里［Chris Berry］发表了论中国导演贾樟柯的论文《与世界同步：贾樟柯电影中的时间和全球化》［*Getting into Synch with the World: Time and the Global in the Cinema of Jia Zhangke*］。作者认为，贾樟柯在世界影坛颇受好评，尽管他的影片往往票房不佳，却已经成为89后一代电影导演中最具国际名望的中国导演。在贾樟柯的影片中，"时间"特别重要：它不仅是一个形式要素，同时本身就是一个关键的主题。作者从"与世界同步"这一1979年后中国人的一句常用语出发，集中阐述了贾樟柯影片的意义与价值：他的电影节奏缓慢，却蕴含着非常大的力量；其电影的主题，则对中国人的"全球化"经验进行了探讨，这种经验即是短暂的联结与解体。

3. 音乐学

2008年至2009年国外音乐学研究突出的特点体现在两个方面。一方面是对重要思想理论的总结反思。近些年来西方新音乐学持续发展，硕果累累，尤其是民族音乐学（也称音乐人类学）成为音乐研究中的新生力量，但是其中也存在很多值得思考的问题。许多传统音乐研究对象在新学科的影响下都作出了适当调整，比如将音乐与其背后的社会、文化紧密结合，更多地从政治、经济、文化的角度理解音乐，对音乐史和音乐赞助史的研究充分体现了这一趋势。其次，从相反方向出发，借助音乐来理解社会和文化，这方面研究集中体现在现代音乐研究中。有学者认为，音乐作为一种文化形式包含并反映着人们思想情感、价值目标等内容，是一种隐喻、符号，通过对音乐流派、活动的研究，可以理解当时的社会文化问题。下面分别以近一年内出版的代表著作为例进行论述。

首先是对20世纪音乐学的发展进行了反思。2007年10月11日—13日在贝尔格莱德市塞尔维亚科学与艺术院［Academy of Sciences and Arts］举行了主题为"反思音乐学中的现代主义"［Rethinking musical modernism］国际音乐学研讨会。来自世界各地的音乐学专家就音乐现代性的各种问题作了主题发言，探讨的问题主要包括音乐学中现代主义的历史、现代主义对不同地区和民族音乐的影响、民族音乐在20世纪的转变、新音乐学存在的问题、音乐学中的结构主义、音乐中的话语结构、后现代音乐学、新先锋音乐等。这些问题基本代表了当今音乐学界的研究主题。会后并有论文集出版。

除了反思音乐学的现代性外，在世纪之初，对研究方法的总结和反思也十分必要，通过回顾和批判以往的研究方法和成果，不但可以方便学术研究者和学生的学习，而且有利于学术研究的继续推进。伦敦大学下属皇家霍洛威大学音乐系教师的《音乐研究导论》［*An Introduction to Music Studies*］和《新（民族）音乐学》［*The New (Ethno)musicologies*］正是这方面的代表作品。《导论》由哈珀-司各特［J. P. E. Harper-Scot］和吉恩·萨姆森［Jim Samson］合编，书中介绍了音乐学研究中的各种概念和问题，以及如音乐创作、戏剧、流行音乐、音乐理论等不同研究领域之间的关系，并从各方面对音乐相关问题进行探讨。具体内容包括音乐史、音乐理论与作品分析、音乐社会学、音乐心理学、音乐美学与批评理论、世界音乐、早期音乐、歌剧、音乐会、爵士乐、流行音乐、电影与电视音乐、音乐剧、音乐创作、音乐技术、音乐经济学与音乐商业等。可以说这些内容涵盖了当今音乐学的所有领域和研究成果，对音乐研究者和音乐爱好者来说都具重要价值。

在过去的20年里，音乐学发生了翻天覆地的变化，最主要的是出现了以"新音乐学"自称的学术流派。他们以文化研究、阿多诺等人的理论为指导思想，突破传统民族音乐学的限制，扩展了音乐学研究的范围和方法，同时也引出很多争论和反对之声。那么这20年里，民族音乐学到底发生了什么？"新音乐学"的理论、方法、价值观中有哪些是源于20世纪70、80年代的研究，哪些是新取得的理论成果？在新世纪之初，音乐学应该向何处去？亨利·斯托巴特［Henry Stobart］编撰的《新（民族）音乐学》正是通过对当代音乐学重要问题的批判分析，试图回答这些问题。作为"民族音乐学与现代主义"丛书之一，书中分析了民族音乐学自身的历史和在现代主义影响下民族音乐学的转变以及与其他学科的交叉发展，并从学科内外不同方面对本学科潜在的发展方向提出了意见。此书作者都是当今活跃在西方音乐学领域的重要人物，他们的论文从各个不同角度分析了学科的变化与发展，以独特的视角为音乐学的发展开拓了更广阔的前景。

此外，在音乐心理学领域也产生了一本总结性的著作，即《牛津音乐心理学手册》[Oxford Handbook of Music Psychology]。过去20年里，音乐心理学发展迅速，从最早的边缘话题发展到内容庞杂的主流研究问题。现今，这一领域的著作可谓汗牛充栋。《牛津音乐心理学手册》首次对最近的研究成果进行了总结和批评。本书由近50位国际知名专家共同编撰，既有实验证据又有理论阐释；每一章都对本领域的相关文献进行了全面而深入的说明和批评性评析，对一些重要问题论述得精深而全面，且有一些原创性的发现，并在此基础上对本学科未来发展提出了建议。全书分为11章，分别为音乐的起源和功能、音乐认知、对音乐的反应、音乐与大脑、音乐的发展、学习音乐技巧、音乐表演、作曲与即兴创作、日常生活中的音乐、音乐疗法与批评模式。最后一部分探讨了近些年音乐心理学的扩展以及与其他科学学科的交叉发展状况，科技发展对学科研究的影响，这些问题的探讨同样对中国音乐心理学研究有较大的启发。

除了以上重要著作外，值得注意的是，在2009年7月牛津大学出版社新版的《牛津西方音乐史》[Oxford History of Western Music]，包括《从最早记谱法到16世纪的音乐》、《17-18世纪的音乐》、《19世纪的音乐》、《20世纪早期的音乐》、《20世纪晚期的音乐》、《资料索引》。此书从西方音乐早期一直写到20世纪，如此大的历史跨度和厚重的书，为一人所创作，实在令人佩服。作者是加州大学伯克利分校音乐学教授理查德·塔鲁斯金[Richard Taruskin]，他是当今西方音乐史的泰斗。全书在广阔的文化背景和世界历史背景中按照时代顺序对音乐家、作品和音乐观念加以全新的批评和阐释。塔鲁斯金把各个时代的相关理论概念和音乐结构形式框对照，阐明音乐本身如何表现，以及当时的听众何以能理解音乐的含义。同时，他还描绘了一幅各个时代音乐与重要文化、历史、社会、经济、科学事件之间的关系图，试图说明这些因素在不同时期如何影响和决定音乐创作。作者以充满智慧的语言分析了各种音乐作品，同时向我们讲述了音乐与历史、文化、政治、艺术、文学、宗教之间的互动关系，呈现西方音乐发展史的宏伟景观。2005年本书一面世就赢得"霍金斯图书大奖"[R. R. Hawkins Award for Excellence in Professional and Scholarly Publishing]和美国作曲家、作家与出版商协会的迪恩斯·泰勒奖[the American Society of Composers, Authors and Publishers (ASCAP) Deems Taylor Award]，被《星期日旧金山纪事报》评为2005年度优秀书籍。出版社在2009年以简装分册出版发行该书，目的也在于方便读者聆听大师的声音。国内曾于1999年翻译出版了杰拉尔德·亚伯拉罕[Gerald Abraharn]撰写的《简明牛津音乐史》[The Concise Oxford History of Music]，而查德·塔鲁斯金的此部音乐史巨著无疑也会对国内研究西方音乐史起到重要影响。

其次，音乐学研究领域取得的一些新的研究成果，尤其体现在音乐社会史研究中。在音乐史的研究中，越来越多的学者受到文化人类学、文化社会的学科方法的影响，从社会史或文化史角度来研究音乐。艺术社会史有多种研究方法，包括早期如阿诺德·豪泽[Arnold Hauser]认为艺术是对整个社会的反映，或弗朗斯西·哈斯克尔[Francis Haskell]则将注意力集中在研究艺术家和他们的赞助人之间的关系。最近受到女权主义理论和接受理论的影响，出现新的研究方法，也可以认为是社会艺术学的研究方式。2009年度音乐史研究成果中，对赞助人和接受史的研究成果斐然，其中20世纪出版的《文艺复兴时期（1400-1505）费拉拉的音乐：15世纪音乐中心的建立》[*Music in Renaissance Ferrara 1400-1505: The Creation of a Musical Center in the Fifteenth Century*]经作者修订再版。此书曾获奥托·金克尔蒂美国音乐出版大奖。作者刘易斯·洛克伍德[Lewis Lockwood]对文艺复兴时期的宫廷音乐文化进行深入研究，集中探讨了意大利费拉拉的埃斯特[Este]家族对当时音乐风格和各类音乐机构的形成所起到的重要作用。作为费拉拉的长期统治者，埃斯特家族赞助和吸引了许多重要的音乐家为其服务，也包括许多画家、诗人。作者通过大量一手的资料文献向我们生动地呈现了文艺复兴文化中音乐的重要价值。此外，戴维·C·普赖斯[David C. Price]所撰写的《英国文艺复兴时期的赞助人与音乐家》[*Patrons and Musicians of the English Renaissance*]也是本年度研究音乐史和赞助的重要著作。此书探讨了文艺复兴晚期英国世俗音乐盛行的历史文化因素。书中引用了大量一手文献资料，将音乐产生的大环境呈现出来，以文艺复兴晚期不同的大家族为例，分析了这些家族与音乐家之间千丝万缕的联系，尤其重点讨论了音乐识读能力与音乐教义和欧洲大旅行对音乐在英国传播的作用，进而明确了音乐本身在宗教和世俗中的本质含义。此书不仅是音乐史研究的重要作品，而且对艺术史研究有许多原创性的启发，对文艺复兴时期的舞台表演、神学、文学和政治都有较多讨论，是不可多得的优秀的音乐文化史著作。

另一本研究音乐赞助的著作是《16世纪曼图亚的音乐与赞助》[*Music and Patronage in Sixteenth-Century Mantua*]，作者是伊恩·费隆[Iain Fenlon]博士。16世纪的曼图亚是音乐家云集、音乐蓬勃发展的时期，我们可以列举出此时此地产生的在历史颇有影响的一流音乐家，如特隆蓬奇诺[Tromboncino]、卡拉[Cara]、曼图亚的瓦·雅克特[via Jacquet of Mantua]、帕莱斯特里纳[Palestrina]、马伦奇奥[Marenzio]、杰苏阿尔多[Gesualdo]、蒙特威尔第[Monteveirdi]等。这些音乐家的成就都得益于贡扎加[Gonzaga]的赞助。费隆在书中不但考察了当时的音乐，而且从大量的一手文献入手，分析并重构了当时一些雇佣模式，并对社会结构和城市的音乐组织进行了细致描绘，向读者编织出音乐背后的社会文化背景。此书的主要目的是考察这些赞助模式如何进行，音乐家如何创作音乐，并且通过这种赞助关系描绘出曼图亚历任统治者的性格、个人兴趣导向等。此书资料翔实，文献考察细致，利用了许多还未面世的档案资料，论说使人信服。

伦敦大学下属皇家霍洛威大学音乐系的凯瑟琳·埃利斯[Katharine Ellis]是19世纪

音乐文化史研究专家，近期出版了《昔日乐章：19 世纪法国的早期音乐》[Interpreting the Musical Past: Early Music in Nineteenth Century France]。此书既是一部文化史著作，也是一部音乐接受史著作。它涵盖了文化内涵的演变史，同时也讨论了地方文化的丰富性，还涉及包括分析音乐文化发展史中的关键问题外的意识形态如何影响音乐的价值判断，尤其对音乐体验的实质与音乐在社会中的意义问题进行了深入研究，分析了音乐爱好者与专业音乐创作者之间的差异，以及在工人阶级、贵族、资产阶级文化生活中音乐扮演的不同角色，甚至对不同民族、政治、宗教和世俗仪式中的音乐不同含义也作了区分。书中观点新颖，内容丰富，读来令人耳目一新。《中世纪音乐研究》[Music in the Middle Ages: A Reference Guide] 的作者苏珊娜·洛德 [Suzanne Lord] 认为音乐研究既要考虑音乐在不同时代产生的影响，如中世纪发生的重要历史事件，十字军东征、查理曼大帝对教会的规范、推行格列高利圣咏、封建统治体制等都对音乐的形式和风格产生了重要影响；同时也分析了不同时代人们对音乐的反应。对观众反应的思考或如何接受音乐的研究方法与文学研究中所谓"接受理论"和"读者反映"思潮同步发展。

与此相关的著作还包括《通过流行音乐看社会》[Understanding Society Through Popular Music]。此书观点新颖，视角独特，发人深思，启发读者从社会学的角度去解读音乐。作者乔·科塔巴 [Joe Kotarba] 与菲利普万尼尼 [Phillip Vannini] 不但熟知各种社会学理论，而且对各类音乐都有深刻的理解，同时他们作为音乐人种志学者又有许多自己的独特体验。书中以 20 世纪 90 年代的锐舞文化 [rave culture] 和青年组合 [boy band] 为社会学案例进行探讨，用韦伯的观点分析美国偶像、经济和流行音乐中的拜物主义、美国白人文化中的嘻哈音乐 [hip-hop]。此书将音乐作为理解社会结构和社会生活的手段，以社会学的视角考察音乐，认为音乐包含并反映着人们的语言、价值观、情感、关注的事情、生活目标等；可以说此书意义非凡。

自从音乐成为学术研究对象后，人们就一直追问音乐是否能表达某些含义？音乐是否是一种语言？它能否交流具体思想和情感？音乐的意义是什么？这些意义如何产生？《作为话语的音乐：浪漫主义音乐的符号学研究》[Music as Discourse: Semiotic Adventures in Romantic Music] 一书的作者从音乐学、民族音乐学、音乐哲学等综合、新颖的视角来探讨音乐的含义，把音乐当作话语来思考；此书成为音乐符号学中的重要著作。作者科菲·阿加乌 [Kofi Agawu] 从多方面论证了符号学方法分析音乐的恰当性，以及用以理解浪漫主义音乐的可行性，指出音乐与语言之间的相似性，把音乐作为可用哲学和语言学方法分析的对象加以研究。此书可谓用符号学分析研究音乐的先行者，这一新颖而激进的方法无疑会成为学界讨论的焦点，也是本年度音乐学研究的重要突破。

剑桥大学出版社一直致力于音乐理论书的出版，"音乐史与音乐批评新视野"书系是近年来影响较大的丛书，从 2008 到 2009 年，陆续出版了《阉伶肖像：奥托·美拉尼一生中的政治、赞助和音乐》[Portrait of a Castrato: Politics, Patronage, and Music in the Life of Atto Melani][Roger Freitas]、《新世界的歌声》[The Singing of the New World][Gary Tomlinson]、《意大利文艺复兴时期的音乐与阿卡迪亚神话》[Music and the Myth of Arcadia in Renaissance Italy][Giuseppe Gerbino]、《胡戈·雷曼与现代音乐思想的诞生》[Hugo Riemann and the Birth of Modern Musical Thought][Alexander Rehding]、《早期现代音乐边缘的土著印第安人的歌曲》[Native American Song at the Frontiers of Early Modern Music][Olivia A. Bloechl]、《中世纪音乐制作与"福威尔传奇"》[Medieval Music-Making and the Roman de Fauvel][Emma Dillon]、《音乐、批评与历史的挑战：19 世纪晚期维也纳现代音乐思想的形成》[Music, Criticism, and the Challenge of History: Shaping Modern Musical Thought in Late Nineteenth Century Vienna][Kevin Karnes] 等研究著作。

最后需要提及的是蜚声国内外的文学和文化批评家爱德华·W·萨义德[Edward W. Said]，他也是一位知名的音乐研究者，甚至被认为如同阿多诺一样，是 20 世纪最敏锐的音乐批评家之一，必将对西方音乐学产生重要影响。巴勒斯坦裔美国学者萨义德曾长期任教于哥伦比亚大学，其学术研究最初涉及的是英语文学，但他日后的著述广及音乐和文化评论，尤以"东方学"[Orientalism] 而享誉全球。2003 年去世后，其一生所撰写的音乐评论论文集于 2009 年由哥伦比亚大学出版社出版，名为《音乐的界限》[Music at the Limits]。萨义德坚决反对 20 世纪 80、90 年代纽约市的古典音乐潮流，认为古典音乐虽然稳定但冷酷无情，并不能激起人们更多的兴趣。他不但从思想上批评大多数当代音乐家的懦弱卑怯，而且对指挥家和歌唱家从技术层面上给予了批评。论文集中所收论文虽已发表过，但此次集结出版能让读者从萨义德对音乐、表演、文化和人性的探讨中获得深刻启发。

4. 戏剧研究

国内所谓的戏剧研究，西方通常用三个术语来表示，即 drama studies, theatre studies, performance studies。此三个领域没有十分明显的界限，意义的使用上一般会相互交叉，是对戏剧、演出、剧场的各个方面加以研究，包括相关的政治、社会、文化背景等。而 2008 至 2009 年度国外戏剧的研究正显示出由于研究范围宽广而成果丰硕的气象，不但有许多新的领域进入研究者视野，而且新方法的应用使得传统课题也变得更有时代气息。这一点首先体现在对莎士比亚这位伟大戏剧家的研究中。

麦克米伦出版社近年在戏剧研究方面贡献巨大，由它推出的帕尔格雷夫莎士比亚研究系列[Palgrave Shakespeare Studies]，通过对莎士比亚的戏剧，以及对其同时代作家、作品的关系、当时的政治、历史空间的研究，在以前不为人注意的领域和材料中寻求新的发现，为莎士比亚研究注入了新活力。丛书主编是文艺复兴戏剧研究专家迈克·多布森［Michael Dobson］和福尔杰莎士比亚图书馆［Folger Shakespeare Library］馆长盖尔·K·帕斯特［Gail Kern Paster］博士。2009年此出版社又出版了《莎士比亚与戏剧机构》［Shakespeare and the Institution of Theatre: The Best in this Kind］，书中对从20世纪80年代兴起的新历史主义研究莎士比亚的主流观点，即早期现代戏剧机构是一种市场形势观点的重新思考。作者从对16世纪财产法的演变进行考察，证明莎士比亚对张伯伦剧团［Chamberlain's Men］拥有合法所有权，为阅读莎士比亚戏剧提供了新思路。作者还分析了戏剧表演和观众的实质，这对理解莎士比亚戏剧的独特品质有重要作用。此外，《莎士比亚与剧中角色：理论、历史、表演和演员》［Shakespeare and Character: Theory, History, Performance and Theatrical Persons］一书把剧中角色作为理解莎士比亚艺术和思想成就的主要工具，而《通俗莎士比亚：现代舞台剧中的模拟与反叛》［Popular Shakespeare: Simulation and Subversion on the Modern Stage］则探讨了20世纪90年代以来流行文化中的莎士比亚，试图说明在当今时代莎士比亚的意义。此前，出版社从2003年开始陆续出版了《重塑莎士比亚：媒体、性别和文化中的表演》［Remaking Shakespeare: Performance Across Media, Genres and Cultures］、《莎士比亚戏剧中的流放故事》［Shakespeare's Drama of Exile］、《荧幕上的莎士比亚》［Filming Shakespeare in the Global Marketplace］、《莎士比亚的灵魂：信仰、怀疑论和思想》［Shakespeare's Entrails: Belief, Scepticism and the Interior of the Body］。莎士比亚研究虽然经过许多伟大学者的层出不穷的讨论，但因为不同时代的学术环境和思想方式的改变，使之总能释放出新的思想火花。

除了对传统学术领域的思考，随着戏剧研究受到文化人类学和社会学思想方法的影响，许多过去不为学者注意的领域成为学术的焦点。这一倾向主要体现在对西方文化之外的民族地区戏剧表演的研究，以及对边缘人群的关注，特别是近些年来的女权主义对戏剧研究影响甚大，所取得的学术成果也十分丰富。

海伦·吉尔伯特［Helen Gilbert］的《表演与世界政治：澳大拉西亚跨文化交流》［Performance and Cosmopolitics: Cross-cultural Transactions in Australasia］是首部对澳洲、新西兰及南太平洋诸岛戏剧作跨文化研究的重要著作，在广阔的文化背景下，将世界政治作为研究的切入点，对表演艺术市场和非西方文化中的传统和美学变化、传承进行了研究，并对从19世纪50年代以来的前卫、主流族群艺术进行了分析。本土化和亚洲化已成为当前澳大拉西亚戏剧中的由世界政治主题，她深入细致地描绘了这一历史过程和特点，并从美学、商业、政治和民族角度对戏剧加以分析，是一本重要的跨文化艺术研究专著。《太平洋表演舞台与南太平洋的跨文化交汇》［Pacific Performances Theatricality and Cross-Cultural Encounter in the South Seas］一书所研究的主题与前一书相同，作者追溯了太平洋上各民族间从18世纪以来的表演文化交流，探讨了各民族表演文化和他们对殖民状况与西方表演形式的思考。

对欧洲以外地区戏剧的研究还包括《印度尼西亚后殖民主义戏剧：多彩的谱系和缺失的面孔》［*Indonesian Postcolonial Theatre: Spectral Genealogies and Absent Faces*］。作者研究了戏剧如何被当作有独特效果的媒介用以表现印度尼西亚人身份的矛盾。而《巴尔干半岛和中东的戏剧、促进作用与国家的形成》［*Theatre, Facilitation, and Nation Formation in the Balkans and Middle East*］一书则探讨了戏剧如何在巴尔干和中东促进民族从对立走向合作这一政治问题。

16世纪欧洲的戏剧中就出现了黑人角色，但直到近些年他们才作为研究对象。本年度出版的《英语舞台上的黑人表演，1500-1800》［*Performing Blackness on English Stages, 1500-1800*］首次对早期英国舞台上的黑人角色和种族的实质问题进行了研究。弗吉尼亚·M·沃恩［Virginia M. Vaughan］在书中讨论了现代早期戏剧中的非洲黑人角色。这些扮演黑人的演出在许多戏剧和情节中不断出现，成为一种固定的戏剧传统。但是这些黑人角色通常都是受奴役和被凌辱玩弄的角色，从16世纪到莎士比亚的戏剧如《奥赛罗》，再到18世纪戏剧中表现非洲王族受到奴役的故事无不如此，这使英国观众形成了种族歧视观念。作者通过对非标准戏剧、集体形象、角色特点，如外表、语言修辞、表达模式旁白、独白以及其他戏剧手法表现的黑人形象进行解读，认为白人观众正是通过这些手法在"阅读"黑人。从16世纪一直到18世纪，在几千部由英国男女作家所写的剧本中，都有扮演黑人表演的情节，这种将非洲黑人的形象进行毫无根据的完全扭曲，一部强有力地推广了当时对黑人的错误看法，并导致了英国人的非洲奴隶贸易的增加。此书既是一部戏剧史，也是一部文化研究著作，对今天思考种族分类和种族矛盾也有很重要的参考意义。

《当代戏剧中的黑人女权主义》［*Black Feminism in Contemporary Drama*］是另一部研究黑人文化的作品。它回顾了众多黑人女作家戏剧中的黑人女权主义，展示了当代不同表演风格和写作风格的女性及其差异，而这些差异正拓宽了女权主义在艺术性和政治上的范围。作者利萨·M·安迪生［Lisa M. Anderson］深入研究每部戏剧的结构和创作背景，包括对戏剧批评的变化和文化观念的转变，以及戏剧中是如何表现"族群"观念，如何实现戏剧的艺术功能等问题，不仅指出这些作家、作品中如何表现黑人女权主义，而且指出女权主义观念含义在不同作家作品中的变化。《舞台上的国际女权主义》［*Staging International Feminisms*］将研究的视野放到全世界，作者试图通过研究全世界不同国家、民族，如以色列、日本、韩国、德国、西班牙、瑞典、意大利、美国和英国等的戏剧演出情况，在一种全球化的学术对话中，探讨不同国家地区和文化中舞台表演中所呈现的女权主义。

对女性在戏剧中的角色问题，以及男性笔下的女性问题都是近些年讨论的热点。在古希腊，自由演讲只能是男性公民的权利，女性的声音很少能在公共场合听到。女性声音通常是在戏剧表演中通过女性角色传达出来，而这些话语一般都是由男性所写并由男性扮演的女性所表达。《女儿腔：雅典戏剧中的台词与性别》［*Spoken Like a Woman: Speech and*

Gender in Athenian Drama］首次就古典戏剧中的女性进行了研究。通过考察公元前 5 世纪希腊女性社会活动的间接材料，和对众多戏剧作品的研究，作者劳拉·麦克卢尔［Laura McClure］说明了戏剧作家是如何通过舞台来塑造女性人物形象和传达当时的社会政治问题，以及在戏剧中妇女正是通过不光彩的角色，如散布流言蜚语或保媒拉纤、公开或是隐秘两面派角色、通奸者等，潜在地颠覆了社会和政治阶级制度，并间接有助于承认妇女在民主政治中的公开言论和合法性。作者通过戏剧这种间接材料向读者展现当时宏大的社会现实和女性文化。《17 世纪英国妇女的战争戏剧》［*Women's War Drama in England in the Seventeenth Century*］则探讨了 17 世纪英国男性所写戏剧中表现的女性和战争主题以及妇女写作时如何受到战争的影响和妇女是如何讨论战争等问题，回顾了内战期间的血腥事件以及妇女们在戏剧中的反应。作者以主题而非时间顺序集中考察三个问题：戏剧中是如何表现妇女群体、如何表现女性士兵，以及妇女如何成为和平缔造者。而这些杰出妇女所写的反映战争的戏剧是她们对战争的态度，同时也是战争题材的文学。

除了非西方文化中的戏剧研究和女性问题外，一些边缘问题也进入了讨论的中心，如对美国畸形秀［freak show］的批评，对印度宗教圣地温达文［Vrindavan］的克利须那舞蹈与表演、日本歌舞伎中的团十郎［Danjuro］的研究。《恶俗表演：美国早期演出文化中的底层民众》［*Rogue Performances: Staging the Underclasses in Early American Theatre Culture*］的主题是 18、19 世纪美国文化中的对下层、反叛角色的热情，如骑马贼、小偷、乞丐、暴徒、叛逆者等形象成了当时最流行的戏剧角色。作者分析了这些角色在民谣剧［ballad opera］、爱国剧、情节剧［melodrama］、黑面表演［blackface minstrelsy］等戏剧形式中的情况，将这些角色与当时政治和社会状况联系起来加以研究。而《表演中的暴力：新俄罗斯戏剧中的文学与戏剧实验》［*Performing Violence: Literary and Theatrical Experiments of New Russian Drama*］则讨论了俄罗斯年轻一代剧作家所写的新戏剧中表现的暴力问题，反映了当时社会对叶利钦的民主改革和普京的新保守主义政治的失望。这些戏剧集中表现了政治和社会中的暴力、暴力的表现形式和正当性，揭示了戏剧借助暴力表现出当时一批作家的身份危机感。

在全球化背景下讨论戏剧的学术问题也是学者们倾心关注的问题。《变化中的欧洲国家剧院》［*National Theatres in a Changing Europe*］回顾了西方历史上国家剧院的建立和变化，以及在不同的政治时期和文化环境下如何发挥其不同作用和实现本身的价值，同时也讨论了在今天民族主义和国家身份日益受到全球化、跨国交流、多元化和地区议程挑战以及市场竞争产生经济压力的情况下，国家剧院所面临的困境。另一本著作《全球化时代的表演、伦理学和观众》［*Performance, Ethics and Spectatorship in a Global Age*］将伦理学作为全球化时代公开演出面对复杂问题的手段，讨论了受政治左右的表演在情感、智力上对观众、批评和理论的影响。

表演艺术的必要性和特殊性在哪？与其他艺术的区别在哪？从基本生存需要来看，我们需要表演艺术吗？这是一些传统的老问题，但是《表演艺术必要性：看与被看的艺术》[The Necessity of Theater: The Art of Watching and Being Watched]一书却给出了全新的回答。作者保罗·伍德拉夫[Paul Woodruff]是德克萨斯州立大学哲学教授，他对舞台表演的本质进行了新的诠释，说明戏剧何以是当代社会不可或缺的要素。他认为，从广义上讲，表演艺术除了传统舞台表演外，还包括了运动会和社会仪式，他把传统舞台表演看作改变生活、可给世界带来惊奇的东西，表演艺术与语言本身一样拥有强大的力量，是人类生存所必需的。书中将舞台表演分为两种艺术，即看的艺术和被看的艺术，两者在观众与演员之间和谐互动。演员上演被看的艺术，使其行为值得观看，对动作、选择、情节、角色、模仿、舞台空间的神圣化。观众上演看的艺术：聚精会神地观看，好的观众是全身心投入，达到移情的效果，理解人类的智慧。如柏拉图所认为的，戏剧不能交给我们真理，但可以让我们学会认识自身。作者认为表演是人类本能的独特表达形式，对任何表演感兴趣的人，这种艺术形式都是不可或缺的。此书是对表演艺术的哲学思考，对表演进行了新的定义，我们通过看与被看说明这种艺术是如何与我们生活相关，以及表演如何塑造了人类。

在对英美国家戏剧的研究中，《戏剧空间与家庭空间之间的辩证法：现代英国与美国戏剧（1900-1939）》[The Dialectic of Theatrical Space and Domestic Space: Modern British and American Drama(1900-1939)]是2009年一部思想新颖的著作。戏剧空间[theatrical space]的概念暗含的意思是强调观众在理解作品意义方面的重要作用。在20世纪早期的美国和英国，剧作家中大多数认为将家庭故事搬到舞台上演可使观众认识到女性在家庭中的不平等地位。戏剧空间和家庭空间之间的关系说明现代戏剧表演的部分目的是将社会问题与家庭挂钩。此书说明了戏剧中的家庭空间在舞台上是一个开放的空间，它可以有多种解释方式，而其取决于剧作家的创作目的。此外《加冕剧：早期现代英国的中世纪记忆》[The Drama of Coronation: Medieval Ceremony in Early Modern England]对1509年至1559年英国的五次加冕庆典进行研究，探讨了随着帝王统治和宗教的变化，神圣仪式、相关庆典和演出盛会是如何变化的，以及当代研究者如何诠释这一现象。作者爱丽斯·亨特[Alice Hunt]对当前流行的看法——皇家庆典与政治宣传联系在一起，提出了异议，他认为庆典有着非常复杂的象征意义。此书的研究重心是庆典与戏剧之间的相互作用，以及它对我们理解当时戏剧和宗教改革的文化影响十分重要。

直到今天，加冕依然是君主统治下最重要的庆典。《詹姆斯一世宫廷的政治、婚姻、表演》[Marriage, Performance, and Politics at the Jacobean Court]一书的主题很少有人研究，作者凯文·柯伦[Kevin Curran]的研究对象集中在詹姆斯一世时期的婚礼仪式和在婚礼上为了赚钱而上演的假面具舞会和娱乐表演上。当时很多剧作家为这类娱乐戏剧撰写剧本，包括本·琼生、托马斯·坎皮恩［Thomas Campion］等人，这些剧本和娱乐形式向我们展现了当时的一些重要政治事件。作者分析了詹姆斯统治时期的六场上层婚礼，以及当时的假面具戏和娱乐表演同时代的颂词、节日书籍、布道、议会演讲等，显示婚礼娱乐如何将国家民族统一观念通过多种不同表演方式呈现出来，也使读者得以理解詹姆斯一世时期有关国家民族身份的特殊表达方式。杰弗里·H·理查兹［Jeffrey H. Richards］的《戏剧、剧场、美国新共和的身份》［Drama, Theatre, and Identity in the American New Republic］则对舞台表演相关的各种现象，包括室内政治革命戏、美国上演的英国戏剧、美国作家写的戏剧、共和国早期的诗歌和戏剧进行深入研究，将美国戏剧表演看作是跨大西洋文化的混合，不列颠的戏剧传统为美国文化表现自身提供了养分和模板。通过从剧本到演出、从历史事件到观众数量等文献入手进行探讨，深刻分析、思考了戏剧与政治、民族与文化身份问题的关系，以及18世纪晚期到19世纪早期美国的戏剧和表演是如何反应独立战争后美国社会中民族和个人身份建立的问题。

现代戏剧是一种国际性的运动，他们直接反对19世纪的传统戏剧和表演形式及机构，并逐渐在西欧和北美发展成为文化的中心。在1880年至1960年间，出现了众多现代戏剧史上的重要人物，他们与传统决裂，形成新的戏剧形式，并产生了一大批新的剧作名家，如乔治·萧伯纳、易卜生、斯特林堡、梅特林克、阿尔弗雷德·雅里、格哈德·豪普特曼、皮兰德娄、洛尔迦、尤金·奥尼尔、契诃夫等。尽管这些现代剧作家各有特点，但他们要与旧有形式决裂，追求新的戏剧形式的目的是相同的。虽然他们从各个国家的戏剧传统中成长起来，但现代戏剧却是同时期发生的运动。新的戏剧很快通过翻译和新的复制技术在全世界范围内发展传播开来，影响了一大批观众，并建立起现代主义戏剧的国际标准。由马丁·帕施纳［Martin Puchner］撰写的《现代戏剧：文学与文化研究中的批评概念》［Modern Drama: Critical Concepts in Literary and Cultural Studies］就现代戏剧出现的历史过程和对现代思想的影响作了研究，并对20世纪60年代以来的各种戏剧批评理论进行了回顾和分析，认为正是这些理论彻底影响和形成了我们对现代戏剧和舞台表演的理解。对于研究戏剧的学者来说，此书具有极为重要的参考价值。

5. 舞蹈研究

舞蹈是人类生活经验的显现，但由于文献有限和舞蹈视觉呈现转瞬即逝的特点，使得研究舞蹈史是一项非常困难的学术工作。为了庆祝《舞蹈研究》［Dance Research］杂志创刊25周年，此杂志社特邀一批著名的舞蹈史学家和理论研究者撰写编辑了《艺术中的艺术：文艺复兴盛期文化中的舞蹈》［The Art that all Arts do Approve: Manifestations of the Dance

Impulse in High Renaissance Culture]。作者们就现代早期舞蹈及其对文化、思想的影响展开讨论，就舞蹈的修辞和话语之间的重要联系以及舞蹈形式的本质等问题进行深入研究，为读者描绘出了文艺复兴时期欧洲舞蹈的多元文化场景。文艺复兴在西方文明史上有着重要地位，因此也成为后世学者学术研究的重点。当时除了文学、艺术、科学非常繁荣外，舞蹈也是文艺复兴时期文化活动的重要内容，尤其在法国，舞蹈可谓是社会活动的核心，与当时的许多重大问题都有密切关系。由国际知名的16世纪法国文化研究专家玛格丽特·M·麦高恩［Margaret M. McGowan］撰写的《文艺复兴时期的舞蹈：欧洲人的时尚，法国人的迷恋》［*Dance in the Renaissance: European Fashion, French Obsession*］，向读者呈现了16世纪法国社会文化中舞蹈的中心地位与价值。作者通过对信件、大使的报告、舞蹈评论、正式的记载、刊物、图画和木刻等不同形式文献的研究，向我们细致描绘了当时舞蹈的风格、装饰、音乐、宫廷舞蹈与社会舞蹈等各个方面，以及舞蹈如何逐渐演变为形式丰富的高级娱乐，为上层贵族专有，成为豪华奢侈的享受，贵族本身即是观众也是舞蹈者，以及舞蹈从皇宫舞厅内表演到化装舞会再到更加正式的芭蕾剧场的变化历程。作者还探析了当时的各种舞蹈形式和人们对舞蹈的态度，以及与舞蹈相关的道德、政治、美学问题，为读者描绘出另一幅文艺复兴的文化图景。

《早期斯图亚特假面剧：舞蹈、服饰与音乐》［*The Early Stuart Masque: Dance, Costume, and Music*］是本年度出版的另一本研究文艺复兴时期舞蹈的重要著作，此书通过大量演出历史文献以及当时法国、意大利、德国、奥斯曼帝国的演出情况，探讨了斯图亚特王朝早期的专业芭蕾舞、剧场管理、戏剧表演、梦幻剧场内的表演、服饰、场景、音乐的特殊效果等内容。并对当时重要的戏剧作家本·琼生、塞缪尔·丹尼尔［Samuel Daniel］、约翰·弥尔顿［John Milton］、威廉·达文南特［William Davenant］、托马斯·卡洛［Thomas Carew］等人的作品进行研究，说明宫廷诗人如何与裁缝、设计师、技术师、舞蹈设计师、贵族以及专业演员之间进行合作，以创作出引人入胜的作品。通过对宫廷内大量档案的分析，探讨了斯图亚特皇后如何在艺术和经济上掌控着假面具舞蹈和田园剧。书中还引用了大量来自德国、奥地利、法国和英国的档案文件图表和数据，以说明当时流行服饰和舞蹈风格，男女演员、色彩的戏剧象征含义、舞台设计等。通过细致深入的探索，作者为我们复活了英国早期现代戏剧中长期被人遗忘和不为人知的细节、历史。

舞蹈表演是宫廷庆典和节日不可或缺的部分，在17、18世纪，商业剧院出现后，舞蹈就逐渐进入专业的演出场所。无论在宫廷还是公共剧院，舞蹈表演需要各方面通力合作，包括编舞、画家、音乐家、设计师、技术师、建筑师，同时撰写舞蹈史必然要与思想、艺术、政治文化发生联系。由珍妮弗·内维尔［Jennifer Nevile］主编的《舞蹈、表演与政体，1259-1750》［*Dance, Spectacle, and the Body Politick, 1250-1750*］正是这样一部舞蹈文化史。书中汇集了12位舞蹈史、音乐史学者的作品，为读者呈现了从中世纪到18世纪中期社会文化中的舞蹈状况。为了能全面深入理解舞蹈表演，需要在舞蹈之外去探讨更多的社会文化因素，同时也要借助其他学科的研究方法视野，如社会学、文化人类学的方法。另外，本书还向读者介绍了鲜为人知的历史细节，如从13世纪中期到18世纪中期跳舞是男人和女人的一项重要社会技能，德·波尚[Charles-Louis-Pierre de Beauchamps]与17世纪法国剧院建立的历史，还有路易十四时期的舞蹈与政治的关系等等。因此，此书是一部从社会学视角研究舞蹈的重要著作。

舞蹈人类学[Anthropology of Dance]近些年在国外的发展可谓方兴未艾。虽然舞蹈人类学相对于艺术人类学和音乐人类学来说差距较大，但近些年西方舞蹈研究者每年在此方面都有新的研究成果出版。国内舞蹈人类学学科还处于起步阶段，在此，我们可以对2009年度出版的几本重要学术成果稍加介绍，以起到抛砖引玉的效果。从全世界范围来看，舞蹈均起源于乡村、庙宇、宫廷的仪式或祭祀，今天已经转变为世俗的娱乐形式，带着新的内涵和新的民族意味。在舞台表演、舞蹈竞赛和庆祝活动中，舞蹈已经成为人种分类的标识和民族身份的象征。苏珊·A·里德[Susan A. Reed]在本年度的新作《舞蹈与民族：斯里兰卡的表演、仪式与政治》[*Dance and the Nation: Performance, Ritual, and Politics in Sri Lanka*]中通过对斯里兰卡的康提舞[Kandyan dance]各方面的研究分析，探索深藏的美学政治等复杂因素。康提舞现在是斯里兰卡的国舞，得到国家的支持。但实际上康提舞起源于僧伽罗族，属此族群所特有。原来是在祭神会上由世袭的男鼓手跳的祭祀舞，表达人们驱鬼降魔、祈求神灵保佑的愿望。现在国家将此舞蹈看作民族传统的象征，允许所有人参与其中。作者追溯了舞蹈的历史和从仪式舞蹈转变为舞台舞蹈的过程和引发的结果，将这一问题置于后殖民主义与民族政治的关系中进行探析，并研究分析了世袭舞者和女舞者的身份和处境。

《尼罗河上的蛇：阿拉伯世界的妇女和舞蹈》[*Serpent of the Nile: Women and Dance in the Arab World*]研究了中东阿拉伯妇女的独舞历史，从古代一直写到今天。作者探讨了古代世俗歌女、撒哈拉部落中舞蹈的作用，对于格瓦济[Ghawazee]舞蹈、东方对阿拉伯舞蹈的接受，以及中东舞蹈给予现代舞蹈家的启示，尤其是对阿拉伯舞蹈如何在20世纪引起欧洲和美国人的注意写得极有深度。此书谈及古代艺术的起源，也讲述了在不同时代，尤其是商业时代和宗教禁止跳舞的情况下，舞者们的生存状况，并深刻分析了19-20世纪阿拉伯舞蹈如何影响西方现代舞蹈观念。在东方主义盛行期间，阿拉伯舞蹈对西方艺术想象产生了巨大影响，包括对作家和艺术家，如作家福楼拜、画家让·莱昂·热罗姆[Jean-Leon Gerome]，也有异国情调模仿者如玛塔·哈莉[Mata Hari]。这种对异国情调的热情通常来源于对中东妇女的迷恋，这种影响涉及了时尚、表演、流行娱乐等。

在美国，非洲文化传统一直被当作是学术研究的主题之一，尤其是将舞蹈、音乐与歌曲看作研究非洲文化的重点而给予高度重视。而在英国伦敦，虽然黑人社区在一直扩大，但他们从加勒比祖先那里继承来的舞蹈文化一直被忽视。2008年由黑人后裔罗德里格斯·金-多尔斯特［Rodreguez King-Dorset］所撰写的《1730-1850年间伦敦的黑人舞蹈：创新、传统与反抗》［Black Dance In London, 1730-1850: Innovation, Tradition and Resistance］首次对这一问题进行了思考。作者本人受过学院舞蹈训练，并且是巴布达奴隶第三代子孙，对本族舞蹈转变有很深的认识。此书首先探讨了非洲文化中舞蹈的重要性，分析了伦敦黑人舞蹈根植于加勒比文化的状况，以及受到欧洲舞蹈形式的影响等。接着分析在18世纪中期的伦敦这些舞蹈传统如何实现转变的问题。最后分析了伦敦黑人社群借助四人对舞和其他舞蹈建立起统一的自我认同，同时赋予社群活力，批判了白人社会对其所施加的压力。《舞蹈群体的表演，全球化城市间的差异与联系》［Dancing Communities Performance, Difference and Connection in the Global City］被誉为舞蹈研究中里程碑意义的成果。作者认为在城市文化日益多元的今天，表演通过模糊或加强了文化和伦理边界的复杂情况产生了新的都市社群。业余舞蹈和音乐舞会是了解和认识性别、阶层、种族和文化之间的种种复杂联系的重要领域。作者对五个具体场所进行了调查研究，发现跳舞产生了一个小型的有活力的世界，在这个世界中，舞蹈最终在不同文化背景中成长起来的演员和观众之间产生了亲近、稳定、公共、文化的连续性。此书还荣获了全美传播学会［National Communication Association］民族志分会2008年出版大奖。

舞蹈是人类文明史上重要的文化活动，墨西哥和美洲中部的玛雅人在两千年前就开始有仪式舞蹈。今天舞蹈依然是宗教文化中重要的组成部分，是与神灵交流沟通的手段。在古典时代晚期（600-900年），舞蹈在玛雅宫廷中具有举足轻重的地位，是宴会和礼物交换中必需的节目，用以证明统治者的政治联盟和对贵重物品的控制。马修·G·卢帕［Matthew G. Looper］的《扮神：美洲玛雅文明中的舞蹈》［To Be Like Gods: Dance in Ancient Maya Civilization］探讨了舞蹈表演中的审美价值与社会结构之间的紧密联系，通过舞蹈表达了当时人的性别、阶层、社会地位观念。作者认为舞蹈不仅是娱乐活动，而是古代玛雅的社会、宗教和政治身份的基础。此书以跨学科的方法，借助多种资料，包括象形文字、各种材料中的图像和建筑深入研究玛雅文明，通过各种分析方法对玛雅舞蹈的形式、意义、社会作用作了较为清晰的阐释。虽然玛雅文明中的舞蹈细节已经无法知晓，但作者通过其他存留的资料来对舞蹈表演的许多方面进行了细致入微的思考。此书首度提供了对玛雅社会中舞蹈角色的综合阐释，同时为表演考古学提供了研究的模式。

此外，在新理论如性别研究和后殖民等思想的影响下，舞蹈受其影响陆续取得了一些新的研究成果。如珍妮弗·费希尔［Jennifer Fisher］和安东尼·谢伊［Anthony Shay］

主编的《男人之舞：舞蹈设计中跨越界限的阳刚之气》[*When Men Dance: Choreographing Masculinities Across Borders*] 一书收集了许多知名学者讨论男性舞者问题的论文，内容丰富、视角多样，尤其是对认为男性舞蹈者具有同性恋倾向的固有成见提出反驳，使人们重新认识了男性舞者和男性所扮演的女性角色问题。舞蹈通常认为是女性的艺术，男子如果跳舞常常会被怀疑是同性恋或是有些异样。而在芭蕾舞、现代舞、流行舞中都有男性舞者的身影，在不同时期如维多利亚时代的英国、魏玛时代的德国和印度、中东都有男性舞者的参与。男性舞者存在的事实和不断出现的批评之声之间对立的观念是此书的出彩之处，也是引发我们的思考之点。此书是研究舞蹈和性别的重要成果。另外一本著作《舞蹈、空间与主观性》[*Dance, Space and Subjectivity*]，作者瓦莱拉·A·布里金肖 [Valerie A. Briginshaw] 将舞蹈带入当今许多争论激烈的理论领域中进行讨论，对舞蹈研究有开创意义。作者对美国、英国、欧洲的后现代舞蹈进行了全面研究，并探讨了女权主义、后殖民主义、怪异理论、后结构主义对舞蹈和舞蹈研究的影响。此书用新的理论来考察舞蹈中的空间、主观性、身体问题，向我们展示了用新理论探讨这些问题的可行性。

古典舞蹈芭蕾舞一直是舞蹈研究者的重要话题，虽然现代舞蹈日渐获得主导地位，但芭蕾舞依然在西方社会中受到推崇。近年来芭蕾舞比赛越来越多，引出很多问题，如：这种比赛形式在多大程度上会影响芭蕾舞训练和表演，或者说竞赛的思想是否会损害舞蹈的艺术性？评委们评判的基础是什么？他们与艺术体操和花样滑冰比赛中的"美学标准"相异吗？杰拉尔丁·莫里斯 [Geraldine Morris] 的论文《艺术还是技术？芭蕾比赛的价值》[*Artistry or mere technique? The value of the ballet competition*] 就此问题做了讨论，批评了芭蕾比赛中存在的问题。文中通过对两个重要比赛的具体研究，并与19世纪时期芭蕾舞情况作比较，对舞蹈家和评判者、技术成就和表演艺术之价值进行分析。作者借助美学理论区分美学判断与艺术判断，并推动哲学与舞蹈之间的对话，试图解决芭蕾比赛引发的问题。

舞厅舞（交谊舞）是舞蹈比赛的重要项目，也是社会研究的重要资源，能反映出人类社会中舞蹈的实质所在。《舞厅：舞蹈比赛中的文化与服饰》[*Ballroom: Culture and Costumes in Competitive Dance*] 一书就以舞厅和交谊舞为研究主题，作者乔纳森·S·马里恩 [Jonathan S. Marion] 认为舞厅不只是跳舞的地方，也能反映出流行时尚、表演、艺术、体育运动、性别问题等各方面的社会文化问题。作者亲身体验了欧洲、美国、英国的各种舞蹈文化，对舞蹈家个人进行深入研究，并将各种舞蹈文化、服饰、身体之间的交织形成的各种现象加以思考，进而说明舞蹈如何影响思想和人们的身体。我们可以从近些年来舞蹈研究的学术成果中看到，舞蹈既是一种艺术形式，也是文化的重要载体，其发展过程和相关社会文化要素构成了学术研究。

三　结语

　　艺术学所包含的内容实在太丰富，国外每年面世的学术著作和论文无法计数，难免挂一漏万。但是拨开迷雾，我们还是能窥见众多研究成果中反映出的学术发展动向，那就是全球化的视野和跨学科的方法，以及由此引发的各种新思路。这些新的思想模式既开辟出了众多从未涉足的研究领域和方法，同时对传统学科起到了推动深化作用。文中对2009年度艺术学发展总体特征的勾勒和五个分支学科新成果的介绍非常浅显，甚至无法反映出某些学术成果的重要价值，对此有兴趣的学人可根据以下所列参考文献，再做深入研读。

　　该文为《国外高校人文社会科学发展报告2009》"艺术学"内容，教育部社会科学委员会秘书处编，北京：高等教育出版社，2010年。该文"国外艺术学科发展近况(2008-2009)"（曹意强、高世名、孙善春、薛军伟 撰）曾发表于《南京艺术学院学报（美术与设计版）》，2010年，第2期。

推荐参考文献：

美术研究

Anne Dunlop(2009): Painted Palaces: *The Rise of Secular Art in Early Renaissance Italy*, Pennsylvania State University Press.

Arthur MacGregor (2008): *Curiosity and Enlightenment: Collectors and Collections from the Sixteenth to Nineteenth Century*, Yale University Press.

Cammy Brothers(2008): *Michelangelo, Drawing, and the Invention of Architecture*, Yale University Press.

Colin Ware(2008): *Visual Thinking: for Design*, Morgan Kaufmann.

Corinne Saunders, Ulrika Maude, Jane Macnaughton (eds.)(2009): *The Body and the Arts*, Palgrave Macmillan.

David Carrier(2008): *A World Art History And Its Objects*, Pennsylvania State University Press.

Elaine Hamer, Courtney Davis, Lesley Davis, Judy Balchin(2008): *The Complete Book of Celtic Designs*, Search Press.

Gavin Parkinson(2008): *Surrealism, Art, and Modern Science: Relativity, Quantum Mechanics, Epistemology*, Yale University Press.

Jacqueline Marie Musacchio(2008): Art, Marriage, and Family in the Florentine Renaissance Palace, Yale University Press.

Johanna Drucker(2008): *Graphic Design History: A Critical Guide*, Prentice Hall.

John Onians (2008): *Neuroarthistory: From Aristotle and Pliny to Baxandall and Zeki*, Yale University Press.

John Onians(2008): *The Art Atlas*, Abbeville Press.

Lisa Monnas(2008): *Merchants, Princes and Painters: Silk Fabrics in Italian and Northern Paintings, 1300-1550*, Yale University Press.

Lorne Campbell, Miguel Falomir, Jennifer Fletcher, and Luke Syson (2008): *Renaissance Faces: Van Eyck to Titian*, Yale University Press.

Michael Ann Holly and Marquard Smith(2008): *What Is Research in the Visual Arts?*

Michel Pastoureau (2008): *Black: The History of a Color*, Princeton University Press.

Obsession, Archive, *Encounter*, Yale University Press.

Patricia A. Emison(2008): *The Shaping of Art History: Meditations on a Discipline*, Pennsylvania State University Press.

Peter Stewart（2008）: *The Social History of Roman Art*, Cambridge University Press.

R. Klanten, S. Ehmann, A. Mollard (eds.)(2009): *Regular: Graphic Design Today*, Die Gestalten Verlag.

Susie Nash(2009): *Northern Renaissance Art*, Oxford University Press.

Wayne Franits (2008): *Dutch Seventeenth-Century Genre Painting: Its Stylistic and Thematic Evolution*, Yale University Press.

电影研究

A.L. Rees(2008): *A History of Experimental Film and Video*, BFI Publishing.

Allan Casebier (2009): *Film and Phenomenology: Towards a Realist Theory of Cinematic Representation*, Cambridge University Press.

Camelia Elias(2009): *Between Gazes: Feminist, Queer, and 'Other' Films*, EyeCorner Press.

Christopher Beach(2008): *Class, Language, and American Film Comedy*, Cambridge University Press.

Daniela Treveri Gennari(2008): *Post-War Italian Cinema*, Routledge.

David Curtis(2008): *A History of Artists' Film and Video in Britain*, 1897-2004, BFI Publishing.

Irving Singer(2008): *Cinematic Mythmaking: Philosophy in Film*, MIT Press.

Joanna Page(ed.)(2009): *Visual Synergies in Fiction and Documentary Film from Latin America*, Palgrave Macmillan.

John Fitzgerald(2009): *Studying British Cinema: 1999-2009*, Auteur.

Judith Buchanan(2009): *Shakespeare on Silent Film: An Excellent Dumb Discourse*, Cambridge University Press.

Karla Oeler(2009): *A Grammar of Murder: Violent Scenes and Film Form*, Chicago University Press.

Laura Wittern-keller, Raymond J., Jr. Haberski(2009): *The Miracle Case: Film Censorship and the Supreme Court*, University Press of Kansas.

Lee Grieveson (ed.) (2008):*Inventing Film Studies*, Duke University Press.

Marijke de Valck (2008): *Film Festivals: From European Geopolitics to Global Cinephilia*, Amsterdam University Press.

Mary C. Beltrán(2009): *Latina/o Stars in U.S. Eyes: The Making and Meanings of Film and TV Stardom*, University of Illinois Press.

Merrill Schleier(2008): *Skyscraper Cinema: Architecture and Gender in American Film*, University of Minnesota Press.

Paisley Livingston, Carl Plantinga (eds.) (2008). *The Routledge Companion to Philosophy and Film*, Routledge.

Philip Cavendish(2008): *Soviet Mainstream Cinematography*, University College London Press.

R. Bruce Elder(2008): *Harmony and Dissent: Film and Avant-garde Art Movements in the Early Twentieth Century*, Wilfrid Laurier University Press.

Richard Fumerton, Diane Jeske (eds.) (2009): *Introducing Philosophy Through Film: Key Texts, Discussion, and Film Selections*, Wiley-Blackwell.

音乐研究

Alexander Rehding (2009): *Hugo Riemann and the Birth of Modern Musical Thought*, Cambridge University Press.

David C. Price (2009): *Patrons and Musicians of the English Renaissance*, Cambridge University Press.

Edward W. Said (2009): *Music at the Limits*, Columbia University Press.

Emma Dillon (2008): *Medieval Music-Making and the Roman de Fauvel*, Cambridge University Press.

Gary Tomlinson (2009): *The Singing of the New World*, Cambridge University Press.

Giuseppe Gerbino (2009): *Music and the Myth of Arcadia in Renaissance Italy*, Cambridge University Press.

Henry Stobar (ed.) (2008): *The New (Ethno)musicologies*, The Scarecrow Press, Inc.

Iain Fenlon (2008): *Music and Patronage in Sixteenth-Century Mantua*, Cambridge University Press.

J. P. E. Harper-Scott, Jim Samson (eds.) (2009): *An Introduction to Music Studies*, Oxford University Press.

Joe Kotarba, Phillip Vannini (2008): *Understanding Society Through Popular Music*, Routledge.

Katharine Ellis (2008): Interpreting the Musical Past: *Early Music in Nineteenth Century France*, Oxford University Press.

Kevin Karnes (2008): Music, Criticism, and the Challenge of History: *Shaping Modern Musical Thought in Late Nineteenth Century Vienna*, Cambridge University Press.

Kofi Agawu (2008): Music as Discourse: *Semiotic Adventures in Romantic Music*, Oxford University Press.

Lewis Lockwood (2009): *Music in Renaissance Ferrara 1400-1505: The Creation of a Musical Center in the Fifteenth Century*, Oxford University Press.

Olivia A. Bloechl (2008): *Native American Song at the Frontiers of Early Modern Music*, Cambridge University Press.

Richard Taruskin (2009): *OxfordHistory of Western Music*, Oxford University Press.

Roger Freitas (2009): *Portrait of a Castrato: Politics, Patronage, and Music in the Life of Atto Melani*, Cambridge University Press.

Susan Hallam, Ian Cross, Michael Thaut (eds.) (2009): *Oxford Handbook of Music Psychology*, Oxford University Press.

Suzanne Lord (2008): *Music in the Middle Ages. A Reference Guide*, Greenwood.

戏剧研究

Alice Hunt (2008): *The Drama of Coronation. Medieval Ceremony in Early Modern England*, Cambridge University Press.

Brenda J. Liddy (2008): *Women's War Drama in England in the Seventeenth Century*, Cambria Press.

Christopher Balme (2009): *Pacific Performances Theatricality and Cross-Cultural Encounter in the*

South Seas, Palgrave Macmillan.

Erica Sheen (2009): *Shakespeare and the Institution of Theatre. The Best in this Kind*, Palgrave Macmillan.

Evan Darwin Winet (ed.) (2009): *Indonesian Postcolonial Theatre Spectral Genealogies and Absent Faces*, Palgrave Macmillan.

Helena Grehan (2009): *Performance, Ethics and Spectatorship in a Global Age Studies in International Performance*, Palgrave Macmillan.

Jeffrey H. Richards (2008): *Drama, Theatre, and Identity in the American New Republic*, Cambridge University Press.

Laura McClure (2009): *Spoken Like a Woman. Speech and Gender in Athenian Drama*, Princeton University Press.

Lisa M. Anderson (2008): *Black Feminism in Contemporary Drama*, University of Illinois Press.

Martin Puchner (2008): *Modern Drama: Critical Concepts. Critical Concepts in Literary and Cultural Studies*, Routledge.

Paul Woodruff (2008): *The Necessity of Theater: The Art of Watching and Being Watched*, Oxford University Press.

Peter P. Reed (2009): *Rogue Performances. Staging the Underclasses in Early American Theatre Culture*, Palgrave Macmillan.

Raja Al-Khalili (2008): *The Dialectic of Theatrical Space and Domestic Space. Modern British and American Drama(1900-1939)*, VDM Verlag Dr. Müller.

Robert Leach (2008): *Theatre Studies: the Basics*, Routledge.

Sonja Kuftinec (2009): *Theatre, Facilitation, and Nation Formation in the Balkans and Middle East*, Palgrave Macmillan.

Stephen Purcell (2009): *Popular Shakespeare. Simulation and Subversion on the Modern Stage*, Palgrave Macmillan.

Stephen Wilmer (ed.) (2009): *National Theatres in a Changing Europe*, Palgrave Macmillan.

Sue-Ellen Case, Elaine Aston (eds.) (2007): *Staging International Feminisms*, Palgrave Macmillan.

Virginia Mason Vaughan (2008): *Performing Blackness on English Stages, 1500-1800*, Cambridge University Press.

Wayne Jeffrey Froman (2008): *Dramas of Culture. Theory, History, Performance*, Lexington Books.

舞蹈研究

Barbara Ravelhofer (2009): *The Early Stuart Masque: Dance, Costume, and Music*, Oxford University Press.

Christine Denniston: *The Meaning of Tango: The Story of the Argentinian Dance*, Anova Books.

Geraldine Morris: "Artistry or mere technique? The value of the ballet competition", *Research in Dance Education*, 9, no. 1 (2008), p. 39-54.

Gregory E. Smoak (2008): *Ghost Dances and Identity: Prophetic Religion and American Indian*

Ethnogenesis in the Nineteenth Century, University of California Press.

Jennifer Nevile (2008): *Dance, Spectacle, and the Body Politick, 1250-1750*, Indiana University Press.

Jennifer Nevile (ed.) (2008): *Dance, Spectacle, and the Body Politick, 1250-1750*, Indiana University Press.

Jonathan S. Marion (2008): *Ballroom: Culture and Costumes in Competitive Dance*, Berg Publishers.

Margaret M. McGowan (2008): *Dance in the Renaissance: European Fashion, French Obsession*, Yale University Press.

Matthew G. Looper (2009): *To Be Like Gods. Dance in Ancient Maya Civilization*, University of Texas Press.

Richard Ralph (2008): *The Art that all Arts do Approve. Manifestations of the Dance Impulse in High Renaissance Culture. Studies in Honor of Margaret M. McGowan*, Edinburgh University Press.

Rodreguez King-Dorset, Rodreguez King-Dorset (2008): *Black Dance in London, 1730-1850: Innovation, Tradition and Resistance*, McFarland.

Sabine Gehm, Pirkko Husemann, Katharina von Wilcke (eds.) (2008): *Knowledge in Motion: Perspectives of Artistic and Scientific Research in Dance*, Transcript Verlag.

艺术与跨界研究

本文综述了国外2009至2010年度在艺术史、音乐学、电影研究、戏剧和舞蹈研究方面取得的重要成果，同时对这些成果进行较为全面的梳理和勾勒，指出国外学者在本年度的研究中所关注的主要问题和研究方法，并重点指出本学科的学术创新点和发展趋势。世界范围内的艺术文化研究，突破了原来以西方为中心的模式，将研究视野扩展到整个世界，对一些常被忽视的艺术现象予以研究与关注，从各个方面完善着世界艺术地图。美术研究中的视觉文化研究依然是学科发展的新动力，而传统的目录编撰、文艺复兴艺术研究，在本年度也取得了重要成果。跨学科性在研究中表现得尤为突出，音乐学的发展除了对古典音乐作品分析的成就外，很大一部分学术成果得力于跨学科的研究方法的有效使用。电影研究和戏剧、舞蹈研究也莫不如是。科学与人文的结合成为艺术学研究者追求的目标之一，不断发展的科学技术和脑神经、认知理论等在与艺术研究结合的情况下，成为学术上的新突破。新的艺术媒介和表演、传播形式引发了学术研究上的积极讨论，即对表演媒介和形式进行反思，也对当今形势下，尤其是互联网时代的艺术欣赏、传播进行了考察。最后指出，亚洲和中国的艺术越来越成为国外学者研究的主题，其中从东西交流的角度加以考察是研究的共性。

一 概况

2009至2010年度国外艺术学研究的成果可以从两个方面加以归纳。一是传统的研究方法和内容日益精进，二是在新开辟的一些研究路径、研究领域中，学者们不断产生令人刮目相看的研究成果。当然这两者之间并非截然分开：传统路径上的研究者不可能不受到新思潮的影响，而且他们的许多成果正是在这些新思路的启发下产生；同时那些流行思潮的拥护者也不能不依靠原有研究传统所奠定的深厚基础。可以说，艺术研究领域中的许多成果就是在这种新旧思路的紧张关系中获得的。

在2009年度的发展报告中，我们指出"世界艺术史"观念对艺术史、音乐、电影、戏剧和舞蹈研究都产生了重要影响，启发了这些领域的研究者将目光放到欧洲以外其他地区的文化中，研究异域文化中的各种艺术形式。此外，就如何研究非西方的艺术形式进行了多方面的讨论，尤其对西方的研究方法是否在对象变化了的情况下依然有效这一问题进行了深刻反思。在对本年度研究成果的考察中，我们不难发现，所有学科几乎都能看到对非西方艺术的研究文章或专著。这其中主要是对非洲艺术、拉丁美洲艺术和亚洲的艺术，尼日利亚和阿根廷电影，拉丁美洲的音乐等，甚至是一些极其边缘的艺术形式，如对菲律宾同性恋迪吧中的男性舞蹈演员等非西方的艺术形式进行研究。虽然在研究方法上多采用了西方的理论，但这种成熟的西方研究方式、研究理论也的确能引出一些值得深思的问题，同时也在不断检验和修正着这些理论。

无论是对传统领域的研究，还是对新内容的考察，跨学科的研究方法是本年度艺术学研究中的突出现象。虽然从历史角度而言，跨学科的研究早已有之，但随着各种学科本身的发展，使得跨学科研究的成果不断推陈出新。在对美术、音乐、舞蹈的研究中，人文与科学技术的结合成为当前研究者思考的重要内容，而本年度就有探讨此方面诸多的研究论文、研究成果。例如认知科学和神经科学在艺术研究中的应用日渐增多，本年度就有研究电影与认知科学关系的著作，而《戏剧评论》在2009年第2期就汇集了数篇论文专门探讨认知与舞蹈关系的问题。另外在美术研究中，尤其是在对美术技法和作品年代的鉴定方面，科学技术的发展成为推进研究相当重要的因素。除了科学与人文学科的结合外，人文学科内部的相互影响更是不断推进。社会学、人类学、文学等传统学科与艺术研究之间的密切关系自不待言。同时，一些新的理论，如视觉文化研究、女性主义、后殖民主义都成了艺术研究的重要方法和思考维度，甚至美术、电影、音乐、舞蹈、戏剧各自原有的理论和方法之间也在相互借鉴并发生影响。其结果是，借助其他学科的方法和新的理论，传统研究领域中许多已经达成共识的东西受到了挑战，而原来无法解释的问题，新的研究方法却能另辟蹊径，给出令人满意的答案。

我们在承认新方法和新理论，以及其他学科对艺术研究的价值的同时，也发现有些新方法是在出现新的研究对象和艺术形式之后而产生，对此前艺术的研究未必适用。许多历史悠久、研究传统深厚的学科，如音乐学和艺术史，原有的研究方式依然是本领域发展的基石，它们的成果更值得尊敬，也更有价值。本年度在美术研究领域编辑出版的大量作品目录就是最明显的例证,还有对一些古代作品的详细考察研究,都是一些扎实而基础的研究工程。另外,在对古典音乐的考察中,音乐史研究和作品分析一直是构成学术成果的主要内容。

当然我们面对新媒体和互联网的发展,音乐、舞蹈、电影的创作、传播欣赏形式都在发生变化,学术研究也应对此做出积极回应,思考新环境下艺术生存的状况,开辟诸多新的研究主题,如本年度对冷战时期音乐的探讨等。在本年度国外学术成果的研究中,我们不难发现,哲学与艺术的关系一直是艺术学的重要研究课题。西方新马克思主义的一批人物,如阿多诺、本杰明、卢卡奇等人的思想都成为阐释艺术的重要理论资源,更不用说德勒兹、巴迪欧等人对电影研究的价值。这让我们放眼观看国外本年度纷繁复杂的学术成果的同时,最后回归到那些伟大的思想家身上,发现他们对艺术学研究的推动和贡献,以及他们在思想史、艺术史上的无限价值与无穷魅力。

二 学术成果和理论创新

1. 美术研究

2009年艺术史家协会将本年度最佳艺术图书奖颁给了克里斯·斯普林[Chris Spring]所写的《当代非洲艺术》[*Angaza Afrika: African Art Now*]。克里斯现任不列颠博物馆非洲馆藏部主任,主要负责收藏当代非洲艺术。我们从这本获奖的图书中似乎能依稀看出当今美术研究的思想倾向,即对非西方艺术研究的重视,这一点我们在以前的报告中不止一次提到。同时我们还在以往的报告中指出了视觉文化研究在当代美术研究中的显学地位。2010年5月27-29日在伦敦威斯敏斯特大学召开了2010年度视觉文化研究大会,会议邀请了来自世界各地的学者就视觉文化研究与其他学科之间的互惠关系进行了研讨。主要考察了视觉文化研究与艺术史、设计研究、传媒等学科的关系,以及视觉文化研究对艺术和人文学科中跨文化研究的影响,以及视觉文化研究给大学、艺术院校、博物馆教育方面带来的益处等。总之,通过与相关学科的关系比较,来突出视觉文化研究在当代的意义。而本年度出版的《视觉文化史:从18世纪到21世纪的西方文明》[*A History of Visual Culture: Western Civilization from the 18th to the 21st Century*]更将视觉文化现象追溯到了启蒙时代,更重要的是,作者认为视觉文化史就是观念史,不但在时间上指明了视觉文化的悠久历史,同时从思想上指出了视觉文化的重要性。[1] 作者指出最近兴起对视觉文化的追捧虽是新的潮流,但视觉文化本身是有历史的。从启蒙运动起直到工业时代、殖民时代、今天的全球化时代,视觉文化一直左右着我们的思考和解释世界的方式。虽然如此,具有深厚传统的美术史学科依旧在传统的研究领域中不断深入探索。现将本年度国外美术研究的主要成果详述如下。

在西方美术史界，无论是大学艺术史教授还是美术博物馆界学者都非常看重艺术品目录［catalogue］的编撰。从20世纪后半叶到今天，如果列数西方美术史界的重要学术成果，必然包括那些大部头的艺术品目录。这些目录主要包括公共和私人博物馆的艺术品收藏目录［collection catalogue］、各种类型的展览目录［exhibition catalogue］和艺术家个人作品目录（即所谓的作品集或全集等）［catalogue of raisonnés］。收藏目录是对私人或公共博物馆内的艺术藏品进行系统地编目记录，在西方的历史中，早期的收藏目录都成为重要的历史资料。其实在我国也有为藏品编目的悠久传统，并且这些目录都成为后世研究美术史的重要资源。20世纪后半叶随着博物馆展览文化的蓬勃发展，编撰展览目录成为每次展览前必需的工作，这既出于学术目的，同时更多是为了方便参观者进一步了解展品。每次特展都会邀请知名专家共同编撰目录，因为其信息全面、内容权威，而且反映着最新的学术成果，所以也成为重要的研究参考资料。除了收藏和展览目录之外，有些艺术史家甚至不惜花费大量精力和时间，对某个艺术家的作品进行详细编目，这既是其重要的学术成果，也是其学术研究的基础工作，同时为学界研究这位艺术家提供了最主要的参考材料，也反映了一个时期艺术史界的研究成果。

一般来说，现代学者编撰的艺术品目录应涵盖最新所有关于某件艺术品的文献资料，如果是艺术家个人作品集，还应包括艺术家生平，如果是博物馆收藏目录，那么就应该有关于博物馆和收藏的简史。对具体某件作品，一般由两部分组成，即印刷精美的图片，简短而不失学术水准的文字说明——一般包括作品名、创作年代、作品尺寸、收藏地、收藏流传经过、绘画技法、画面内容介绍、风格分析、图像志研究、作品保存状况、展览情况，以及学术界争论的问题，如归属、复制品、伪作、解释等，最后还要列出所有重要的参考文献。可以说，一部作品目录就是一部严肃的艺术史，它包含了"鉴定"这一重要的要素，以及相关的历史文化内容，借鉴了所有本领域内最全面和权威的研究成果，才构成一本综合的参考典籍，也是博物馆和大学艺术史家集体智慧的体现。

世界上许多博物馆很早就有编写收藏和展览目录的传统，但由于编写者水平、资金、时间所限，质量良莠不齐。在法国，一流的艺术史家都潜心于展览目录的编撰，其成果也最有分量和权威性。美国对此虽然起步较晚，不过近些年有后来居上的态势。对艺术品目录如此详细的说明并非空穴来风，而是有实际材料为依据，本年度国外美术史研究中一个很重要的成就是作品目录的编撰。艺术史家蒂莫西·施罗德［Timothy Schroder］为牛津阿什莫尔博物馆收藏的金银器所编写的目录《阿什莫尔博物馆藏不列颠和欧洲大陆的金银器》［British and Continental Gold and Silver in the Ashmolean Museum］，可谓付出了艰辛劳动。此书编辑了将近20年，许多学者专家参与了这项浩大的工程。除了编者本人外，几任博物馆馆长也投入了大量精力，还有博物馆工作人员、志愿者，他们花了大量精力和时间完成了校对、登记编号、核实，以及影像处理，如修复、清洗、拍照等各项烦琐的工作。

本年度另一部耗时长久的作品目录是《詹姆斯·恩索尔作品全集》[James Ensor The Complete Paintings]。从詹姆斯·恩索尔在世的时候，人们就开始编辑他的作品，直到60年后的今天仍在继续。詹姆斯的作品很多，包括绘画、蚀刻画、石版画、素描等，其造型艺术集就已经出版了5册。从1963年奥斯陆建立蒙克博物馆以来，编辑一部蒙克作品全集就一直是这家博物馆几代馆长的目标。他们不断收集其他私人和公共收藏的蒙克作品的影像资料，但由于缺乏资金，出版作品集的事情一再搁浅。直到最近，在两位画商[Kaara Berntsen，Jens Faurschou]的赞助下才得以实现。经过艰辛的努力，终于在本年度出版了世界上首部《爱德华·蒙克作品全集》[Edward Munch Complete Paintings]。此外本年度的个人艺术家作品集还有如大都会博物馆欧洲绘画部主管沃尔特·利特克[Walter Liedtke]编辑的《维米尔作品全集》[Vermeer The Complete Paintings]。《居斯塔夫·莫罗作品全集》[Gustave Moreau Catalogue sommaire des dessins du musée Gustave Moreau]是由巴黎居斯塔夫·莫罗博物馆编辑完成，此书的出版取代了1983年出版的同类目录。新版本不但在装帧设计上更为美观，而且采用半页大图取代了原来邮票大小的黑白图片，同时根据最新研究成果，修正了每幅作品的文字描述，提供了最近的参考文献。

不列颠博物馆作为世界上最大的综合性博物馆之一，在收藏目录的编撰方面也有重要贡献。2009年出版了由学者多拉·桑顿[Dora Thornton]和提摩西·威尔逊[Timothy Wilson]编撰的《意大利文艺复兴时期的陶瓷：不列颠博物馆馆藏目录》[Italian Renaissance Ceramics: a Catalogue of the British Museum Collection]。这本馆藏目录本来计划在1987年不列颠博物馆意大利陶瓷展览时出版，但由于种种原因，这一计划并没完成。当时还在不列颠博物馆工作的提摩西·威尔逊[Timothy Wilson]写了另外一本简要的《意大利文艺复兴时期的陶瓷艺术》一书予以替代。这本小书此后成为这一领域内最具权威性的导读性著述。之后，提摩西·威尔逊到牛津阿什莫尔博物馆工作，在此期间也为该博物馆收藏编辑了藏品目录。后来不列颠博物馆文艺复兴馆藏部主管多拉·桑顿[Dora Thornton]继续了此项工作。不列颠博物馆所收藏的意大利陶瓷数目可观，内容丰富，在世界上首屈一指。《意大利文艺复兴时期的陶瓷：不列颠博物馆馆藏目录》中收录496件藏品，并配有精美图片。此目录综合借鉴了近年来科学实验和分析研究的最新成果，以及二战后随着档案文献的不断发现，考古发掘和科学研究手段的进步，很多新发现和鉴定结果都在目录中体现出来；同时，还详细考察了每件藏品的收藏流传的过程和收藏家等；并附有这一领域重要的研究著作目录。可以说，多拉·桑顿所编写的此本目录是当前这一领域内的权威著作。

另外，本年度还有一些展览目录出版，此处不再一一罗列。² 总之从上文的分析中我们不难发现，编撰一部艺术品的目录难度较大，既要做大量烦琐的工作，也需要具有很高的专业水准，所以目录一般都具有极高的价值。而且一部优秀的目录代表了当前此领域内最杰出的研究成果，同时将在很长一段时间内都是这方面研究的权威参考资料。任何学者研究与此相关的艺术品、艺术家，都将以此作为研究的基点。

除了在目录编撰方面的重要成就外，对北方文艺复兴时期艺术的研究也成果斐然。由艺术史家凯瑞尔·斯通［Cyriel Stroo］主编出版的《低地国家艾克兄弟之前的绘画》[*Pre-Eyckian Paintings in the Low Countries*] 试图对北方凡·艾克之前的画家进行综合研究。此书是荷兰15世纪研究中心、比利时列日公国和皇家文化遗产研究院合作研究的首部成果。其中研究了比利时公共博物馆收藏的10幅绘画作品，第一册是作品图集和相关文字信息。第二册是研究论文，讨论了一些相关的重要问题，如金色在这些作品创作中的重要意义，装饰浮雕的技法研究，锦缎和镶嵌物的使用情况等。研究论文中大都集中在对技法、材料的考察上，通过先进的仪器，研究者获得了一些新发现。在对这些作品的研究中，油画何时出现是一个相当重要的问题。研究者在此书中认为，虽然油彩颜料在当时已经出现并使用，但使用方式仍然是古式的；所以，油画的出现和使用一直要到凡·艾克及同时代的人发现油彩特性，才用它来制造一种幻觉效果。不过关于这一点，本书的观点有些陈旧。因为最近许多学者都认为黏合材料，包括油彩、蛋白质、蛋胶等在凡·艾克之前的一代艺术家中就开始使用了，而在20世纪80年代对迈尔奇瓦·布罗耶德拉姆［Melchior Broederlam］在第戎的镶板画的研究中发现，蛋白质黏合颜料用在底层，而油彩已开始作罩色使用。³ 在对最早油画材质使用情况的研究中，很多学者发现在凡·艾克之前已经在使用油彩作画，这方面近些年最重要的研究成果是2003年出版的《早期尼德兰绘画中技法研究的最新成果》，有学者在对四联作品的研究证明，在凡·艾克之前已经出现使用以松子油为主要原料的油彩画。⁴ 综合这些研究成果来看，原来认为凡·艾克发明了油彩作画方式是值得商榷的。

汉斯·梅姆林［Hans Memling,1435-1494］是15世纪弗兰德斯的画家。自从1994年在比利时布鲁日的格罗南热博物馆举办梅姆林逝世500周年纪念展后，梅姆林就成了很多艺术史家研究的课题。巴巴拉·G·莱恩［Barbara G. Lane］是研究梅姆林的专家，此前曾写过许多文章讨论梅姆林，2009年出版的《汉斯·梅姆林：15世纪布鲁日的大师绘画》[*Hans Memling: Master Painter in Fifteenth-Century Bruges*]是其研究的集大成之作。此书分为四部分，第一部分讨论梅姆林艺术的源起和所受的艺术训练，作者详细考察了梅姆林与魏登之间可能存在的关系。瓦萨里和奎齐亚迪尼都认为他曾受训于布鲁塞尔大师，但作者对这些材料都进行了谨慎地考察而并没有对他们的关系给出定论。第二部分讨论的是梅姆林在布鲁塞尔的工作室及其接受赞助的情况。接着对梅姆林受赞助创作早期荷兰画的具体情况以及三次重要的委托绘画工程进行了考察。最后分析了梅姆林受邀为意大利赞助人作画,以及他的作品在意大利引起的巨大反响。作者在此深入讨论了意大利艺术家对北欧绘画的态度和争论细节。在结论中,作者对梅姆林的作品和创作时间进行重新鉴定与研究,修正了15年前曾编撰的一部作品目录。

萨塞塔[Sassetta,约1392-1450]是15世纪最杰出的锡耶纳画家。波格圣塞波尔克罗祭坛画是萨塞塔于1437年到1444年为波格圣塞波尔克罗的圣弗朗西斯科教堂所画的四联祭坛画。2007年秋天由8国专家组成的专家小组在意大利的小城波格圣塞波尔克罗举行了为期两周的研讨会,主题就是探讨这幅四联祭坛画。本年度出版《萨塞塔》集合了这些学者的研究成果,撰稿人是当时的专家小组成员,他们都是艺术史、绘画技法和保存修复等方面的专家。其中,第一册分别讨论了萨塞塔的命运,接受创作这幅祭坛画的使命,当时祭坛画在教堂的具体空间位置、复原祭坛画、画面含义和技法等。第二册主要进行绘画技法的考察,根据不同祭坛画的不同部分进行深入而细致的讨论。

浪漫主义者认为伦勃朗直接将自己对《圣经》的深刻理解转移到画布上,同时对犹太人给予极大同情。很多艺术史家研究了伦勃朗艺术与《圣经》插图画、宗教图像印刷品之间的关系,以及伦勃朗笔下的宗教形象,包括绘画、素描、蚀刻等。由密西根大学艺术史教授谢利·帕洛夫[Shelley Perlove]和宾夕法尼亚大学艺术史教授拉里·希尔弗[Larry Silver]合著《伦勃朗的信仰:荷兰黄金时代的教堂、寺庙》一书研究了伦勃朗笔下的全部宗教形象,并探讨了伦勃朗的艺术与宗教以及当时神学家间的争论等复杂问题。1637年,荷兰钦定《圣经》的翻译出版达到了高潮。伦勃朗的作品体现了当时一些重要的宗教问题,以及其不断深入研究《圣经》,还依照传统的圣保罗思想对新旧约进行分类。同时他和当时的荷兰人一样喜欢对《圣经》中的"上帝的选民"故事和荷兰的社会之间进行比较,包括对上帝的契约规定的领导的合法性进行评论。伦勃朗详细阅读《圣经》、加尔文的评论,以及其他神学理论家的著作。除了基督教外,伦勃朗同时还受到当时犹太教的影响;这些问题都时常出现在他读《圣经》的笔记中,以及绘画作品中。他通过画笔下的人物,以及他的心灵、记忆和想象创作出生动的教堂和基督教形象。

世界重要的艺术史学术期刊《艺术史》杂志2010年第一期以专辑的形式讨论了西方美术与舞台戏剧之间的关系。早期的戏剧从建筑、绘画和其他视觉艺术中吸取了众多元素用以丰富舞台表演,如公元前5世纪雅典戏剧舞台上的木质脚手架来自建筑领域,18世纪为表现无限深远空间而使用的背景幕布等。同时艺术也表现舞台场景,如绘画中描绘升起的舞台幕布,从舞台演员处吸收到作品中的动作、服饰等,或是干脆描绘出整个舞台场面。威尼斯绘画在这方面表现得尤为突出,如委罗内塞在《利维的家宴》中描绘圣经故事场景就使用了舞台背景,还有学者认为提香的《光荣的受苦》[Crowning with Thorns]场景也曾发生在舞台上,16世纪佛兰德斯的绘画中也有很多相类似的现象存在。这种相互借鉴和利用的现象在艺术史上非常多,这就不得不让人们思考两者间如何相互影响,以及如何转化吸收,因为这其中不仅仅是两种媒介和表现内容的简单链接。

过去对舞台戏剧与视觉艺术之间关系的研究主要有两种方法。一是两种艺术之间的实际关系,二是在表现戏剧性[theatricality]方面两者之间的差异。第一种方法主要从历史角度考察某种具体的艺术品如何使用舞台要素,这在建筑史的研究中比较多见,如通过绘画来考证建筑形式,当然前提的假设是绘画中所描绘的建筑与实际建筑一致。戏剧性的概念比较复杂,一种是指技术上的东西,所有构成舞台的要素;还有一种是指社会和道德现象,即在观众面前表演,包含了非自然、游戏、缺乏自发性、艺术表现等内涵。在本专辑的开篇,有一篇文章从戏剧的情节、演员、舞台空间和观众等方面结合其他艺术(包括绘画、建筑、雕塑、园林、城市整体效果)进行考察研究。[5] 在研究戏剧和艺术的关系中,我们还要思考几个概念,如复制、自我参照性、自我意识,以及完整复原。本专辑共有12篇文章,都在讨论舞台戏剧与艺术的关系。探讨的内容也各不相同,如在"挂毯和神秘戏中的'戏剧性'及其在绘画中的延续"一文中,作者劳拉发现神秘戏中反映耶路撒冷被毁的戏剧《主的复仇》,同样出现在挂毯上。她认为,这两种媒介的再现方式十分类似,都要吸引观者的参与,要观众注意描述事件的艺术手法,其特点与"戏剧性"有某种联系——挂毯激起人们观看神秘剧的经验,同时又提供了另一种模仿古典的模式,并且绘画中的复仇主题限定在行动的瞬间,吸引观者的参与。[6]

"艺格敷词"源自西方早期的修辞学,是对事物对象的详细描述,后发展到专指对艺术品的文字描述,以语词来再现图像。[7] 它一直影响着美术史的写作形式。《艺术史》期刊2010年第一期上有雅斯·埃尔斯那所写的"作为艺格敷词的艺术史",作者在此文中认为对作品的描述是将实物转化为文字,以满足艺术史写作的修辞模式,同时要背离突破实物对象,成为物质之外的文字图画。作者认为对作品进行描述往往会受到描述物体的类型、模式的影响;也会受描述者主观的左右,也就是在描述某件具体作品时会受到描述者内心思想影响产生描述上的偏见,而此可以视作是描述策略的不同以及风格的差异。所以,作者认为艺术史的写作过程和著作一样重要,对写作过程也需要有所明示和研究。[8]

本年度美术研究成果中对德国艺术史及相关现象的研究值得在此详加说明。在《剑桥考古学报》上刊登了一篇研究旧石器时代德国南部手工艺作品的论文。作者在此论文中探讨了德国西南部后期旧石器时代文化中的可移动艺术[mobiliary art]的社会记忆功能;旧石器时代社会生活中文化记忆和交流的不同特点和功能。作者认为雕塑是文化记忆的反映,与丰富多彩的日常生活之间有着复杂多变的关系。那些动物形象并非是集体观念的被动反映和再现，而应看作是个人生活积极的产品。个人对这些雕塑的含义和相关的文化记忆非常关心。他还进一步认为，这些小件雕塑是社会思想意识在个人观念和生活中的反映。这些古代雕塑与当时的思想意识形态、技术实践、物质要素紧密结合，与社会记忆之间有一种互动的复杂关系。可见，作者的观点受到当代德国学者、埃及学专家扬·阿斯曼［Jan Assmann］的影响，抛弃了将古代雕塑与人类实践经验完全分开的技术进化论、生态学的观点。[9]

包豪斯是依第一次世界大战期间担任德军海军军官的瓦尔特·格罗皮乌斯［Walter Gropius］的构想建设而成。其作为学校是世界上独一无二的，而曾在其中任教的艺术家都非常杰出，后来皆成为现代的艺术大师，他们有建筑家、画家、手工艺大师。他们的目的都是想通过努力使工业为人类艺术服务。包豪斯的原则是要把美、简约、实用、批量生产融为一体，而这完全不同于以前设计所遵循的精细法则。虽然这所学校只从1919年持续到1933年，就被迫从魏玛迁至德绍后至柏林，面临很多反对和困难，但却对世界艺术和手工艺产生了深远影响。学者尼古拉斯·福克斯·韦伯［Nicholas Fox Weber］的著作《包豪斯小组：六位现代主义大师》［*The Bauhaus Group: Six Masters of Modernism*］主要讨论了六位艺术家的生平，生动地呈现了包豪斯的发展历史。这六位艺术家分别是：建筑师瓦尔特·格罗皮乌斯［Walter Gropius］、密斯·凡德罗［Ludwig Mies van der Rohe］、画家保罗·克利［Paul Kless］、瓦西里·康定斯基［Wassily Kandinsky］、约瑟夫·亚伯斯［Josef Albers］，纺织设计师安妮·阿尔伯斯［Anni Albers］。正如作者所言，"本书集中讨论了这一流派中的六位艺术家，他们超越了自己的时代、地区，成为永远被人们传诵的天才。本书尽量将他们刻画成普通人，描绘他们如何产生并实现自己的梦想，他们的成就前无古人、后无来者"。

另一个与德国有关的主题并不那么光彩，研究的是二战时期纳粹头目赫尔曼·戈林的艺术劫掠与收藏。纳粹对艺术品的劫掠是历史上臭名昭著的盗窃活动。国家社会主义运动期间，纳粹开始大范围劫掠财产，首先从帝国内的犹太人开始，接着蔓延至整个欧洲。近些年赔偿问题吸引了很多人关注，寻找证据也成了博物馆方面的重要事务。本年度西方出版的两部主要对二战期间劫掠文化财产活动背后的指使者赫尔曼·戈林进行研究的重要学术专著，一本是英语世界出版的《超越贪婪之梦：赫尔曼·戈林的收藏》［*Beyond the Dreams of Avarice: The Hermann Goering Collectio*］另一本是在德国柏林出版的《赫尔曼·戈林的收藏："第三帝国"时期的收藏家、艺术和贪欲》［*Die Kollektion Hermann Goring: Der Eiserne Sammler, Kunst und Korruption im 'Dritten Reich'*］。纳粹德国空军元帅（后晋升为纳粹德国帝国元帅）赫尔曼·戈林［Hermann Göring, 1893-1946］是德国纳粹党的二号人物，希特勒指定的接班人，同时也是一位疯狂的艺术收藏家。第三帝国期间，他建立了惊人的个人艺术品收藏，陈列在风格豪华的私宅卡琳宫［Carinhall］内；战后这些藏品收归国有。此人收藏范围非常广泛，包括稀有动物、宝石、书籍、家具、挂毯、工艺品到雕塑、绘画。这些藏品价值连城，而此人为了得到这些艺术品不择手段、不惜金钱。从其收藏中，我们还可以直接看出此人的艺术趣味——非常痴迷早期荷兰、弗兰斯绘画，以及德国绘画和法国洛可可雕塑、绘画等。《赫尔曼·戈林的收藏："第三帝国"时期的收藏家、艺术和贪欲》的作者汉恩·克里斯琴·洛尔［Hanns Christian Löhr］在书中考察了赫尔曼·戈林获取这些艺术品的手段、作品的原属地和相关信息，以及此人如何获取金钱以满足其收藏欲望，如何掩盖罪恶行径等。作者还讨论了德国工业主义者对此人收藏的协助、当时对劫掠艺术品行径的合法解释，以及在卡琳宫内的陈列展览情况。作者还编辑了赫尔曼·戈林的绘画收藏目录，指出其中约有150幅作品下落不明。而第一部书的作者南希·N·耶德［Nancy N. Yeide］更是编撰了赫尔曼·戈林的全部收藏目录，对每件作品进行详细研究，这些目录将成为未来研究者推进研究的重要文献资料。

波普艺术家安迪·沃霍尔作为美国艺术成就的重要代表，也成了本年度艺术史和艺术家传记讨论的中心，有三部著作专门讨论沃霍尔。一是詹姆斯·罗森奎斯特［James Rosenqiust］和戴维·多尔顿［David Dalton］的《零度下的绘画：艺术中的生命》［*Painting Below Zero: Notes on a Life in Art*］，另一部是托尼·谢尔曼［Tony Scherman］和戴维·多尔顿［David Dalton］合著的《波普：天才安迪·沃霍尔》［*Pop: The Genius of Andy Warhol*］，第三部则是阿瑟·C·丹托［Arthur C. Danto］的新作《安迪·沃霍尔》［*Andy Warhol*］。

波普艺术家首先拒绝承认，甚至谩骂艺术是个人"情感"的表现这一观点。当沃霍尔将坎贝尔公司的罐头瓶图像用丝网印刷在画布上呈现出来时，艺术创作的动力就从不可言说的潜意识层转变为一种明确的消费目的。波普艺术最早被认为是带有反讽性质、非个人、不包含情感的创作。虽然波普艺术已出现半个多世纪，但依然是许多艺术研究者探讨的主题。《零度下的绘画》的作者詹姆斯·罗森奎斯特本人就是美国著名波普艺术的代表人物，与里奇·登斯坦、安迪·沃霍尔等人共同推动了美国当代艺术的发展。这本由波普艺术家撰写的回忆录，坦承、幽默、真实地讲述了其艺术生涯，描绘了从抽象艺术到波普艺术的内在转变历程。所以，此书也是我们了解五十多年前美国视觉文化全景的重要文献。

戴维·多尔顿曾协助詹姆斯·罗森奎斯特完成《零度下的绘画》。同时他自己也和另一位音乐批评家托尼·谢尔曼一起合作讲述另一位波普艺术家沃霍尔。他们主要记述了沃霍尔从1961-1968年间的艺术生涯，此间是沃霍尔艺术创作的高峰期；为我们描绘了一个真实生动的艺术家及其艺术演变过程。沃霍尔重新定义了艺术的含义。作为一位成功的波普艺术家，他拉近了高雅艺术和低俗艺术之间的距离。他的创作包括漫画书、画报、好莱坞电影海报、超市货物等。

而作为重要学术著作的《安迪·沃霍尔》，则是当代知名的哲学家、艺术批评家阿瑟·C·丹托长期以来一直想讨论的话题。这部书是"美国肖像"丛书之一。此丛书将沃霍尔与乔治·华盛顿、舞蹈家兼演员弗雷德·阿斯坦［Fred Astaire］、汉堡并列，作为美国历史和文化的代表。丹托将沃霍尔在某种程度上看作是一位哲学家。他回顾了1964年4月，沃霍尔在纽约斯得堡美术馆举办的第二场个人展，沃霍尔在展览现场堆了一大堆空的看上去如同超市纸箱的胶合板箱子，而在展厅门口，"布里洛盒子"［Brillo Box］雕塑几乎堆到了天花板。"对我来说这是一次改变思想的参观"，丹托写道，"他将我的兴趣转向了艺术哲学"。但他的"艺术的终结"观认为，沃霍尔的出现使得艺术史的叙述出现暂停。此时，我们需要停下来，思考一个古老的问题"什么是艺术"。因为在沃霍尔看来，任何事物都可以成为艺术［art can be anything］，并且此观点曾一度相当流行。那么为何波普艺术一直以来拥有如此大的影响力？丹托敏锐地提出此与政治有关。我们肯定还记得：1959年，赫鲁晓夫与尼克松展开了一场"厨房辩论"。当时的副总统尼克松向世界展示了美国人日常生活的舒适和便捷，从百事可乐到凯迪拉克；同时也向世界宣布美国是消费的天堂。从而，橱柜里的生活用品成为价值观的象征，厨房成为美国人的推崇和实现梦想的地方。同时，这种观念也播撒到波普艺术中，尤其在波普艺术发展的早期，艺术家大量使用日常生活用品图像作为创作主题。丹托看到沃霍尔的箱子，不但改变了自己的艺术观念，也改变了他的哲学生涯，更重要的是奠定了20世纪的美学发展历程。此书展现了沃霍尔艺术世界的语境、文化问题、创作计划和美学观念。丹托将沃霍尔描绘成美国的偶像，同时也展现了自己的批评才能和哲学想象。丹托本身在艺术理论界和批评界是一位偶像级人物。丹托认为，沃霍尔能成为美国人心目中的偶像，是因为他创作的主题来自日常生活，普通美国人都能理解，他作品中几乎每一件东西都是直接来自美国人的日常生活，普通人的趣味和价值观曾与高雅艺术完全分离，而现在却紧密结合在一起。难怪大卫·卡里尔评论此书是"极具独创性的一本著作……可以说是丹托这些年在人们期待中创作出的一部伟大的著作"。

观念艺术运动是我们过去50年里世界艺术的重要组成部分，也是我们把握艺术史不能回避的艺术流派。索菲·理查兹［Sophie Richards］在其专著《揭秘：观念艺术家的国际网络，1967-1977，画商、展览与公共收藏》［*Unconcealed: The International Network of Conceptual Artists 1967-77, Dealers, Exhibitions and Public Collections*］中研究了观念艺术在欧洲的发展状况，此书由其博士论文改编而成。不幸的是，索菲在博士毕业后不久就去世了。此书由其导师修订而成。索菲采访了一些重要的观念艺术家，并在对其观念艺术基本信息进行大量搜集和整理的基础上写成，她详细分析了各个观念艺术展览，以及许多重要的艺术家和展览照片。此书证明观念艺术在欧洲是一个独特的现象，是"反商业"的，而并非为画商而创作。露西·利帕德［Lucy Lippard］在很多年前就有过一段著名评论，她说"希望'观念艺术'能够避免一般的商业化，避免具有破坏性的现代主义'进步'观念，这些想法大多不现实。似乎在1969年……还没有人，哪怕有很多公众对小说痴迷，也不会掏钱购买，至少大部分人如此……这些艺术家似乎被迫从商业和市场专制的束缚中解放出来"。[10]作者并未试图对观念艺术做出解释，正如本书序言所述，它并不"关注观念艺术品德"，而是关注艺术的外部世界。

二战后，英国景观与民族身份、国家重构问题有着密切关系。学者凯瑟琳·乔利韦特［Catherine Jolivette］在2009年度出版的《不列颠20世纪50年代的景观、艺术和身份》［*Landscape, Art and Identity in 1950s Britain*］一书中提出：英国人的身份认同不只是反应在景观形式的转变中，而且景观反过来也形成了英国人的民族身份。前数十年发展起来的景观预示、促成了英国人自信、自足特质的转变。艺术家、政治家和普通民众都认为景观画中有自己的影子，同时反过来依照此形式改变其他景观。凯瑟琳从广义的角度考察了景观的角色，这里的景观包括油画作品、印刷品、雕塑、摄影、广告、流行杂志、艺术家传记等视觉文化现象。她还考察了各种文献材料，包括报纸、广播、艺术家采访、书信、展览档案等，进而讨论了景观艺术与各种社会要素之间的关系，包括妇女在当代社会的角色、移民艺术家的地位、科技的发展、英国文化在国外的推广等。

西方学者对中国以及亚洲的美术、视觉文化研究在本年度也不乏一些有意义的研究成果。如现在多伦多大学执教的中国美术史学者裴珍妮［Jennifer Purtle］就撰写了《视觉方式：1640年代》［*Scopic Frames: Devices for Seeing China in 1640*］一文，探讨了中国晚明时期传统绘画的观察形式，即双眼观看的经验在面对外来西方的单眼观看模式和概念化视觉形式的挑战时，如何唤醒当时人们对中国传统观看模式的推崇。裴珍妮首先考察了晚明时期中国版画及其表现的艺术视觉经验，以及在面对西方单眼观看模式时，中国人通过表现动态和摹影拟形将传统的双眼观看模式固定化。她在此文中指出，17世纪中国和欧洲在视觉观看方面的相互影响，改变了双方原有的观看模式、策略和观念。[11]此外《面向现代：从口岸开放至二战的东亚视觉文化》［*Looking Modern: East Asian Visual Culture from the Treaty Ports to World War II*］一书从多角度考察了东亚从19世纪到20世纪前半叶现代的视觉文化。此书是一本论文集，其论文主要来自芝加哥大学艺术史系东亚艺术中心举办的两次研讨会所提交的论文。内容包括19-20世纪东亚视觉文化，主要是日本和中国的现代视觉文化，包括摄影、电影、流行文化、女性角色的转变、商业艺术以及西方的冲击等；并对东亚视觉文化的现代性进行阐释等等。此书试图通过一种跨学科的研究视野，重新考察和理解当时的社会文化。

2. 音乐学研究

音乐学是在国外发展较成熟的学科，在研究内容的方法上都已经建立起自己完整的体系。随着学科发展的需要和整体学术语境的改变，原来建立的这些研究模式逐渐被打破。不仅研究范围日益扩大，内容越来越丰富，而且研究方法也不拘一格，既受到其他学科的影响，又有音乐学研究者主动开始反思本学科的研究策略。每年召开的跨学科音乐学研讨会［The Conference on Interdisciplinary Musicology］就是这方面绝好的例证。此研讨会召集各方面专家学者，研究音乐学与相关学科之间的关系及其相互合作的可能性。此处列举一些相关学科的名目，我们就可一睹当代音乐学跨学科研究的丰富性，他们包括声学、美学、人类学、考古学、艺术史和艺术理论、生物学、计算机、文化研究、教育、人种志、历史、语言学、文学理论研究、数学、医学、音乐理论和作品分析、心理学、符号学、统计学、治疗学等，通过这些不同学科之间的合作，推动科学与人文学科之间的合作，理论与实践的结合，进而从整体上推进音乐学的发展。

在本年度国外学术成果的研究中，首推对古典音乐史的研究。学者不仅在古典音乐研究方面取得了众多成就，同时也从某些侧面解决了一些重要的学术问题。例如古希腊乐理对中世纪赞美诗颂唱的影响一直无法获得明确解释，而本年度出版的著作中给出了令人信服的答案。再如从新的角度对一些古典作品的重新阐释，使得对一些作品的理解更加明了、深入，同时对一些作品的思想和风格来源有了新的解释。例如19世纪早期意大利的歌剧由哥特式的主题占据主流位置，研究者通常认为这一现象的产生是因为当时意大利作曲家被席卷欧洲其他地区的浪漫主义运动影响。但对具体历史真相却没有较为明确的解释，学者玛丽娜·埃瑟的论文通过对意大利浪漫主义歌剧代表人物葛塔诺·多尼采蒂［Gaetano Donizetti］的作品分析指出，他的歌剧实际上是对原来歌剧进行了哥特式风格的改编而成。[12] 在音乐作品研究之外，学者们将目光投向了音乐与政治、民族之间的关系上，本年度在这方面最突出的成就表现在美国音乐家协会对冷战时期音乐的研究，以及对拉丁美洲音乐的考察。下面将此内容作一简单勾勒，如需详细研读，可依据提供的参考文献查找材料。

许多音乐学家，甚至是中世纪音乐的研究专家可能会由于语言的障碍和这些古代流传下来的文献资料中的概念与现今使用的相异性，使他们无法真正接触和理解古代音乐。而俄亥俄州州立大学音乐学教授查尔斯·M·阿特金森［Charles M. Atkinson］迎难而上，在其2009年度出版的著作《批评的核心：早期中世纪音乐中的音制、调式、乐谱》［*The Critical Nexus: Tone-system, Mode, and Notation in Early Medieval Music*］一书中，集中考察了古代音乐对中世纪早期音乐理论的发展是否存有重要影响这个问题。他从独特的角度研究了音制、调式和乐谱的发展历史，从希腊和拉丁文献中查找许多重要资料与赞美诗圣咏中的特点进行细致比对，试图寻找到古代音乐与中世纪音乐二者之间存在的一致性。查尔斯教授详细研究了早期中世纪音乐理论及其在素歌（格里高利圣咏）中的应用，综合研究了中世纪音乐理论家接受了古代乐理术语和概念后将其应用到当时音乐（基督教赞美诗圣咏）中时所遭遇到的困难；考察了中世纪音乐家如何将古希腊和拉丁乐理系统进行重新阐释，融合到当时的音乐创作中去，从而产生了新的素歌形式。在研究过程中，他不但解释了早期中世纪音乐的音调问题，而且解决了最早格里高利圣咏乐谱的来源问题，即人们都认为受到神启发而作赞美诗圣咏，那么为何还需要加以变化以适应实际的调式系统。为了揭开这个谜团，查尔斯教授在此书中进行了条分缕析地细致讨论，从古希腊和谐理论，到罗马赞美诗的各种不同形式中寻找根源，并大量参考了 6 世纪到 12 世纪的音乐理论文献。通过细致而广泛的考察，查尔斯教授发现文人所倡导的音制来自古希腊的和声传统，但并不适合赞美诗的记谱方式，这一差异导致了新理论的诞生。通过考察音制、调式和记谱的改变和最终的采纳，查尔斯教授发现了调式对中世纪音乐家的意义，以及他们的乐理系统如何突破其原有的局限；而这些都是重要的学术研究成果和发现。同时，查尔斯教授还通过对 6 世纪到 12 世纪一些重要音乐文献的详细考察，对古典和声音乐理论和中世纪基督教的音乐实践建立了一种中心二分法。他对音调系统进行了全新阐释，以及考察了这一系统与旋律、乐理和记谱法之间的关系，并提出了更广泛、更具原创性的观点。

14 世纪西方田园诗大量使用寓言故事和象征手法，这使得现代人理解这些诗歌有相当的困难。一般人把鸟类看作是纹章的象征，因而，许多人在理解 14 世纪意大利的作曲家波伦亚的雅各布［Jacopo da Bologna］的田园诗《骄傲的老鹰》［Aquil'altera］时，就认为这首诗要么为婚礼而写，要么为庆祝登基大典而作。在埃琳娜·埃伯拉莫夫 - 凡·瑞克［Elena Abramov-van Rijk］撰写的一篇文章中，[13] 则严肃地指出，此种判断过于武断。作者认为，雅各布这首诗的内容、风格与诗歌表达的观点、艺术形象都是当时流行的内容，尤其突出表现在动物寓言集或相关内容的诗歌中。这些象征内容，实际上是对人类智慧的赞扬，而此种象征意义对当时读者、听众来说并不难理解。因此，田园诗也为理解 14 世纪音乐作品中所体现的思想提供了重要的认识与理解的工具。那些音乐作品在当时意大利文化的特定背景中，与诗歌形式相互呼应；这就是所谓互文性［intertextuality］的一种表现和实践。

音乐被认为是最典型的短暂性艺术，同时也被认为是最能激发人们对时间经验的感受，因为它通过主题的不断复现让听众不断感受到与世界之间本来短暂的相互关系。早在西方浪漫主义时期，如从席勒、弗·施莱尔马赫、叔本华到尼采、柏格森、普鲁斯特等都已经开始对音乐这种特性加以强调。到了 19 世纪晚期，出现了多种表现时间短暂的音乐表现技法，从瓦格纳多个主题交织运用的技巧到勃拉姆斯的主题变奏曲等。但最能体现时间经验的作品显然是套曲曲式。这种曲式会不断重复和回到前面的主题，并有所变化，具有一种复杂的短暂时间模式，暗示出一种音乐时间的表达。本尼迪克特·泰勒［Benedict Taylor］的论文《门德尔松A小调弦乐四重奏（作品13号）中的套曲曲式、时间和记忆》［Cyclic Form, Time, and Memory in Mendelssohn's A-Minor Quartet, Op. 13］就探讨了此问题。一般认为套曲曲式出现在19世纪晚期，但本尼迪克特认为早在19世纪20年代套曲曲式就已成型，其开创人就是年轻的费利克斯·门德尔松。作者分析了套曲曲式的形式以及门德尔松的创造，尤其是套曲曲式与时间经验和记忆的关系，甚至就套曲曲式与浪漫主义运动之间的关系进行了探讨，并将套曲曲式与普鲁斯特的小说进行了比较。

德彪西晚年四年的创作时间恰值一战爆发的四年，这一时期的作品既反映战争时期的历史事件，又有他渴望创造一些新成就，奠定其在音乐史上的神话。虽然此间德彪西创作的音乐作品很少，但它们却代表着其艺术生涯中的最高成就，都是音乐史上的杰作。《德彪西晚期作品风格》［Debussy's Late Style］一书通过对音乐作品的细致分析，以及对音乐学和文化史的研究，为我们生动地解读了德彪西晚期作品的音乐特色和思想之间的关系，尤其集中讨论了这些作品如何反应战争期间巴黎独特的社会文化背景等。作者玛丽安娜·惠尔登［Marianne Wheeldon］主要从五个方面分析了德彪西晚期作品的风格：一是德彪西晚期作品的历史和文化背景，二是法国民族引以为豪的德彪西奏鸣曲中的独特发明，三是德彪西作品中令人着迷的钢琴表现技巧，四是一战和越来越差的身体状况对其内心、音乐作品的影响，五是虽然德彪西晚期的作品本身对音乐界有着巨大冲击力，但在今天这些作品的受欢迎程度远远不及其早年作品。

马勒的音乐中包含的各种声音元素，在一些人看来影响其作品的统一性和统一的叙述过程。本年度出版的研究马勒音乐的著作《马勒的声音：诗歌与交响乐中的表现与讽刺》［Mahler's Voces :Expression and Irony in the Songs and Symphonies］解决了这个问题。作者朱利安·约翰逊［Julian Johnson］对马勒全部作品的叙事过程进行了分析研究，她认为马勒的叙事过程是在一系列辩证的关系中前行——如天才情感主导要素和表演技巧，严肃而纯洁的表达与故意的戏谑，直觉的本性和经过思考的创作，纯粹的表现和分析批评，社会和个人，现代性和复古。马勒的这种矛盾特征体现了他作为德国人和波西米亚犹太人的双重身份。马勒在其创作的乐曲中不断反抗传统的音乐风格和音乐分类法，在他们之间任意穿梭；这让其同时代的人不知所措、无法理解。朱利安深入而细致地研究了马勒的交响乐、诗歌及其所留下的文字资料，认真分析了马勒的音乐作品如何表现自己的艺术理念、建构自己的音乐创作思路。朱利安认为，马勒的音乐反映出他所受到的其他音乐传统的影响，和有意识地从其他相关素材中吸取的音乐元素；这使得马勒通过自己神秘的声音逐渐形成独具特色的音乐形式。

阿多诺在评论马勒的作品时说，"它们记述的是音乐内容本身，它们吟诵着自己"。[14]而朱利安却将马勒的作品描述为一个艺术过程，认为在他的乐曲中讽刺与表现不断相互穿插的过程是"自相矛盾的，马勒作品在这一过程中将自己表现为是真实的表达，这种表达来自一种神秘的原始力量，同时也重视自身的艺术特色"。朱利安认为从表现和讽刺之间的辩证关系中获得的张力是马勒音乐作品的精神所在。作者通过对激情四射的马勒音乐作品中的内容表达的分析，对其作品音乐风格的独特研究，并将其作品放在文化和历史的背景中加以阐释，把18世纪晚期浪漫主义的讽刺与20世纪的解构思想结合起来；从而认为在马勒的这些音乐作品中渗透着某种紧张关系。而这种紧张关系让先前的批评家十分迷茫，不易理解，却在后现代社会与观众中间获得了共鸣；进而说明马勒的音乐思想是一种激进的自我意识的觉醒，他的音乐作品也让我们反思现有分类法的正确性、有效性。

西方音乐学研究的重要学术刊物《19世纪音乐》［19th Century Music］在2009年第2期上刊登了一篇文章，[15]分析了贝多芬作品中的"政治音乐"作品。这些作品向来被认为在风格、美学和贝多芬思想意识方面不一致而受到研究者的忽视。作者尼古拉斯·马修［Nicholas Mathew］把贝多芬的这些作品置于19世纪早期的维也纳背景下进行重新解读。当时公共生活中非常流行的"亨德尔式的崇高"，即当时美学思想和大合唱都在某种程度上受到亨德尔清唱剧的影响，同时也与海顿晚年的合唱作品有关。通过重新研究维也纳当时的政治性合唱文化，作者认为当代对崇高音乐所具有力量的理论研究变成了对音乐影响社会能力的理论研究。作者以亨德尔音乐影响下的社会文化背景来重新讨论贝多芬的音乐，他发现：首先，贝多芬交响曲的合唱美学背景完全被忽视。通过对原有演出背景和贝多芬交响曲中时代特点的分析，他指出这些交响曲应该被看作是对亨德尔大合唱曲的管弦乐的改编。其次，他认为由贝多芬研究专家指出并被夸大的贝多芬政治性作品与当时"权威"的康德式的人类自由的崇高之间的区别可能站不住脚。再次，贝多芬时代的维也纳文化中合唱与交响曲之间的联系不但能解释贝多芬作品的政治源头，而且也能解释贝多芬交响曲中不断出现的政治思想。作者还借助阿尔都塞的权力和主体性理论，认为贝多芬交响乐所引起听众强烈的主体性感觉，部分是借助音乐，听众将外部合唱中对政治权利的表达转化为内部交响曲的形式。通过这些分析，我们就可以理解为什么贝多芬音乐中既有令人恐惧又振奋人心的因素，又有权威而自由的音乐元素。

瓦格纳的《尼伯龙根的指环》是由四部分组成的大型歌剧，被誉为世界歌剧之最，曾在1995年北京国际音乐节上演，轰动一时。2010年9月份又将由德国科隆歌剧院在世博会期间于上海大剧院演出。对于这部作品的研究也不断推陈出新，2009年J. P. E. 哈珀-斯科特［J. P. E. Harper-Scott］在《19世纪音乐》杂志上的一篇文章分析了瓦格纳作品中的艺术特色和中世纪艺术思想之间的关系。[16]瓦格纳许多作品都取材于中世纪的文学故事，研究者在其歌剧脚本的诗学风格中有大量新发现。其中，剧本中一个结构特点是叙述结构的相互穿插［narrative interlace structure］，这在中世纪文学、艺术甚至手抄本的组织结构上都非常普遍、易见。这种穿插结构取代了亚里士多德提倡的古典式戏剧时间、地点和事件统一的结构，主张一种突变、无法解释的神秘性、多元的动机交织这样一种戏剧结构方式。这种模式在戏剧中的频繁运用，导致人们对现实和自身的看法与古典时期完全不同：古典时期，人们认为人类的经验来自一些已知的结果，是可以预测的；"现代"观点则指出其实人类的命运是断裂的、矛盾的，由一些偶然、意外的因素决定。瓦格纳在歌剧中融合了这种交织穿插的结构设计，可以说，此点在音乐作品中体现得更加突出和复杂。瓦格纳歌剧作品《指环》在结构和哲学思想上与中世纪之间的关系最为明显，他融合了新浪漫主义和变化了的申克分析法，以及瓦格纳本身对作品线索相互穿插创作方法的钟情。作品以一种存在主义［existentialist］而非实在主义［essentialist］的观点分析人类的本性。瓦格纳为我们提供了一种极具智慧的思考方式，并且这种思考人类的方式随着瓦格纳艺术的发展而日趋成熟、日益重要。

弗洛伊德的精神分析法及其思想曾对艺术界产生了诸多重要影响，这其中也包括音乐。阿诺德·勋伯格［Arnold Schoenberg］1909年创作的独角戏《期待》［Erwartung］一直被认为是一件带"精神分析"特色的作品。学者亚历山大·卡彭特［Alexander Carpenter］就专门撰文分析了勋伯格和弗洛伊德之间的关系。[17] 作者通过详细分析《期待》这部作品的细节和主题，探讨作品创作的背景和历史，从而试图寻找出勋伯格与弗洛伊德之间的关联，进而得以分析弗洛伊德及其精神分析理论到底在多大程度上影响了勋伯格的音乐创作和美学观。

欧洲学者们除了对西方古典音乐情有独钟外，也并未忽视世界其他国家的音乐文化现象。其中2009年《音乐季刊》［The Musical Quarterly］的最后一期集中谈论了一个大家似乎都非常熟悉的话题——什么是拉丁美洲音乐，或具体言之，即拉丁美洲民族的历史、身份与音乐之间的关系。[18] 一般人提起拉丁美洲的音乐，都会想到探戈、桑巴、伦巴、墨西哥流浪乐队音乐等。此专题并非讨论哪些音乐属于拉丁美洲音乐，哪些不是；而是从地理、历史和文化角度对不同的拉丁美洲音乐加以考察，对拉丁美洲音乐这一术语的含义进行了深入分析和界定，为我们提供一种新的思考视角。拉丁美洲社会与西方世界之间在历史上的紧密联系，以及民族的多样性，使得西方传统研究音乐史的两分法，即西方音乐和非西方音乐的分类法无法应用到对拉丁美洲音乐的研究中。同时，历史音乐学与民族音乐学，古典音乐与世界音乐这些机械的两分法都阻碍了对拉丁美洲音乐的理解。所以，本期文章的作者们能够突破原有分类法的束缚，从更宽泛的学科和专业领域出发来讨论拉丁美洲音乐。其中，学者丽贝卡·博登海姆尔［Rebecca Bodenheimer］撰文考察了古巴当代社会和音乐中展现独具地方特色的情感。丽贝卡在文中追溯了从殖民地时代以来的地方主义思想，通过对两首流行的廷巴［timba］歌曲和一首伦巴舞曲的文本分析，试图说明如何在音乐中表现地方身份。由此，她得出结论：古巴的舞蹈音乐和伦巴已成为民族主义话语霸权的批评场所。[19] 另一篇论文讨论了阿根廷探戈歌王卡洛斯·加德尔［Carlos Gardel］的神话及其对哥伦比亚探戈文化的影响。作者尤其是对哥伦比亚第二大城市梅德辛的发展与它在20世纪中叶作为探戈音乐的中心之间的关系进行了深入分析，指出探戈音乐在地方身份建构中的重要作用。同时作者还继续就探戈如何融入不同文化中，突破种族、阶级和性别的差别与不同地方社会文化结合的过程进行了细致而缜密的研究。[20] 在"阿根廷19世纪晚期到20世纪早期的吉他"一文中，作者梅拉尼考察了吉他作为民族乐器在阿根廷人民的精神世界中的重要象征意义。作者发现吉他不仅是阿根廷人生活中非常重要的演奏乐器，而且在文学和视觉艺术中也频繁出现。由于吉他长期是乡下人使用的乐器，而受到鄙视；但到了19世纪80年代，吉他逐渐成为阿根廷的民族乐器。作者在文章中考察了这个历史过程，借助文化史、文本分析和音乐学的方法，深入分析了吉他在音乐、文学、视觉艺术中的兴起及其与当时的意识形态和政治潮流之间的关系。[21]

冷战与艺术之间的关系一直是历史学家们研究的重要话题，虽然冷战已远去，但人们对此话题的研究却一直没有中断过。2009年《音乐学杂志》连续两期都讨论了这个问题。从20世纪70年代始，历史学家们就已经开始关注冷战和抽象表现主义艺术之间的紧密联系，如克莱门特·格林伯格和罗森伯格［Harold Rosenberg］就以现代主义者的身份对抽象表现主义风格给出了全新阐释，认为此种艺术风格是对形式主义的彻底反叛。这些历史学家和批评家也为音乐学领域探讨艺术风格和政治之间的关系提供了崭新的视角。在20世纪80年代晚期和20世纪90年代早期冷战即将结束之时，美国的历史学家开始以极大的热情投入到这一问题的研究中去，提出了现在为学界熟知的概念——"冷战文化"。这些研究成果使得人们不再仅仅将冷战看作是两个超级大国之间简单的国家利益的冲突。冷战所涉及的内容远远超过地理政治的范围，越来越多的西方历史学家相信冷战更是一场观念和信仰的冲突。[22]

相对于艺术史、历史研究和美国研究中对冷战的关注程度而言，音乐学中研究冷战期间音乐问题的专著相对较少，这一研究最近才热门起来。20世纪70年代，马丁·布罗迪［Martin Brody］对作曲家米尔顿·巴比特［Milton Babbit］进行研究；在其研究论文中最早讨论了冷战期间的音乐问题——他依照艺术史对抽象表现主义的研究模式，认为米尔顿·巴比特的创作不是为形式而形式，而是与政治有着密切关系。从20世纪90年代至今，研究冷战期间的音乐逐渐升温，许多音乐史家都加入了讨论的队伍。在此期间，出版了大量研究论文和专著；美国音乐学协会还成立了冷战与音乐研究小组［Cold War and Music

Study Group〕，专门研究这一阶段的音乐史。这一组织在 2007 年和 2008 年分别召开了第一次和第二次学术年议，这些会议的论文就构成了 2009 年两期《音乐学杂志》的内容。学者除了总结过去对冷战音乐的研究状况，鼓励大家继续从事这方面的研究外，他们主要就冷战文化中的复杂情况进行了重新考察和评价，对此间的音乐史进行了多角度、跨学科的研究。所以，《音乐学杂志》的编辑在前言中宣告"冷战音乐研究似乎就要到来了"。

在对冷战期间艺术的研究中，最重要的研究成果是：证明了权力与观念之间的直接联系。这方面最明显地表现在国家主导下的文化项目建设。在本专辑中，由斯蒂芬·A·克里斯特〔Stephen A. Crist〕撰写的文章就考察了美国音乐家戴夫·布鲁贝克〔Dave Brubeck〕冷战期间在政府支持下的音乐文化之旅，包括去西欧、波兰、土耳其、印度和 USSR 宣传美国式的民主。[23] 此外，艺术与核军备竞赛之间的关系也是讨论冷战期间艺术问题的重要主题之一。总之，以冷战为背景，分析由此衍生出来的文化现象是研究者需要面对和努力解决的主要问题。虽然"冷战"不能回答一切问题，但它的确对战后音乐分类等影响巨大。我们通过学者们的研究，了解到所谓民族主义、现代主义、社会主义、现实主义和后现代主义等音乐都与冷战有着某种密切联系。在本专辑中，学者们所论及的音乐作品、音乐家范围非常广泛，他们或直接或间接地探讨了冷战时期的音乐史问题。不过，有些遗憾的是，这些讨论还没有涉及欧美之外其他地区有关此问题的音乐研究。[24]

与冷战相关的音乐研究本年度还出版了另一本专著，即由华盛顿大学音乐学副教授彼得·J·施梅尔茨〔Peter J. Schmelz〕撰写的《音乐中的自由：解冻时期的非官方苏联音乐》〔*Such Freedom, if Only Musical: Unofficial Soviet Music during the Thaw*〕。随着斯大林于 1953 年去世和"解冻时期"〔the Thaw〕的到来，在赫鲁晓夫执政时期，苏联社会文化形势和思想界出现了暂时的自由局面。一批知识分子和艺术家抓住这个有利时机推动了苏联文化艺术的发展。其中，音乐的发展最为突出。苏联音乐学院的学生至少能够使用各种媒介、乐器创作新的音乐形式，而其中表现的许多内容原来是被禁止的，或者至少需要经过审查。当时，一批国外的演员和作曲家来到苏联，给年轻的苏联人带来了新的作品和表演。在 20 世纪 60 年代，一批重要的作曲家如沃空斯基〔Andrey Volkonsky〕、爱迪生·杰尼索夫〔Edison Denisov〕、阿尔弗雷德·施尼特凯〔Alfred Schnittke〕、阿尔沃·帕尔特〔Arvo Pärt〕、索菲亚·古拜杜丽娜〔Sofia Gubaidulina〕、西尔韦斯特罗夫〔Valentin Silvestrov〕也尝试着用各种新的技巧来创作音乐，包括十二音阶、即兴创作等。此时的观众也被这些新鲜的演出和作品吸引，内心也极为渴望摆脱原来千篇一律的社会主义现实主义音乐。这些由年轻的作曲家创作的"非官方"音乐处于合法与非法的灰色地带。作者通过采访许多还健在的音乐作曲家和表演家，以及对大量一手资料的研究和对作品的深入分析，为我们生动地还原了当时的历史情境；可以说，此书是首部研究这一期间音乐史的重要著作，对战后艺术运动、冷战时期的音乐、苏联音乐,以及俄罗斯文化和社会史都有深入讨论。剑桥大学的音乐学学者玛丽娜·弗罗洛娃·沃克[Marina Frolova-Walker]在谈到彼得副教授的这本著作时说,这是她近十年来所读到的令其满意的一部研究俄罗斯音乐的著作之一,也是最优秀的一部。

众所周知,欧美的许多基督教教堂内都会配置一架管风琴。当我们提起管风琴时,大部分人都情不自禁地将其与基督教礼拜仪式联系起来。但从19世纪早期开始,管风琴与德国犹太教之间有了十分密切的联系。当时,出现了大量犹太作曲家和演奏家,许多欧洲大型的犹太教堂也安装了管风琴,如柏林的新犹太大教堂和布达佩斯的大犹太教堂。犹太启蒙运动之后,管风琴就一直被视作是宗教改革运动的重要工具,因此也成为许多宗教政策争论的焦点和犹太礼拜仪式重要的组成部分。蒂娜·福豪夫[Tina Frühauf]在2009年度的研究著作《德国-犹太文化中的管风琴及其乐曲》[*The Organ and Its Music in German-Jewish Culture*]中为我们理解管风琴的历史及其在德国犹太文化中的重要地位给出了权威而翔实的解答。此书考察了一个长期被人忽视的问题,即管风琴在犹太教音乐和德语世界犹太人圈的音乐生活中的角色问题。作者探析了管风琴在犹太文化中的历史,从早期耶路撒冷塔尔穆德时期开始一直到19世纪管风琴成为欧洲犹太人宗教和世俗生活中的必需乐器。这样,作者考察了管风琴如何融入德国犹太教,并使得犹太教在启蒙运动后发生了重要改变,将管风琴看作是犹太团体、东正教和宗教改革派区别的象征物。有了此种区别之后,新编写的犹太教礼拜仪式管风琴音乐具有一种跨文化的特点,它融合了19、20世纪德国包括犹太音乐在内的各种传统音乐元素,形成了独特的管风琴音乐风格。此书还讨论了以色列和美国的犹太社区的管风琴音乐,讲述了当代犹太人生活中管风琴的价值;从而全面呈现管风琴在犹太民族中的使用情况。作者将文献研究和音乐分析、接受史、社会和民族志等方法相结合,探讨犹太人的管风琴文化,使我们更好地理解德国犹太人身份的建立,以及流散海外时的转变等情况。此书研究资料丰富,内容翔实,不但研究了众多犹太管风琴的演奏者,而且考察了很多管风琴制作者的文献档案,为我们提供了真实可信、较为全面的历史图景,让我们重新认识了作为乐器的管风琴,而且也对犹太管风琴研究家和作曲家,以及犹太教音乐文化有了深刻理解。可见,此书具有极高的学术价值。

此外,西方学者本年度有关现代流行音乐的研究也取得了颇为显著的成绩。学者蒂莫西·怀斯[Timothy Wise]在《音乐季刊》上的一篇《吉米·罗杰斯与山区约德尔的记号现象》就讨论了美国乡村音乐之父吉米·罗杰斯的音乐特色。[25]罗杰斯的歌曲融合了布鲁斯、约德尔[Yodel]、民谣等艺术手法,深受美国人喜爱,其唱法最有特色的是把传统的约德尔唱法与当地山区歌曲结合起来,发展出了一套具有山区约德尔风格[Hillbilly Yodel]的唱法和艺术表现手法。本文作者在这篇研究论文中试图就以下两个问题给出答案,即罗杰斯的约德尔风格中最突出的特点是什么？约德尔旋律与歌曲中表达的情感和抒情主题又是如何协调的？另外，伊莱贾·沃尔德［Elijah Wald］的专著《甲壳虫乐队如何破坏了摇滚：另一种美国流行音乐史》［*How the Beatles Destroyed Rock 'N' Roll: An Alternative History of American Popular Music*］，研究了围绕这一乐队的诸多问题，主要是从20世纪初到70年代这一段时期美国的音乐史。伊莱贾在此书中向我们讲述了20世纪流行音乐的状况，并指出为什么人们会喜欢这些流行音乐。他认为到了20世纪50年代，主要的流行音乐都处于平庸状况，直到猫王艾尔维斯·普莱斯利［Elvis Presley］出现后这一状况才得以改善。虽然他承认摇滚为流行乐注入了新的血液和新的音乐观念，但他也认为艾尔维斯和佩里之间存在很多相似处，比如年轻人对此二人都感兴趣。同时，伊莱贾犀利地指出披头士晚期创作的野心勃勃的作品并非像人们所认为的要推动摇滚乐的发展，而是要将其从跨越种族界限的混杂的舞蹈音乐转向一种适合白人的节奏平稳的艺术音乐。他提出的这种新颖而富有创见的论断值得我们借鉴和为进一步思考摇滚乐提供新的思路。总之，这是一部别样的流行音乐史，伊莱贾提出了许多新的看法和思考方式，这些都值得音乐研究者关注。

现在很少有人继续通过广播、磁带来听音乐，甚至买音乐CD的人也日益减少；音乐消费者和音乐公司之间的关系日益紧张，因为更多的人通过网络免费听音乐。格雷格·科特［Greg Kot］的《网络时代音乐状况的分析考察》［*How the Wired Generation Revolutionized Music*］一书就考察了网络影响下的西方流行音乐的生存状况。作者探讨了从有了录音带后录音公司与听众之间的矛盾，到音乐出版公司攻击音乐试听，Napster的流行和垮台，直到iPod的流行；以及音乐公司、广播公司和音乐会等音乐工业逐渐走向末路。格雷格还讨论了一些音乐家如普利斯［Prince］，以及Radiohead乐队和Wilco乐队如何在数字时代茁壮成长，虽然他们并未采取与网络积极合作的态度。格雷格通过一些大的音乐公司如何走向破产的历程的个案研究，证明了美国音乐工业界的自大，拒绝与时俱进，不积极应对现实，而且卑劣地称消费者为"窃贼"。在格雷格看来，公司的负责人没有跟随上时代的步伐，不信任新的技术带来的变革，那么他们永远只能停滞在听广播时代，并被时代抛弃。

最后介绍两篇与中国有关的西方音乐学研究文章，一篇是研究西方音乐理论最早对亚洲和中国的影响，另一篇讨论了当今炙手可热的中国籍音乐家谭盾的音乐成就。戴维R·M·欧文的论文《欧洲音乐书籍在早期现代亚洲的流传与使用》对欧洲音乐作品在当时的中国、日本和菲律宾的流传、使用情况进行考察研究。[26]欧洲现代早期的一些音乐产品伴随着探险者、军队、商人和使团逐渐传到亚洲，现在发现了当时流传下来的大量音乐论说文章和乐谱，既有出版物，又有手稿。此文正是通过这些历史文献的研究考察了当时的音乐传播状况。为了获得使团将欧洲音乐传播到亚洲较为确切的数据，作者详细地作了几个个案研究，主要是针对17世纪欧洲音乐作品和理论在亚洲当地的印刊传播情况进行考察，其中包括：一，亚洲发现最早的欧洲乐谱印刷品，这是1605年由日本的Nagasaki的耶稣会士刊刻印发；二，1713年，在康熙帝的授意下，刊印了介绍欧洲音乐的理论著作《律吕纂要》。此书是由葡萄牙的耶稣会士徐日升［Thomas Pereira］所撰，介绍西方的五线谱、音阶、音程、拍子、节奏、记谱法等基本乐理常识。徐日升去世后，意大利遣使耶稣会士德里格［Teodorico Pedrini］继续他的工作，成为康熙时期宫廷中重要的音乐家。他主要负责向皇帝介绍西方乐理并演奏音乐，同时又编辑了《律吕正义续编》。徐日升和德里格不仅深谙西方乐理、乐器，而且深入学习中国乐理知识。他们将五线谱的记谱方式介绍到中国，对中国音乐发展来说，有着一定的贡献；康熙帝本人也曾试着用五线谱来谱写中国乐曲。但五线谱在当时终究还是没能取代中国传统的公尺谱。三，一本116页的音乐评论手稿。据考证，此手稿是由17世纪马尼拉的一位耶稣会士编撰而成；书中反映了当时欧洲的音乐理论，并简要评论了当地的音乐现状。戴维R·M·欧文的研究间接参考了我国学者王冰的研究成果，[27]虽然转引中有些讹误；但他从东西文化交流的角度，为我们研究中国音乐史和音乐交流史提供了一个宏观的视野。

2006年，谭盾和张艺谋合作的歌剧《秦始皇》上演了。此部歌剧完全超越了风格、文化、性别、美学的界线，挑战了传统歌剧的批评方法和分类原则。由于这部歌剧所具有的特性，以及与传统歌剧间的复杂关系，使我们不得不去关注其中体现出的中国、欧洲、美国实验剧传统和东方舞台表演中的浪漫主义、现代主义、后现代主义模式。W·安东尼·谢泼德撰文研究了这部歌剧及其上演的情况，文章认为，19世纪意大利歌剧作曲家吉亚卡摩·普契尼［Giacomo Puccini］的歌剧《图兰朵》的主题来自中国，而且在此歌剧中展现了多元的风格；这些都是谭盾《秦始皇》创作风格的源起。他还认为要研究谭盾的这部作品，还应参考哈罗德·鲍尔斯［Harold Powers］研究《图兰朵》的模式。[28]在W·安东尼·谢泼德看来，谭盾是利用东方传统戏曲元素和主题材料来满足观众的期望。或具体言之，谭盾此部歌剧直接受到一些曾借鉴、吸收中国戏曲传统因素的西方歌剧，以及近年来西方对中国戏曲逐渐接受的深刻影响，这都为它提供了一个可以吸收、利用的文本背景和比较视角。所以，当前歌剧的创作往往会选择借鉴、吸收传统元素，以及改编原来高票房的歌剧。[29]

3. 电影研究

国外本年度的电影研究的成就突出表现在两个方面，一是美国好莱坞电影，由于其在世界电影史和当前国际电影界的领军地位，成为电影研究者关注的中心，研究成果突出。同时由于以美国为主导的英语世界在国际学术中所占的优势，所以对好莱坞电影历史、作品和产业技术的研究成为一门显学。虽然从 20 世纪 60 年代西方兴起电影研究以来，就不断有人从各方面对好莱坞进行研究；但本年度出版的几部专著都从各自的角度对好莱坞电影进行新的探讨，为全面理解好莱坞电影业提供了不同的途径。二是对过去较少为学界关注的国家和地区电影加以研究，其中包括对捷克和斯洛伐克电影的研究、对近些年异军突起的阿根廷电影业的研究等。这些对历史和当代电影中常被忽略的一些电影团体、地区电影的研究能够逐渐补全整个世界电影的图景；从而既能让读者了解有关这些电影文化的更多信息，又能为不同地区的电影提供新的电影经验和知识。同时在对这些不同地区电影的研究中，由于对象的特殊，不仅能检验西方主流电影理论的有效性，而且也能通过对各地区电影的深入思考，为电影理论和作品分析提供新的思路，推动电影研究的发展。

二战后，好莱坞电影进入了繁荣期，此后一系列的变故和危机改变了美国电影业，导致其一度受挫。然而，在 21 世纪初，好莱坞在世界范围内的绝对地位依然不可动摇。今天，在全球经济中，美国娱乐业的产品可以说无处不在。那么，在这样一个与以前工作室完全不同的大型跨国媒体公司时代，好莱坞如何在索尼、杰尼斯娱乐株式会社［News Corp］、维亚康姆［Viacon］等国际影视娱乐公司的夹击中获得继续发展的空间呢？电影制作、市场发展和消费中又有怎样的机制、管理办法？在过去的 70 年中，好莱坞在哪些方面发生了变化？学者巴里·朗福德［Barry Langford］在其新著《后经典时代的好莱坞：1945 年以来的历史、风格和意识形态》［Post-Classical Hollywood: History, Film Style, and Ideology Since 1945］中给出了令人信服的答案；并就后经典时代好莱坞电影这一概念进行了分析，对其所具有的解释的有效性和历史合法性、价值作了解读，让我们更进一步深入理解了 20 世纪 40 年代发展至今的好莱坞。在考察好莱坞电影发展史的同时，他还从社会和政治角度进行分析，指出了好莱坞讲述故事的独特方式。可以说，巴里·朗福德的著作为我们提供了一种新的解读当代经久不衰的艺术形式的有效方法。

在对好莱坞电影的研究中，许多学者已经开始关注 20 世纪 70 年代到 80 年代美国电影所发生的变化，其中大部分研究文章的视角主要集中在以下三个方面：关注影片中社会意识的传播，对一些重要人物有影响力的思想进行研究，以及集中讨论耗资巨大的大型影片等。而 2009 年，詹姆斯·肯德里克［James Kendrick］出版了题为《好莱坞血案：20 世纪 80 年代美国电影中的暴力》［Hollywood Bloodshed: Violence in 1980s American Cinema］的重要论著。此书采取了更为具体的视角，细致比较了 20 世纪 80 年代的电影和此数十年之前影片中的暴力镜头，以及电影中出现的此种暴力镜头与里根时代美国文化之间的关系。

詹姆斯特别关注了美国电影协会重新制订级别评选系统之事。他认为这些评级标准的重新修订使得一些导演如山姆·派金帕［Sam Peckinpah］、阿瑟·潘［Arthur Penn］能够更为自由地拍摄暴力电影。詹姆斯还发现像《日落黄沙》[The Wild Bunch]和受其影响的其他类似影片——《出租车司机》[Taxi Driver]、《现代启示录》[Apocalypse Now]等,他们通过激起观众内心的不舒服之感来激发观片的兴趣,这与20世纪80年代的暴力电影有着明显区别。在20世纪80年代,电影有些类似写实,暴力电影业丧失了其原有智慧和情感力量,导演们试图学习20世纪70年代电影在思想意识和美学上的成功之处,但存在很多矛盾以致遭到众多反对。当时曾红遍一时的20世纪70年代大腕导演威廉·弗莱德金[William Friedkin]、山姆·富勒[Sam Fuller],在20世纪80年代则逐渐被边缘化了。詹姆斯·肯德里克通过暴力电影这面镜子,折射出20世纪80年代美国在政治和意识形态上的不稳定状态。通过对一些个案的深入研究,发现当时电影工业的戏剧性转变,在里根时代电影拍摄中对血腥场面的描绘反映了电影与社会之间的紧密关系,以及好莱坞试图寻找不仅能通过暴力电影获利,而且能符合当时兴起的保守主义思想两者之间的平衡点。当大众的关注点转向权利、越来越强调家庭伦理、军队扩建、"金钱文化"等问题时,电影制作就会面临一个叙事方面的两难境地:曾是电影业的主要经济来源的暴力电影,此时遭到主流观众的拒绝。在此种境况下,电影界找到了一种包装暴力电影的新手法,可以使电影继续通过这类主题吸引观众,而不招致观众的强烈抗议。电影界开始推崇20世纪70年代的一批具革命精神的导演,他们中的大多数通过暴力电影挑战意识形态,并转向了新的电影时代。20世纪80年代是娱乐界联合、优秀影片层出不穷、大规模生产的上升时期,此时期的暴力电影虽没有减少血腥场面,但已经不是通过残忍暴虐的场面,而是通过动作使观众精神紧张、获得不快的感官刺激来作为电影中的暴力元素。詹姆斯分析了当时电影业在这些方面的转变,以及源于20世纪80年代保守主义社会氛围下,电影的其他相关方面出现的变化,以及对恐怖电影的拒绝和努力寻找新的可为大众接受的形式。许多研究者往往关注20世纪70年代导演们拍摄的新美国电影中的暴力影片,或者是20世纪90年代昆汀·塔伦蒂诺和罗伯特·罗德里格兹等人的偶像剧的兴起;而詹姆斯则关注20世纪80年代电影界出现的变化,他的研究让我们得以理解暴力影片为何向偶像剧方向发展。詹姆斯的此项研究成果不仅是本年度研究电影的重要学术著作,而且是社会批评的研究大作;并与此前研究电影与政治环境关系的两本重要著作遥相呼应。[30]

另一部研究美国好莱坞电影的著作,讨论的是技术问题,即《好莱坞电影中的灯光:从默片时代到黑色电影》[Hollywood Lighting from the Silent Era to Film Noir]。灯光在好莱坞电影中有着极为重要的功能,不仅可以增强电影的吸引力、加强电影中动作行为的清晰效果,而且能激起观众更为丰富的情感。作者帕特里克·基廷[Patrick Keating]考察了这个向来不为研究者重视的艺术形式,他的研究对象从默片时代的背景灯[glowing backlights]开始一直到黑色电影的光影结合效果。他坚信好莱坞电影中的灯光有着独特的价值，具有很强的艺术作用。帕特里克详细分析了一批重要的经典电影作品，解释了其中的特色和电影摄影师在灯光上的独特创见。这些电影摄影师在早期不被重视，认为是可有可无的工人；后来逐渐变成专门的技师，他们可以很好掌握和平衡故事、摄影棚和演员之间的关系。帕特里克通过许多实例证明：并不仅仅是风格决定了好莱坞电影讲故事的形式，其实灯光的作用也很巨大——影棚时代灯光并非是不重要和看不见的。在帕特里克看来，电影摄影师发挥着多种作用，协调电影所需的各种要素；他大力肯定了电影摄影师的价值，认为他们不只是让现实变得更加迷人，而且是一种重要的图像表现艺术。

我们都有被电影感动、触动的经验，那么是什么促使把看电影变成抒发情感的渠道？美国凯尔文学院电影研究教授卡尔·普兰廷［Carl Plantinga］的研究新作《感动观众：美国电影与观看经验》［*Moving Viewers: American Film and the Spectator's Experience*］，就从美学、观看心理学和电影在文化中的地位等几个视角探索了此问题，并给出答案。卡尔·普兰廷通过对好莱坞电影中主流影片的深入考察，讨论了"消极情绪中的自相矛盾"，以及作为仪式幻想的主流叙述模式；进而研究电影的情感实质并说明电影情感如何为了修辞目的而进行表达。卡尔使用认知科学和哲学美学的理论证明电影为何会在不同的观众中间产生相类似的情感。可以说，卡尔的这部著作是 2009 年度一部很重要的研究认知电影理论的著作。1996 年曾出版一本论文选，那可以说是最早提出，而且广泛而深入地讨论过认知电影理论的首部学术著作。[31] 认知电影理论几乎动摇了原来精神分析对观看研究的主导地位。认知电影理论界学者认为认知心理学比弗洛伊德的精神分析对从观看电影角度来研究人类心理模式提供了更为有效的模式。卡尔赞同精神分析电影理论的目标，也试图要让自己的研究与原来对认知电影理论的假设保持一定的距离，即认为观看电影行为属意识层而不是无意识层。他认为关于电影对观众的有效冲击力的研究可以用"认知—知觉"的理论来解释说明，因为这个理论既强调观看电影的认知过程，又强调观看电影经验中发生在意识层之下的知觉内容。显然，卡尔对电影效果的认知层面研究与此前占据主流地位的精神分析理论不同。而且我们也能发现在此书中，卡尔十分支持观看的经验，以及肯定其他理论家所批判的在电影观赏中产生的"愉悦"感受。因此，他在没有完全接受弗洛伊德对无意识的解释的基础上，试图为观看电影的非意识层面的内容加以正名。卡尔在此书的前半部分中主要是建构自己的基本理论框架，以示如何通过这些理论来解释观众对一些主流电影的有效反应的基本特点。在这些章节中，卡尔探讨了一些电影理论界的重要话题，如电影叙事如何引发情感反应，我们作为观众与电影虚构世界中的人物角色间的关系等。在此书的后半部分内容中，卡尔讨论了一些有趣的话题——如作者提出电影是否能够激发读者的内疚感和羞愧心，以及如何解释这种内心感受。在卡尔看来，观众体验到内疚或羞愧的方式，与观众在观看恐怖电影时可能产生的恐惧心理，或一对情侣克服困难终成眷属时感到快乐的方式不同。首先，他认为电影观众的内疚和羞愧感是一种"元情感"；其次，认为这种感觉是一种"联觉效果"，电影通过音乐、灯光、演员的处境的真实再现等一系列手法，传达出内疚和羞愧经验的诸多特点。虽然在观看过程中，观者没有真正觉得内疚和羞愧；但他们在观看电影的情境中感受到了这种情感状态的各种特点，所以形成一种类似的心理效果。

乔治·伯特林尼［Giorgio Bertellini］的著作《早期美国影片中的意大利：异族、风景和如画》［*Italy in Early American Cinema: Race, Landscape, and the Picturesque*］体现了跨学科研究在电影研究中的有效性。博学的乔治·伯特林尼穿梭于社会史、艺术史、人类学、电影理论和历史之间，内容涉猎广泛、视野开阔且观点新颖。作者研究了意大利人和美国意大利人的历史、文化和思想意识，特别对纽约20世纪10年代意大利移民文化进行了深入分析。他追溯了美国电影一个世纪以来与意大利和意大利移民之间的复杂关系，分析了前摄影时代的美学，即如画的电影美学追求及其传播。如画的观念曾与北欧风景画相关，表现了一些远处山水的迷人景致和异国风情的如画山水风景；而这些如画的景致则成为地中海地区国家的象征。作者从《教父II》中表现的如画背景开始分析这种美学追求如何进入到19世纪美国的绘画中以及20世纪早期美国的电影中。本书详细解读了美国早期电影如何表现不同的故事情节，从电影场景中传达出完全不同的思想，来反映不同民族的命运。

除了对美国电影的研究外，本年度还出版了两部研究意大利电影的著作。彼得·邦德内拉［Peter Bondanella］的《意大利电影史》［*A History of Italian Cinema*］从默片时代研究到今天意大利的电影发展状况。彼得·邦德内拉在1983年曾写过一本有关意大利电影的专著，[32]对战后意大利电影做过详细研究，本书可以说是在前书的基础上扩展而成。作者细致梳理和分析研究了电影发展与大众文化发展之间的关系，以及与大公司和产业发展之间的关系，意大利电影业与国外少数商业企业控制之间的角逐，民族电影中的本民族特色，电影发展经验与社会的关系，电影风格及其与所讲述故事之间的关系，以及这些电影所产生的意义等在电影发展史上所必须面对和解决的重要问题。本书整体框架独特，细节考察翔实，认为新现实主义电影是"第七种艺术革命的分水岭"，指出罗伯托·罗西里尼［Roberto Rossellini］在1954年拍摄的《罗马不设防》［*Rome, Open City*］是一部具有里程碑意义的作品，完全反映了电影创作时代的道德和心理的社会氛围，是时代的象征，因此它代表着意大利新现实主义电影的诞生。

意大利帕多瓦大学电影史与电影批评教授吉安·皮耶罗·布鲁内塔［Gian Piero Brunetta］是意大利电影方面最具权威的历史学家，近30年来一直从事意大利电影史的研究。他在2009年度出版了《意大利电影史：从诞生到21世纪意大利电影导读》［*The History of Italian Cinema: A Guide to Italian Film from Its Origins to the Twenty-First*

Century〕一书。在许多学者看来，这部书超越了电影研究的范围，用一种传统的历史文献形式呈现意大利电影发展的光辉历史。可以说，此书是目前研究意大利电影最全面的著作，他不仅对意大利电影进行整体概述，而且为研究意大利电影提供了众多综合性的参考资料。他细致分析了包括大约1,500部影片，并对许多知名导演进行了批评论述，还阐释了各种电影类型，如恐怖片、喜剧、西部片，甚至包括常被忽略的法西斯时代的电影等。他极为严肃地分析了意大利电影产业的形成，以及对意大利文化的影响和对世界的影响，涉及电影产业中的社会、政治、技术要素等。因此，他的研究可以让我们对意大利电影中的演员、摄影师、电影批评和制片商等各方面有一个较为全面的认识。在此著作中，吉安·皮耶罗·布鲁内塔认为意大利电影不仅是世界上伟大的电影产业，而且是主要的"20世纪的艺术形式"。

近些年德国电影在国际上影响力日渐增大，在国际电影节上德国电影渐渐崭露头角，如从2002年以来就有3部影片获得奥斯卡最佳外语片奖，还有2部获得提名奖。英语界著名电影杂志《视听》〔*Sight & Sound*〕在2006年12月的一期中，整本杂志都在阐释德国电影的内容。德国电影似乎开始复苏，再次进入了人们的视野。在2010年第二期的《影视季刊》〔*Quarterly Review of Film and Video*〕中，马科·埃布尔发表一篇专门讨论德国20世纪90年代一个鲜为人知的电影制作团体——"科隆小组〔Kölner Gruppe〕"的研究论文。他在此文中介绍了这一组织及电影作品，又分析了这些电影作品中所关注的政治问题。马科·埃布尔认为在战后这样一个大背景下，这些地下电影制作人非常关心当时的政治，并对政治有着自己的看法。当时，这些地下电影制作团体除了"科隆小组"，还有我们熟知的"柏林派"。"柏林派"在电影美学上有比较统一的风格，但这一流派的电影制作条件相同，关注的内容类似。所以，马科·埃布尔认为从此角度来看，"科隆小组"所拍摄的电影要比"柏林派"显得更加"言行一致"。马科·埃布尔的这篇研究论文正是从电影制作人和所处环境出发，考察"科隆小组"在德国电影发展历史上的价值。同时他在对"科隆小组"影视作品的分析中，认为他们的电影并非纯粹为了拍摄电影而拍摄，也不是对现实的真实记录；而是要表达对生命和真理的认识，展现他们心中的"乌托邦"理想。[33]

在德国出生，后流亡到美国的著名电影理论家齐格弗里德·克拉考尔〔Siegfried Kracauer〕曾在《从卡里加利到希特勒：德国电影中的心理史》〔*From Caligari to Hitler: A Psychological History of the German Film*〕（1947年初版）一书中认为魏玛时期的电影预言了纳粹的兴起。在2009年度，加利福尼亚大学著名德国电影研究专家安东·卡尔斯〔Anton Kaes〕推出了一部重要的研究著作——《弹震症电影：魏玛文化与战争之痛》〔*Shell Shock Cinema: Weimar Culture and the Wounds of War*〕，将弗里德·克拉考尔之前的研究向前推进了一大步。他在此部著作中，深入研究了这段时期的电影史，试图寻找一些新的角度来考察魏玛时期人们对电影的狂热与一战之间的关系，以及战败后对德国人民造成的创伤。他认为当时的一批经典影片，如《卡里加里博士的小屋》[The Cabinet of Dr. Caligari]、《吸血僵尸》[Nosferatu]、《尼伯龙根》[The Nibelungen]、《大都会》[Metropolis]等，虽然没有直接描写战争场面、士兵参战的故事，但他们与战争均有某种密切联系，是从侧面表现战争带来的悲惨后果。这些电影反映了这个民族在战争中受到的严重心灵创伤，对此，官方从未正式承认。安东·卡尔斯借用一战期间鉴定士兵因战争而受到神经伤害的术语"弹震症"[shell shock]来隐喻魏玛时期电影中表现的心理伤害。他考察了罗伯特·威恩[Robert Wiene]、弗里德里希·威尔海姆·茂瑙[F.W Murnau]、弗立茨·朗[Fritz Lang]等当时重要的导演，以及他们的作品中描绘人们患偏执病、恐慌症，害怕受到侵害的病态症状，以及一些连环杀人狂魔、疯子科学家、病态的年轻人。他把深入分析细节与广泛的材料收集结合起来，向我们展现了弹震症电影如何将极端的心理状态转变为视觉表现形式，如何通过应用一些独特手法克服当时电影拍摄的局限，如何通过最先进的电影语言推动后来灰色电影的发展，以及对今天电影不可估量的影响。

在欧洲电影史上，捷克和斯洛伐克的电影业一度在世界电影业界引起轰动，但对此的研究一直并不多。本年度史塔福郡大学电影和媒体研究中心彼得·黑姆斯[Peter Hames]教授出版了《捷克和斯洛伐克电影：主题与传统》[Czech and Slovak Cinema: Theme and Tradition]一书。本书作者长期从事这一课题研究，曾在2005年编辑出版了一部关于捷克电影的著作。[34] 书中汇集了作者近年来研究捷克和斯洛伐克电影的历史、喜剧、现实主义电影、政治、大屠杀、抒情性、滑稽戏和前卫、超现实主义、动漫片等问题。而这部书也将成为研究捷克和斯洛伐克电影史极具影响力的重要著作。彼得·黑姆斯将社会主义之后的战时电影与战后电影的发展联系起来，考察了主题、类型和视觉风格，以及贯穿于不同时期和政治环境中的电影风格和传统。他认为捷克和斯洛伐克电影在中欧电影史上具有独一无二的重要地位。所以，他的研究必将使东欧的电影在英语世界的影响发生改变，并且可能促使东欧电影成为学者研究、讨论的热点话题。

德国新马克思主义学者乔治·卢卡奇的名字一般不会与电影联系在一起，在20世纪的西方世界，无论是马克思主义者还是非马克思主义者都视其著作为经典。然而，今天随着后结构主义等新思潮的兴起，大部分学者已对此类著作渐渐失去了兴趣。但学者琼-皮埃尔·戈恩斯[Jean-Pierre Geuens]认为卢卡奇主张的艺术美学形式与当时社会组织结构有一定关系的观点在今天的电影研究中还是非常有效的研究手法。卢卡奇坚信重大历史事件"必然会在当时人的意识中反映出来，因此也会反映在当时的诗人和思想家的意识中"。琼-皮埃尔对此观点极为赞同，认为此观点在今天依然可以"光芒四射"。我们都知道，卢卡奇认为19世纪西方小说演变是和当时资本主义的日常生活有着紧密关系。琼·皮埃尔接着此说法，认为此观点可运用到今天的电影研究中。在他的研究论文中，回顾了卢卡奇的三个重要概念——异化、具体化、整体性,以及这些概念与当前电影之间的关系。在解释卢卡奇思想的同时,也借助美国新派马克思主义学者的代表弗雷德里克·詹姆逊的思想来分析近年来美国好莱坞电影的制作现象。他认为我们不能简单地从美学角度来阐释近年来好莱坞电影的剪辑制作,而是要看到这些影片需要为哪种行为与目的服务——比如,首先是使观看者内心产生自发的操控。可见,他的此种观点与卢卡奇对小说的看法极为类似。[35]

除对欧洲电影从历史和理论角度进行考察之外,很多学者研究的视野放在非西方电影上,或是探讨两种文化之间的交流沟通在电影中的反映。如学者斯特西·韦伯-费韦[Stacey Weber-Fève]撰文讨论了法籍突尼斯导演拉贾·阿马里[Raja Amari]拍摄的电影《生生不息》[*Satin rouge*],分析突尼斯妇女在现代社会中的境遇。[36] 从20世纪50年代晚期到60年代早期,突尼斯从法国殖民统治下独立后,建立了独立的现代民主国家。此时,西方很多政治家、艺术家和思想家就已开始关注突尼斯的妇女问题,他们借助不同的艺术手法和媒体展现突尼斯的妇女形象。法籍突尼斯导演拉贾·阿马里运用现代手法挑战了深入突尼斯人心的传统信仰体系;他通过一位后殖民时代妇女的性别建构和当代妇女身份的建构过程强调文化价值和态度。阿马里的电影同时也提出一系列重要的问题,即在当代突尼斯社会中妇女拥有怎样的身份和如何表现自己。斯特西在深入细致地研究拉贾·阿马里的影片之后,认为阿马里在电影中突出的妇女家务和自我性别呈现之间的矛盾为她提供了一个很好的批评视角。作者在文中考察了当代北非电影中表现妇女的可能性,同时也分析阿马里在电影中所用的摇镜头、画框手法的艺术表现方式,认为这两种手法突破了传统表现突尼斯家庭妇女的方式。

对新媒体经济学的最好诠释,不是对电影、电视的研究,而是对现象的分析。影视在非洲传播很广,非常流行,处处都吸引了大批的观众。学者皮埃尔·巴罗特[Pierre Barrot]研究了当代非洲民众对影视狂热关注这一文化现象。在《尼日利亚的影视现象》[*The Video Phenomenon in Nigeria*]一书中,作者考察了尼日利亚影视工业在近十几年的迅速兴起与发展,从1992年到2005年约有7,000部新的影片诞生,但大部分投资较少、品质较差、拍摄速度过快。当然,其中也不乏有一些优秀故事片,也推出了一些影星。这类影片情节非常长,基本是对流行电影、主流电影和电视节目的直接复制。皮埃尔·巴罗特通过采访出品人、演员、发行人等,分析了这一没有国外投资的本土产业的活力和激情,认真而细致地考察了这些影视获益巨大的产业及相关现象和经验。尼日利亚的影视几乎传遍了非洲大陆,皮埃尔认为这一现象与非洲悲观主义[Afro-pessimism]完全不同,这一现象说明了非洲电影产业和文化复兴的可能性,以及影视在非洲电影观众支持下发展的可能性。

过去的20多年内,最令世人称奇的是阿根廷在国际电影界的异军突起,这是在国家经济最糟糕的情况下创造了电影业的奇迹。长期沉寂的阿根廷电影在20世纪90年代晚期以独立的姿态稳稳地建立了在世界电影界不可动摇的地位。虽然国际上的许多报刊都在报道和讨论阿根廷电影的神奇故事，但学术专著几乎未涉足对此种现象的讨论，也未对阿根廷电影的发展史进行研究与反思。然而，2009年度在英语世界中，陆续出版了两本有关此主题的专著。一是冈萨洛·艾格勒［Gonzalo Aguilar］的《另一个世界：新阿根廷电影》［Other Worlds: New Argentine Film］。此书详细考察了阿根廷电影发展的背景，包括年轻一代批评家试图用类似小说批评的形式进行电影批评、影视学校的空前发展、独立国家电影机构发展出的新的生产方式、1994年电影法的颁布以及重新举办的国家电影节的重要作用等，这些都为阿根廷电影新的制作人创造了平台。作者不但分析了社会文化背景，而且还对一些重要的电影人进行了研究，并将他们与20世纪70年代和20世纪80年代的导演进行比较研究。另一本是乔安娜·佩奇［Joanna Page］的《当代阿根廷电影的危机和资本运作》［Crisis and Capitalism in Contemporary Argentine Cinema］。此书同样关注阿根廷电影崛起的社会、政治环境，但主要问题集中在讨论具体经济状况与电影之间的关系。乔安娜认为电影中反映的犯罪、移民、种族隔离等问题都与粗放的新自由经济政策的冲击有关。正如此书书名所揭示的，她采用了马克思主义的观点对主体性、记忆和观众等进行全新阐释。她认为，阿根廷电影记述了民族国家的危机的同时，也对民族的重构做出了一定贡献。她对阿根廷民族身份的重建和电影中表现出的私人空间与政治之间的关系研究尤其有启发意义。同时，作者敏锐地指出当代电影批评理论与"第三世界"电影创作之间存在较大差距，以及诸如"全球化"、"跨民族"等术语用在对"第三世界"电影批评中存在诸多问题。所以，乔安娜在对阿根廷电影的研究中，并未直接将一些惯常使用的理论、术语直接套用在对阿根廷这样的国家制作的电影的批评中，而是在谨慎的思考和重新鉴定之后进入批评。乔安娜的此种研究思路对我们研究中国电影和思考我们自己的问题有较大的借鉴意义。

在对中国电影的研究中，本年度也有值得注意的一些论著。美国伊利诺斯州大学亚洲电影研究教授戴维·德泽［David Desser］借助美国学者弗雷德里克·詹姆逊［Fredric Jameson］的理论，认为所有第三世界的文本都可被视作"民族的寓言"，[37]并将其应用到对香港电影的研究中。戴维·德泽在其研究论文《三合一与时代变迁：香港电影的民族寓言》中首先从物质层面考察了香港电影产生的具体环境、技术、电影人和电影产业，以及香港电影的发展史，进而对香港影片的"寓言"特点进行了考察。他不但接受了詹姆逊"民族的寓言"观点，而且将"寓言"概念进一步扩展，认为每一部电影即是本身制作的"寓言"。因为电影的创作模式、表达的诗学、电影文本中历史和文化的标识，电影在当地的接受以及不同地区之间的转化等，都属一种"寓言"现象。戴维·德泽以此为视角，分析了一批重要的电影作品，阐释香港影片如何体现民族寓言性。经过细致分析和研究，他最终认为"民族寓言"是香港电影研究的最有效方法。[38]

张艺谋 2002 年导演的电影《英雄》从投资、影星到优美的场景、神奇的情节，都触动了中国文化、民族、政治中的关键问题，在国内外都获得了巨大成功。因此，《英雄》被认为是首部在全球取得成功的华语大片。英国利兹大学传媒研究中心亚洲国际传媒教授格雷·D·罗恩斯利［Gary D. Rawnsley］和传播研究所研究员蔡明烨［Ming-Yeh T Rawnsley］[39] 合作编撰了《全球化的中国电影："英雄"中的文化和政治》［*Global Chinese Cinema: The Culture and Politics of 'Hero'*］一书。此书是一本论文集，文章从不同角度分析了《英雄》在国际上受欢迎的原因，探讨了电影与观众产生共鸣的要素，还分析了中国国家统一、寻找文化身份认同、在新中国环境中的政治和美学价值的表现、性别取向、性、爱情、暴力等关键性问题。此书试图证明中国电影和电影产业的逐渐崛起与国际的紧密关系，如中国与西方世界，中国电影业与中国经济之间的互动关系对电影业发展的影响，以及好莱坞与亚洲艺术家和技术人员之间的广泛合作关系等。总之，此书对最近中国社会、流行文化和文化产业的发展进行了深刻而有意味的思考。

4. 戏剧研究

正如此前报告所言，本文所涉的戏剧不局限于狭义的戏剧概念，而是涵盖了大部分的舞台表演（包括了英文所谓的 drama, theatre, performance），同时由于对象的复杂性，在与音乐、舞蹈之间可能存在着分类模糊的状况。其中部分原因是戏剧本身融合多种艺术元素，其次现代很多实验剧、先锋剧都试图借助多种媒介来表现，所以原有艺术分类的界线就愈加模糊。对于此点，有必要在此先予以说明。

在去年的报告中，我们曾首先指出英国大戏剧家莎士比亚的戏剧文本和舞台演出依然是当前戏剧研究的重要话题。这一点在今年依然未变，可以说在这位伟大的戏剧大师身上，研究者有取之不尽的资源，这不仅仅是由于莎士比亚戏剧本身的丰富性，而且由于随着历史的演进，他的戏剧不断在全世界上演，不同地区文化对莎士比亚戏剧的接受和改编过程，构成了更加丰富的研究资源。所以在一定程度上说，莎士比亚戏剧的传播史和演出史要比他的戏剧本身更需要研究。

在本年度莎士比亚戏剧的研究中，首先值得指出的是学者罗伯特·布鲁斯汀［Robert Brustein］的著作《被玷污的缪斯：莎士比亚及其时代的偏见和傲慢》［*The Tainted Muse: Prejudice and Presumption in Shakespeare and His Time*］，此书是研究莎士比亚及其时代的又一本重要学术著作。在书中，罗伯特深入分析莎士比亚戏剧和其时代偏见，为我们理解莎士比亚提供了全新、深邃的思考视角。通过分析莎士比亚的个人偏见，打破了原来笼罩在这位大师身上的神秘色彩，拉近了我们与经典的距离。罗伯特集中讨论了莎剧中体现出的一些偏见，如厌女症［misogyny］、杰出人物统治论［elitism］、对女人气［effeminacy］的厌恶、种族歧视［racism］等，并与马洛［Marlowe］、米德尔顿［Middleton］等人的戏剧进行比较，细致地考察了莎士比亚这些偏见与同时代人的思想的关系；进而分析莎士比亚同时代的文人在戏剧中又是如何表现同样的主题的，以及不同的艺术家们如何通过自己的媒介和方式表达当时的偏见。除了对这些主题进行研究外，作者还从剧本中对戏剧家个人的性格和立场进行分析，指出这种偏见贯穿于莎士比亚的一生，只是不同时期表现的程度不同而已。罗伯特认为莎士比亚是其时代思想中具有的那些偏见的典型代表。值得称赞的是，罗伯特不仅分析与莎士比亚同时代其他人之间的异同，和其独特的表达偏见的方式；更重要的是没有将莎士比亚局限在他那个年代，而是与不同时代相类似的情况进行了比较分析，指出其中的普遍性和莎士比亚的特殊性。总之，罗伯特在书中时常提出一些新颖观点，虽然讨论的仅是一些边缘问题，但对深入理解莎士比亚具有重大意义。《被玷污的缪斯》一书雄辩地告诉我们，虽然已经出版了成千上万、视角多种多样的莎士比亚戏剧的研究著作；但仍需更多的学者对此进行研究。

印度德里大学副教授本曼·曲伟迪［Poonam Trivedi］与日本爱知教育大学英语教授南雄太［Minami Ryuta］合著的《莎士比亚在亚洲》［*Re-playing Shakespeare in Asia*］一书主要研究西方莎士比亚戏剧在亚洲的接受、欣赏、改编、同化和篡改等问题。他们用重新演出、重新撰写来形容莎士比亚在亚洲演出和接受的情况。从美学、戏剧、文化和政治等方面出发，考察这些因素对莎士比亚戏剧的影响；通过对一些跨文化演出中的关键问题的思考，回答了在文本、类型和性别等方面如何进行转化，以及莎士比亚戏剧如何介入亚洲文化中的民族性、身份和后殖民等问题。他们还讨论了不同文化之间如何交流和融合，以及在世界范围内重演莎士比亚戏剧的深层内涵；尤其关注在日本、中国、印度、韩国、新加坡、印尼、菲律宾等国家和台湾地区一些重要导演指导、排演的莎士比亚戏剧情况，指出在亚洲上演莎士比亚戏剧不仅促进本土戏剧形式的复兴和发展，而且产生了可进入国际市场的新的文化资本。同时在2009年，经过修订重版了曾于1999年出版的《莎士比亚与日本舞台》［*Shakespeare and the Japanese Stage*］。与之前所介绍的著作类似，其主要研究了莎士比亚戏剧在日本的接受情况。此书是一本论文集，是由日本和西方研究莎士比亚专家共同合作撰写的研究莎士比亚重要作品的著作，讨论日本和西方人对莎士比亚的理解之间的相互关系，以及传统和现代舞台表演中莎士比亚戏剧的变化等。

英国维多利亚时代有一位大学者、艺术批评家，经常出入剧院，对莎士比亚的戏剧非常痴迷，他就是约翰·拉斯金［John Ruskin］。2010年出版的研究论文集《约翰·拉斯金和维多利亚剧场》［*John Ruskin and the Victorian Theatre*］，探讨的就是拉斯金积极参与维多利亚时代流行戏剧演出以及他对戏剧的影响。不同作者通过拉斯金对哑剧、情节剧、莎士比亚悲剧、绘画和舞台的评论，从侧面反映出维多利亚晚期伦敦西城的戏剧状况；尤其是通过拉斯金这面镜子，生动地为我们还原了戏剧史，也为我们研究戏剧提供了崭新的视角。

用编者的话来说，此书的目的在于研究拉斯金多元的身份和其丰富的文字，考察其"文字、图像、舞台，以及真实和虚构的戏剧空间，这些内容一起生动反映出了维多利亚晚期的艺术表现方式"。编者在前言里指出，拉斯金正是在1854年参观了皇家学院艺术展后，对霍尔曼·亨特［Holman Hunt］的《唤醒良知》［*The Awakening Conscience*］深表赞同，并得到启发，由此影响了他的艺术观。所以，拉斯金在他的绘画和戏剧批评中对图像故事性极为重视。此书的撰稿者虽然研究视角不同，但都试图将拉斯金对舞台表演和视觉文化研究之间建立起关系。在对拉斯金的研究中，雷切尔·迪金森［Rachel Dickinson］指出拉斯金一贯持有的女性的纯洁和儿童的天真观念如何影响了他对《灰姑娘》等戏剧的评价；并认为哑剧能体现、抓住"真实的本质"［the essence of what is real］。另一作者安塞尔姆·海因里希［Anselm Heinrich］主要研究拉斯金的观念对国家剧院最终建立起到巨大作用。但其中也有矛盾之处，如拉斯金看重艺术的道德教育功能，而剧场却是一个商业和娱乐中心；此点也是此书作者们所关注的重要问题。在对19世纪创作的戏剧《威尼斯商人》的生动解读中，理查德·福克斯［Richard Foulkes］证明拉斯金一贯强调的视觉写实主义与舞台设计方式之间的一致性（舞台背景大部分都依照对威尼斯城市景致调查的一手资料而设计）。而19世纪50年代出版的《威尼斯之石》［*The Stones of Venice*］一书，虽然一度激起了读者的强烈反响，但并没有成为舞台设计的"基石"。最值得人们思考的是，"拉斯金反复提及城市在堕落的话题，而这在戏剧表演中认为是可以获得补救的"；但事实上，在这两者之间存在明显矛盾——舞台背景只是将观众从想象中带回到16世纪晚期的威尼斯，并没达到拉斯金所强调的通过威尼斯经验教训来教育19世纪的人们。此书分为两部分，第一部分探讨的主题是拉斯金与戏剧，第二部分则是剧场与视觉艺术。

麦克米伦出版社一直十分热衷戏剧研究著作的出版。本年度他们组织出版了一套名为"剧场与……"系列丛书，其目的在于讨论"剧场如何激活世界，以及世界如何推动剧院发展"。浏览一下本系列的内容，我们不难发现所讨论话题之丰富和范围之广，同时也会发现这些主题涵盖了当今剧场和表演研究的主要话题，如全球化、道德和人权等。根据计划，除了已出版的《剧场与城市》［*Theatre and The City*］、《剧场与道德》［*Theatre and Ethics*］、《剧场与全球化》［*Theatre and Globalizatio*］，本系列还将陆续出版《剧场与感情》《剧场与博物馆》《剧场与建筑》《剧场与教育》《剧场与跨文化》等。这一系列图书为我们提供了当前研究剧场和表演方面的重要主题，这些问题的研究才刚刚开始，还需继续深入。这样，能使我们更为深刻地认识剧场、表演与相关各种人类生活之间的相互关系。

《剧场与道德》[Theatre and Ethics]一书围绕古代、现代、后现代的剧院哲学与实践展开。作者从索福克勒斯的戏剧《菲罗克忒忒斯》开始，分析了"我该如何表演？"这一问题如何被提出，并成为舞台演出中的关键问题。他认为此问题是舞台与道德之间关系的连接点，也是此书讨论话题的始发处。如果舞台是"伪装之家"，那么剧场就并非是为道德生活提供一个模棱两可的教导，而是对道德提出了挑战。这点值得我们深入思考。作者还对全球化理论和美学形式及社会过程之间的关系进行分析，并对一些重要观念，如全球化、地方主义、世界主义，结合舞台表演和流行文化中的例子进行详细阐释。他强调全球化是一个经济现象，与演出和表演中的世界主义传统相对。

现代城市与剧场和舞台表演之间的关系经常是戏剧研究中的有趣话题，尤其是现代城市的发展离不开演出，而剧场舞台文化则在一定程度上是一个城市文化和身份的象征。《剧场与城市》[Theatre and The City]一书的目的在于探索"我们如何能有效利用城市中的剧场，认识他们对我们生活和社会体验的改变，以便让更多的人从城市生活中受益"。此书的内容主要围绕三个领域展开，即城市的戏剧化再现，剧场的物质条件、舞台表演为演员和观众所提供的表演机会。作者通过一些具体案例分析，强调对城市文化生活的理解需通过文化唯物主义与表演分析之间在方法论上的相互融渗来实现。作为美国第三大都会，芝加哥是主要的金融、文化、制造业、期货和商品交易中心之一，也一直公认是演出、政治和建筑的实验场。学者洛伦·克鲁格[Loren Kruger]从三个方面考察了芝加哥的艺术和政治运动。他认为经过多年发展，芝加哥已经产生了独具特色的城市戏剧表演理论和实践。[40]同样，多伦多向来被誉为是"创造力十足"的城市，孕育了各种艺术和文化形式，在城市的许多地区和街道都出现了许多地下艺术创作和表演场所，而此是表演艺术的天堂。[41]

法国的城市剧场非常发达，从20世纪70年代到90年代，剧院作为公共服务性机构存在；从20世纪90年代到21世纪前10年，国家和政治圈又开始对剧院加以重视，关注剧院、艺术家的时代似乎在逐渐回归。此文研究的问题是探讨公共剧院在历史上所扮演的角色，分析其如何不断与"民主化的失败"进行抗争，避免受到1968年五月事件的影响，以及社会政治的发展和文化政治区域化。通过分析，作者发现，在经济和社会发展多变的情况下，恢复公共剧院，通过舞台表演可产生、保持一种集体记忆。[42]

"观看行为"[spectatorship]越来越成为西方研究舞台和表演艺术的关键词。最近出版的戏剧研究著作均认识到在数字消费时代，舞台、表演以及观众的角色都发生了重要转变。任何研究舞台表演的学者都会涉及"观众"[audience]，但"观看者"[spectator]一般认为是隐藏在"观众"背后的沉默的观察者。丹尼斯·肯尼迪[Dennis Kennedy]在2009年度出版的学术著作《观看与表演：观众的现代性与后现代性》[The Spectator and the Spectacl: Audiences in Modernity and Postmodernity]，研究了隐藏在背后的"观看者"。此书的研究主题包括"观众"与导演兴起、前卫艺术运动、旅游之间的关系，电影对现场表演和体育运动的影响等，内容十分丰富，涉及前卫艺术的思想意识，到跨文化的演出，甚至体育盛事。丹尼斯在书中指出"观看者"和"观众"是模糊、难以明确界定的概念，因为他们的构成要素不同，不同的人有不同的体验。即使在传统的表演中，无论在舞台、电影、电视，还是运动会上，我们都很难对"观众"做出确定、权威的定义，并加以讨论；因为每个人的经验和理解在不同场合下可以完全不同，所以任何尝试分析"观众"的努力都令人难以信服。所以"观众"的概念在现代社会逐渐遭到怀疑，因为它既是"观看"的"因"，也是"观看"的"果"。丹尼斯将"观看"追溯到前卫表演时代，指出"观看"与"观众"之间具有的矛盾关系：表演者想去改变、惊吓观者；消费者并不愿被教育或受到惊吓。丹尼斯一直将莎士比亚的戏剧作为考察的对象，从不同方面借助莎士比亚戏剧来表现冷战思想意识，从视莎剧为旅游商品，再到跨文化表演中服务于不同的政治和艺术目的等。他还借助莎剧及出现的变化来反思"观者"在舞台表演和电影之间的异同。最后丹尼斯考察了主观性，对兴起的体育盛会进行了饶有趣味的思考，并将体育盛会看作是"观众"表达的一种形式。

如果说丹尼斯·肯尼迪将研究的重点放在过去时，那么《观看的类型》[Modes of Spectating]一书则将视野投射在当前与未来的数字文化中。此书的16篇文章都在讨论一个话题，即随着参与性"观看"与技术上的进步对感官认知的加强之间关系的复杂化，（数字）表演艺术"观看"方式逐渐出现了转变。此书考察了新的艺术和技术媒介对"观看者"经验的影响。这些新的视觉工具不仅影响了"观看者""观看"的方式，而且他们的"观看"方式反过来决定了艺术生产。此书分析了年轻人如何使用游戏和电视媒体来娱乐，以及"观者"如何影响视觉世界。这种跨学科的研究方式，汇集了从游戏、摄影、雕塑到表演艺术等不同的例子和观点，为研究媒体和艺术提供了很好的思想资源。

随着媒介在认知和神经科学应用方面的发展，以及过去十多年来大量相关论著的出版，有学者预言21世纪是大脑研究的世纪。所以，出现了对人类情感、动机、行为、身份和思考方式的研究，这些基础性研究为其他学科研究和应用提供了理论上的准备。近些年，脑科学、认知科学、神经科学逐渐开始进入人文学科领域，包括视觉艺术。我们在去年的报告中，就曾提到神经艺术史是人文学科中最新、最令人激动的研究领域。艺术史界著名学者约翰·奥涅斯早2008年就出版了《神经学艺术史》一书，考察神经系统与视觉艺术之间的关系。在表演和具体舞蹈动作研究中也开始探索与认知之间的关系。《戏剧评论》[The Drama Review]2009年第2期专门汇集了一些论文探讨此问题。现任美国戏剧研究协会[American Society for Theatre Research]主席的朗达·布莱尔[Rhonda Blair]，近些年就一直从事此相关问题的研究。开始，她较为关注科学如何帮助人类理解舞蹈作品的问题。最近她在思考于演员表演中如何把想象、动作和语言与移情、模仿联系起来，以塑造成功的角色，并与搭档在演出期间获得完美配合。所有的神经和认知科学都将人看作是一个整体，身、心不可分。所以，此种理论要求我们思考的是"表现出的内心"［embodied mind］、"有意识的身体"［conscious body］。这些都是近期西方研究舞蹈者的重要概念。早在19世纪末期，西方就出现了一位用现代方法研究舞蹈动作的重要学者，康斯坦丁·斯坦尼斯拉夫斯基［Konstantin Stanislavski, 1863-1938］，他受到 reflexologists（行为主义者的早期称呼）影响。当他的表演遇到"瓶颈"状态时，就会向科学寻找解决之道，探寻如何使演员的动作更加连贯一致，更具感染力，以及更能引起观者的注意力。[43] 在分析认知神经科学与舞蹈动作之间的关系时，作者认为目前有两个领域非常有价值，那就是认知语言学，具体来说就是认知语言学中的概念整合理论［conceptual blending］与浓缩理论［compression］，以及对移情的研究。这两个领域为研究演员的演出提供了重要理论基础，这也是斯坦尼拉夫斯基方法中的关键因素。所以作者具体分析了两方面与表演、想象之间的关系，以及导演和演员需要思考的新问题和表演方式。[44]

这一期的《戏剧评论》文章，包括了对纽约先锋戏剧的代表伍斯特剧团［Wooster Group］实验剧与认知科学关系的研究。此剧团一般会摘取一些家喻户晓的名作剧本，重新组织情节结构，借鉴其他形式的舞台元素来表演。学者埃米·库克［Amy Cook］就专门撰文讨论了伍斯特剧团在2007年上演的《哈姆雷特》，它既非电影，也非古典剧的重新编排上演，而是探索介于电影和戏剧之间的表演空间，处于媒介和现场之间，自我和他者之间的一种演出形式。作者在此文中分析了这种表演形式中的镜像神经元及其对理解作品的价值。[45] 此外在《体验未来》一文中，讨论了在表演中通过美学体验实现未来。依据德国历史学家科泽勒克［Reinhart Koselleck, 1923-2006］的观点，将"经验"看作是当前的过去，把"期望"看作是现代的未来。作者乔伊［Joy Kristin Kalu］为了建构一种历史可能性理论，考察了不同时期、不同层面和表演的潜在性之间的关系，认为每次表演都构成了一种空间的可能性，因为它穿行于过去与未来之间。纽约伍斯特小组创作表演的《哈姆雷特》，成为乔伊分析表演中审美地体验未来的最佳例证。《哈姆雷特》的舞台表演是对很久以前电影版《哈姆雷特》的舞台重复，揭示了过去与未来在时间上的复杂关系。[46] 还有一篇文章讨论的是2008年春季在多伦多上演的一场实验剧——《立体城市》［Vertical City］。它融合了各种表演元素，由七位不同背景的艺术家共同演绎，包括身体表演、空中演出、音乐乐曲和舞蹈表演。这次演出的首要目的是为了突破原来的表演"习惯"，实现不同艺术之间的融合。其次是为了改变观众的观看习惯和原有对各种舞台演出的关注点。正是从这场演出的主要目的出发，此文作者借助认知理论对人类认识和记忆的研究，以及在表演艺术中的应用，分析了这场演出中的表演艺术问题，以及未来演出在这方面可能的发展空间与需要注意的问题。[47]

随着数字文化的到来，及其对媒体和艺术的影响，德国媒体研究者从20世纪80年代晚期开始提出一种跨媒体的表演研究和分析概念。[48]他们关注的对象包括现有的各种媒体和艺术形式之间的合作，及其融合后所发挥的新功能，以及这些新的合成媒体和艺术对观众的接受带来的冲击。在这些媒体和艺术形式的合作中，安娜·玛丽·布瓦韦尔［Anne-Marie Boisvert］、马侬·奥利尼［Manon Oligny］、托马斯·伊斯雷尔［Thomas Israel］（三位分别是舞蹈家、编舞和电影制作人）综合演绎了当代著名女摄影家兼导演辛迪·舍曼［Cindy Sherman］的艺术，成为此文分析研究的对象。作者关注的不仅是这些艺术家，更重要的是这些不同的媒介、艺术形式的独特性。在作者看来，由于这种多媒介的表演形式引发了对艺术与媒介本身进行反思，产生了对其专门研究的理论——"跨媒体表演／分析"［intermedial performance/analysis］理论。跨学科和多视角的文化与跨媒体表演研究缺乏分析的严密性，但是研究艺术家的跨学科兴趣，以及使用各种媒介却必须使用此种视角与方法。因此要做好这方面的研究，必须通过跨学科、跨媒体和多元文化的研究方法，进行个案研究，将这些概念具体化。这种"跨媒介表演／分析"中的交互循环形式与后现代艺术丧失独立性是同步的，在对这一具体演出的研究中，作者围绕着两个舞蹈、一个短暂的影片、辛迪·舍曼的摄影，以及演出背景等进行深入思考。[49]

哲学与舞台表演之间的关系既体现在哲学家本人对表演的思考，也体现在研究者借助哲学思想来阐释舞台戏剧。《阿兰·巴迪欧的戏剧》［*The Thratre of Alain Badiou*］一文恰恰综合了这两种类型。阿兰·巴迪欧［Alain Badiou］是当今法国哲学界炙手可热的人物。作者研究了巴迪欧的哲学思想与演出之间的关系。首先，他分析了巴迪欧的主要分类，如事件和角色，这与表演在理论上是一致的。其次，讨论了巴迪欧本人与演出之间的关系，戏剧在其哲学思想中占据了重要位置。最后，马丁认为，要理解巴迪欧的思想必须回到柏拉图。柏拉图在此文中并未被看作是戏剧的敌人，而是一位与戏剧有着千丝万缕联系的哲学家，其哲学的产生在某种程度上说与剧场有关。马丁在此文提出了用"具戏剧特质的柏拉图主义"［dramatic Platonism］来指称这一思想传统，而巴迪欧则是柏拉图和这一思想在现代最有影响力的代表。[50]安托南·阿尔托［Antonin Artaud］被誉为法国戏剧界的哲学家，而吉尔·德勒兹［Gilles Deleuze］则是研究戏剧的哲学家，两者之间的思想关联显然是非常有意义的话题。[51]学者本杰明·魏舒茨［Benjamin Wihstutz］的文章《对结局的预期：论观看和此在的短暂性》从存在主义的角度讨论了预期观看与表演的短暂性之间的关系。作者借助海德格尔的概念"死亡预期"［Vorlaufen］，认为任何对戏剧结局的预期都反映了对当下的反思能力，作者在文中考察了现场艺术表演如何将当下的此在［Dasein］带入观众视野中。[52]

国外学者除了对西方发达国家的戏剧传统以及先锋实验戏剧进行研究外，同时也对非西方的戏剧文化进行了不同视角的考察。这其中就包括对非洲剧作家吉古恩·瓦·西昂戈［Ngugi wa Thiong'o］戏剧的研究。在过去30年中，肯尼亚作家吉古恩·瓦·西昂戈是非洲籍作家中最富民族独立意识和本土文化保护主义的作家，一贯主张恢复非洲原住居民的语言、宗教和文化的自我表达权，要夺回被殖民者涂改的"民族原型"；这些话题都成为后殖民主义研究的重要问题。西昂戈的文学作品中存在大量有关口头记述和本土舞蹈戏剧表演的内容，以及一些艺术家在非洲社会中的记述；因此这些内容一直是研究西昂戈作品的学者所关注的重要部分。在《吉古恩·瓦·西昂戈戏剧中民族主义的性别和情色》一文中，作者通过西昂戈作品中所记述的情况，研究具体演出中的观众和表演的各种细节。但他认为，仅对这些内容进行研究还不够。事实上，在西昂戈戏剧作品中的表演方式和技巧同样需要研究。因为翻译的原因，使得一些很重要的性别含义在翻译的过程中消失了。作者埃文通过对西昂戈戏剧中的象征语言、性别和民族政治之间进行穿插研究，认为西昂戈通过一些性的双关语作为本土和政治独立的隐喻；同时，西昂戈的戏剧作品通过使用非洲的本土语言实现了某种解放，以及使得性别角色获得了一种真正回归。[53]

印度传统的多样性和演出所用语言与平时所用不同，使得印度戏剧文化异常复杂。在《后独立时代印度戏剧的研究和出版情况》一文中，作者抛开印度戏剧史，详细深入地考察了印度戏剧研究和出版情况，这是对印度戏剧学术史的研究。此文分析了戏剧学术研究如何出现、为何以及何时、何地出现等情况，以及大学内戏剧专业的设立，戏剧研究博士培养的发展等问题，深入、全面地分析和总结了印度舞台戏剧的研究史。此文按时代顺序将研究主题分为两部分：首先考察了从1947年印度独立到20世纪90年代间印度戏剧的学术状况，这一时期学术的主导思想是以新经济思想和社会文化价值解放为主；其次，第二个时代是2000年以后，戏剧研究的思路是关注现代性理论和实践，主题包括形式、风格、空间、表演性等问题，并涉及一些突出的社会问题。作者发现，在印度这样一个多元文化的国家，戏剧研究和出版状况异常复杂。作者预言，受国际学术环境的影响，在对当前和未来戏剧研究的研究中必然会涉及"全球化、恐怖主义［terrorism］和原教旨主义［fundamentalism］"等问题。同时，作者在写作中论及了社会、创作和学术的责任，使我们不由得思考一个老问题——戏剧的学术研究可能、能够以及应该做些什么？[54]

《国际舞台上的韩国人》探讨了在20世纪90年代中期国际化进程中韩国文化受到的影响以及导演在音乐剧创作中体现的国际化因素。作者以Ho-Jin Yoon的音乐剧"末代女皇"［The Last Empress］（1995）为例，分析了韩国人的民族观念以及在20世纪90年代经济崛起的时候在国际舞台上获得认可的愿望。"末代女皇"［The Last Empress］（1995）

是在西方上演的首部韩国题材的音乐剧,作品以百老汇的风格创作而成。作者把音乐剧放在社会、文化和舞台表演的交叉背景中,以区域和全球的视野,批评性地考察了传统韩国文化的美学特征,以及如何将戏剧创作成全球性产物,并在国际市场上成功推销。作者认为,创作发展和戏剧本身是全球化和民族特色的相互融合,即两者之间的相互作用产生了一种新的变异,使得"全球化"概念变得无意义,成为服务民族荣誉毫无意义的所指[signifier]。[55]

本年度还发表了一些研究中国戏剧的文章,如刘思远(音译)[Siyuan Liu]在《现代中国戏剧源起的性别扮演》一文中对早期中国话剧中的男扮女装的现象进行了源流上的考察。在20世纪早期,日本首先出现西方风格的戏剧新派剧[shinpa],其中的男性演员扮演女性角色,这种角色源于日本17世纪开始的传统剧歌舞伎[kabuki]中的男扮女装的"女形"[onnagata],以及欧洲的情节剧表演方式。新派剧中性别角色的表演影响了早期的中国话剧。中国青年留学生在日本东京学习了这种表演形式,之后在1910年的上海流行起来。当时的中国人不但接受了这种演出形式,而且对现代中国妇女的形成产生了一定影响。作者认为,早期中国话剧中男扮女装的演出形式既受到日本新派剧的影响,同时也从传统戏曲中吸取了表演形式;但在"五四"新文化运动后,女性角色逐渐开始由女演员来出演。从某种意义上说,这是西方性别观念间接对中国的影响。所以,20世纪初的中国被认为是西方现代性别观念进入中国并开始在现实中发生影响的时代。但作者同时也指出,性别身份在日本新派剧和中国现代话剧中的情况实际上很复杂,不能简单将其视为在东西方、传统与现代之间的二元对立关系中生成的一种新事物。[56]

5. 舞蹈研究

本年度国外舞蹈研究成果颇丰,其中首先体现在对舞蹈的科学研究中。随着科学实验和理论的不断发展,舞蹈研究这门本身与科学实验之间有密切关系的学科能积极将这些理论吸纳进自己的研究方法中,并借鉴其相关学科的成果,进而在本领域的研究中产生新成果,比如对身体运动的研究、身心学与舞蹈的关系、舞蹈教学、采用实验法研究舞蹈等等。这些研究方式是对舞蹈的技术分析,当然这并不能与舞蹈者的思想分离。此外,也从社会文化的角度分析不同地区、民族的舞蹈现象和历史。而这些分析方法却与当前的流行理论密切结合,不但使一些传统值得重新受到审视,而且也开辟出许多新的研究领域和话题。这方面突出表现在对欧洲之外舞蹈文化的研究,当然西方某些重要思想家的哲学思想对舞蹈研究的价值从来没被人遗忘过。

"如果没有思想做裁决的话,没有人会从经验中知道身体能做什么和不能做什么。"这是斯宾诺莎《伦理学》中的一句话。法国哲学家吉尔·德勒兹也曾问过相类似的问题:"身体能做什么?"这些问题引发人们对身体潜在创造力进行思考。身体是舞蹈的主要表现媒介，同时也是舞蹈研究者研究的中心内容。2009年5月，在纽约大学提斯克艺术学院［Tisch School of the Arts］召开了一场以"理论和实践中舞者身体"［The Performing Body in Theory and Practice］为主题的研讨会。学者的讨论和论文最后都刊登在《舞蹈研究学刊》2010年的第一期上。作者们分析了舞蹈和舞蹈相关的实践，认为在舞蹈的表演过程中要坚持传统和有限度的主观性表达；并对"身体表达"与表现之间的关系进行了热烈讨论，同时也从科学和哲学的角度分析了舞蹈和相关实践。

首先是来自柏林自由大学戏剧和舞蹈研究教授加布里埃尔·布兰兹塔特［Gabriele Brandstetter］，他在论文中考察了20世纪早期俄罗斯芭蕾舞团［Ballets Russes］到后现代舞蹈中体现的假设、局限、拟人标准和表现的问题。作者并未分析通常学者所关注的仿生舞蹈中的拟态和模仿问题，而是讨论了具体情境下舞蹈的运动模式。加布里埃尔借助意大利当代哲学家阿甘本［Georgio Agamben］的理论，考察动物和人之间通常认为存在的鸿沟、界线，通过分析西方舞蹈中动物形象的舞蹈表现形式，作者对人类的此种分类法提出质疑。可以说，通过作者的探讨研究，扩展了西方舞蹈中主体性的范围。[57]

学者伊莎贝尔·吉诺特［Isabelle Ginot］讨论了身心学［somatics］的认识论价值。身心学是西方近些年来兴起的一门新学科，它通过身体与心智的相互作用，达到身体的平衡、放松，以此来恢复身体和治疗疾病。随着体验和经验的累积，逐渐形成许多不同派别的身体疗法和技巧，如奥地利演员兼歌剧家亚历山大［F. Matthias Alexander, 1869-1955］提出的"亚历山大技巧"［Alexander Technique］、物理学家费登克莱斯［Moshe Feldenkrais,1904-1984］提出的"功能整合"［Functional Integration］和"动中觉醒"［Awareness Through Movement］等。作者对此二人的技术和理论进行考察，分析身心学的修辞策略；同时还研究了身体改良运动以及在当代哲学中的发展，并将其与美国哲学家理查德·舒斯特曼［Richard Shusterman］的身体美学［somaesthetics］进行比较，提出一种全新的身心学认识论。虽然作者未直接讨论舞蹈，但舞蹈作为人体的一种运动而存在。因此，舞蹈与作者讨论的话题密切相关。[58]

玛莎·葛莱姆［Martha Graham］是美国女舞蹈家、编导、教师和理论家，美国现代舞的创始人之一。学者亨利埃塔·班纳曼［Henrietta Bannerman］在文章中分析了其所有舞蹈作品中角色、性别、身份的模糊性。她认为玛莎·葛莱姆舞蹈中有浓厚的先入为主的女性主义的思想成分，从其表演技巧中发现在强调女性性别特征和身份的同时，恰恰违背了女性主义立场，产生了其始料未及的效果。[59] 卡丽·诺兰［Carrie Noland］的论文研究的是美国另一位现代舞的重要代表人物，摩斯·肯宁汉［Merce Cunningham］，他以抽象舞蹈的表现性在世界上产生重要影响。作者将摩斯舞蹈的表现性与阿多诺的理论结合，分析其舞蹈实践，将作为舞台情感再现形式的舞蹈表现与本体固有感觉、位置移动和其他时空中的表现技法上的原初主观状态的情感表达进行比较，重新对舞蹈情感表达的类型进行分类。[60]

在过去几十年中，时常会有一些学者借助哲学家的思想来解读舞蹈实践，每一种哲学视角都能为理解舞蹈作为艺术形式是如何表达以及表达了什么等问题提供一种新的思考角度。本年度出版的著作《关系图景：运动、艺术和哲学》［*Relationscapes:Movement, Art and Philosophy*］一书对运动、感知、身体、图像、时间、空间、节奏等都进行了全新、系统的思考，同时还激活了一些美学、哲学上的古典问题，即动力如何转变为形式，形式如何表现力量，运动如何展现自己，运动初始的时空形式等。加拿大康卡迪亚大学研究员艾瑞·曼宁［Erin Manning］在此书中阐述了一种新的运动哲学，此与传统认为运动仅是空间的改变不同；她通过舞蹈、电影、艺术和新媒体组合而成的棱镜，考察了感觉与思想的关系，肯定了运动的源起（即运动中心的起始点）。作者提出了"预加速"的概念，使人们能够实际把握运动如何产生有关联的间隔，以实现位移的过程，借此来帮助我们理解关于运动源起的观念。

作者从舞蹈和与此有关联的运动中讨论运动的开始原理，描绘了编舞实践，认为编舞是对运动中身体的编排，而非仅是身体位置的挪移。她考察了德国导演莱妮·里芬斯塔尔［Leni Riefenstahl］拍摄的《奥林匹亚》中的运动影像，以及通过摄影技术来理解人体生物力学或运动的科学家艾提安-朱尔斯-马莱［Etienne-Jules Marey］、加拿大动画大师诺曼·麦克拉伦［Norman McLaren］等人的运动影像，以及当代探索澳大利亚土著艺术家的点画［dot-painting］，提出了预发音理论［prearticulation］，即语言的有效性依靠运动思想的概念。此书是一本超前的实验法研究著作，通过具体案例，探讨各种潜在、显现的复杂关系。作者采用了"怀特海式的视角"，承认阿尔弗雷德·诺思·怀特海［Alfred North Whitehead］理论的重要性，及其对20世纪晚期过程哲学的影响，尤其是对吉勒·德勒兹［Gilles Deleuze］、菲力克斯·瓜达里［Felix Guattari］的影响。此书是一本真正的跨学科的研究著作，并非讨论某一学科的问题，而是讨论学科之间可能存在的关系。可以说，它对新媒体、哲学、舞蹈、电影和艺术史研究者来说，具有较大的借鉴意义与价值。

除了对舞蹈中身体和运动这些老话题的重新考察和解释之外，在本年度的研究成果中还不能不提到两部有关芭蕾舞的著作，同时我们还发现这两部书都与芭蕾舞教学有关。罗里·福斯特［Rory Foster］是美国德堡大学荣誉退休舞蹈教授，一位资深的芭蕾舞教育家和演员，熟悉各种芭蕾舞教学手法。他在2009年出版的《芭蕾教学法：教学的艺术》［*Ballet Pedagogy: The Art of Teaching*］一书涵盖了舞蹈的各个领域，包括芭蕾舞发展历史、教学历史、如何防止受伤、人体解剖、人体运动学、舞蹈语言、音乐等。国际上通用的芭蕾舞教学法中，比较有名的如布农维尔［Bournonville］、瓦加诺娃［Vaganova］、切凯蒂［Cecchetti］、英国皇家舞蹈学院的教学法，这些教学法都是传授芭蕾舞艺术表现技巧的有效手段。在罗里看来，芭蕾舞教师应该熟悉各种教学手段，知晓如何利用这些教学手段达到教学目标，而不仅仅拥有良好的技术。因而，他研究的主要对象是如何教，而不是教什么。他相信有效的教学技术不是来自那些受过良好训练的舞蹈家。

迪安·斯皮尔［Dean Speer］是美国重要芭蕾舞团的编导，其2009年度出版的新作《论技术》［*On Technique*］研究了18位西方知名的芭蕾舞大师、学生和艺术指导的职业生涯和思想。他与这些芭蕾舞教师面对面交谈，向他们请教一些重要问题，如"当我们说一个人技术精湛的时候，到底指的是什么？""你是如何成为一位杰出的舞蹈家的？"这些艺术家都是世界上一流的芭蕾舞演员或教师，其中包括大西洋西北芭蕾舞团艺术总监彼得·波尔［Peter Boal］、旧金山芭蕾舞团首席女演员班妮·阿诺德［Bene Arnold］等，他们对芭蕾舞表演和艺术教育的实质都有深刻的认识。

城市民间舞是文化和政治研究的典型范例，纽约大学历史、社会和文化研究教授丹尼尔斯·J·沃克维奇［Daniel J. Walkowitz］在其2009年度新作《城市民间舞：英国民间舞与现代美国的民族政治》［*City Folk: English Country Dance and the Politics of the Folk in Modern America*］一书中分析了英国乡村舞如何反映20世纪自由主义思潮的变化。此书涵盖了现代社会、中产阶级、角色、表演等诸多问题，讨论了它们与民间舞蹈之间的变化关系。作者记述了英国民间舞的历史以及一些重要的舞蹈家，如塞西尔·夏普［Cecil Sharp］以及其他一些主要的女性舞蹈家。通过她们，英国乡村舞这一舞蹈形式才得以流传了近两个世纪。作者从舞蹈分析、人种志、自传等方面入手，分析了当代民间舞蹈的状况。此书记述了从18世纪英国城市和农村舞蹈一直到英国乡村舞在20世纪的美国发生的转变；不仅讲述了民间舞的发展史，而且对民间舞的传统进行了考察。作者认为，民间舞在美国的发展与政治上的自由主义、"老左派"之间具有互动关系。他将民间舞放到更广阔的大环境下考察，如从美国进步时代的改革到学校运动，从消费文化的变化到现代化的计划，国际中产阶级社会等。此书追溯了民间舞的传播，集中讨论了英国民间舞、国际民间舞。作者将民间舞与美国社会、国际政治联系起来考察，通过对文献资料的考察、口头叙述、舞蹈团体的人种志考察，让舞蹈家和身体本身说话。内容涵盖了从英格鲁-撒克逊传统到冷战时期的民族主义，直到20世纪70年代美国反正统文化运动。可见，此书考察了现代美国民间舞的复兴之路。

美国是现代舞的发源地，其舞蹈形式也非常丰富，其中很重要的一个原因是它融合了世界上不同地区、民族的文化，在吸收消化的同时，催生了新的文化生长点，产生了新的文化成就。踢踏舞可以作为美国现代舞和新的文化成就的典型代表。康斯坦斯·瓦利斯·希尔［Constance Valis Hill］的《美国踢踏舞：文化史的考察》［*Tap Dancing America*］一书考察了不同时期的踢踏舞表演，内容涵盖了艺术发展史的方方面面，包括舞蹈形式、著名舞蹈家以及重要的历史时刻等；并且深入考察了舞蹈发展史中的种族、性别、个人发明、节奏等问题，以及阶级、文化、种族、性别与美国流行艺术之间的关系。此书是一本丰富、充满智慧的关于踢踏舞的发展史著作，也是首本综合性研究美国独特艺术形式的历史著作。踢踏舞形成于20世纪20年代，当时爱尔兰移民和非洲人把各自的民间舞带到美国，逐渐融合形成了新的舞蹈形式。康斯坦斯在书中探讨了音乐、社会的复杂关系，分析了踢踏舞与非洲-爱尔兰吉格舞［jig］、跳和飞［buck-and-wing］、朱巴舞［juba］之间的关系，当代杰出的舞蹈家及其表演，如节奏踢踏舞王格雷戈里·海因斯［Gregory Hines］、女爵士踢踏舞者［Brenda Bufalino］、丹尼尔·沃克［Dianne Walker］、塞翁·格洛文［Savion Glover］等。康斯坦斯本身也是一位著名的爵士踢踏舞者、编舞和舞蹈研究者，他的此部研究著作的时间跨度从1900年5月30日，黑人舞蹈家比尔·"柏贞格"·罗宾逊［Bill "Bojangles" Robinson］和哈利·温斯顿［Harry Winston］在纽约布鲁克林比照戏院［Bijou Theatre］的一场舞蹈"比武"开始，一直持续到当代。作者详细描述了踢踏舞的音乐风格、踢踏的形式，从20世纪初的跳和飞的舞蹈形式、源自黑人音乐的拉格泰姆［ragtime］，到30、40年代的爵士节奏踢踏舞，比博普爵士乐灯，再到90年代的嘻哈音乐影响下的新形式。作者在详细考察了踢踏舞的发展史之后，指出踢踏舞长期被认为是"男人的游戏"的论断不妥，其实在踢踏舞的发展史上曾经出现过具有很大影响力的女性踢踏舞者，以及在20世纪70、80年代踢踏舞复兴时代出现了许多优秀的女性踢踏舞编舞。

《看不见的联系：舞蹈、编舞和互联网社区》［*Invisible Connections: Dance, Choreography and Internet Communities*］是首部关注互联网上的舞蹈的研究著作，它讨论了互联网和社区技术如何对舞蹈、表演创作、演出作品提供新的平台，以及远程合作、对话如何影响舞蹈和演出等问题。作者通过研究艺术实践者和理论家、传播和技术理论家的成果，以及参考了一系列全球性互联网社区的编舞项目，讨论了"这些技术如何能帮助实现表演者和观看者之间的创造性合作？在互联网社区内分享创作过程如何丰富艺术家的表现和便于观看者学习？舞蹈的物质性和编舞同时在互联网上实现，这一点如何对笛卡尔的身-心二元论提出挑战？"等关键问题。

对西方文明之外的舞蹈研究，本年度也有新的突破。苏珊·A·里德［Susan A. Reed］的《舞蹈与民族：斯里兰卡的表演、意识与政治》［*Dance and the Nation: Performance, Ritual, and Politics in Sri Lanka*］是舞蹈人种志具有里程碑意义的著作，也是近些年来南亚研究、舞蹈研究的重要文本。此书结合了国家政治经济、美学形式、仪式、政治实体，提出了众多重要的伦理道德问题，是非常翔实和系统的人种志研究著作。斯里兰卡作为"舞蹈的民族"，其跳舞超越了纯粹的地方仪式表演。作者用深邃的洞察力和同情心研究了舞蹈与性别、社会等级身份之间的关系，考察了舞蹈与民族形成的意义。舞蹈一般源于农村、寺庙、宫廷仪式，之后转变为世俗形式，服务于新的民族目的。在舞台表演、舞蹈比赛、节日庆典中，舞蹈成了伦理道德的象征，以及民族身份的标志。而康提舞蹈［Kandyan dance］被认为是斯里兰卡的国舞，作者在此书中对康提舞从多方面进行分析，指出其美学、政治上的复杂性。康提舞是僧伽罗［Sinhala］族历代传跳的舞蹈，后受到国家支持。该舞蹈是康提地区部落村寨举行宗教仪式时祈神者的舞蹈形式，跳舞者是世袭贵族阶层的男性。国家独立后，舞蹈被国家接受并作为僧伽罗文化的象征，并允许所有人都可以跳这种舞蹈。作者分析了此舞蹈的历史，以及从宗教仪式转变为舞台表演的过程；并将舞蹈研究放置到与后殖民民族主义与民族政治中加以考察，分析特权的世袭舞者与妇女舞者。

此外，也有学者对一些不为社会关注的舞蹈群体进行了学术上的研究。如《菲律宾社会中的猛男舞、男扮女装以及新自由主义思潮》一文讨论了菲律宾社会中的一群特殊舞蹈群体。在菲律宾的男同性恋俱乐部有一种男性表演的舞蹈叫猛男［Macho］舞，但跳舞者本人并非是同性恋者。作者在文中将其视为菲律宾从费迪南德·马科斯［Ferdinand Marcos］专政向今天多民族资本主义转化过程中的政治文化的某种间接表现，猛男舞者的身体也被看作是菲律宾文化政治转变的象征。[61]

三　结语

美术研究、音乐学、电影研究、舞蹈研究和戏剧研究同属艺术学名下，虽然它们各自都有较为独立的学术传统和研究思路，但也可以打破学术壁垒使它们之间互相借鉴、互相影响。然而，若从更宏观的角度进行审视，本年度在学术研究成果和发展方向上又存在深刻的一致性——研究中的跨学科性与研究范围的世界性和一些传统的研究仍在继续，如美术史上的文艺复兴艺术，音乐学中的古典音乐作品分析，电影研究中的好莱坞电影等。

以上数千言文字，简单介绍了国外本年度艺术学研究的最新发展状况，指出了其中主要的一些研究成果和新的发展动向。由于考察范围实在太过广泛以及受文字、篇幅、时间所限，具体内容无法详述，也可能出现一些纰漏。有兴趣深入阅读的读者可依据注释和参考文献查找原文，进一步了解作者本意，加以借鉴和批判，以推动国内学术研究的发展。

该文为《国外高校人文社会科学发展报告2010》"艺术学"（曹意强、薛军伟撰）内容，教育部社会科学委员会秘书处组编，北京：高等教育出版社，2010年。以"国外艺术学科研究状况（2009-2010）"为题，《南京艺术学院学报：美术与设计版》，2010年，第5期。

1 参阅曹意强，"什么是观念史？"，《新美术》，2003 年，第 4 期。

2 如 Phillip van den Bossche, *In & Out of Amsterdam: Travels in Conceptual Art, 1960-1976*, Museum of Modern Art, 2009.

3 Till-Holger Borchert,"Book Review", in *Burlington Magazine*, February, 2010, pp. 101-102.

4 见 Melanie Gifford,"Interpreting Analyses of the Painting Medium: A Case Study of a Pre-Eyckian Alterpiece", in M. Faries and R. Spronk (eds.), *Recent Development in the Technical Examination of Early Netherlandish Painting. Methodology, Limitation and Perspectives*, Turnhout, 2003, pp. 107-166.

5 Caroline van Eck and Stijn Bussels,"The Visual Arts and the Theatre in Early Modern Europe", in *Art History*, Vol. 33, No. 2, 2010, pp. 209-223.

6 Laura Weigert,"'Theatricality'in Tapestries and Mystery Plays and its Afterlife in Painting", in *Art History*, Vol. 33, No.2, 2010, pp. 224-235.

7 参阅曹意强，"图像与语言的转向——后形式主义、图像学与符号学"，《新美术》，2005 年，第 3 期。

8 Jaś Elsner,"Art History as Ekphrasis", in *Art History*, Vol. 33, No. 1, 2010, pp. 10-27.

9 Martin Porr,"Palaeolithic Art as Cultural Memory: a Case Study of the Aurignacian Art of Southwest Germany", in *Cambridge Archaeological Journal*, Vol. 20, No. 1, 2010, pp. 87-108.

10 Lucy Lippard, *Six Years: The Dematerialization of the Art Object from 1966 to 1972*, London and New York, 1997.

11 Jennifer Purtle,"Scopic Frames: Devices for Seeing China in 1640", in *Art History*, Vol. 33, No. 1, 2010, pp. 54-73.

12 Melina Esse,"Donizetti's Gothic Resurrections", in *19th Century Music*, Vol.XXXIII, No.2, 2009, pp. 81-109.

13 Elena Abramov-van Rijk,"The Madrigal Aqil'altera by Jacopo da Bologna and intertextual relationships in the musical repertory of the Italian Trecento", in *Early Music History*, No. 28, 2009, pp. 1-38.

14 Theodor Adorno, *Mahler: A Musical Physiognomy*, trans. by Edmund Jephcott, University of Chicago Press, 1992, p. 76.

15 Nicholas Mathew,"Beethoven's Political Music, the Handelian Sublime, and the Aesthetics of Prostration", in,19th Century Music Vol.XXXIII, No.2, 2009, pp. 110-150.

16 J. P. E. Harper-Scott,"Medieval Romance and Wagner's Musical Narrative in the Ring", in *19th Century Music*, Vol.XXXIII, No.3, 2009, pp. 211-234.

17 Alexander Carpenter,"Schoenberg's Vienna, Freud's Vienna: Re-Examining the Connections between the Monodrama Erwartung and the Early History of Psychoanalysis", in *The Musical Quarterly*, Vol. 93, No. 1, 2010, pp. 144-167.

18 *The Musical Quarterly*, Vol. 92, No.3-4, 2009.

19 Rebecca Bodenheimer,"'La Habana no aguanta más': Regionalism in Contemporary Cuban Society and Dance Music", in *The Musical Quarterly*, Vol. 92, No.3-4, 2009, pp. 210-241.

20 Carolina Santamaría-Delgado,"Tango's Reterritorializtion in Medellín: Gardel's Myth and the Construction of a tanguero Local Identity", in *The Musical Quarterly*, Vol. 92, No.3-4, 2009, pp. 177-209

21 Melanie Plesch,"The Topos of the Guitar in Late Nineteenth-and Early Twentieth-Century Argentina", in *The Musical Quarterly*, Vol. 92, No.3-4, 2009, pp. 242-278.

22 Peter J. Schmelz,"Introduction: Music in the Cold War", in *The Journal of Musicology*, Vol. 26, No. , 2009, p. 4.

23 Stephen A. Crist,"Jazz as Democracy? Dave Brubeck and Cold War Politics", in *The Journal of Musicology*, Vol. 26, No. 2, 2009, pp. 133-174.

24 具体论文包括：Joy H. Calico,"Schoenberg's Symbolic Remigration: A Survivor form Warsaw in Postwar Weste Germany";Laura Silverberg,"Between Dissonance and Dissidence: Socialist Modernism in the German Democratic Republic"; Leslie A. Sprout, "The 1945 Stravinsky Debates: Nigg, Messiaen, and the Early Cold War in France", in *The Journal of Musicology*, Vol. 26, No. 1, 2009; Stephen A. Crist,"Jazz as Democracy? Dave Brubeck and Cold War Politics", in *The Journal of Musicology*; Robert Fallon, *Birds, Beasts, and Bombs in Messiaen's Cold War Mass*; Lisa Jakelski, *Górecki's Scontri and Avant-Garde Music in Cold War Poland*; Phil Ford, Music at the Edge of the Construct, in *The Journal of Musicology*, Vol. 26, No. 2, 2009.

25 Timothy Wise,"Jimmie Rodger and the Semiosis of the Hillbilly Yodel", in *The Musical Quarterly*, Vol. 93, No. 1, 2010, pp. 8-44.

26 David R. M. Irving,"The Dissemination and Use of European Music Books in Early Modern Asia", in *Early Music History*, No. 28, 2009, pp. 39-59.

27 作者参考了 Catherine Jami,"Tomé Pereira (1645-1708), Clockmaker, Musician and Interpreter at the Kangxi Court: Portuguese Interests and the Transmission of Science", in Luís Saraiva and Catherine Jami (eds.), *The Jesuits, the Patroado and East Asian Science (1552-1773)*, Singapore and Hackensack, NJ, 2008；以及王冰，"'律吕纂要'之研究"，《故宫博物院院刊》，2002年，第4期。

28 William Ashbrook and Harold Powers, *Puccini's Turandot: The End of the Great Tradition*, Princeton University Press, 1991.

29 W. Anthony Sheppard,"Blurring the Boundaries: Tan Dun's Tinte and The First Emperor", in *The Journal of Musicology*, Vol. 26, No. 3, 2009, pp. 285-326.

30 此前两部重要的电影研究著作是：Robin Wood, *Hollywood from Vietnam to Reagan*, Columbia University Press, 1986; Jonathan Rosenbaum, *Movie Wars: How Hollywood and the Media Limit What Movies We Can See*, Chicago Review Press, 2002.

31 David Bordwell and Noel Carroll (eds.), *Post-Theory: Reconstructing Film Studies*, University of Wisconsin Press, 1996.

32 Peter Bondanella, *Italian Cinema: From Neorealism to the Present*, Frederick Ungar Publishing Co., 1983.

33 Marco Abel,"Underground Film of Germany in the Age of Control Societies: The Cologne Group", in *Quarterly Review of Film and Video*, Vol. 27, No. 2, 2010, pp. 89-107.

34 Peter Hames (ed.), *The Czechoslovak New Wave*, University of California Press, 1985.

35 Jean-Pierre Geuens,"Georg Lukács and Contemporary Fiml Praxis", in *Quarterly Review of Film and Video*, Vol. 26, No. 3, 2009, pp. 216-225.

36 Stacey Weber-Fève,"Housework and Dance as Counterpoints in French-Tunisian Filmmaker Raja Amari's Satin rouge", in *Quarterly Review of Film and Video*, Vol. 27, No. 1, 2010, p. 1-13.

37 Fredric Jameson,"Third World Literature in the Era of Multinational Capitalism", in *Social Text*,

No. 15, 1986, pp. 65-88.

38　David Desser,"Triads and Changing Times: The National Allegory of Hong Kong Cinema, 1996-2000", in *Quarterly Review of Film and Video*, Vol. 26, No. 3, 2009, pp. 179-193.

39　2006年，英国利兹大学传媒研究中心亚洲国际传媒教授格雷·D·罗恩斯利[Gary D. Rawnsley]和传播研究所研究员蔡明烨(Ming-Yeh T Rawnsley)曾合作撰写《中国的政治交流：身份的建构与反思》(*Political Communications in Greater China: The Construction and Reflection of Identity*)。

40　Loren Kruger,"Cold Chicago: Uncivil Modernity, Urban Form, and Performance in the Upstart City", in *The Drama Review*, Vol. 53, No. 3, 2009, pp. 10-36.

41　Laura Levin and Kim Solga,"Building Utopia: Performance and the Fantasy of Urban Renewal in Contemporary Toronto", in *The Drama Review*, Vol. 53, No. 3, 2009, pp. 37-53.

42　Marion Denizot,"Crise de légitimité du théâtre public et mobilisation des idéaux de la décentralisation"in *revue d'histoire du théâtre*, No.4, 2009 ,pp. 343-358

43　Rhonda Blair,"Cognitive Neuroscience and Acting: Imagination, Conceptual Blending, and Empathy", in *The Drma Review*, Vol. 53, No. 2, 2009, pp. 93-94.

44　Ibid, p93-103.

45　Amy Cook,"Wrinkles, Wormholes, and Hamlet: The Wooster Group's Hamlet as a Challenge to Periodicity", in *The Drama Review*, Vol. 53, No. 2, 2009, pp. 104-119.

46　Joy Kristin Kalu,"Experiencing Expectation: Perceiving the Future in Performance", in *Theatre Research International*, Vol. 34, No. 2, 2009, pp. 166-172.

47　Pil Hansen and Bruce Barton,"Research-Based Practice: Situating Vertical City between Artistic Development and Applied Cognitive Science", in *The Drama Review*, Vol. 53, No. 2, 2009, pp. 120-136.

48　提出这一观点的著作主要包括：Karl Prümm,"Intermedialität und Multimedialität", in *Theaterzeitschrift*, Vol. 22, No. 4, 1998; Franz-Josef Albersmeier, *Theater, Film und Literatur in Frankreich: Medienwechsel und Intermedialität, Wissenschaftliche Buchgesellschaft*, 1992; Jürgen E. Müller, *Intermedialität Formen moderner kultureller Kommunikation, Nodus Publikationen*, 1996; Jörg Helbig, *Intermedialität Theorie und Praxis eines interdiziplinären Forschungsgebiets, Schmidt*, 1998.

49　Johan Callens,"Anne-Marie Boisvert, Manon Oligny, and Thomas Israel: Three Artists in Search of Cindy Sherman", in *The Drama Review*, Vol. 54, No. 1, 2010, pp. 39-58.

50　Martin Puchner,"The Thratre of Alain Badiou", in *Theatre Research International*, Vol. 34, No. 3, 2009, pp. 256-266.

51　Laura Cull,"How Do You Make Yourself a Theatre without Organs? Deleuze, Artaud and the Concept of Differential Presence", in *Theatre Research International*, Vol. 34, No. 3, 2009, pp. 243-255.

52　Benjamin Wihstutz,"Anticipating the End: Thoughts on the Spectator and the Temporality of Dasein", in *Theatre Research International*, Vol. 34, No. 2, 2009, pp. 109-115.

53　Evan Maina Mwangi,"Gender and the Erotics of Nationalism in Ngugi wa Thiong'o's Drama", in *The Drama Review*, Vol. 53, No. 2, 2009, pp. 90-112.

54　Ravi Chaturvedi,"Theatre Research and Publication in India: An Overview of the Post-independence Period", in *Theatre Research International*, Vol. 35, No. 1, 2010, p. 75.

55 Hyunjung Lee,"Performing Korean-ness on the Global Stage", in *Theatre Research International*, Vol. 35, No. 1, 2010, pp. 54-65.

56 Siyuan Liu,"Performing Gender at the Beginning of Modern Chinese Theatre", in *The Drama Review*, Vol. 53, No. 2, 2009, pp. 35-50.

57 Gabriele Brandstetter,"Dancing the Animal to Open the Human: For a New Poetics of Locomotion", in *Dance Research Journal*, Vol. 42, No. 1, 2010, pp. 3-11.

58 Isabelle Ginot,"From Shusterman's Somaesthetics to a Radical Epistemology of Somatics", in *Dance Research Journal*, Vol. 42, No. 1, 2010, pp. 12-29.

59 Henrietta Bannerman,"Martha Graham's House of the Pelvic Truth: The Figuration of Sexual Identities and Female Empowerment", in *Dance Research Journal*, Vol. 42, No. 1, 2010, pp. 30-46.

60 Carrie Noland,"The Human Situation on Stage: Merce Cunningham, Theodor Adorno, and the Category of Expression", in *Dance Research Journal*, Vol. 42, No. 1, 2010, pp. 47-60.

61 Rolando B. Tolentino,"Macho Dancing, the Feminization of Labor, and Neoliberalism in the Philippines", in *The Drama Review*, Vol. 53, No. 2, 2009, pp. 77-89.

推荐参考文献：

美术研究

Arthur C. Danto: *Andy Warhol*, Yale University Press, 2009.

Barbara G. Lane: *Hans Memling: Master Painter in Fifteenth-Century Bruges*, Harvey Miller Publisher, 2009.

Catherine Jolivette: *Landscape, Art and Identity in 1950s Britain*, Ashgate Publishing, 2009.

Chris Spring: *Angaza Afrika: African Art Now*, Laurence King Publishing, 2008.

Cyriel Stroo (ed.): *Pre-Eyckian Paintings in the Low Countries*, 2 Vols, Brepols Publishers, 2009.

Dora Thornton and Timothy Wilson: *Italian Renaissance Ceramics, a Catalogue of the British Museum Collection*, 2 vols, British Museum, 2009.

Gerd Woll: *Edward Munch, Complete* Paintings, Thames and Hudson, 2009.

Hanns Christian Löhr: *Die Kollektion Hermann Goring: Der Eiserne Sammler, Kunst und Korruption im 'Dritten Reich'*, Gebr. Mann Verlag, 2009.

James Rosenqiust with David Dalton: *Painting Below Zero: Notes on a Life in Art*, Alfred A. Knopf, 2009.

Jane Kromm and Susan Benforado Bakewell (eds.): *A History of Visual Culture: Western Civilisation from the 18th to the 21st Century*, Berg Publishers, 2010.

Jennifer Purtle and Hans Bjarne Thomsen: Looking Modern: East Asian Visual Culture from the Treaty Ports to World War II, *Art Media Resources*, 2009.

Machtelt Israëls (ed.): *Sassetta: The Borgo San Sepolcro Altarpiece*, 2 Vols, Harvard University Press, 2009.

Marie-Cécile Forest, Samuel Mandin and Aurelie Peylard: Gustave Moreau. Catalogue sommaire des dessins du musée Gustave Moreau, *Musée Gustave Moreau and Réunion des Musées Nationaux*, 2009.

Nancy N. Yeide: *Beyond the Dreams of Avarice. The Hermann Goering Collection*, Laurel Publishing, 2009.

Nicholas Fox Weber: *The Bauhaus Group: Six Masters of Modernism*, Alfred A. Knopf, 2009.

Phillip van den Bossche: In & Out of Amsterdam: Travels in Conceptual Art, 1960-1976, *Museum of Modern Art*, 2009.

Shelley Perlove and Larry Silver: *Rembrandt's Faith. Church and Temple in the Dutch Golden Age*, Pennsylvania State University Press, 2009.

Sophie Richards: Unconcealed: *The International Network of Conceptual Artists 1967-1977. Dealers, Exhibitions and Public Collections*, Ridinghouse, 2009.

Timothy Schroder: *British and Continental Gold and Silver in the Ashmolean Museum*, 3 Vols., Ashmolean Museum, 2009.

Tony Scherman and David Dalton: *Pop: The Genius of Andy Warhol*, Harper/HarperCollins Publishers, 2009.

Xavier Tricot: *James Ensor. The Complete Paintings*, Hatje Cantz, 2009.

音乐学

Charles M. Atkinson: *The Critical Nexus: Tone-system, Mode, and Notation in Early Medieval Music*, Oxford University Press, 2009.

Elijah Wald: *How the Beatles Destroyed Rock'N'Roll: An Alternative History of American Popular Music*, Oxford University Press, 2009.

Greg Kot: *Ripped: How the Wired Generation Revolutionized Music*, Scribner, 2009.

Julian Johnson: *Mahler's Voices: Expression and Irony in the Songs and Symphonies*, Oxford University Press, 2009.

Marianne Wheeldon: *Debussy's Late Style*, Indiana University Press, 2009.

Peter J. Schmelz: *Such Freedom, if Only Musical: Unofficial Soviet Music during the Thaw*, Oxford University Press, 2009.

Tina Frühauf: *The Organ and Its Music in German-Jewish Culture*, Oxford University Press, 2009.

电影研究

Anton Kaes: *Shell Shock Cinema: Weimar Culture and the Wounds of War*, Princeton University Press, 2009.

Barry Langford: *Post-Classical Hollywood: History, Film Style, and Ideology Since 1945*, Edinburgh University Press, 2010.

Carl Plantinga: *Moving Viewers: American Film and the Spectator's Experience*, University of California Press, 2009.

Gian Piero Brunetta: *The History of Italian Cinema: A Guide to Italian Film from Its Origins to the Twenty-First Century*, trans. by Jeremy Parzen, Princeton University Press, 2009.

Giorgio Bertellini: *Italy in Early American Cinema: Race, Landscape, and the Picturesque*, Indiana University Press, 2009.

Gonzalo Aguilar: *Other Worlds: New Argentine Film*, Palgrave Macmillan, 2009.

James Kendrick: *Hollywood Bloodshed: Violence in 1980s American Cinema*, Southern Illinois University Press, 2009.

Joanna Page: *Crisis and Capitalism in Contemporary Argentine Cinema*, Duke University Press, 2009.

Paisley Livingston: *Cinema, Philosophy, Bergman: On Film as Philosophy*, Oxford University Press, 2009.

Patrick Keating: *Hollywood Lighting from the Silent Era to Film Noir*, Columbia University Press, 2009.

Peter Bondanella: *A History of Italian Cinema*, Continuum, 2009.

Peter Hames: *Czech and Slovak Cinema: Theme and Tradition*, Edinburgh University Press, 2009.

Pierre Barrot: Nollywood: *The Video Phenomenon in Nigeria*, Indiana University Press, 2009.

戏剧研究

Alison Oddey and Christine White: *Modes of Spectating*, Intellect, 2009.

Dan Rebellato: *Theatre and Globalization*, Palgrave Macmillian, 2009.

Dennis Kennedy: *The Spectator and the Spectacle: Audiences in Modernity and Postmodernity*, Cambridge University Press, 2009.

Jen Harvie: *Theatre and The City*, Palgrave Macmillian, 2009.

Nicholas Ridout: *Theatre and Ethics*, Palgrave Macmillian, 2009.

Poonam Trivedi and Minami Ryuta: *Re-playing Shakespeare in Asia*, Routledge, 2009.

Robert Brustein: *The Tainted Muse: Prejudice and Presumption in Shakespeare and His Time*, Yale University, 2009.

Takashi Sasayama, J. R. Mulryne and Margaret Shewring: *Shakespeare and the Japanese Stage*, Cambridge University Press, 2010.

舞蹈研究

Constance Valis Hill: *Tap Dancing America: A Cultural History*, Oxford University Press, 2010.

Daniel J. Walkowitz: *City Folk: English Country Dance and the Politics of the Folk in Modern America*, New York University Press, 2010.

Dean Speer: *On Technique*, University Press of Florida, 2010.

Erin Manning: *Relationscapes: Movement, Art and Philosophy*, MIT Press, 2009.

Rory Foster: *Ballet Pedagogy: The Art of Teaching*, University Press of Florida, 2010.

Sita Popa: *Invisible Connections: Dance, Choreography and Internet Communities*, Routledge, 2010.

Susan A. Reed: Dance and the Nation: Performance, Ritual, and Politics in Sri Lanka, University of Wisconsin Press, 2009.

艺术学与世界艺术研究

2011年2月12日，中华人民共和国国务院学位委员会通过决议，将艺术从文学门类中独立出来而成为新的门类，下设艺术学理论、音乐与舞蹈学、戏剧与影视学、美术与设计学四个一级学科。这个设置与国际上约定俗成的艺术学科有差异，如按照国际惯例，艺术本应包括美术、音乐、建筑、戏剧、文学、影视等创作性类别，而在我国文学、建筑、甚至设计均被排除在艺术之外。无论如何，在我国的特殊情况下，艺术学科终于脱离文学而自立门户乃是一个重要的进步，它有利于改善艺术创作与研究发展的环境，有利于建立符合各门艺术特质的合理评估体系。在这个新的形势下，加强与国际学术界的对话，进一步了解国外前沿研究成果，对于完善我国艺术学科建设，提高学术水准，具有特别的意义。本文所论的年度国外高校相关学术成果与理论创新点，即基于此目的而概述。

在全球化和后殖民主义等理论的影响下，世界艺术研究愈加激起学者的研究兴趣。除了大量研究西方之外的视觉艺术、音乐、电影、舞蹈和戏剧外，世界艺术研究本身作为一种研究思路和流派在本年度取得了进一步发展，并创办了《世界艺术》杂志。视觉研究从原来研究以视觉为特征之物，逐渐转变为对各种综合艺术中的视觉特征的重视，甚至试图建立可解释所有视觉材料的理论。同时，艺术和艺术家的民族身份、性别身份在西方依然令许多研究者痴迷。本文不仅对主要理论创新点作了总结和梳理，还介绍和分析了国外本年度围绕这些理论所出版的具体学术著作和举办的学术活动，把握国外高校2010年艺术研究的总体方向和主旨，进而希望对国内艺术研究有所助益。

2011年对国内艺术学学科来说，具有特别的意义，它结束了长期隶属文学门类的扭曲局面，成为我国学科门类中的第十三个门类。[1]这一改变还给了艺术应有的自律发展特性，无论对我国艺术的理论建设，还是创作实践，都是一种内在活力的解放。因此，国外的创新成果对于新情境下的中国艺术学具有新的借鉴作用。下文即是对本年度国外艺术学科主要动向与创新成果的扼要梳理，以供参考。

一 概况

近些年来，国外的艺术研究一直沿着两个方向发展。一是研究对象不断扩展：在突破以西方为中心视域并将非西方文化与艺术纳入研究范围之后，力图建立起理解和解释世界艺术的新理论与方法，这种尝试业已成为学者们普遍讨论的中心话题。第二个方向是研究方法和批评理论的跨学科和多学科性，这一点尤其体现在对某一类艺术作多维度的考察，对艺术作为综合性活动的考察，以及通过某种特性来对各种不同艺术门类进行综合研究，如讨论美术、电影、戏剧中的视觉性。当然，除这些重要的研究趋势外，全球化背景中的艺术、艺术社会学和人类学理论，以及民族与个人身份、性别等问题，继续是关注的热点。

1. 世界艺术研究

近些年兴起的"世界艺术研究"［world art studies］思潮，在2011年发起了学术刊物《世界艺术》［*World Art*］，标志着世界艺术研究进入一个新的阶段。"世界艺术研究"是英国东盎格里亚大学的世界艺术学院教授约翰·奥涅斯［John Onians］在20世纪90年代首先使用的概念。到今天，这一概念和研究思路已然发展为当今国际艺术研究的重要潮流，受到许多国家学者的响应。此处有必要对其发展现状和学术思路作一详细介绍。

"世界艺术研究"旨在对全人类的所有视觉艺术形式进行平等地研究，以此相互阐发，进一步理解人类的视觉创造的共性与特性。在传统的西方艺术史研究中，古典希腊艺术、文艺复兴艺术和现代艺术占据主导地位，往往忽视人类其他地方其他时代的艺术。世界艺术研究不仅涵盖全球和各个历史时期，而且尤为注重史前艺术和当代艺术这两个领域。研究内容的扩展，必然引起研究思路的转变，而这种转型实际上与视觉研究［visual studies］或视觉文化研究［visual culture studies］运动在精神上有密切关联。视觉研究将所有带有视觉性质的物象都纳入其研究的范围，包括那些不被认为是艺术的物品，亦即赋予了视觉材料以平等性。就此而论，这与世界艺术研究暗合。其本质差别在于，世界艺术研究旨在保持艺术领域的价值，即在面对视觉文化研究惊涛骇浪的冲击下，它试图坚守艺术研究的独立领地。视觉文化把各种视觉形象视为同等重要的对象来研究，故而产生了图像学［Bildwissenschaft 和 image-ology］这样的概念，而这些概念与潘诺夫斯基等在20世纪所实践的图像学［Iconology］截然有别。新的概念在对图像本身及其与社会文化关系的研究中，是以牺牲美学价值为前提的，而世界艺术研究在赋予世界范围内各种不同文化传统中的艺术以平等地位的同时，对其各自的美学传统给予了充分的肯定。相对于视觉文化研究，世界艺术研究没有放弃艺术与非艺术之间的界线。

为了进一步明确世界艺术研究的思路，我们还可以与其他两个相关概念进行比较。一是世界艺术史 [world art history]。此概念可以追溯到19世纪的德国，在艺术史学科刚刚兴起的时候，已经有不少艺术史家将目光投向世界，关注西方之外民族的艺术状况。如弗兰茨·库格勒这位西方首位艺术史教授，在1842年出版的《艺术史手册》 [*Handbuch der Kunstgeschichte*] 中就以比较的方式讨论了东方国家的艺术。之后的艺术史学者们，很多都涉及了世界其他地区和民族的艺术，乃至于撰写出涵盖全世界艺术发展状况的艺术史。但今天的学者会发现，他们的研究方法中有一个致命的缺点。西方学者会有意无意地借用欧洲已有的史学和美学传统，来解释异域文化的艺术。在欧洲中心论的基础上，把其他民族的艺术纳入其进化的史学模式之中。我们知道，对艺术的理解并非源于自然，而是以对其背后的文化和社会的理解为基础。因此，对不同文化传统中艺术的研究，就必然要求真正深入了解孕育出这些艺术的人类文化，而不是把欧洲的艺术史模式推向全世界。当然早期艺术史学者出现这种缺陷的原因很多，如思想观念受限、语言不通、研究资源缺乏等，但其中最重要的原因可能在于交流不畅，反思意识不够。而在全球化的今天，为解决这一问题提供了保证，世界艺术研究把握住时代的发展趋势，通过对传统艺术史在方法和认识论上的修正，以实现对世界不同民族艺术的真正理解。第二个概念是全球艺术史 [global art history]。全球 [global] 和世界 [world] 的含义不完全相同。一般而言，世界是一个地理概念，全球除了在地理上包含全世界外，特指各地区和民族间的互动关系，所以全球艺术史关注的是全世界范围内有关联的艺术现象的发展过程。世界艺术研究在方法和内容上会与全球艺术史发生重合，但又不仅局限于此。

相对于成熟的艺术史学，世界艺术研究才刚刚起步，那么它与传统艺术史之间是何关系？两者有何异同？世界艺术研究是否主要集中讨论原来艺术史未能或无法讨论的问题？下文在回答这些问题的同时，将对当前世界艺术研究的方法与内容加以初步的考察。

首先，世界艺术研究与艺术史有着根深蒂固的联系，除了学者均受训于艺术史学科外，许多重要问题和研究方法亦以艺术史学为基础，东西方的艺术史研究传统为世界艺术研究提供了不可或缺的资源。可以说，世界艺术研究是艺术史发展的新阶段。如世界艺术研究中较为常用的跨文化研究手法，就是早期艺术史学中常用的比较法的发展。比较艺术研究，是依据一定的框架，将各个国家和不同时期的艺术纳入其中加以评判。但这涉及认识论和方法论问题，尤其是要考虑两种文化传统中的艺术是否具有可比性，以及如何比较。反对者认为，每一种文化和艺术传统都是一个完整而自律的思想世界，因此这种比较是无价值的。支持者可能会对不同传统艺术的材质、技术、审美价值、艺术哲学等进行对照分析，寻找其中的异同，但同样面临一些方法上的困难，比如，如何找到一种"中性"的参照系。世界艺术研究正是想通过跨文化的研究方法来突破比较法的局限，消除文化偏见，真正理解艺术品的制造者和使用者的原始意图。

世界艺术研究的发展，主要有两方面的原因，一是现实使然，二是理论上的条件。就现实而言，作为人类的一种普遍文化现象，艺术在各个民族都有深厚的传统，便利的交流渠道为研究各地区的艺术打开了方便之门。另外，无论是传统艺术遗产还是当代艺术都进入了全球化时代，不但艺术品在全球流动，艺术家也在世界各国漂流，这既为研究带来便利，又推动着研究的发展。各种国际艺术机构和团体之间的交流互动、艺术市场的国际化，催生了很多新的现象和问题：不同地区和文化对同一艺术的接受情况，博物馆收藏和展览不同文化的艺术，在策略上有什么变化和调整等。因此，全球化时代呼唤着对世界艺术的全新研究。

从理论上讲，世界艺术研究是一个开放的领域，提倡方法的多元性和跨学科性，相关学科和理论为世界艺术研究提供了学理支持。具体而言，世界艺术研究首先是与历史相对的概念，即并不强调艺术进化发展史，而更多地着眼于艺术的地理特性，也就是关注人类学意义上的地方文化和艺术传统。所以人类学自然成了世界艺术研究的重要理论资源。要理解某个特殊文化传统中的艺术，必须深入具体文化和社会语境，才能发现视觉文化的多样性。此外，当代备受青睐的后殖民主义也成为世界艺术研究的一大理论依据，它直接与欧洲中心主义对抗。若抛开政治和意识形态观点不谈，单就其文化相对主义这点而言，就是对传统艺术史写作思路的一种颠覆。然而，无论是人类学还是后殖民主义者，要超越研究者自身文化立场也十分困难，而要真正理解异文化中的艺术更非易事。同时，当我们借鉴各种理论时，需要时刻警惕这些理论的局限性。如在吸取人类学理论时，应该清楚它与世界艺术研究在目的上存在根本的区别。艺术研究借助各种文化、社会的资料来理解、诠释艺术，而人类学则是要通过包括视觉材料在内的各种材料，来研究人类本身及其活动。

其次，就世界艺术研究所探讨的内容而言，在涵盖了传统艺术史领域的同时，进一步拓宽了研究视域，把史前艺术考古和当代艺术视为研究重点。世界艺术的考古材料非常丰富，考古学的研究方法、思考的问题与世界艺术研究有很多重合。如，人类于何时何地开始出现视觉艺术活动？产生这种活动的物质、社会、文化、心理条件是什么？人类不断制造和使用视觉艺术的原因是什么？这些带有本质论色彩的问题，既是考古学要回答的问题，又是艺术研究的一部分，并且对人类早期艺术的研究，可为解决世界艺术研究中的根本问题找到答案。今天的考古学，已经从早期的关注古代遗存及其物质性，转而注重对生产、使用这些文物的具体情境的考察，这为理解早期艺术提供了充分的背景知识。世界艺术研究把视觉物质材料与当时人类的行为、信仰相联系，以期全面阐释艺术现象。另外一点是，今天古代遗址成为旅游胜地，考古文物成为商品，并在全世界流动，这使古代文物直接面临后现代的拷问。因为无论文物还是参观者，都存在身份转变问题，如何在异文化中呈现本民族的艺术，使其获得理解，是这个时代艺术研究所面临的重要问题。

在过去几十年中，当代艺术和艺术家超越了原来的地理和文化界线，生成世界艺术现象。艺术家不但在不同地方创作，而且作品也会在各个国家和博物馆间流转，受到来自不同国家和文化的观众的检视，为了能使更多的人理解自己的艺术，艺术家在某种程度上会不断改变自己的艺术形式，刻意摆脱民族身份，适应一定人群的需要。艺术机构和博物馆也在转变角色，改变政策，以服务于更广泛的艺术和观众。可以说，在全球化的大背景中，当代艺术在强大的艺术机构、艺术市场的双重影响下，正在经历着复杂的变化，许多问题已经超出了传统艺术史经验对艺术生产和传播的理解，甚至超越了地理、时间的边界，突破了原有经济、政治和文化的框架，这就必然召唤着新的研究方法的诞生。

2. 视觉研究

世界艺术研究是对人类普遍存在的视觉文化的一种学理思考，但这一研究更多地集中于讨论艺术的地域差异性和共同性。而近年来针对日益丰富的视觉材料发展出的视觉研究，在学术上日益精进。从原来借助其他领域和学科理论，以阐释尽可能广泛的视觉材料，上升为建构一种可以解释一切视觉材料的独立理论。其中有学者提出，可用"视觉性"［visuality］这一概念来综合所有视觉材料的特征。[2] 我们从 2010 年 7 月 7-9 日在牛津大学斯菲尔德学院［Mansfield College］举办的第四届国际视觉素养研讨会上，可以窥见学界对视觉研究方法的关注情况。会议提议学者们从跨学科、多学科的角度，借助教育、视觉艺术、美术、文学、哲学、心理学、批评理论等不同角度来讨论视觉素养理论和实践中的问题。除了方法上的不断扩展外，研究对象也变得日益宽泛。视觉材料不仅包括绘画、雕塑、建筑、摄影、设计在内的以视觉为主要特征的艺术形式，而且还涵盖了电影、电视、戏剧、舞蹈等综合性的艺术形式领域，甚至包括任何具有视觉特征的材料。如 2010 年 10 月 2-3 日在美国洛杉矶举办的图像研究国际研讨会［International Conference on the Image］，讨论的对象就包括了上述内容，除了图像形式，戏剧、电影和电视中的视觉图像外，会议还就与图像本身相关的一些话题进行了探讨，如图像制作中的技术和媒介、图像产业、图像的媒介与交流等。俨然将图像视为独立于原来传统艺术类型的人工制品。但同时我们也看到，只是将视觉物作为档案材料、交流媒介来看，就会忽视视觉物品中的艺术和审美特征。除了方法和内容的扩展外，视觉研究的另一个重要发展特征是对其他门类艺术中视觉性的重视。2010 年 11 月 11-13 日在捷克的布拉格举办了一场研讨会，主题为"表演中的视觉呈现"［Visual Aspects of Performance Practice］，把舞台表演中的视觉特征作为中心话题来讨论。

3. 全球化背景中的艺术和艺术家的身份

全球化背景中艺术和艺术研究，必然会涉及文化交流中的冲突和融合问题。从不同的文化立场出发，如何平等地看待异己的艺术传统，避免将非异族文化艺术纳入自己的文化体系中，特别是避免将非西方文化艺术纳入到西方所建立的进化体系中，视异域艺术为一种低级或原始的文化艺术形式，是当前理论界反思的重要问题。这个问题在今天显得尤其引人注目，因为艺术品在全球的流动性大大加强，当它们在不同文化和社会环境中展出，面对不同的观众时，就会产生身份的转变问题。2010年6月18-21日在日本大阪举办的"艺术与人文亚洲研讨会"［The Asian Conference on Arts and Humanities］，主题即是"东方遇到西方"［East Meets West］。会议试图在当代视野中对全球化问题进行学术上的回应，包括东方艺术如何应对全球化，融入世界的问题。

此外，在全球化的背景中，艺术家个人的身份也是当代艺术研究必须要面对的问题。和艺术在不同文化中流转一样，艺术家在各个国家、画廊展出作品时，也存在同样的身份变化问题。针对这个话题，荷兰阿姆斯特丹的凡·高博物馆［Van Gogh Museum］在2010年6月10-11日举办了"视觉文化与民族身份"［Visual Culture and National Identity］为主题的研讨会。大会除了以凡·高为个案，研究其艺术生涯和个人身份之外，还讨论了艺术史和视觉文化中的民族主义和民族身份、西方模式之外的民族身份、全球化时代的民族身份、艺术家的归属感等内容。除了民族身份之外，性别身份也是当代艺术研究的中心话题之一，尤其是性别研究和酷儿理论日益得到更多学者的关注。下面我们将分类介绍本年度国外艺术研究所取得的理论成果。

二 主要学术成果和理论创新

1. 美术与设计研究

（1）世界艺术与视觉文化研究

2011年3月《世界艺术》［World Art］在英国创刊，这标志着一个新研究领域的创立，也进一步推动了艺术研究的发展。这本前沿性的学术刊物由英国东盎格里亚大学塞恩思伯里视觉艺术中心主办，并邀请来自世界各地的知名艺术史学者组成特约编委，其中就包括我国学者曹意强教授。本杂志为半年刊，分别在每年的3月份和9月份由劳特利奇出版社出版，第一期现已发行。[3] 正如在《世界艺术》发刊词中指出的，本杂志是一个开放的平台，挑战、重估及批判性反思是其精神所在，多元理论、不同立场和跨学科的研究是它追求的方向。因此，《世界艺术》踌躇满志，既要将全人类的艺术囊括于内，又希望有新的领域和问题产生，不但要对原来的艺术定义和分类、诠释加以反思，而且在颠覆原有艺术史传统的基础上建立新方法和立场；通过对跨文化、多民族、综合艺术实践的跨学科研究，开创出世界艺术研究的新路径。

《世界艺术》的创刊显然是近些年兴起的"世界艺术研究"思潮推动下的直接结果。在此有必要对这一流派近些年的学术成果和活动作简单介绍。第一本试图对这一领域的材料进行综合考察的著作是 2004 年的《世界艺术地图》［The Atlas of World Art］，由英国东盎格里亚大学世界艺术研究学院院长奥涅斯主编。这本基础性的著作由近 70 位不同领域的艺术专家合作撰写而成，试图呈现从远古至今的世界艺术全貌。此书至今已被翻译成法文、德文、意大利文、日文、波兰文、俄文、西班牙文以及中文。[4] 如果说，这本书主要是素材的收集与考察，那么由约翰·奥涅斯主编的另一本学术专辑，《压缩 VS 表达：容纳与解释世界艺术》［Compression vs Expression: Containing and Explaining the World's Art］（2006 年）则是对本领域问题的学理思考，此书是 2000 年在克拉克艺术中心组织的一次学术会议的论文集。这两本著作都试图突破原来艺术史研究的框架和束缚，在摆脱各种思想包袱的同时，充满了一种复兴艺术研究的使命感。大卫·萨默［David Summer］的理论著作《真实的空间：世界艺术史与西方现代主义的兴起》［Real Spaces: World Art History and the Rise of Western Modernism］（2003 年），是最具开创性的研究成果。作者有意修正艺术历史的各种假设，并引入了一些新的概念用以理解和研究世界艺术。本书的论调与詹姆斯·埃尔金斯［James Elkins］的《艺术史全球化了吗？》［Is Art History Global?］（2007 年）不同。埃尔金斯从学术和政治背景出发对世界艺术史研究问题基本给予了否定的回答。大卫·卡里尔［David Carrier］的《世界艺术史及其对象》［A World Art History and its Objects］（2008 年）也是针对这一问题所作的哲学性思考，虽对此研究思路非常谨慎，却也提出了一些可行的方案。观点最开放，对世界艺术研究最乐观的一本重要著作是《世界艺术研究：概念与方法的探索》［World Art Studies: Exploring Concepts and Approaches］（2008 年）。这本书是 2007 年 9 月 7-8 日，在英国诺里奇的塞恩思伯里视觉艺术中心举办的一场名为"世界艺术：前进之路"的研讨会的论文集。书中从多方面对埃尔金斯的怀疑给予了积极的应答，汇集了针对世界范围内艺术的诸多问题的大量系统而有建设性的论文，其中也包括了我国学者曹意强教授的文章。

除了不断有著作问世外，我们还可以通过一些国际学术活动来一窥其貌。除了上文提到的两次专门研讨会外，一个里程碑式的活动是国际艺术史学会［CIHA］于 2008 年在澳大利亚墨尔本召开的大会，本次会议以前所未有的开放态度，接纳了世界各地区的艺术史家，为其提供交流的平台，中国也有数位学者参加。向大会提交的论文最终以《跨文化：冲突、迁移与整合》［Crossing Cultures: Conflict, Migration and Convergence］（2009 年）为名出版。与 1986 年在华盛顿举办的国际艺术史学会大会相比，我们很容易窥见其中发生的巨大变化。华盛顿艺术史大会论文集的题目是《世界艺术：多样化背景中的共同主题》[World Art: Themes of Unity in Diversity]（1989 年），他虽然承认多样性，却试图达到一种统一。同样，在 2004 年的艺术史大会上，"艺术家"分会组织者曾提出要讨论欧洲传统之外的艺术家，但遭到国际艺术史学会执行当局的否定，他们居然认为"欧洲意义上的艺术家在其他地方并不存在"。这种观点在今天看来是多么可笑。与此形成明显对照的是，在这次墨尔本大会上，当局授意国际艺术史学会主席杰妮·安德森［Jaynie Anderson］尽可能扩大视野，将全球各个地区和民族的艺术纳入讨论范围，正如论文集标题所显示的，突出了文化的多元性，而非借用欧洲的标准和概念来一统世界各地的艺术形态。此外，由于受到世界艺术研究思潮的影响，以及对艺术史研究本身的反思和发展之目的，在世界各地陆续召开了一些相关的学术会议和研究项目。如 2008 年在东京大学举办了以"世界艺术史"［World Art History］为题的学术研讨会，其中就比较艺术史作为融合东、西方两种艺术史传统的可能性和价值作了极富成果的探讨。德国艺术史家汉斯·贝尔廷［Hans Belting］和安吉拉·白蒂斯格［Andrea Buddensieg］与德国新媒体艺术学院和中心的主席皮特·卫贝尔［Peter Weibel］从 2006 年开始合作进行一项"全球艺术与博物馆"的研究项目，本项目已经邀请艺术界各方面的学者召开过两次研讨会，并出版了《当代艺术与博物馆：一个全球的视野》［Contemporary Art and the Museum: A Global Perspective］（2007 年）和《全球艺术世界：观众、市场和博物馆》［The Global Art World: Audiences, Market and Museums］（2009 年）。此计划主要关注的是当代艺术，显然在全球化的今天，当代艺术已经成为一个国际性现象。此外，特里·史密斯［Terry Smith］计划出版的《世界当代艺术：从现代晚期至今》［Contemporary Art of the World: Late Modern to Now］（2011 年）一书，也是放眼全球，对当代艺术进行全面的研究。[5]

与世界艺术研究对应的视觉文化研究，近年来发展极为迅速，并且从原来的单纯鼓吹阶段，进入了历史的考察和理论的反思阶段。如加州伯克利大学的艺术史教授惠特尼·戴维斯［Whitney Davis］在其新著《视觉文化原理》［A General Theory of Visual Culture］中对视觉文化进行了新的理论思考。本书主要回答了什么是视觉文化，或者说什么是文化的"视觉性"这样的问题，作者试图通过一种原创性的理解视觉文化理论框架来回答这个重要的基本问题。在回顾了艺术史传统理论之后，作者认为，当今业已成型的视觉文化，包括人工制品和图画，需要借助某种不同的且成型的方式去观看，这即是所谓的"视觉性"［visuality］。视觉性是指使人工制品和图画中的某些文化构成要素能够被观者看到的视觉特性。惠特尼在书中对视觉性进行了系统地分析，并描述了视觉性作为视觉的历史形式是如何出现的。他从艺术史、美学、认知心理学、相关哲学、视觉科学以及历史、社会学和人类学中包含的视觉文化的研究中，得出了一些独特的结论，比如视觉并非一直存在于视觉文化中，而视觉文化也并非一直完全是可视的。作者还在书中列举了大量的例证，从各种文化传统，以及史前到今天的各种视觉现象，来论证任何民族中都存在制造人工制品和图画的传统，也就是说视觉文化是一种世界现象的观点。作者试图理清艺术史中视觉、视觉性和文化概念的混杂现象。可以说，本书是在一般意义上思考视觉文化的一本非常重要的著作。

此外，芝加哥艺术学院的教授詹姆斯·埃尔金斯［James Elkins］在本年度也出版了其重要的视觉文化研究著作《视觉文化》［Visual Cultures］，这是继他在2003年出版《视觉研究：一种怀疑论导读》［Visual Studies: A Skeptical Introduction］之后的又一本视觉研究作品。在《视觉文化》中，埃尔金斯对世界不同国家和民族文化中的视觉性和文字的价值进行了综合研究。对视觉性的一般历史进行了批判式回顾，包括波德莱尔、马丁·杰伊［Martin Jay］的理论，以及第三文本［Third Text］、后殖民研究等等。而且还对不同国家、民族的视觉历史和文本及其重要转变加以考察，也探讨了很多具体问题，如视觉文化与民族身份等。本书为未来研究视觉文化提供了很好的指导意见。同样是研究全球不同国家民族的视觉文化的另一本著作是佐亚·科库尔［Zoya Kocur］的《全球视觉文化文选》［Global Visual Cultures: An Anthology］,本选集为视觉文化的多元解释提供了新的理论视角，内容包括日常生活到全球政治，既扩展了视觉文化的理论框架，同时将不同学科和跨学科的视觉研究文献汇为一辑，其中涉及批评理论、人类学、历史、政治学、建筑研究、伦理学、宗族和性别研究等。本书为解释视觉现象提供了多元的理论，也反映了视觉文化多面的特质。

当西方研究者对世界视觉文化报以极大兴趣之时，当然不会忘记深刻检阅自己文化中的视觉传统。《视觉文化史：从18至21世纪西方文明》［A History of Visual Culture: Western Civilisation from the 18th to the 21st Century］正是本年度回溯西方视觉文化历史的重要作品。作者在书中提出的一个重要理念是：视觉的历史就是观念的历史。从启蒙运动、工业化和殖民时代，一直到全球化的今天，视觉文化不断左右和改变我们的思考方式，也决定着我们解释世界的方式。近些年来，视觉文化研究的兴盛，很容易让人误认为视觉文化是新近的现象。而本书作者则发掘了其悠久的历史，从启蒙运动以来对视觉材料的发掘和展示可以说就已经系统地出现了视觉文化。本书从历史和地理两方面详细地梳理视觉文化，并对内容作了主题分类：背叛与革命，科学与经验主义，凝视与浏览，收藏、展示与欲望，征服、殖民与全球化，图像与现实，媒介与视觉技术。每部分还选取了过去250年中的一些具体案例进行研究，试图证明视觉媒介如何改变我们的技术、美学和政治、文化。

提出"视觉转向"的美国芝加哥大学英语与艺术史教授W·J·T·米歇尔

[W·J·T·Mitchell]在本年度又出版了其视觉研究新作《克隆恐慌：从911至今的战争影像》[Cloning Terror: The War of Images, 9/11 to the Present]。作者在书中主要探讨了视觉图像以及文字在反恐战争中的作用，并对视觉领域中的复制现象给予了新的解释。克隆和恐怖袭击之间有某种结构上的类似性，它们都在真实与想象之间转换，在隐喻和直接描述之间变化。作者认为克隆恐怖主义是一种隐喻，用这种方式，不但有利于在反恐战争中招募更多的战士，而且还可以粉饰美国宪法中以信仰为基础的国内外政策。这是一本对当代视觉现象研究中很具学术含量的著作，尤其是对图像复制的反思，以及图像与政治的关系的考察，值得国内研究同类问题的学者参考。

（2）艺术史研究

本年度国外研究西方传统艺术史的最优秀著作可以毫不夸张地认定是迈克尔·弗里德[Michael Fried]撰写的《卡拉瓦乔时代》[The Moment of Caravaggio]。本书获得了本年度美国出版商专业及学术优秀奖中的艺术史与艺术批评类大奖，并入选《艺术论坛》2010年度T·J·克拉克评点的优秀书籍。这是一本西方传统艺术研究中具有里程碑意义的著作。作者以华盛顿国家画廊的梅隆讲座为基础修订而成，既展现了弗里德阐释的才华，又体现了作者史学研究的严肃性和理论的严密性。作者以新的视角对经典时期的经典画作进行了令人振奋的探讨。作者在书中解读了卡拉瓦乔短暂的一生和喧嚣时代对他艺术创作和革新的激发作用，特别讨论了卡拉瓦乔的肖像画、他的暴力倾向和现实主义画风。透过画家的一些细微材料，作者勾勒出卡拉瓦乔的狂热个性及他与巴洛克时代宗教与政治间的错综复杂的关系，尤其突出了他作为艺术家的价值。一方面，作者对之前所解释的卡拉瓦乔与其自画像之间的关系进行大胆修正；另一方面，对其艺术中的暴力倾向，如砍头情节作了重新解释，并对其具有划时代意义的写实主义风格中的深层结构进行重新阐释。此外，弗里德还考察了卡拉瓦乔最大的对手阿尼巴尔·卡拉齐的艺术，以及卡拉瓦乔追随者的艺术创作情况。此外本年度还出版了另一本卡拉瓦乔研究专著，即安德鲁·格拉姆-迪克森[Andrew Craham-Dixon]的《卡拉瓦乔》[Caravaggio]，由于卡拉瓦乔生平的资料很少，主要是一些有关对其性和暴力的法庭审判的记录，所以如果要深入研究这位重要的艺术家，就必须另辟蹊径；本书作者就试图让卡拉瓦乔的绘画作品讲话，从中发掘出许多令人耳目一新的信息和见解。

经典艺术史依然是学界关注的内容。早期艺术史家们的巨大贡献不但不会过时，而且经常是当代理论界灵感的来源。维也纳艺术史学派大师李格尔就是其中一位，他虽已去世一个多世纪，但其思想依然影响着今天的学人。由安德鲁·霍普金[Andrew Hopkins]等人翻译编辑的李格尔著作《罗马巴洛克艺术的起源》[The Origins of Baroque Art in

Rome]在本年度面世。本书正文之前编放了数位学者的介绍文章,足见英语艺术史学界对本书的重视程度。本书是李格尔在1898年到1902年间所作的有关巴洛克艺术起源的讲稿。作者在书中对卡拉瓦乔等艺术大师进行重新思考,并以独特视角对16世纪20年代到18世纪这一历史阶段的艺术现象作了深入细致的考察与分析。同样出于对德语世界学者的重视,由伯明翰大学艺术史首席教授马修·兰帕利[Mattew Rampley]撰写的《阿比·瓦尔堡:文化科学、犹太教和身份哲学》[*Aby Warburg: KulturwissenSchaft, Judaism. And the politics of identity*]一文是在新思路下研究瓦尔堡这位艺术史巨擘的新成果。此文讨论了瓦尔堡的政治信仰,以及这种信仰对图像文化史研究思路产生的影响。作者认为,作为汉堡大银行家族的成员,瓦尔堡接受了德国自由资产阶级的社会和政治价值观,这导致并强化了他对自身犹太血统的矛盾心态。本文同时也考察了瓦尔堡对反-闪米特族[anti-Semitism]现象所持的态度,即由于他内心一直无法摆脱的创伤,使他完全无法理解现代的反-闪米特现象,只能转而求助于神话原型的概念。

同时我们也不得不承认越来越多的学者开始对传统学科提出了质疑,前面我们介绍的世界艺术研究和视觉文化研究即是其中最典型的例子。此外,也有艺术史学家开始对自身学科本质进行思考。《艺术史写作》[*Writing Art History: Disciplinary Departures*]即对艺术史的历史进行反思,主要围绕以下几个问题展开:为什么艺术史会出现?今天它是否有过时的可能?如果有可能,我们应该做些什么?作者首先考察了艺术史学科建立的一些基本假设,之后试图寻找出哲学美学、当代理论和艺术史之间业已失去的联系。书中通过对当前深受重视的巴克森德尔、海德格尔、拉康、李格尔著作的深入解读,试图为艺术史的发展寻找新的路径。最后作者提出我们可能需要重新设立艺术史的问题,采用新的写作模式或许有助于此学科的发展。除了对学科的反思外,受其他学科理论的启发,有些学者对艺术史中长期被忽视和或隐或现的问题专门拿出来进行了讨论,其中就包括酷儿理论。

酷儿理论[Queer Theory]在西方最早出现于20世纪50、60年代,90年代时有了进一步发展;早期主要是用于研究同性恋以及边缘群体,之后逐渐扩展到思考主体性、性、表征的问题。与批评理论和文学理论相比,艺术史研究中接受酷儿理论的不多见,而本年度在美国出版了一本专门探讨酷儿理论与艺术史关系的著作,即惠特尼·戴维斯的《酷儿之美:从温克尔曼到弗洛伊德及之后的性与美学》[*Queer Beauty: Sexuality and Aesthetics from Winckelmann to Freud and Beyond*]。作者在书中考察了艺术史学史上曾出现的酷儿理论,即对性之美问题的讨论。作者分析发现艺术史先驱温克尔曼在其著作中对古典希腊雕塑的男性之美给予了同性恋式的赞美,之后,艺术中的酷儿之美的价值一直受到否定。许多重要的理论家,如哲学家康德将性吸引与审美完全分开,分属两个不同领域。而后来的理论家则又开始将性欲与审美愉悦放在一起考量,其中包括约翰·阿丁顿·西蒙兹、米歇尔·福柯、理查德·沃尔海姆，以及叔本华、达尔文、王尔德、弗洛伊德等人。作者对现代理论流派，如康德唯心主义、达尔文主义、精神分析理论和分析美学进行分析，认为这些理论要么将美学问题简化为性问题，要么将性完全清除出美学领域。虽然如此，性问题经常会再次变为美学问题，而美学问题也经常最终变成对性问题的思考。通过对历史、哲学、科学、美学、心理学的分析批评，以及艺术理论和性理论的考察，作者对现在文化中主流的性和美学创造提出了挑战。

除了对艺术史学理论的思考，也不乏对具体作品的分析，这些文章在西方艺术史杂志中非常普遍，此处我们可列举两个例子。现代学者在面对拉斐尔在梵蒂冈教皇宫中绘制的"波尔哥的火灾"时，显得有些失望，常常批评其比例失调、描述欠佳、结构不统一，采用米开朗琪罗裸体像的不协调原则等；因而有人认为这幅作品应该不是拉斐尔所作，而是出自其学生之手。帕特里夏·L·赖利［Patricia L. Reilly］的文章"拉斐尔的"波尔哥的火灾"与意大利绘画语言"［Raphael's Fire in the Borgo and the Italian Pictorial Vernacular］对拉斐尔的此件作品进行重新审视与细致分析。通过对历史文化和社会的考察，作者认为此幅作品很可能是拉斐尔对当时教皇利奥十世宫廷所制定的新绘画理论的具体实践。他认为我们需要根据当时文人彼得·本博［Pietro Bembo］的新文学评价标准来重估此画作，即作品可能是用彼得拉克式的愉悦［piacevolezz］来取代但丁式的悲楚［gravita］的表现方式。

通过对历史文化尽可能的还原，学者能向现代人提供理解当时艺术品的重要信息；同时，新的哲学视角也能对传统作品给出新的阐释。而且，这种新的理解方式在一定程度上或许更接近作者的本意，这既丰富了对作品的阐释，同时也对学术研究注入了新的血液。如凯瑟琳·布朗［Kathryn Brown］在《美学与艺术批评杂志》上所发表的一篇对德加"浴女"系列作品的解读，就是很好的例证。在《在场的美学：观看德加"浴女"》［The Aesthetics of Presence: Looking at Degas's Bathers］一文中，作者以观者和性别的独特视野分析了德加在19世纪70年代到90年代绘制的一系列"浴女"画，进而认为观者在场或缺席可以决定作品内容的解释。在最早展出德加的此类画作时，观者会强烈地感到自己似乎闯入了他人的私密空间。并且这些作品在布朗看来，是将男性凝视女性私人空间固定住。为了能真正理解作品内容所暗含的深意，欣赏者要从一种男性的眼光进行观看。作者认为，男性对德加作品中洗浴场景的凝视，其实忽视了作品本身所要求观看的多重性本质，并在一定程度上误解了作品的虚构内容。

从20世纪90年代始，"当代艺术"大量地出现于公共媒体、艺术市场和博物馆中。此后对这一领域的艺术史研究也逐渐发展起来，但理论水平不高。匹兹堡大学当代艺术史和理论教授特里·斯密斯［Terry Smith］的《艺术史现状：当代艺术》［The State of Art History: Contemporary Art］一文以"当代艺术"为研究对象进行了极富价值的思索。作者认为"当代"这一概念为在"当代性"［contemporaneity］视域下思考"当代艺术"提供了丰富的理论资源，这和"现代性"这一概念对理解"现代艺术"有异曲同工之妙。正是在此前提下，斯密斯通过对"当代"这一概念在艺术史话语中出现、历史和当下状况的考察，指出了他对理解艺术的意义所在。在对当代艺术的批评研究中，具体的研究案例如荷兰学者、知名艺术理论家米克·贝尔［Mieke Bal］撰写的《不可言说：多瑞斯·萨尔克多的政治艺术》［*Of What One Cannot Speak: Doris Salcedo's Political Art*］，是对当代著名艺术家多瑞斯·萨尔克多［Doris Salcedo］作品的研究，堪称当代艺术研究的经典之作。

此外，当代亚洲艺术的发展不能不引起西方世界的重视，亚洲艺术家们的作品不但进入西方主流博物馆参加展览，而且在拍卖会上也受到青睐，甚至获得意想不到的高价。正因如此，研究当代亚洲艺术也就变得非常重要。《当代亚洲艺术批评文选》［*Contemporary Art in Asia: A Critical Reader*］就是首个以介绍当代亚洲艺术发展状况为目的的一本学术著作。书中收集了过去20年研究亚洲当代艺术的论文，内容涉及亚洲现代主义艺术的发展、亚洲立体主义艺术、艺术策展、收藏和当代艺术批评等诸多问题，探讨艺术的本质和传播、接受情况。现执教于美国纽约州立大学布法罗分校艺术史系的中国学者高名潞也于本年度在MIT出版社出版了新作《完全现代主义与20世纪中国前卫艺术》［*Total Modernity and the Avant-Garde in Twentieth-Century Chinese Art*］。作者用一种不同于西方的历史编纂方式和形式主义传统来撰写中国先锋艺术发展史，他将艺术与政治、社会生活联系起来，从整个时代环境出发来讨论艺术问题，是一部独特的中国艺术史著作。

电脑已成为当代生活、工作不可或缺之物，在艺术领域中，与之相伴出现的则是"电脑艺术"。在本年度的学术成果中，我们不能不提到多米尼·M·洛珀［Dominic Mciver Lope］教授所撰写的《电脑艺术哲学》［*A philosophy of Computer Art*］。这是一本研究电脑艺术的前沿著作。正如作者在书中指出的那样："对哲学家而言，电脑艺术是相对新型的艺术，针对此话题所撰写的文章并不多。"电脑艺术出现于20世纪晚期。电脑技术发展与完善大大推动了电脑的盛行，使之进入寻常百姓的生活，同时也推动了这一新艺术的发展。洛珀借助"使用者互动"［user interacting］这一概念，建构其宏大的电脑艺术理论。在本书中，他尝试着对电脑艺术进行界定，即回答"基于电脑的作品使其成为电脑艺术形式，同时又显然不同于其他艺术形式的特征是什么"的问题。首先，他认真辨析了时常相互重合的数字艺术与电脑艺术之异同，认为数字编码只是一种媒介，所以数字并非艺术，而电脑艺术则是。其次，通过与其他艺术形式的对比，以及对几部重要电脑艺术的分析，他断言一件可被称之为电脑艺术的东西应具有以下特征：它是艺术，能在电脑上运行，以及由于它在电脑上运行故而是互动的。在此定义中，让我们感受到电脑艺术之最重要的独有特征是此艺术形式的创造性即它的互动性。尽管洛珀对电脑艺术有着如此独到的见解，但我们也能轻易发现，若仅仅提出电脑艺术的互动性特征，肯定无法解决如何判定电脑艺术作品的品质优劣的问题。

当代流行艺术均与技术关系密切，那么工业技术最早参与到艺术品创作时，其地位与价值如何，它与美术之间又有什么关系？由赛莉娜·福克斯［Celina Fox］撰写的《启蒙时期的工艺美术》［*The Arts of Industry in the Age of Enlightenment*］正是对这些问题的回答。本书主要考察了艺术工业化时期的工艺美术，集中讨论英国工业大发展和经济结构大变化时代的"机械艺术"［mechanical arts］的发展过程以及其与自由艺术［liberal Arts］间的关系。具体言之，福克斯在本书中强调了"机械艺术"的重要性，其如何在18世纪被社会逐渐接受，以及与美术之间的互动关系，特别是与肖像画间的关系。众所周知，18世纪之前的肖像画已与"机械艺术"之间存在一定关系，而到了18世纪，人们一般都认为绘制人脸是一种机械艺术行为。所以，被画像者可以选择不同画师来绘制各自所擅长的人像部分。这样就导致肖像画师社会地位的下降，即被视作机械艺术家而被轻视。福克斯在讨论技术推动工业、经济发展时，主要围绕素描、模特制作、社团和出版而展开，指出这些技术成分如何提高和推动经济发展。同时通过许多例证指出了18世纪前技术与美术的联合以及最后分道扬镳，同时两者一直存在不断交汇的事实。

最后值得一提的是，由哈佛大学出版社和杜波依斯研究所［W. E. B. Du Bois Institute］合作编辑完成的《西方艺术中的黑人形象》［*The Image of the Black in Western Art*］系列，是本年度西方艺术界值得瞩目的事。这项计划从20世纪60年代就由艺术赞助人米尼克·德·梅尼［Dominique de Menil］发起，而直到今天，首位美国黑人总统入住白宫之后，这项计划才最终完成。本套书领衔主编是伦敦学院大学艺术史荣誉退休教授戴维德·宾德曼［David Bindman］，书分为三卷五册，图片精美、文章学术含量极高，全书按历史线索呈现了欧洲艺术家笔下的非洲人，艺术家包括了一些著名的艺术大师，如博斯、伦勃朗、鲁本斯、霍加斯，一直到当代的黑人艺术家。上千件精美、感人但一般少为人知的黑人图像令读者叹为观止，其中既有绘画又有雕塑，以视觉手段呈现出西方前后近4000年来对黑人的态度和观看方式。

我们在去年的报告中已经提到，展览目录是当前艺术研究中重要的一种学术成果形式，其中不但有精美的图片，而且包括一些本领域中的权威文章。我们经常会忽略此类著作，以为它们只是展览的宣传册而已。本年度出版的多部展览目录中，有两本展览目录值得特别重视。一是《征服时代》［*L'età della conquista*］。这是2010年在罗马卡皮托里尼博物馆［Capitoline Museum］举办的系列展览中的首个展览"罗马全盛时期"［I giorni di Roma］的目录。其中包含了数篇研究公元前两个世纪罗马文化和艺术的高质量论文，并且书中的艺术照片也无比精美。同样精彩的另一本目录是《混沌与古典主义》［*Chaos and*

Classicism〕。这是纽约古根海姆艺术博物馆的一次展览目录。本次展览的主题是20世纪二三十年代间古代主题艺术，它悄然瓦解了原来认为现代主义艺术主要从古希腊和罗马寻求灵感的错误看法；证明这些艺术表现了与更早艺术的渊源关系。

（3）设计研究

设计学经过数年发展，在我国高校中已逐渐成为一门成熟的学科，一大批学者通过介绍、翻译国外著作，整理传统资料，编撰史论著作等方式，不断推动和完善这一学科。但无论是在国外还是国内，由于设计学本身发展的历史较短，所以在学科上还不是很成熟。虽然我国古人在工艺美术方面取得过令世界瞩目的成就，但我们现代的设计学无论在理论还是实践上，与国外的设计学相比，存在较大差距。这一点在设计史和理论研究中可见一斑，因此需要积极借鉴世界各国的研究成果。目前，设计研究主要分为设计史研究和设计理论，国内近些年陆续翻译和编撰了一些重要学术著作，但无论在视野方法上还是材料收集上，都还有很多值得改进、提升之处。下文将逐一简要介绍本年度国外设计研究的一些重要理论著作，以作借鉴之用。

挪威奥斯陆大学哲学古典学、艺术和观念史系设计史教授克雷蒂尔·法兰〔Kjetil Fallan〕所著《设计史：认识理论与方法》〔*Design History: Understanding Theory and Method*〕一书，是对设计史研究进行概括和反思的著作。作者对本学科的主要问题进行了逐一概括和分析，提出要用新的跨学科的研究方法来研究设计史和设计。设计史近年来已经成为一门涵盖内容非常广泛的综合性学科，研究的内容不仅包括设计产品，而且涉及手工制品的概念、发展、生产、消费、媒介等内容。在过去几十年中，西方已经发展出了研究和分析手工制品的众多理论和方法，本书就是对这些理论方法的综合分析和批评性研究。书中首先追溯了这一学科的发展过程，解释了此学科与艺术史、工业设计、文化史和物质文化研究之间的关系，特别是设计史对这些学科成果的借鉴与吸收。第二部分，也是本书的核心部分，作者分析了今天设计史所使用的各种重要理论和方法。第三部分集中讨论了关于设计中的认识论问题，涉及设计的含义和知识等一些关键话题。本书的目的是简明概述这一领域中的重要成果和关键问题，因此，可以说是设计史的一幅学术地图，是一本对掌握国外设计史研究学术现状很有价值的参考书。

具体研究设计史的著作还有帕特里·格拉姆斯〔Patrick Cramsie〕的《造型设计的故事》〔*The Story of Graphic Design*〕，这是一本重要的综合性设计史著作。作者从字母的原型开始写起，带领读者分析了第一本手写本、文艺复兴时期印刷术的发明、19世纪和20世纪造型风格和印刷媒介的情况，以及今天数字技术对设计的冲击等，几乎涵盖了人类设计的所有内容。和贡布里希的杰作《艺术的故事》一样，《造型设计的故事》全面讲述了在社会发展和文化的推动下，在技术变革的情况下设计的风格演变情况。除了文字记述外，本书还借助大量自印刷术发明以来的精美设计作品图片，增强说服力。本书材料丰富，涵盖了设计研究中的一些关键问题，与其他设计史研究著作不同的是，由于作者本人就是一位造型设计师，所以对视觉交流的分析必然有其独到之处。

如果说上文提到的这本设计的故事，主要讲述西方的设计史，那么格伦·亚当森［Glenn Adamson］、乔治亚·里罗［Giorgio Riello］、萨拉·泰斯利［Sarah Teasley］共同编撰的《全球设计史》［Global Design History］则试图放眼全世界，对不同民族和国家的设计及其交流情况进行研究。全球化通常是一个抽象意义上的概念，并且特指近十年的现象。但本书超越了这种限制，对全球化的概念进行历史和理论上的延伸，从历史上考察全球范围内的文化，尤其是设计文化的互动关系。书中的每个章节分别关注一个话题，在国际贸易、帝国主义、设计演变等背景中考察一些具体问题。书中章节分别是：全球背景中的文艺复兴物质文化、18世纪印度棉花贸易、作为"进口替代品"的日本茶道、帝国语境下的德国设计、土耳其现代手工家具、澳大利亚时尚中的"道德"母题、一个实验性的英国-加纳设计合作、当代建筑师的国际流动。文章的作者都是设计史研究的顶级专家，每一章节都配有一篇回应文章，以扩大讨论并检验作者所提出观点的有效性。主编格伦·亚当森是维多利亚和艾尔波特博物馆的研究室副主任，也是设计史研究专家。

美国德雷塞尔大学媒体艺术与设计学院艺术史系教授大卫·瑞兹曼［David Raizman］所撰写的《现代设计史》［History of Modern Design］是设计史研究的里程碑式的著作，它综合了设计、技术、艺术史和社会史，成为设计史研究的经典之作，国内也已经有了译本。但在本年度，作者对全书进行了修订重版。本书内容涵盖了从18世纪一直到今天的实用艺术和工业设计，考察了设计和制造业、技术、社会和商业环境之间的互动关系。此外书中还考察了现代设计产品在人们生活中的影响，以及大众消费对设计的推动作用。作者还对新式人工制作的工业材料和工具——如钢铁、钛、胶合板、塑料、棉花、尼龙、金属丝、晶体管、微处理器、纳米管等——对现代设计的影响进行了考察。

除了通史著作外，本年度出版的《设计史文选》［The Design History Reader］一书可列为重要的史论著作。编者格雷斯·利斯-马费［Grace Lees-Maffei］和丽贝卡·豪斯［Rebecca Houze］从设计学著作中选取了一些章节，以及选录了一些重要的论文、展览目录、杂志文章等，构成了这部研究文献集，按主题进行分类，每一部分之前都撰有导论，后有推荐阅读文献。文章中既有一手材料，如设计师的文章，也有二手资料，如设计史的研究文章，内容从18世纪设计和制造业分离开始，一直到今天。本书涵括了设计史研究的基本文献，并指出了设计史和实践在当代所面临的重要问题，它是研究者的重要参考书籍。

工艺美术运动［Arts and Crafts Movement］是19世纪后期英国出现的设计改革运动，

提倡手工制品，反对由机器生产的粗制滥造。这一运动对世界设计史的影响举足轻重，无论是艺术史还是设计史研究都不可回避这段历史。本年度伊莫金·哈特[Imogen Hart]的《工艺美术品》[*Arts and Crafts Objects*]一书，再度对这一时期的设计历史进行了新的考察。作者通过对一些鲜为人知的设计产品和视觉材料的详细研究，发现1830-1910年之间英国的设计史实际上要比一些通行的概念所描述的工艺运动更复杂。通过对这些设计作品制造者和使用者所赋予这些物品的重要意义的解释，以家具、金属工艺品、瓷砖、陶瓷瓶、印花布、地毯、墙纸作为主要分析对象，作者对"工艺美术"这一概念进行严格的重新评估和思考。此外，书中还对艺术与手工艺展览协会[Arts and Crafts Exhibition Society]以及莫里斯进行了考证，同时对曼彻斯特的工艺美术博物馆和市立艺术学校等进行了研究。通过对一些鲜为人知的产品的分析，以及对整个时代中与设计有关的各种社会、文化要素的综合考察，作者为我们呈现出一个全新的维多利亚时期的英国设计的发展状况。

城市的发展与设计之间是一种相辅相成的关系，这一点对于建筑设计来说尤其如此，而工业设计和造型设计等也都与城市的发展相关。弗吉尼亚理工大学高级研究员、大学高级教授保罗·L·诺克斯[Paul L. Knox]所著《城市与设计》[*Cities and Design*]，就考察了两者之间的复杂关系。城市主要形成于制造业发展的年代，而在消费社会，城市发生了极大的改变。家庭消费的增长在一定程度上增强了对设计和风格的要求，同时也突出了设计专业的重要性。而不同城市和区域在设计方面的差异和不均衡，主要与当地商业服务发达程度和全球化的程度有关。同时，许多研究者仍然相信优秀的设计可以为人们的生活作出积极贡献。本书追溯了城市设计的文化源头，批判地考察了设计行业在改变城市环境方面所发挥的效用和所留下的印记，并对设计在当代城市的物质文化中起到的作用进行分析。作者还考察了当代城市中设计师、设计产品和推广者之间的复杂联系，如纽约的时尚与造型设计、伦敦的建筑、时尚和出版、米兰的家具、工业设计、室内设计和时尚、巴黎的高级时装设计等。作者从独特的角度对当代城市中设计的经济和文化背景进行了综合探讨，并将城市视为设计的背景和设计效果呈现的媒介。

时装和家具一直被认为是属于两种相互无涉的物质美学传统，但由加拿大圭尔夫大学艺术史副教授奥拉·约翰·波特维[John Potvin]编著的《时装、室内设计和现代身份的轮廓》[*Fashion, Interior Design and the Contours of Modern Identity*]，则将两者通过"身份"这一概念联系起来，来理解室内设计和时装在身体、构造和空间上的关系。本书所汇集的文章对18世纪以来的英国、欧洲大陆和北美地区的具体案例进行研究，对其在形式、政治和历史编纂中的重要意义进行了方法论上的重估，考察了视觉、材料和空间特征及其历史变化。通过12个个案，作者们对不同时期、不同艺术家和设计师创作的大量精美而重要的工艺品进行了深入分析，可使读者进一步理解室内装饰和时尚服饰背后的相互关系。

对设计的研究一直与文化史和社会史紧密相连,本年度曼彻斯特大学荣誉退休教授,考陶尔德艺术研究院荣誉研究员马西亚·波因顿[Marcia Pointon]所著的《璀璨耀眼:宝石与首饰的文化史》[Brilliant Effects: A Cultural History of Gem Stones and Jewellery],是一本首饰文化史的重要著作。作者在书中考察了文艺复兴之后欧洲社会中宝石和首饰的占有、流传、分布的情况及其意义。作者认为首饰的力量不仅仅在于吸引人,而且在整个历史和各种文化中导致一些竞争和矛盾。物质材料上贵重之物必然引起争夺,难得的进口材料经过精细的加工后,就成为珍贵之物,对其争夺就非常激烈。本书收集、使用了相当丰富的历史资料,并且使用的研究方法也非常多样,在此基础上,作者对物质的重要性进行了新的思考,认为物质在人际关系和视觉文字的表现中成了非常有力的媒介。

2. 音乐学研究

本年度国外的音乐学研究在诸多方面有新的成果问世。首先,对音乐史的研究,以及对西方古典音乐家、现代音乐家的研究都有新的进展。其次,当代流行音乐日益成为学者考察的重要内容。而在音乐研究中,最突出的特征是跨学科的综合研究,将音乐与文学、电影、其他媒介艺术和文化进行比较和综合性研究。下面我们分别列举一些代表性的成果,以资参考。

在对西方音乐史的研究中,值得注意的是对一些经典音乐作品和音乐家的新的认知和研究。其中尤为学界所称道的是戴维德·莱德贝特[David Ledbetter]所著的《无伴奏的巴赫:独奏曲》[Unaccompanied Bach: Performing the Solo Works]。本书被世界重要的书评杂志《选择》[Choice]列入2010年音乐类优秀学术著作。它是第一本对巴赫所有无伴奏作品进行系统研究的重要成果。作者认为巴赫的无伴奏作品——3首大提琴独奏组曲,6首奏鸣曲和小提琴独奏组曲,7首笛子作品和笛子独奏组曲——应该放置在一起考察,因为它们可以相互阐释。作者对风格中的关键问题、创作类型以及演奏中的可能性进行了深入探讨,并通过一些历史和文化背景的考察,为理解巴黎器乐作品提供了有效的佐证,而且还对每件作品进行了详细的分析评论。著作的第一部分讨论了"德国的乐器独奏传统"、"风格和结构的概念";除了巴赫的作品,还将许多具有巴洛克风格的作品放在一起比较分析。第二部分则详细分析了上述巴赫的各个作品,并对演奏方法进行深入解剖,这无论对于演奏者还是研究者而言都颇具价值。

1824年5月7日,贝多芬的第九交响曲,也是其最后一部交响曲在维也纳上演,将西方音乐推入了浪漫主义时代。这场演出成为当年最轰动的音乐盛事,这件作品也成为音乐史上最震撼、最有影响力的作品之一。除了不断被演奏和诠释外,对其研究的著作也是不可胜数。本年度哈维·萨克斯[Harvey Sachs]的著作《第九交响曲:贝多芬与1824年的世界》

[*The Ninth: Beethoven and the World in 1824*]，试图将贝多芬第九交响曲放在当时欧洲的社会中来考察，以展现艺术在人类文明中所扮演的角色。贝多芬第九交响曲是自由和欢乐的象征，意欲帮助人类找到通向光明与和平的大道。但本作品的创作年代却是在一个疯狂镇压革命的时代。当时受到革命威胁的波旁王朝、哈布斯堡王朝、罗曼诺夫王朝使用各种手段镇压法国革命、阻止拿破仑战争的蔓延。但极富戏剧性的是，这首为全世界向往自由的人们而创作的音乐作品却在维也纳这座戒备森严的城市首演，当时由梅特涅建立的现代警察制度正牢固地控制着这座艺术之都。作者在书中考察了当时欧洲各国的文化事件，发现贝多芬并不是唯一一个对当时世界心存不满的人。贝多芬第九交响曲在维也纳首演之际，拜伦为希腊的独立献出了生命，德拉克罗瓦绘制出描绘拜伦参加的希腊之战的《希阿岛的屠杀》，普希金深受沙皇独裁之苦，开始计划创作一部反权威的史诗《鲍里斯·戈多诺夫》；司汤达写下了划时代的散文，海涅写下了浪漫主义艺术的独立宣言。在这本不同凡响的著作中，贝多芬的作品成为反映当时政治、美学和整体社会风气的棱镜。作者萨克斯将贝多芬第九交响曲视为自由新世界的第一声，他以清晰的文笔分析了贝多芬第九交响曲的内容，认为对此作品的任何阐释都会成为误导。今天我们将贝多芬第九交响曲视为欧洲联合的颂歌，但这绝不可能是贝多芬当年的所思所想。萨克斯证明了一种诠释伟大交响曲的可行性，就是让每个听众调动个人体验的方方面面去与音乐发生关联。他认为这才是贝多芬的本意。本书既是一本传记，也是一部历史、一部回忆录，作者在书中以激情和智慧探讨了贝多芬最后一部交响曲的纷繁难解之处——在歌颂人类集体精神的同时，展现个人力量的实现。

同样是从研究贝多芬音乐出发的另一部重要音乐哲学著作是雅内·施马尔费尔特[Janet Schmalfeldt]的《生成的过程：对19世纪早期音乐形式的分析和哲学考察》[*In the Process of Becoming: Analytic and Philosophical Perspectives on Form in Early Nineteenth-Century Music*]。本书是牛津音乐哲学研究系列之一，作者为美国塔夫茨大学音乐学教授，曾任美国音乐理论协会主席。在传统音乐研究中，如著名的音乐史家和理论家卡尔·达尔豪斯和西奥多·阿多诺都认为，贝多芬的音乐形式中体现着辩证的过程；这种观点显然受到黑格尔辩证理论的影响，并且在音乐批评中得到广泛而长期的认可。本书就这种对贝多芬进行黑格尔式的诠释传统进行还原，考察了这种观点在19世纪早期与哲学的关系。作者首先从贝多芬暴风雨式的奏鸣曲入手，分析了哲学观念如何被转化成为音乐分析的术语。当时深刻的文化变化导致作曲家与听众之间出现了一种新关系，音乐本身成为一种新的哲学思考方式，并且由于18世纪晚期的听众对音乐中的形式日益熟悉，音乐家也相信演奏者和听众对强烈的形式变化也会有反应。作者从贝多芬、舒伯特、门德尔松、肖邦、舒曼的音乐作品的分析中考察了"生成变为存在"的观念，为我们提供了一种解释我们熟悉作品的新途径。

另外对一些长期为音乐史研究所忽视的重要音乐家的考察也获得了一些新的成果，如美国波士顿大学教授安德鲁·谢尔顿［Andrew Shenton］主编的《神学家梅西昂》[*Messiaen the Theologian*]就是一例。奥立佛·梅西昂［Olivier Messiaen］（1908-1992）是法国现代著名作曲家、管风琴家和音乐教育家，在巴黎的圣三一大教堂担任首席管风琴师达60年之久。他虽是20世纪最有影响力的作曲家之一，但对其研究的著作却寥寥无几；本书让读者重新认识了这位伟大的音乐家。书中对梅西昂作为神学家的一生和伟大的作曲家的生命经历做了全面的阐释。梅西昂大体被视为哥特式的音乐家，他的作品很少有礼拜式的音乐，通常都是对《圣经》的注解。对奥立佛·梅西昂而言，音乐是表达信仰的一种手段。他认为自己生来就是一位天主教徒，并宣称"证明天主教的神学真理是我工作的首要任务，这是最神圣也无疑是最有价值的工作"。梅西昂的作品在20世纪非常流行，到处上演、录制成唱片，但其音乐中的神学内容却一直被忽视，而事实上却又在许多听众内心产生了影响。本书为理解梅西昂作品中的神学提供了很好的社会和文化背景，以及借助跨学科、解释学、神学和符号学等方法，为理解梅西昂作品提供了多种视角。书中学者有从现代主义出发解释他的作品，或从其作品中感悟到神学意味，甚至认为阿奎那对其影响深刻。也有学者将其与但丁、马里坦和艾略特加以比较，认为其中既有梅西昂的个人精神，也体现了20世纪法国的天主教背景。总之，来自各国的不同学者从各种不同角度为我们诠释了梅西昂作为音乐家的一生及其作品，也成功地为我们绘制出音乐与神学相互关系的地图。

研究英国作曲家威廉·伯德［William Byrd］（1543-1623）的著作也并不多，最早的一本是1936年由爱德蒙·H·弗劳沃斯［Edmund H. Fellowers］撰写的《威廉·伯德》，之后就是在《新格雷夫音乐和音乐家辞典》中介绍威廉·伯德的一篇短文。但约翰·哈里［John Harley］是研究威廉·伯德的专家，他在1996年就出版了《威廉·伯德：王室教堂的绅士》[*William Byrd: Gentleman of the Chapel Royal*]一书；而他在本年度的新著《威廉·伯德的世界》[*The World of William Byrd: Musicians, Merchants and Magnates*]可以说是对前著的进一步发展，无论在材料的搜集还是研究深度上都有新的突破，尤其是扩大了研究威廉·伯德的社会语境。书中主要通过一手资料建构威廉·伯德的社会活动网络，包括他作为音乐家、商人、官员在不同时间段的社会活动、婚姻关系、教会互动等来还原威廉·伯德的世界，并分析威廉·伯德的音乐创作历程，尤其对早期音乐训练、教堂音乐活动进行深入分析。本书的研究成果为音乐史研究又增加了一块稳固的基石。

对个体音乐家的研究著作，本年度耶鲁大学出版社出版了一本研究西贝柳斯的专著，作者为安德鲁·巴尼特［Andrew Barnett］。《西贝柳斯》[*Sibelius*]的作者从西贝柳斯本人的信件、日记和当时人们的评论，以及家人和朋友所留下的各种信息中，讲述了这位伟大音乐家的一生及其音乐作品。此书首次详细研究了西贝柳斯每件作品创作的具体情况和背景，尤其是对艺术家早期的生活和音乐创作情况作了考证。就此点而言，本书不失为一本佳作。

在音乐史的研究中，古典音乐史依然占据着重要位置，不断有新的著作和成果问世；其间我们更应关注这样一个事实，那就是古典音乐发生的变化，特别是表现在交响乐团地位的变化上。2010年7月1-3日英国伦敦大学举办了一场主题为"作为文化现象的交响乐团"［The Symphony Orchestra as Cultural Phenomenon］的学术研讨会，主要讨论的就是交响乐在不同社会和历史时期的发展问题，特别思考了交响乐的未来。爱德华·埃尔加［Edward Elgar］曾将交响乐团描述为"万能的引擎"，"至今所知最高的艺术形式媒介"。从1880年代至今，这一观念广为世人接受，并给予乐团音乐以无可比拟的地位。然而，进入21世纪后，乐团的此种地位已远不如往昔。这次研讨的主要议题如下：什么样的社会环境可能产生这种对待交响乐的态度？世界上的其他社会也会把交响乐看得如此之重吗？未来交响乐会如何发展？在其他已经完全接受交响乐的社会和文化中，未来交响乐的发展会有何不同？交响乐在形成文化和社会共同体的过程中发挥了怎样的角色？等等。这次大会既是对交响乐文化现象的历史考察，实际上也是对不同文化传统中交响乐的境遇和未来交响乐发展的分析。

对古典音乐发展问题同样敏感的是俄亥俄州立大学音乐学教授阿尔费德·阿什比［Arved Ashby］。他的新作《纯粹的音乐，机械的复制》［*Absolute Music, Mechanical Reproduction*］讨论了一个非常关键，但常常会被那些思考古典音乐边缘化的人忽略的问题，即古典音乐欣赏方式的变化。作者发现，录音已经成为当前欣赏古典音乐的主要手段，对于那些风格抽象的"纯"乐器音乐而言，尤其如此；所以他认为，录制技术已经完全改变了我们对音乐艺术的理解。对传统音乐欣赏方式恋恋不舍的批评家们对此发出了伤感的慨叹，但作者认为音乐录制是社会进步使然，也是音乐日常化的一种方式；同时他还发现，音乐录制和纯音乐其实出于同样的观念，即将声音脱离于原语境。作者在书中考察了技术进步对古典音乐的冲击，并指出其中存在的一些问题。如复制技术如何改变古典音乐文化，尤其是听音乐的行为，导致产生美学转变和两代人之间的隔阂，以及复制技术如何将古典音乐融入日常生活的轨迹中。古典音乐和录制之间有一种非常奇怪的矛盾：一方面，音乐录音是审美独立的极好实现手法；另一方面，由此导致音乐商品化，使音乐在社会中的角色发生变化。本书深入分析了这种文化冲突，讲述了技术如何改变我们对音乐的基本感觉，以及我们消费音乐的方式。

在对各国音乐史的研究中，我们也可以发现一些较为出色的著作，如《运动中的歌曲：德国抒情歌曲中的节奏和音步》［*Songs in Motion: Rhythm and Meter in the German Lied*］，作者是约纳坦·马林［Yonatan Malin］，他尤其精于歌曲分析，对节奏和韵律有多方研究,现任教于卫斯廉大学。本书不但对歌曲研究意义重大,而且对节奏和音步理论也有巨大贡献。歌曲的感染力来自诗般的形象、旋律、和谐、声音的品质,但也受节奏和音步的影响。作者在本书中探讨了19世纪从舒伯特开始的德国抒情歌曲中的节奏、音步与艺术效果问题。抒情歌曲最大的特色是它融合了诗歌与音乐两种艺术形式,诗歌的音步本身就有表现的特质,而节奏变化则进一步增进了此种意义。在分析了范妮·孟德尔松、弗朗茨·舒伯、特罗伯特·舒曼、约翰内斯·勃拉姆斯、雨果·沃尔夫等人的作品之后,马林认为虽然受到音乐节拍周律的严格限制,但他们的歌曲却能将这些特色表达得尽善尽美。在过去三十多年中,西方出现了大量研究诗韵理论和分析著作,而本书则将诗韵用到了分析歌曲上,并获得了极大成功。此书分析的内容包括诗韵节周期的实质、不和谐诗韵、多余节奏、单元节奏等内容。

阿德里安·怀特[Adrian Wright]研究战后英国音乐的著作《六便士的旋律:发现战后英国音乐》[*A Tanner's Worth of Tune: Rediscovering the Post-war British Musical*]可以代表本年度研究英国音乐史的重要作品。本书是首部研究战后英国音乐的著作,考察了英国音乐在20世纪70年代音乐国际化之前英国音乐的风格和社会背景,对音乐表演和音乐人进行了分析,改变了传统对于这一代音乐人的观点。书中详细讨论了艾弗·诺韦洛[Ivor Novello]和诺尔·考沃德[Noel Coward]两位战争前后都一直活跃的音乐人,以及20世纪50年代重要的作曲家桑迪·威尔逊[Sandy Wilson]和朱利安·史莱德[Julian Slade],此外还讨论了一些小的流派。作者从改编的英国音乐,到"写实主义"的兴盛至衰落,一直写到20世纪60年代英国音乐中的民族主义的垮塌。但在书中,作者首先面对的难题:什么样的音乐才是英国音乐。这是一个很难回答的问题,因为我们无法确定解决此问题的关键是取决于表演者的身份还是表演地点,取决于作品的所有权还是艺术的历史传统。虽然作者说"我们每个人都能感觉到不同音乐演奏中存在的界限",但当时美国百老汇音乐对英国的影响无疑十分巨大,那么如何来区分这两者的差异?事实上,这种音乐的跨国交流已使当代音乐很难再划出明显界线,这和当代的视觉文化非常类似。

与这本研究英国音乐史相对应的,我们要提到一本研究美国流行音乐和歌曲的著作,即斯蒂文·萨斯金[Steven Suskin]的《歌曲表演:百老汇主要作曲家的歌曲、表演和职业生涯》[*Show Tunes: the Songs, Shows, and Careers of Broadway's Major Composers*]。本书考察的内容从早期的"现代美国音乐剧之父"杰罗姆·科恩[Jerome Kern]一直到最近的百老汇作曲家。书中涵盖了他们的作品、创新之处,其成功和失败的情况,是一本综合性的著作,包括1000多场演出和9000多首音乐作品,被誉为"百老汇音乐的简明史"。此书早期有个版本,但本年度的新作与此相比增加了很多新内容,包括40位百老汇的主要作曲家,以及其他作曲家的一些作品。本书所涵盖的信息也非常丰富,不仅对百老汇这个美国音乐发展的重要艺术中心的作品和作曲家作了全面考察，分析了许多不为人知或已被遗忘的音乐事件；而且对很多演出、歌曲进行细致而深刻的评点，可谓是一部难得的百老汇和美国音乐史。

同样是对美国流行音乐作为研究对象的《好莱坞的歌曲》[The Songs of Hollywood]一书，考察了电影中歌曲的使用和演变情况，其中既涉及著名的音乐人，又有演员和导演；是一本综合性的研究著作。从《飞跃彩虹》到《月亮河》，从艾尔·乔森[Al Jolson]到芭芭拉·史翠珊[Barbra Streisand]，作者追溯了包括音乐剧和故事剧在内的电影歌曲的历史，其中既有好莱坞广为传颂和深受人喜爱的音乐保留曲目，又解释了电影工业如何使一些歌曲深入人心，同时还考察了电影发展史上的重要时段。作者关注的是歌曲如何在电影中得到呈现，如从早期的电影对白，到后来演员扮演成歌手"表演"唱歌，再到好莱坞黄金时代歌曲成为角色表达中不可或缺的部分，此时歌曲不是作为"表演"，而是感情的表达。书中还对具体音乐表演者进行了分析，如：20世纪30年代经典时期的弗雷德·阿斯坦和琴吉·罗杰斯；20世纪40年代的朱迪·嘉兰和金·凯利的歌舞表演。作者也考察了20世纪60年代的衰落期，当时大多数现场音乐表演被百老汇的电影取代。

对电影音乐的研究近些年来发展迅速，所以对此前研究成果和材料的整理就显得极为必要。莫文·库克[Mervyn Cooke]主编《好莱坞电影音乐研究集》[The Hollywood Film Music Reader]即属于这类著作。本书分为三部分，分别是"从'无声'到有声"、"自由电影编导时代"、"批评与评论"。书中内容从"默片"繁荣时代一直到20世纪末，包括一些谈话录、故事，以及批评文章等。编者将重点放在了"好莱坞"发展的黄金时代，即20世纪30、40年代的电影音乐状况，也包括对卡通电影中的音乐、纪录片中的音乐等各方面的文字资料。最后一部分展示了电影音乐研究的发展过程。文选部分包括了伊戈尔·斯特拉文斯基[Igor Stravinsky]、西奥多·阿多诺、汉斯·埃斯勒[Hans Eisler]、弗里德·斯坦菲尔德[Fred Sternfeld]、阿隆·科普兰[Aaron Copland]等著名批评家论音乐的文章，足以说明电影音乐研究的历史和重要意义所在。此外编者还为每篇文章作了导读，是研究电影音乐的重要参考著作。

在对现代音乐的研究中，约翰·凯奇[John Cage]的《4分33秒》无疑是一部绕不开的话题。本年度凯尔·甘恩[Kyle Gann]所著的《并非无声：约翰·凯奇的"4分33秒"》[No Such Thing as Silence, John Cage's "4' 33"]让这部作品再次进入人们的视野。本书作者是美国当代知名的音乐批评家。他认为，《4分33秒》代表了美国文化和音乐创作独具特色的一个时代，与许多艺术的发展类似，或者是有相互回应的关系，如哈德逊河流派的绘画，摇滚乐队"披头士"最重要成员约翰·列侬[John Lennon]及其妻子小野洋子[Yoko Ono]的音乐作品等。这些材料为理解这件挑战极限，并常常受到误解的作品提供了非常广泛的文化背景。作者同时还分析了凯奇的手工艺术品，将其视为理解具体音乐作品和哲学的证据。本书作者曾亲自表演过《4分33秒》，并且自己也创作一些音乐作品，因此可以说他对这件作品的分析相当专业，当然也非常个人化。作者认为凯奇的理念是，为无声做一个框架，就可以和音乐本身一样有价值。虽然凯奇的作品经常被认为是故弄玄虚，但他的作品是对前卫音乐的最佳阐释和最有影响力的代表作。甘恩指出，凯奇实际上是对听的活动和表演本质的思考，他这一备受争议的作品成为艺术中无声的意义的一种典型形式，也是美国现代音乐的里程碑式的作品。

"Innerviews"是美国一家著名网络音乐杂志，创建于1994年，成为目前历史最长的音乐杂志网，上面有大量一手的著名音乐人访谈资料，这些访谈思想深刻、内容丰富，是研究当代美国音乐的重要资料。本年度网站的首席编辑安尼尔·普拉斯德［Anil Prasad］将这些资料整理编辑，出版了《访谈——音乐无界》［Innerviews: Music Without Borders］一书，其中有24位世界最知名的音乐人坦率直言其创作过程中的辛酸与乐趣，他们的职业生涯、灵感来源、冲突和合作，音乐商界的现实等，既是当前音乐界的现实情况资料，又是充满深邃思想的文字档案。⁶ 本书受到许多当今流行音乐人的好评，是研究美国流行音乐的一本不可多得的一手资料。

最后我们讨论两本对音乐进行多学科综合研究的著作。一本是《英国浪漫主义与音乐文化，1770-1840》［Romanticism and Music Culture in Britain, 1770-1840, Virtue and Virtyosity］。在英国乔治王朝时代晚期，音乐成为人们日常生活的重要组成部分，本书是对那个时期音乐对浪漫主义文学影响的首部跨学科的研究著作。作者探讨了朴素的文学道德与奢华、柔弱的表演技法之间的相互对立关系，这成为当时文化领域最为关注的问题。当时公众非常热衷于音乐表演中的精湛技艺，但同时这种热情与文学之间有着不可解的关系。本书首先指出音乐在文化史中的地位，作者以奥斯汀的小说为例，分析了其中体现妇女教育与音乐的关系，弹钢琴成为当时妇女的重要日常活动。但表演中的华丽技巧，社会不同阶层的接受情况存在差异。当时资产阶级妇女对过分追求华丽技巧的音乐持否定态度，而这实际上与文学有关，接受"华丽"的拜伦和"朴素"的华兹华斯，直接影响了对音乐的不同态度。同时作者发现当时要学习具有高度技巧性的钢琴演奏技法，实际上也与经济实力有关，因为要弹得一手好钢琴，必须有一定的资金和时间投入，而这对那些经济实力低下的家庭来说，是不可能的。通过对文化史和文学批评的详细考察，本书为研究浪漫主义开启了新的视角，尤其是通过音乐与文学的对比研究，使得人们对当时的大文学家，如伯尼、华兹华斯、奥斯汀、拜伦有了新的理解。

另一本研究音乐与文学关系的著作与中国有关。在《天津说唱艺术：音乐与语言》［The Narrative Arts of Tianjin: Between Music and Language］一书中，作者探讨了中国天津说唱艺术中语言与音乐之间的关系。作者弗朗切斯卡［Francesca R. Sborgi Lawso］是美国最大的教会大学杨百翰大学人文、古典和比较文学系教师，20世纪80年代对天津的说唱艺术有过多年的实地调查。他在书中指出中国说唱的特殊性在于，这种艺术形式既是音乐的又是文学的，但既不被认为是音乐，也不被认为是文学。作者通过分析大量的例证，分析不同曲艺形式中音乐与语言之间的复杂关系，并将这些曲艺与文化、社会关系联系起来考量。天津是中国北方曲艺的中心，形式多样，名家辈出、流派纷呈。单是曲种就有天津时调、京韵大鼓、快板等几十种，这些艺术形式都将说、唱融为一体，但又并不相同，充满了许多变化，成为不同的社会阶层重要的娱乐活动。作者认为，中国的曲艺艺术传统为一些中国文学和戏剧提供了借鉴的基础，如明清以来的小说就从说唱艺术中吸取了风格与内容。因此，理解说唱艺术不仅对中国文学和音乐研究者有意义，而且也是理解整个中国生活文化的一面镜子。

3. 电影研究

当今电影显然已成为主流艺术形式，每年世界上拍摄的电影作品不计其数。在这样的背景下，电影研究显然没有理由不兴盛，每年的学术研究成果相当丰硕。尤其是在视觉文化或视觉研究的大背景下，除了传统电影史和理论领域外，其他学科也开始关注电影。目前电影研究的话题非常丰富，如2010年7月28-31日在葡萄牙的阿旺卡［Avanca］举办的主题为"艺术、技术、传播"的国际电影学术研讨会上，其中所涉及的话题非常庞杂，电影艺术类包括：艺术与记忆，造型艺术与电影学，批评与电影学理论，影视写作与创作，美学与符号学，电影中的音乐与声音；电影技术类别中有电影技术，空间建构，字幕、配音和音频解说，新技术与电影，互联网的价值，载体、格式和新"媒介"；电影与传播类下有社会交流，公共空间与社会，经济与市场，学院与专业教育，社会网络与电影空间，视听政治；在电影一类中有纪录片，虚构与真实图像和动画，传记、电影作品年表和风格，电影摄影术与音像产品等。这些话题涉及了电影产业的方方面面，既有对当今新媒体的重视，也有非常专业的技术类研究话题，就这一点而言，我们的电影研究似乎还有很多工作要做。下文介绍的，就是本年度值得关注的外国电影研究优秀成果。

美国电影协会电影研究丛书［*American Film Institute Film Readers*］近些年陆续出版了一些学术价值较高的研究著作，本年度这套丛书又添新作。学者司各特·希金斯［Scott Higgins］编著的《阿恩海姆与电影、媒介研究》［*Arnheim for Film and Media Studies*］就是其中一本，作者在本书中较为全面地分析考察了阿恩海姆对电影批评研究的影响。鲁道夫·阿恩海姆是著名艺术研究者和艺术史家，但同时他还是电影研究的先驱，而这一点常常被人们忽视。他最著名的一本电影研究著作是研究默片的《作为艺术的电影》［*Film as*

Art]。然而他后期有关形式、认知和情感的美学理论对当代电影和媒体研究也有很大价值。本书汇集了国际一流专家的14篇文章，讨论阿恩海姆理论对电影和媒体研究的价值和意义。他们还应用阿恩海姆后期理论来考察电影和媒体，取得了很大成功，同时发现这有助于进一步理解他的早期著作《电影与艺术》。书中所论内容丰富，包括阿恩海姆电影论著与现代主义的关系、他对电影中声音和色彩的反感、其早期电影观念的形成与当时社会和政治背景的关系、阿恩海姆方法论的应用，特别是在数字媒体研究中的应用等等。

本丛书的另外两本著作分别是《世界文化中的史诗电影》[*The Epic Film in World Culture*]和《闹剧》[*Slapstick Comedy*]。近些年备受关注的电影作品《角斗士》和3部《指环王》，使史诗剧再次进入电影的中心。《世界文化中的史诗电影》一书，探讨了史诗电影在当代再次兴起的情况，主要考察了电影制作中逐渐发展的全球化语境与史诗具体产生地之间的冲突。史诗是其原属地区的民族神话和启示录式的一种表达形式，这无疑与我们当代对史诗的理解以及电影中认识的史诗不同；而作为某民族特有的史诗，在全球化时代是如何变化和被不同文化中的人们接受，是一个值得思考的有趣问题。本书的各个作者剖析了当代和过去史诗电影的发展情况，从文化研究、历史学、经典问题和电影研究诸多方面对史诗电影进行考察。另一本著作——《闹剧》则是对默片时代喜剧篇的研究。在美国默片时代，产生了大量的闹剧电影，典型的如卓别林的作品。本书汇集了来自电影研究界知名专家的14篇文章，对传统的批评原则进行了反思，并对默片戏剧在电影史和美国文化中的地位进行了新的思考。书中讨论话题包括：闹剧在舞台表演和电影之间的竞争、表演滑稽剧的技术、电影制作人对早期闹剧风格的改变、戏剧对电影形式理论和观众的意义所在等。可以说，本书为理解这种特定电影类型提供了较全面的学术视角和理论思考。

电影理论和哲学是电影研究中重要的内容，本年度在这方面的研究成果成绩斐然，如英国圣安德鲁斯大学哲学教授伯瑞斯·高特[Berys Gaut]所著的《电影艺术哲学》[*A Philosophy of Cinematic Art*]，就是将电影作为一种艺术形式进行系统研究。作者在书中首先对电影作为艺术形式进行了界定。接着，他对是否存在一种电影的语言以及电影中的现实主义、电影的作者、阐释中的意图和建构主义理论、电影叙事、对电影情感反应的价值、角色身份确立的可能性、电影媒介的本质等问题进行了分析论证。本书所讨论的内容涉及各种电影媒介，不仅分析了传统摄影胶片，而且还讨论了数字电影、各种互动电影作品，包括录像游戏。可以说，此书是对现有电影形式的全面考察，试图从中发现作为艺术的要素。此外，作者还对主要的电影理论和哲学进行批评研究，建立自己的理论基础，即将电影视为一种艺术。另一本探讨电影哲学的著作是萨姆·B·格古斯[Sam B. Girgus]的《勒维纳斯与救赎电影》[*Levinas and the Cinema of Redemption: Time, Ethics, and the Feminine*]。作者采用了跨学科的研究方式，对电影形式、内容和含义之间的关系进行研究。勒维纳斯［Emmanuel Levinas］是20世纪法国最伟大的哲学家之一，对现象学和伦理学都有新的发展，而本书就试图将他的哲学用在对电影的研究中，并创造"电影的救赎"这一术语来指称一种模式的转变，探讨电影救赎与其他救赎方式之间的关系，并将勒维纳斯的道德理论应用到各类的影片研究中。作者还借鉴了西方的露丝·伊利格瑞［Luce Irigaray］、蒂娜·钱特［Tina Chanter］、凯莉·奥利弗［Kelly Oliver］等女性主义者的理论，对勒维纳斯的思想及其与电影的关系进行了批评反思，为我们提供了阅读近些年电影及文化的新手法。

理查德·拉什顿［Richard Rushton］和加里·贝蒂森［Gary Bettinson］的《什么是电影理论》［*What is Film Theory*］则是对近些年电影理论的整体考察，是本年度对电影理论研究极好的导论性著作。作者探讨了从20世纪60年代以来电影理论中的一些关键问题和争论，尤其是对一些电影理论流派的中心问题进行了详细解析。书中首先清楚地罗列出这一学科中主要的理论概念、研究视角和传统，之后对一些重要电影理论家和哲学家的假设和判断进行批评性考察，逐步向我们揭开理论的中心话题和思路所在。书中主要考察的理论包括结构主义、符号学，以及精神分析、女性主义、《银幕》理论、文化研究。同时作者还考察了"后理论"、认知主义、历史诗学，甚至包括最近发展出的观众研究和"魅力电影"［cinema of attractions］[7]等理论。此外，作者还用这些理论进行具体案例分析。

与上书相配合的无疑是加拿大卡尔顿大学的电影研究教授马克·福斯特劳［Marc Furstenau］主编的《电影理论文选：探讨与争论》［*Film Theory Reader: Debates & Arguments*］。本书是众多论文的汇编，编者按照主题分门别类，突出了这一领域中具体批评的概念以及理论模式。每部分所选的文章都是这一主题中大家熟知且非常重要的文章，这些文章或是对理论概念的发展或延伸，或是对原有模式的批评，或持完全相反的观点。因此这本选集展现了电影研究领域中理论的发展过程及其中的争论，读者通过这些不同作者就某些观点的争论，既可以对这一话题有一定的了解与认识，还可顺此思路进一步作深入探讨。编者还对每部分作了简明的导读，指出文章相互之间的关系和其中争论的关键问题，并给出了进一步研读的资料。

在电影史的研究方面，本年度也有许多值得关注的新成果。有劳特利奇出版社出版的《劳特利奇电影史指南》［*The Routledge Companion to Film History*］，这是一本综合性参考书。本书分为两部分，第一部分是研究电影史的7篇论文，主题有：电影的历史，作为艺术和流行文化的电影，电影的生产过程，声音的演变过程，以及实验剧、纪录片和动画片，电影中的文化差异，电影与历史的关系。第二部分是术语和文献的汇集，内容涉及电影研究中有关概念的解释和学术争论，以及技术术语的界定、重要时期和成果的介绍、历史背景和电影工业的发展情况等。本书是研究电影史难得的综合参考书，既有相关问题的讨论，同时又提供了进一步研究的指导。此外，也有很多研究具体问题的学术著作问世，这些著作所讨论的话题有些属边缘问题，有些是受到其他领域学科启发而进行的专题研究。如《美国银幕上的外国电影的复兴，1946-1973》[The Foreign Film Renaissance on American Screens, 1946-1973]一书，主要考察国外电影在美国市场的风靡史，详细分析了其历史、市场、票房、接受等情况。20世纪20年代以来大量关闭的美国剧院在二战后重新开业，主要放映国外电影如《罗马不设防》《偷自行车的人》《罗生门》《第七封印》《筋疲力尽》《甜蜜的生活》《奇遇》等意大利和法国电影作品；当时在美国出现了大量的艺术影院[art house]，从事国外艺术电影的引进、发行和展映，并且出现了影响力极大的艺术电影市场。当时一批又一批的来自意大利、英国、法国、瑞士、日本和苏联的电影被引入美国，在纽约之外出现了独立的发行商。然而20世纪60年代后，受到好莱坞的冲击，这一市场逐渐萎缩。作者在本书中查考了美国对当时欧洲世界的导演和电影的批评接受情况，虽然这些电影在票房上无法与好莱坞的电影相比，但它们对美国电影文化产生了重大影响。艺术影院推动美国导演形成更加独立的风格，使电影也成了一种国际性的艺术，并且产生了新一代特殊的"电影迷"。作者认为国外电影在美国的风行，一定程度上得益于对性的坦诚。而20世纪60年代美国的制片法废除后，美国拍摄的电影中开始出现成人主题，也更加成熟和坦率。在此新环境下，国外电影丧失了其吸引人之处，艺术电影的市场也逐渐消沉。当然这样的观点值得商榷，但同时也引起我们对中国当今的外国电影发展状况和问题的思考。本书作者蒂诺·巴利奥[Tino Balio]是威斯康辛大学荣誉退休教授，曾任威斯康辛电影研究中心主任。

克里斯琴·罗戈夫斯基[Christian Rogowski]主编《多面的魏玛电影：德国电影中的传奇》[The Many Faces of Weimar Cinema: Rediscovery Germany's Filmic Legacy]是对魏玛时期电影进行的全方面重估。书中由18位专业领域的学者撰写文章，从社会、历史和美学角度重新考察了这段历史。一般认为，魏玛时代的电影中，主要是体现作者论[auteurist]风格的电影，而标准的电影作品却不多。通常情况下，人们常简单地把当时这一批电影看作是"表现主义电影"。但近些年，这种单一的判断已经受到质疑，随着电影理论的发展，以及对一些原始资料的研究，人们逐渐发现魏玛时期的电影实际上丰富多彩、风格不一。本书作者就以非常开阔的视野和对档案的深入细致的分析，全面讨论了当时电影的许多问题，如商业化、技术、风格流派问题、不同民族和国家间的合作、民族身份、在不同社会经济条件下效果的变化、电影观众的性别角色、电影与其他艺术形式之间的关系等问题。

考察早期电影的另一本值得关注的著作是马修·所罗门[Matthew Solomon]的《消失的特技：默片、特效师、20世纪的新魔术》[Disappearing Tricks: Silent Film, Houdini, and the New Magic of the Twentieth Century]。作者在书中将表演理论与电影史结合起来，深入到早期电影发展中舞台魔术和默片的黄金时代内部，发掘出魔术与电影之间在认知和展现现实中的复杂关系，考察专业魔术师如何影响早期电影史的状况。一般认为，魔术只是电影中令人产生好奇的一种手段，但本书将研究重点放在了 1895-1929 年间电影制作中专业的幻术师所制作的魔幻效果。书中第一部分全面解读了魔术如何对电影的发展产生影响，作者结合了电影和舞台魔术表演的历史，考察了美国和法国默片时代魔术和电影制作之间发生的互动关系。作者以著名魔术师哈里·胡迪尼［Harry Houdini］和乔治·梅里爱［Georges Méliès］的舞台和银幕表演为例，分析了他们各自是如何将舞台的魔术创造性地转变为电影效果，并在 20 世纪引发了对魔术的热潮。本书尤其向读者展现了早期电影中演员表演、视觉接受、讲述故事、神秘仪式等相互之间的关系，将电影和舞台魔术视为相互叠合的现象，并将这种结合视为理解早期电影的一种原始要素。

对英国电影的研究，爱丁堡大学荣誉退休教授约翰·奥尔［John Orr］所著的《英国电影中的浪漫主义与现代主义者》［*Romantics and Modernists in British Cinema*］一书值得国内研究者品鉴。本书专注于英国电影从古典主义到现代转变的历史，讨论当代英国电影制作中的潮流和其中的问题。作者既涉及许多电影作品和制作人，而且就许多主题作了分析，如英国电影史中主流传统对英国电影创作的形式和文化的影响。另一本研究英国电影的力作是杰斐逊·亨特［Jefferson Hunter］的《英国电影，英国文学》［*English Filming, English Writing*］。作者在书中分析了戏剧文学与电影的关系，以及电影、电视剧与 20 世纪英国文化的关系。本书内容主要围绕文学与 20 世纪 30 年代以来银幕上出现的美国罪案戏剧对电影的影响，以及电影对这类文学作品的改编情况展开。作者在书中既分析《夜夜春宵》《倾听英国的声音》这样的代表作，也讨论了许多不太为人知的作品。

被韦恩·福克斯称为是电影中"孤儿"的奇幻电影，一直受到冷落，尤其不被学术研究重视。对这类电影研究的另一个困难是因为它既类似恐怖片，又像科幻片，很难归类。近来好莱坞拍摄的一系列奇幻电影所取得的巨大成功，以及一些独立电影也在奇幻影片方面产生极大影响力，使人们对奇幻电影的兴趣愈加浓烈，并开始对这类独特的电影类型进行研究。本年度凯瑟琳·A·福克斯［Katherine A. Fowkes］撰写的《奇幻电影》［*The Fantasy Film*］，可以说是当代电影研究中一部非常值得期待的奇幻电影研究著作。书中作者对新生、风靡世界的电影类型进行了明确而独到的阐述。作者从早期经典电影开始，如《绿野仙踪》《哈维》，到《蜘蛛侠》《怪物史瑞克》，到当前轰动一时的经典系列，如《指环王》《哈利·波特》等影片进行了深入的历史和批评研究。

什么样的电影是意大利电影？什么样的电影是法国电影？好莱坞电影真是美国的电影？这是《全球电影中的民族身份：电影解释世界》［*National Identity in Global Cinema: How Movies Explain the World*］一书试图回答的问题。民族身份是当今研究的一个重要话题，本著作考察了9个国家（中国、芬兰、法国、印度、伊朗、意大利、墨西哥、乌克兰、美国）的民族电影特征、通用语言、叙事模式如何表现本民族的文化传统。本书目的是将批评理论和艺术表达作为一种方法，论证流行商业电影如何真正解释世界、解释一个国家，为分析民族电影提供了一种新思路。同样分析电影中的民族身份的著作，还有米歇尔·柯廷[Michael Curtin]和赫曼特·沙[Hemant Shah]主编的《全球交流的新方向，超越边界的印度和中国媒介》[*Reorienting Global Communication, Indian and Chinese Media Beyond Borders*]。本书从媒体全球化和全球文化研究的角度，分析印度和中国媒体工业，以及在全球化世界中"民族"和"家乡"概念的变化，着重考察印度和中国电影、电视和数字媒介的全球化本质。作者认为，中国和印度有许多相同之处，如都曾遭受殖民侵略、都是民族社会、近些年都经历了市场经济等。然而在表现丰富的宗教内容、传奇和民间传统之外，今天两国的电影制作者和消费者试图要寻找一些表达模式，在不断增强的全球化媒体环境下取得文化地位和商业上的成功。

近些年由于政治上的原因，阿富汗成为焦点，有关阿富汗电影的研究也进入大学者的视野。马克·格雷厄姆[Mark Graham]的著作《电影中的阿富汗》[*Afghanistan in the Cinema*]就是对西方电影中的阿富汗形象作了研究。全书围绕西方和伊斯兰文明之间的碰撞展开，借助后殖民理论这面镜子，分析了这些电影所讲述的阿富汗、伊斯兰和西方的故事，认为这些电影是形成阿富汗话语不可或缺的工具，是理解和避免过去错误认识的手段，是阿富汗当前动荡但有着美好未来的一种象征。作者分析了大量具体的电影作品，如20世纪70年代的《霸王铁金刚》和《骑士》，以及后来表现苏联在阿富汗战争题材的《野兽》《第一滴血III》中的穆斯林，之后讨论到了塔利班时代的电影，如《坎大哈》《奥萨马》等，对许多西方一直存在的对阿富汗的错误看法进行反思，深刻分析了市场因素、资金来源、政治事物对这类电影的影响。

最后我们要谈到一本有趣的电影批评文集——《再见电影，你好影迷：转变中的电影文化》[*Goodbye Cinema, Hello Cinephilia: Film Culture in Transition*]。作者是乔纳森·罗森鲍姆[Jonathan Rosenbaum]，著名的影评人，曾为多家电影杂志撰写文章，从1987年以来一直担任《芝加哥读者》杂志电影批评栏目主笔，并有多部电影研究著作问世。本书是他过去40多年电影批评的文集。书中除了对电影进行多维度批评外，还讨论了录像、DVD、互联网、新媒体等电影媒介问题，以及技术变革对电影各方面的冲击。他的写作主要通过研究个人电影制作人来考察电影文化，呈现电影的多面性和演变过程，一些出人意料的分析主题让读者惊叹不已。对乔纳森而言，电影没有高、低之分，只有有趣、无趣之别。

4. 戏剧研究

对英国戏剧大师莎士比亚的研究，在任何时候似乎都不会过时，本年度对莎翁戏剧的研究又有一些新的学术成果值得关注。保罗·门泽尔［Paul Menzer］所著的《不同的哈姆雷特》［The Hamlets: Cues, Qs, and Remembered Texts］，首先考察了有关《哈姆雷特》剧本的版本问题。莎士比亚戏剧《哈姆雷特》的版本一直是一个争论的话题：以前认为1604年的四开本和1623年的对开本是权威的本子；而此前还有一个四开本，即1603年有瓦伦丁·西姆斯刊印的本子，一般认为这是一个糟糕的盗印本，有许多错误之处。但近些年，这个版本又得到了重新认识，并准备将此版本搬上舞台。作者在本书中，对三种版本进行详细比对，否定了当前试图将1603年四开本搬上舞台的做法。门泽尔发现前面的两种版本中，页码中间有一条线，表示上一位演员唱词结束，提示下一位演员开始演唱。演员照此提示演出，并成了舞台剧本的固定格式。在不同的版本中，横线可能会被删除，但提示符不能没有，否则就会出现混乱。门泽尔还发现，1604年的四开本和1623年的对开本中大部分提示符是相同的，只存在少许差异。而1603年的四开本中提示符与前两者大相径庭，会导致其完全无法演出。因此，作者认为当前对1603年版本的重新肯定，实际上有很大问题，或者说是一种错误的认识。

《李尔王》被许多学者认为是莎士比亚的第一大悲剧，但从其首演开始，不断被改编，从1681年纳姆·泰特的《李尔王的历史》，到爱德华·邦德的《李尔》，以及其他一些鲜为人知的改编剧，如霍华德·贝克［Howard Barker］的改编剧，女子剧团［Women Theatre Group］的舞台剧等等。林恩·布拉德利［Lynne Bradley］在本年度所著《"李尔王"的舞台改编史》［Adapting 'King Lear' for the Stage］一书，即考察了这一戏剧作品的改编史和接受史。她发现，对莎翁悲剧的权威性有两种截然不同的态度：一是保持其经典性地位，二是通过否定其经典型，进而抛弃之。书中第一部分对莎翁版的《李尔王》作了材料和原型的分析，并讨论了其在17世纪舞台上的演出情况，但作者的讨论重点在20世纪。林恩把注意力主要放在那些几乎已被遗忘的演出上，如爱德华的《死亡之书》、贝克的《七个李尔》，以及《李尔王的妻子》（1915年上演）。这些改编剧几乎脱离莎士比亚原剧本，依据不同主题需要进行创造性改编。如《李尔王的妻子》主要讲述造成李尔王悲剧的家庭原因。通过发掘这些鲜为人知的改编剧本，既丰富了《李尔王》在人类演出史上的接受和改编情况及其意义，又从多方面分析了戏剧的本质问题。作者还认为，研究改编剧，不能只是列举那些不同的版本，也不用担心这些改编本是否忠实原剧，甚至不要考虑这些改编的剧本是否上演过，只要是从原剧本衍生出来的东西，都有研究的价值。

多伦多大学的戏剧研究中心教授约翰·奥斯汀顿［John H. Astington］的《莎士比亚时代的演员与表演：舞台表演艺术》［Actors and Acting in Shakespeare's Time: the Art of Stage Playing］是对莎士比亚时代的舞台演出情况的总体研究。本书综合了莎士比亚时代个人演员、表演风格、戏剧公司、费用等问题，尤其是对重要职业演员进行了深入探讨，描述和分析了当时英国职业舞台上理查德·塔顿[Richard Tarlton]、托马斯·贝特顿[Thomas Betterton]的表演艺术。书中还考察了1558-1660年百余年间舞台表演的文化状况，当时戏剧表演批评的言语，以及剧院的训练和演出情况，生动还原了演员和他们的社会网络，以及学校、大学、合法的旅馆、唱诗班团体对表演教育的作用。

对表演的研究，近些年国外学术中一个重要的转向是，从原来对文本、表演者、舞台演出情况的研究，转向了对欣赏者、观众的重视。珍妮弗·A·洛[Jennifer A. Low]和诺瓦·麦西尔[Nova Myhill]在本年度编辑的《早期现代戏剧的观众》[*Imagining the Audience in Early Modern Drama, 1558-1642*]一书，就是研究舞台表演观众的一本代表作。对观众的研究一直有两个对立的方向，一是将观众看作一个整体，二是视为不同个体的集合，而本书试图将这两种研究思路结合起来。作者吸取了戏剧史和新历史、文学、诗学的成果并将其融合起来，服务于戏剧研究，认为观众既是戏剧所产生意义的消费者，又是生产者，既是戏剧表演的见证者，又是参与者。当表演被视为一种辩证的活动时，观众的角色就变得非常重要。本书刊集的论文考察了莎士比亚戏剧和同时期其他戏剧的观众与戏剧表演之间的关系。这种关系由于观众概念的多元化而显得非常复杂，剧作家在写作时要考虑到观众，因为演员是在向观众进行表演。这样一来，观众实际上是以另一种身份参与了戏剧。作者把戏剧历史和文化分析联系起来，在分析戏剧作品的同时，深入探讨了它们如何影响早期现代戏剧对潜在观众的预想，以及观众如何影响他们所观看的戏剧的形态，甚至也考察了演员和观众的各自表现。

麦克米伦公司[Palgrave Macmillan]一直致力于戏剧学术研究的出版工作，曾有一系列影响深远的著作出自这一出版社。本年度尤其以《戏剧与……》系列值得戏剧研究者关注。在2009年，这一系列已经出版了7本著作，他们是：《戏剧与教育》[*Theatre and Education*, Helen Nicholson 著]、《戏剧与观众》[*Theatre and Audience*, Helen Freshwater 著]、《戏剧与城市》[*Theatre and The City*, Jen Harvie 著]、《戏剧与伦理学》[*Theatre and Ethics*, Nicholas Peter Ridout 著]、《戏剧与全球化》[*Theatre and Globalization*, Dan Rebellato 著]、《戏剧与人权》[*Theatre and Human Rights*, Paul Rae 著]、《戏剧与政治》[*Theatre and Politics*, Joe Kelleher 著]。

本年度这一系列又出版了数本新作。内丁·霍尔兹沃斯[Nadine Holdsworth]的《戏剧与民族》[*Theatre and Nation*]主要讨论戏剧如何与民族国家发生关系，并帮助形成民族身份，以及移民和全球化对戏剧和民族关系产生了怎样的影响这两个问题。作者在书中对戏剧演出机构、戏剧写作、戏剧制作、表演艺术家与民族、民族主义、民族身份之间的关系进行了多方面探讨，认为戏剧表达了民族的特性，并且不断以各种不同方式呈现这种民族特征，民族的不同地理环境、政治制度、经济、社会和文化环境决定了不同的戏剧形式。爱尔兰国立大学教师莱奥内尔·皮尔金顿［Lionel Pilkington］的《戏剧与爱尔兰》［Theatre and Ireland］则具体讨论戏剧与爱尔兰民族的关系。戏剧和舞台表演在爱尔兰文化历史中有着怎样的重要意义？我们如何理解爱尔兰戏剧的政治含义及其所产生的影响？作者考察了17世纪至今的爱尔兰戏剧和舞台剧的历史，对爱尔兰戏剧中的面具表演、戏剧狂欢表演形式，以及民族觉醒、监狱抗争等表演内容进行具体分析，借此来回答上述问题，进而认为爱尔兰戏剧表演长期以来一直与文化史、政治上的关键事件有着深刻的关联。

文化间性在21世纪的西方日益变成为一个重要的话题，随着不同民族之间交流的日益频繁，对文化交流的方式进行批评性考察也变得非常迫切。里克·诺尔斯［Ric Knowles］的《戏剧与文化间性》［Theatre and Interculturalism］一书考察了产生于不同文化中的戏剧在跨文化交流中的问题，尤其是文化、政治、经济和后殖民历史对戏剧和跨文化互动的影响。书中围绕人的混合、流散身份如何在各种社会中确立，我们如何思考跨文化戏剧的差异性这两个问题展开。在对文化间性的思考中什么样的方式才是有效的，作者认为不是从殖民文化的角度出发，而是要从"底等"，即从被殖民和被边缘化的角度出发，才能更好地理解不同文化。

悲剧如何触发人类的同情和感伤？音乐和灯光设计又是如何配合观众的情感基调？为什么舞台戏剧会感染我们？这是加拿大圭尔夫大学戏剧研究教授厄里恩·赫尔利［Erin Hurley］的《戏剧与情感》［Theatre and Feeling］所探讨的问题。对许多人而言，剧场就是一个情感表达的场所，本书作者从学理上解释了人们在剧场观看戏剧的各种情感经验，并从西方戏剧理论和戏剧历史的考察中，论证了人类对戏剧产生情感的一些关键问题。与情感相对，身体也是戏剧创作、演出和欣赏中非常积极而活跃的要素。"身体"既是戏剧研究中一个关键概念，又是一个非常重要的研究对象。科利特·康罗伊［Colette Conroy］的《戏剧与身体》［Theatre and The Body］一书考察了戏剧中对身体的使用和对身体的文化想象、理解的各种方式之间丰富而复杂的关系。而美国普林斯顿大学英语和戏剧教授吉尔·多兰［Jill Dolan］的《戏剧与性别》［Theatre and Sexuality］则论证了性别问题如何成为现代戏剧的中心问题，并讨论了其中涉及的主要问题和争论。性别研究是近些年西方学术研究的热门话题，并为理解艺术品提供了一个新维度。通过性别身份这面镜子，作者试图解决戏剧和表演的意义何在的问题，以及商业戏剧如何接受、表演男女同性恋作品。围绕以上两个问题，作者考察英国和美国戏剧、舞台表演与男女同性恋主题的艺术实践以及批评方式，记述了从20世纪早期以来的LGBTQ［英文男女同性恋、双性恋、变性者、酷儿论的缩写］舞台剧历史，并详细分析了相关的作品，可以说是对LGBTQ舞台表演最全面的介绍，也是性别理论研究优秀之作。

戏剧是如何诞生的？为什么要在舞台上唱歌和表演？戏剧是如何存在的？本年度由剧作家史蒂夫·沃特斯［Steve Waters］所撰写的著作《戏剧的秘密生命》［*The Secret Life of Plays*］一书，对戏剧形成的一些基本问题进行了新的考量。通过对古典和现代多种戏剧的研究，作者详细分析了戏剧写作的关键元素，如场、幕、空间、时间、角色、语言、图像等，指出一场戏剧不仅是各个部分的综合，而且如同活的机体，有着内在的生命。作者从创作者的角度思考了戏剧感动观众、产生强大情感反应的方式，但他的解释与传统的观点有些不同。虽然作为舞台艺术，其中充满了思想和理性，但他认为戏剧是一个鲜活的媒介，其中充满了人的要素，如身体、汗水和感情，因此需要从人的角度来理解此艺术，而不仅仅是从学理上进行分析研究。

在对戏剧的理论研究中，本年度托宾·内尔豪斯［Tobin Nellhaus］的《戏剧、交流、批判实在论》［*Theatre, Communication, Critical Realism*］一书，是首本从批评实在论的角度对戏剧进行研究的重要著作。从口头文化、读写文字的出现，到印刷的诞生，一直到今天电子媒介的发展，交流方式的变化已经在许多方面极大改变了戏剧文化。作者在书中从批评实在论的角度，围绕社会结构、机构和话语相互作用的关系考察戏剧及其历史。作者认为交流机制——文化的利用和语言、书写方式、印刷、电子技术的变革——可以从深层次上说明戏剧为什么发展变化，以及什么时候、如何发生这种变化，以及变化的程度等问题。本书既有对戏剧历史的案例分析研究，同时又考察了戏剧史编撰中范式的转变，如分析了认知科学最新研究成果在戏剧研究中的应用和发展，同时作者提出了一种元戏剧性理论［metatheatricality］来解释戏剧及其变化。全书充满了严谨的批评精神，在戏剧研究、批评理论、文化历史学方面取得了新突破。

19世纪末的俄国经历了艺术的大繁荣，部分原因是获得了企业家们的支持，他们在经营铁路、纺织和商业上集聚了大量财富后，开始赞助艺术。其中萨瓦·马蒙托夫［Savva Mamontov，1841-1918］就是重要的一位艺术赞助人，他不仅支持视觉艺术形式，而且自己出资建造闻名于世的莫斯科私人歌剧院。然而，直到今天，人们才逐渐开始重视对他的才智和影响的研究。马里兰大学音乐学教授奥尔加·哈尔德［Olga Haldey］所著的《马蒙托夫的私人歌剧：俄国戏剧中的现代主义追求》［*Mamontov's Private Opera: The Search for Modernism in Russian Theater*］一书，就是研究萨瓦·马蒙托夫对歌剧事业的贡献。作者从俄国的档案和私人信件以及其他资料中，发现谢尔盖·佳吉烈夫、斯坦尼斯拉夫斯基［Konstantin Stanislavsky］、乌斯沃洛梅耶侯德［Vsevolod Meyerhold］等世界著名戏剧大师和表演大师都得到过马蒙托夫的帮助。而由萨瓦·马蒙托夫个人出资建立、赞助和管理的莫斯科私人歌剧院则是俄国现代主义初期最重要的剧院之一。罗恩格林［Lohengrin］在此开始了他的演艺生涯，普契尼的《波西米亚人》［*La Bohème*］、穆索尔斯基的《戈凡西奇娜》[Khovanshchina]在莫斯科的首演都是在此，费奥多·夏里亚宾[Feodor Chaliapin]在这里开始了他的音乐生涯，谢尔盖·拉赫玛尼诺夫[Sergei Rachmaninov]进行了首场指挥。这里既是商业中心，又是实验场所，马蒙托夫对歌剧的指导和舞台视觉设计进行了大胆改革，并训练出了一代歌剧演员。作者在本书中详细考察了这一演出机构在俄国艺术史上的重要地位，通过仔细研究还未出版的丰富的一手资料、考察剧院历史和演出艺术，生动地再现了这个引领现代俄国歌剧的私人公司。除了对历史的深入考察外，书中还探讨了俄国白银时代美学争论中的马蒙托夫的价值。可以说本书既是对马蒙托夫及其私人歌剧院历史的考察，同时又是对俄国白银时代艺术文化史的绝佳个案研究。

对演出机构的研究，本年度还有一本著作值得特别关注，那就是克洛斯·E·塞姆斯[Clovis E. Semmes]的《帝高剧院与黑人文化》[The Regal Theater and Black Culture]。帝高剧院[Regal Theater，1928-1968]是美国芝加哥曾专门为黑人社区设立的最豪华、最大的影剧院，也是美国唯一一所白人专门为黑人建造的娱乐场所。除了这所机构的建筑宏大外，它的意识形态意义也非常重要。本书考察了这一独特文化机构的社会史及其在黑人社区所发挥的作用，结合近40年来非洲裔美国人的音乐、舞蹈、戏剧等各种形式流行文化的转变，作者认为文化产业中的政治、经济、商业现状和机构的不平等，限制了黑人的生活。

在对戏剧的研究中，跨学科的研究往往会产生新的收获。如本年度由美国盖蒂博物馆的部门主管玛丽·露易丝·哈特[Mary Louise Hart]编辑的《古希腊戏剧艺术》[The Art of Ancient Greek Theater]，就是一本非常有趣的戏剧和视觉文化研究的著作。古希腊戏剧是人类文学史的一个高峰，有大量优秀的文学剧本流传下来，但是对于当时的演出情况，我们知之甚少，而受当时戏剧影响和启发的许多绘画和雕塑中，却保留了大量的视觉材料，使我们今天能够再次通过视觉进入当时的历史场景。作者将美国和欧洲各个博物馆内所藏的古希腊时期古物中表现戏剧表演图像的陶瓶、雕塑、浮雕、面具等物汇编为一册。通过130幅精美图片再现了当时戏剧演出的场景，书中还有9篇研究论文，图文并茂地向我们呈现了视觉艺术中戏剧的多面性。

5. 舞蹈研究

本年度国外舞蹈研究成果也是异彩纷呈，其中最值得关注的无疑是这本研究芭蕾历史的著作——《阿波罗的天使：芭蕾舞史》[Apollo's Angels: A History of Ballet]。本书被《纽约书评》评为本年度最优秀的10本书之一。作者珍妮弗·霍曼斯[Jennifer Homans]既是历史学家和批评家，同时也是职业舞蹈家，现为纽约大学常驻特聘教授。在书中，作者将一名舞蹈家的亲身体验，和舞蹈批评家的犀利眼光，以及对芭蕾舞迷人而详细的历史结合起来，使此书成为近些年来研究芭蕾史的一本重要而杰出的划时代著作。

芭蕾在西方约有四百年的历史，并一直居于西方文明的中心，其传统成为西方历史的一种记录。人人都知道研究芭蕾舞历史的价值与意义，但芭蕾非常独特，它既没有书写的文本，也没有标准的记舞方式；而是老师以口手相传的方式教给学生，所以撰写一部历史似乎比较困难。但本书作者在书中不但追溯了舞蹈技巧、编舞和表演的演变历史，而且通过对舞蹈和艺术家表演的生动描绘，把读者引入了艺术的美妙境界。作者考察了文艺复兴时期由艺术力量可以传达的理念诱发了第一支芭蕾舞的诞生，发生在16世纪法王路易二世的宫廷中，之后芭蕾一直与统治集团联系在一起，路易十四创立了芭蕾舞的核心规则和传统，形成基本舞步和形体。作者在书中考察了芭蕾在法国的盛行，在米兰和维也纳受到人们的热爱，在俄国的风靡，以及在美国被热情追捧。在考察流传史的同时，此书强调了舞蹈中的细腻、优雅的艺术特色和强有力的表现力。作者还详细研究了一些芭蕾大师、芭蕾编舞和舞蹈家，包括早期芭蕾大师玛丽·塔里奥妮[Marie Taglioni，1804-1884]、"首个现代芭蕾舞"、舞蹈大师乔治·巴兰契[George Balanchine]的艺术特质等。最有趣的是，作者对法国和俄国革命期间，在世界大战和冷战等恐怖气氛下的芭蕾进行了独特的探讨。作者认为，舞步从来不只是舞步，它们是一种文化和传统的鲜活记录。当芭蕾舞蹈语言由不同地区的舞者表达出来时，艺术家就会创造出不同的民族风格。法国人、意大利人、丹麦人、俄罗斯人、英国人和美国人的芭蕾传统中都有各自独具特色的表达方式，并且常常与本民族的政治、社会要素相关。作者为芭蕾的理想、迷人的艺术特色和文化意义发出赞叹的同时，也表达了淡淡的忧伤。因为她十分困惑：为什么这么强大且极具适应性的"信念艺术"，在经历了历史上各种灾难和变化而走到今天的舞蹈，正面临消失的危险。

阿基姆·沃林斯基[Akim Volynsky]是一位俄罗斯的文学批评家、记者和艺术史家，在20世纪前期已经成为圣彼得堡最活跃和多产的芭蕾批评家；他对芭蕾的批评研究著作在本年度被编辑翻译成英文，这将有利于更多的舞蹈研究者了解苏联当时的芭蕾舞情况和沃林斯基的思想。这本由斯坦德利·J·拉比诺维茨[Stanley J. Rabinowitz]编译的《芭蕾的魔幻世界：1911-1925年间俄国的舞蹈研究文选》是一本极具启发和影响力的芭蕾舞研究著作。

除了对芭蕾舞的历史研究外，学者卡洛斯·G·格拉帕[Carlos G. Groppa]的《美国探戈舞史》[The Tango in the United States: A History]考察了探戈在美国一直受到热情追捧的历史。20世纪早期，北美舞厅的舞者一直喜爱华尔兹和波尔卡舞，但当著名的舞者、演员、时尚明星弗衣·卡叟和伊琳娜·卡叟在百老汇开始跳探戈时，美国舞蹈的面貌就改变了，进入了探戈时代。鲁道夫·瓦伦蒂诺[Rudolph Valentino]、亚瑟·莫里[Arthur Murray]、莎维尔·库加[Xavier Cugat]这些探戈音乐人和舞者在20世纪20、30年代非常流行，成千上万的美国人涌进舞厅聆听探戈乐曲，跳探戈舞。本书考察了探戈在美国的历史，从早期探戈在阿根廷、巴黎和伦敦的历史，一直写到今天，内容涉及舞蹈家、音乐人、作曲家，以及探戈对美国音乐的影响，是美国舞蹈史和文化研究的重要参考书。

同样是对美国舞蹈史进行研究的另一本值得提及的著作是加利福尼亚大学戏剧和舞蹈教授内丁·乔治-格雷夫斯［Nadine George-Graves］的《城市丛林女子舞蹈团》［*Urban Bush Women: Twenty Years of African American Dance Theater, Community Engagement, and Working It Out*］。纽约的"城市丛林"女子舞蹈团创立于1984年，是以黑人女性为主的表演团体，在美国产生了重要影响。本书作者花了15年时间调查和了解这一舞蹈团的发展历史和其创立者杰威拉·乔·左拉［Jawole Willa Jo Zollar］的个人奋斗历程。通过考察舞蹈团的演出历史和具体的舞蹈表演，以及舞蹈团和创立者之间的关系，作者发现左拉实际上是向典型的芭蕾舞姿宣战，舞蹈团从各种身体形式中探索可能性、不同舞蹈类型和舞蹈者之间的创造性张力关系，强调身体的力量和脆弱性、约束和痛苦，同时通过黑人自己的表演活动，试图说明作为一名黑人女性意味着什么的问题。作者生动描绘出了舞蹈表演场景，将她们与黑人舞蹈先驱如玻儿·普莉迈斯［Pearl Primus］、凯瑟琳·邓汉姆［Katherine Dunham］等人进行比较，并从社会学角度考察了数个世纪以来黑人女性的身体是如何被观看的。书中通过舞蹈这一艺术形式，探讨身份问题，以及女性主义、性别、种族、阶级，以及广义上的人文主义等问题。

我们在前文的发展概况中，已经提到了世界艺术研究近些年受到国外学术界的重视，而在舞蹈的研究中，也出现了"世界舞蹈"这样的专门术语和研究思路。这可以从两个方面来看，一是以前对西方之外的民族舞蹈研究，这主要体现在民族舞蹈研究和艺术人类学的研究成果上；二是专以"世界舞蹈"这一术语或理论来考察世界不同民族的舞蹈，这种研究方式既有西方的舞蹈，又包括非西方舞蹈，试图形成一种新的研究理论。加利福尼亚大学文化和世界艺术系教授苏珊·利·福斯特［Susan Leigh Foster］主编的《世界舞蹈》［*Worlding Dance*］就是后一种思路的代表作。书中所选文章既有方法论上的讨论，又有主题研究，既有对西方舞蹈的研究，又有对西方之外民族舞蹈的研究。所讨论的内容除了舞蹈，还有表演和戏剧研究，而整个思路则是从全球的角度来考察舞蹈的历史。书中讨论的主题包括对舞蹈分类的反思、观众眼中的印度古典舞中的身体研究、编舞所有权问题、编舞与编舞者、当代孟加拉女性舞蹈研究等。编者试图实现一种世界舞蹈研究思路，通过对不同民族和不同种类舞蹈的研究与探讨，从而试图建立一种世界舞蹈理论。

对西方之外的舞蹈研究，本年度也有一些值得注意的著作，有的是出自专业的舞蹈研究者之手，有的是人类学家的著作，从中我们能够发现当今西方研究舞蹈所呈现的态势。桑德拉·弗雷利［Sondra Fraleigh］是美国纽约州立大学的舞蹈学荣誉退休教授，在本年度出版的《舞踏：变形的舞蹈与全球炼金术》[Metamorphic Dance and Global Alchemy]是对日本已被边缘化的舞蹈——舞踏的研究。作者在书中首先回顾了舞踏的历史源头，及其哲学和艺术含义。舞踏兴起于战后的日本，它吸收了东、西方两种传统舞蹈的元素。表演者将注意力集中在自己身体上，认为肢体语言就隐藏在身体之中，当自我被召唤出来时，一种奇妙、超真实的潜意识流会不断迸发出来。人的形体会随之自然跳动、扭曲、变形，达到原始自然的表演状态。舞者表现的是一种自发的舞蹈经验，而非受控制的情感表达。这种舞蹈形式与西方的芭蕾、现代舞中追求动作的完美和对身体的调控是不同的，舞踏舞者身体处于极易受伤的状态，更不掩饰其疼痛和脆弱，没有狂喜，只是接受潜意识的召唤。正是凭借这种恒久的、个人的、潜意识的特征，舞踏吸引了世界各地的观众。在本书的第二部分中，作者用22篇长短不一的文章详细介绍和分析了自己观看舞踏的经验。虽然作者也承认观看舞踏的经验是瞬时的，其含义很难解释，感受也很难传达，但也不排除有时可能抓住表演者的真实感情。作者没有用理论体系来分析这种自由、随意的舞蹈，可能也没代表所有人欣赏舞蹈时的内心感受，但却能激起我们对舞踏这种独特艺术形式的好奇和兴趣。我们知道，要通过文字这一媒介把观看舞蹈的经验传达出来是十分困难的，而本书的作者却对此进行了尝试，要用文字对舞踏的本质加以界定。

人类学家费利希亚·休斯-弗里兰德[Felicia Hughes-Freeland]的《表现的社群：爪哇的舞蹈传统与变迁》[Embodied Communities: Dance Traditions and Change in Java]则是一本东南亚舞蹈表演的研究著作。作者在书中考察了爪哇舞蹈的历史和文化变迁。最早的爪哇宫廷舞，后变为殖民庆典舞蹈，今天则成为民族艺术经典。作者认为这一转变的核心是舞蹈角色的个人价值的转变，通过对身体和形式语言的技术性控制，来强调日常行为的合理性和表现性。作者通过考察爪哇舞蹈的训练、采访舞蹈者对自己所擅长舞蹈的解释，试图对舞蹈表演和日常生活中的舞蹈意义作出有效的解释。

加利福尼亚大学音乐教授亨利·斯皮勒[Henry Spiller]的《色情三角：爪哇的异他人舞蹈和阳刚气质》[Erotic Triangles: Sundanese Dance and Masculinity in West Java]也是对爪哇地区舞蹈的研究。在印度尼西亚的西爪哇岛，人们用妇女的声音加鼓点催促男性起来跳舞。每天这里的男性，不管是学生、三轮车夫、公务员还是商人，都会经受不住村里庆典、婚礼和晚上酒吧音乐节奏的吸引，突破常规礼仪标准的束缚开始跳舞。这些男性所跳的舞蹈形式多样，有传统的铜锣伴奏的舞蹈，也有当代流行的荡突舞[dangdut]，但他们无论跳什么舞都充满了极大热情。作者通过数十年的实地考察，发现当地异他人借助舞蹈来表达和探索他们性别身份中的矛盾。作者在书中考察了异他人舞蹈中的三大关键要素，即女性表演者、鼓的表演、男性对自由的感受，因此形成一个三角。在书中，作者结合各种理论对这些要素进行分析，包括伊夫·科索夫斯基·塞基威克[Eve Kosofsky

Sedgwick]、列维-斯特劳斯、弗洛伊德等人的思想。作者最后认为，男性在舞蹈中可以直接表现他们阳刚的一面，故而舞蹈为加强和坚持正统的性别意识提供了一个空间。

对舞蹈、音乐和视觉文化的综合研究，成为近些年来艺术研究的另一个热门话题。本年度学者谢里发·祖胡尔[Sherifa Zuhur]的《中东的戏剧、舞蹈、音乐和视觉艺术》[Colors of Enchantment: Theater, Dance, Music, and the Visual Arts of the Middle East]就是这方面具有代表性的研究成果。本书是1998年由同一学者主编的《魔力的图像：中东的视觉和表演艺术》[Images of Enchantment: Visual and Performing Arts of the Middle East]的姊妹篇。作者祖胡尔先生是伯克利加州大学中东研究中心教授、历史学家和民族音乐学家。本年度他再次出任主编，将来自世界各地学者的论文编成一册，探讨中东文化中的视觉和表演艺术。本书讨论的内容范围从现代早期一直持续到当代。内容主题包括埃及舞台表演中的种族和民族身份、早期北美文献中的阿拉伯舞台艺术、从起源至今的波斯语舞台艺术、巴勒斯坦民族主义舞台艺术、埃及戏剧家尤苏夫·伊德里斯[Yusuf Idris]的作品研究，以及舞蹈、音乐和视觉艺术中一些较少为学者关注的问题，是研究中东艺术的又一本重要的作品。

最后要谈及一本研究舞蹈技巧的著作——《舞蹈与亚历山大技巧》[Dance and the Alexander Technique]，本书是由丽贝卡·内特尔-菲奥尔[Rebecca Nettl-Fiol]和鲁克·瓦尼埃[Luc Vanier]花费10多年时间的研究成果。亚历山大方法是20世纪早期由澳大利亚人F·M·亚历山大发明的一项通过纠正不良的姿势、保持身体各部位的平衡以增进健康的训练方法，同时也可增强各种活动的灵敏度，包括日常活动和舞蹈。作者通过实验研究运动和舞蹈训练，考察具体的运动技术与支撑和协调基本原则之间的关系，总结出一套利用亚历山大技术增加舞蹈和其他活动的独特训练方法。除了有图片说明外，本书还附有一张DVD，对亚历山大技术的概念和具体应用进行详细讲解。

三 趋势与展望

上文从理论和具体文献两个方面对本年度国外艺术研究的发展状况作了概括与分析。由此可见，在所有艺术门类的研究中，有一个重要特征，而且它必将成为未来艺术研究的主要研究思路，那就是对西方之外的艺术的关注，不仅包括视觉艺术，而且也包括舞蹈、戏剧、电影和音乐。如果我们把世界艺术研究这一流派的研究范围扩大到所有艺术门类，无疑也是适用的。一种综合性的世界艺术研究似乎正在形成。正如美国伯克利加州大学的艺术史教授惠特尼·戴维斯[Whitney Davis]在评论世界艺术研究时指出，"未来50年乃至更长时间，在全球的艺术史舞台上，世界艺术研究可谓是唯一具普遍价值的理论研究框架"。[8]持这种观点的学者并不少见，研究中国艺术史的学者方闻，在对艺术史研究的反思中，认为世界艺术研究是推动当前艺术史前行的重要动力因素。学者们对世界（各类）艺术的研究之所以如此重视，既是学术史本身发展的内在动力使然，又是全球化的现实所致。

本文为《国外高校人文社会科学发展报告2011》"艺术学"内容，教育部社会科学委员会秘书处组编，北京：高等教育出版社，2012年。

1 参见曹意强，《艺术门类的独立与学科规划问题》，《艺术教育》，2011年，第12期。

2 参见 Whitney Davis, *A General Theory of Visual Culture*, Princeton University Press, 2011.

3 参见 *World Art*, Vol.1, No.1, March 2011, Rougledge.

4 此书的中文译本为：《世界艺术地图》，冯华年、刘平等译，上海人民出版社，2007。

5 John Onians,"World art: Way Forward, and a way to escape the 'autonomy of culture' delusion" in *World Art*, Vol.1, No. 1, March 2011, pp. 126-127.

6 主要话题包括：Bjork on the chaos of her creative process; Stanley Clarke on saying no to Miles Davis; Chuck D on whats wrong with hip-hop today; Ani DiFranco on propelling democracy through music; Bela Fleck on journeying to Africa to discover the roots of the banjo; Bill Laswell on the drama of producing difficult artists; John McLaughlin on turning the tables on the jazz police; McCoy Tyner on the deification of John Coltrane; Tangerine Dream on electronica transcending technology; Joe Zawinul on inventing the original hip-hop beat.

7 有关"魅力电影"理论参见：Tom Gunning,"The Cinema of Attractions: Early Film, Its Spectator and the Avant-Garde", in *Early Film* eds. Thomas Elsaesser and Adam Barker, British Film Institute, 1989.

8 Whitney Davis: "Comment: World without Art", in *Art History,* Vol.33, No.4, May, 2010, p. 711.

推荐参考文献：

美术与设计研究

Alla Myzelev and John Potvin: *Fashion, Interior Design and the Contours of Modern Identity*, Ashgate, 2010.

Alois Riegl: *The Origins of Baroque Art in Rome*, Edited and translated by Andrew Hopkins and Amold Witte, with essays by Alina Payne, Witte and Hopkins, Getty Publications, 2010.

Andrew Craham-Dixon: *Caravaggio*, Allen Lane, 2011.

Celina Fox: *The Arts of Industry in the Age of Enlightenment*, Yale University Press, 2010.

David Bindman and Henry Louis Gates, Jr eds: *The Image of the Black in Western Art*, 3 Vols., Belknap Press of Harvard University Press, 2010.

David Raizman: *History of Modern Design*, 2nd revised edition, Prentice Hall, 2010.

David Summer: *Real Spaces: World Art History and the Rise of Western Modernism*, Phaidon, 2003.

Dominic Mciver Lope: *A philosophy of Computer Art*, Routledge, 2010.

Fred H. Crossley: *English Church Design, 1040-1540 A.D - A Study*, Mysore Press, 2010.

Gao Minglu: *Total Modernity and the Avant-Garde in Twentieth-Century Chinese Art*, MIT Press, 2011.

Glenn Adamson. Giorgio Riello, Sarah Teasley: *Global Design History*, Routledge, 2011.

Grace Lees-Maffei and Rebecca Houze: *The Design History Reader*, Berg Publishers, 2010.

Hans Belting, Andrea Buddensieg: *The Global Art World: Audiences, Markets and Museums*, Hateje Kanz, 2009.

Imogen Hart: *Arts and Crafts Objects*, Manchester University Press, 2010.

James Elkin (ed): *Art History Global?* Routledge, 2007.

David Carrier: *A World Art History and Its Objects*, Pennsylvania University Press, 2008.

James Elkins: *Visual Studies: A Skeptical Introduction*, Routledge, 2003.

James Elkins: *Visual Cultures*, Intellect Ltd., 2010.

Jane Kromm, Susan Benforado Bakewell (eds.): *A History of Visual Culture: Western Civilisation from the 18th to the 21st Century*, Berg Publishers, 2010.

Jaynie Anderson (ed.): *Crossing Cultures: Conflict, Migration and Convergence: Proceedings of the 23nd International Congress of the History of Art*, Melbourne University Press, 2009.

John Onians (ed.): *The Atlas of World Art*, Laurence King, 2004.

Kathryn Brown: "The Aesthetics of Presence: Looking at Degas's Bathers", in *Journal of Aesthetics and Art Criticism*. Vol.68, No.4, 2010, p331-341.

Kitty Zijlmans and Wilfried van Damme (eds.): *World Art Studies: Exploring Concepts and Approaches*, Valiz, 2008.

John Onians (ed.): *Compression vs Expression: Containing and Explaining the World's Art*, Yale

University Press, 2006.

Kjetil Fallan: *Design History: Understanding Theory and Method*, Berg Publishers, 2010.

Marcia Pointon: *Brilliant Effects: A Cultural History of Gem Stones and Jewellery*, Paul Mellon Centre BA, 2010.

Margaret Iversen and Stephen Melville: *Writing Art History: Disciplinary Departures*, University of Chicago Press, 2010.

Mattew Rampley: "Aby Warburg: Kulturwissen Schaft, Judaism and the politics of identity", in Oxford Art Journal, Vol.33, No.3, 2010, p317-335.

Melissa Chiu and Benjamin Genocchio: *Contemporary Art in Asia: A Critical Reader*, MIT Press, 2011.

Michael Fried: *The Moment of Caravaggio*, Princeton University Press, 2010.

Mieke Bal: Of What One Cannot Speak: *Doris Salcedo's Political Art*, University Of Chicago Press, 2010.

Patricia L. Reilly: "Raphael's Fire in the Borgo and the Italian Pictorial Vernacular", in *Art Bulletin*, Vol. XCII, No.4, 2010, p308-325.

Patrick Cramsie: *The Story of Graphic Design*, Harry N. Abrams, 2010.

Paul L. Knox: *Cities and Design*, Routledge, 2010.

Peter Weibel and Andrea Buddensieg (eds.): *Contemporary Art and the Museum: A Global Perspective*, Hatje Cantz Verlag, 2007.

Terry Smith: "The State of Art History: Contemporary Art", in *Art Bulletin*, Vol. XCII, No.4, 2010, p366-383.

W. J. T. Mitchell: *Cloning Terror: The War of Images, 9/11 to the Present*, University of Chicago Press, 2011.

Whitney Davis: *Queer Beauty: Sexuality and Aesthetics from Winckelmann to Freud and Beyond*, Columbia University Press, 2010.

Whitney Davis: *A General Theory of Visual Culture*, Princeton University Press, 2011.

World Art, Vol.1, No.1, March 2011, Rougledge.

Zoya Kocur: *Global Visual Cultures: An Anthology*, Wiley-Blackwell, 2011.

音乐学研究

Adrian Wright: *A Tanner's Worth of Tune: Rediscovering the Post-war British Musical*, Boydell Press, 2010.

Andrew Barnett: *Sibelius*, Yale University Press, 2010.

Anil Prasad: *Innerviews - Music without Borders*, Abstract Logix, 2010.

Arved Ashby: *Absolute Music, Mechanical Reproduction*, University of California Press, 2010.

David Ledbetter: *Unaccompanied Bach: Performing the Solo Works*, Yale University Press, 2010.

Francesca R. Sborgi Lawson: *The Narrative Arts of Tianjin: Between Music and Language*, Ashgate, 2011.

Garret Keizer: *The Unwanted Sound of Everything We Wanted: A Book about Noise*, Perseus Books Group, 2010.

Gillen D'Arcy Wood: Romanticism and Music Culture in Britain, 1770-1840, Virtue and Virtyosity, Cambridge University Press, 2010.

Harvey Sachs: *The Ninth: Beethoven and the World in 1824*, Faber, 2010.

Janet Schmalfeldt: *In the Process of Becoming: Analytic and Philosophical Perspectives on Form in Early Nineteenth-Century Music*, Oxford University Press, 2011.

John Harley: *The World of William Byrd: Musicians, Merchants and Magnates,* Ashgate, 2010.

Kyle Gann: *No Such Thing as Silence, John Cage's "4'33"*, Yale University Press, 2011.

Mervyn Cooke (ed.):*The Hollywood Film Music Reader*, Oxford University Press, 2010.

Philip Furia and Laurie Patterson: *The Songs of Hollywood*, Oxford University Press, 2010.

Steve Waters: *The Secret Life of Plays*, Nick Hern Books, 2011.

Yonatan Malin: *Songs in Motion: Rhythm and Meter in the German Lied*, Oxford University Press, 2010.

电影研究

Berys Gaut: *A Philosophy of Cinematic Art,* Cambridge University Press, 2010.

Carlo Celli: *National Identity in Global Cinema: How Movies Explain the World*, Palgrave Macmillan, 2011.

Christian Rogowski(ed.): *The Many Faces of Weimar Cinema: Rediscovery Germany's Filmic Legacy*, Camden House, 2010.

Jefferson Hunter: *English Filming, English Writing*, Indiana University Press, 2010.

Jonathan Rosenbaum: *Goodbye Cinema, Hello Cinephilia: Film Culture in Transition*, University of Chicago Press, 2010.

Julie Grossman: *Rethinking the Femme Fatale in Film Noir*, Palgrave Macmillan, 2010.

Katherine A. Fowkes: *The Fantasy Film*, Blackwell, 2010.

Marc Furstenau(ed.): *Film Theory Reader: Debates & Arguments*, Routledge, 2010.

Mark Graham: *Afghanistan in the Cinema*, University of Illinois Press, 2010.

Matthew Solomon: *Disappearing Tricks: Silent Film, Houdini, and the New Magic of the Twentieth Century*, University of Illinois Press, 2010.

Michael Curtin and Hemant Shah(ed.): *Reorienting Global Communication, Indian and Chinese Media Beyond Borders*, University of Illinois Press, 2010.

Richard Rushton and Gary Bettinson: *What is Film Theory*, Open University Press, 2010.

Robert Burgoyne(ed.): *The Epic Film in World Culture*, Routledge, 2010.

Sam B. Girgus: *Levinas and the Cinema of Redemption: Time, Ethics, and the Feminine*, Columbia University Press, 2010.

Scott Higgins (ed.): *Arnheim for Film and Media Studies*, Routledge, 2010.

Tino Balio: *The Foreign Film Renaissance on American Screens, 1946-1973*, University of Wisconsin Press, 2010.

Tom Paulus and Rob King (ed.): *Slapstick Comedy*, Routledge, 2010.

William Guynn (ed.): *The Routledge Companion to Film History*, Routledge, 2010.

戏剧研究

Brenda Werth: *Theatre, Performance, and Memory Politics in Argentina*, Palgrave Macmillan, 2010.

Clovis E. Semmes: *The Regal Theater and Black Culture*, Palgrave Macmillan, 2011.

Colette Conroy: *Theatre and The Body*, Palgrave Macmillan, 2010.

Edward Baron Turk: *French Theatre Today: The View from New York, Paris, and Avignon*, University of Iowa Press, 2011.

Erin Hurley: *Theatre and Feeling*, Palgrave Macmillan, 2010.

Jennifer A. Low, Nova Myhill (eds.): *Imagining the Audience in Early Modern Drama, 1558-1642*, Palgrave Macmillan, 2011.

Jill Dolan: *Theatre and Sexuality*, Palgrave Macmillan, 2010.

John H. Astington: *Actors and Acting in Shakespeare's Time: the Art of Stage Playing*, Cambridge University Press, 2010.

Lionel Pilkington: *Theatre and Ireland*, Palgrave Macmillan, 2010.

Lynne Bradley: *Adapting 'King Lear' for the Stage*, Ashgate, 2010.

Mary Louise Hart: *The Art of Ancient Greek Theater*, J. Paul Getty Museum, 2010.

Nadine Holdsworth: *Theatre and Nation*, Palgrave Macmillan, 2010.

Olga Haldey: *Mamontov's Private Opera: The Search for Modernism in Russian Theater (Russian Music Studies)*, Indiana University Press, 2010.

Paul Menzer: *The Hamlets: Cues, Qs, and Remembered Texts*, University of Delaware Press, 2010.

Ric Knowles: *Theatre and Interculturalism*, Palgrave Macmillan, 2010.

Steve Waters: *The Secret Life of Plays*, Nick Hern Books, 2011.

Tobin Nellhaus: *Theatre, Communication, Critical Realism*, Palgrave Macmillan, 2010.

舞蹈研究

Felicia Hughes-Freeland: *Embodied Communities: Dance Traditions and Change in Java*, Berghahn Books, 2010.

Henry Spiller: *Erotic Triangles: Sundanese Dance and Masculinity in West Java*, University of Chicago Press, 2010.

Nadine George-Graves: *Urban Bush Women: Twenty Years of African American Dance Theater, Community Engagement, and Working It Out*, University of Wisconsin Press, 2010.

Rebecca Nettl-Fiol and Luc Vanier: *Dance and the Alexander Technique*, University of Illinois Press, 2011.

Sherifa Zuhur (ed.): *Colors of Enchantment: Theater, Dance, Music, and the Visual Arts of the Middle East*, American University in Cairo Press, 2010.

Sondra Fraleigh: *Butoh, Metamorphic Dance and Global Alchemy*, University of Illinios Press, 2010.

Susan Leigh Foster (ed.): *Worlding Dance*, Palgrave Macmillan, 2011.

Valerie Barnes Lipscomb and Leni Marshall: *Staging Age: The Performance of Age in Theatre, Dance, and Film*, Palgrave Macmillan, 2010.

Jennifer Homans: *Apollo's Angels: A History of Ballet*, Random House, 2010.

Akim Volynsky: *Ballet's Magic Kingdom: Selected Writings on Dance in Russia, 1911-1925*, Stanley J. Rabinowitz tran., Yale University Press, 2010.

Carlos G. Groppa: *The Tango in the United States: A History*, McFarland, 2010.

艺术门类及其各一级学科论证报告草案文献与大事记

在将艺术提升为学科门类的漫长过程中，许多学者和院校为此付出了各种努力。中央音乐学院、中国美术学院、中央美术学院、清华大学美术学院、中央戏剧学院、北京电影学院、北京舞蹈学院、上海音乐学院、上海戏剧学院、中国艺术研究院、中国传媒大学、东南大学等院校在不同阶段参与了论证工作。在国务院学位办的指导下，专门成立了核心工作小组，秘书处设在中央音乐学院。在论证过程中，该工作组经常召开会议，多次召集全国艺术院校领导沟通情况。依照国务院学位办的不同要求，多次撰写修改论证报告。艺术门类提升论证报告的撰写，以及各一级学科设置报告的修订文案主要在中国美术学院《新美术》编辑部完成，均由国务院学科评议组召集人、《新美术》主编曹意强执笔。在此刊出的是部分草案，记录着艺术成为我国第13个学科门类过程中的某些具体环节，作为文献而留存，以志纪念。大事记分别由中央音乐学院宋惠文和国务院第六届艺术学科评议组秘书张金尧整理。

艺术学科门类调整建议书

在我国颁布的《授予博士硕士学位和培养研究生的学科专业目录》中，确立了12个学科门类，其中按国际惯例应包括"文学"的"艺术学"却从属于文学门类之下而成其一级学科，仿佛艺术是文学领域中的一个种类，而实际上，文学乃是语言的艺术。这个学科划分，既不符合艺术学科本身的历史规律和现实发展情况，也有悖于国际惯例。为了更合理地建设我国的艺术学科，我们建议将之由"文学"门下的一级学科提升为门类，理由陈述如下：

一 艺术门类的基本内涵

道德（宗教）、艺术、科学是人类文明的三大支柱。语言、科学和艺术乃是人类把握世界的三大智性手段，马克思曾论及此点。而作为把握世界的方式，艺术则早于其他手段而产生，早在语言没有诞生之前，人类就运用音乐、舞蹈和图像表达自己的情感，由此而对世界进行理解，换言之，艺术是人类以审美方式把握世界的途径，它比文字、哲学、科学等手段更为古老。因此，人类古老的历史都铭刻在图像遗物即美术之中而得以流传至今。在中国文化中，道德和艺术是上述三大支柱中的两大擎天支柱，其极点是孔子的仁与音乐的合一，"志于道，据于德，依于仁，游于艺"，道、德、仁、艺并重，并把艺放在上位，说明艺在其立教宗旨中的意义。在古代中国，音乐代表国家的政治和道德秩序。在西方文化中，艺术是知识与创造性灵感的本源。亚里士多德认为艺术是对自然的模仿，而模仿是人类的天性与本能，是我们获得知识的一种方式。柏拉图径直将其哲学方法与艺术家的创作相类比。在漫长的历史进程中，艺术一方面与政治、社会、宗教和科学起着同等重要作用，另一方面为人类提供了审美的享受，由此而提升了人类的精神，成为与自然学科相对的人文学科中的一个有机部分。至19世纪，各门人文学科相继确立，艺术与哲学、历史、地理学、人类学等学科并立而生，成为学院教学与研究的学科。艺术学科被视为具有内在关联的美的艺术［Fine Arts］的综合体系［system of the arts］，起先主要指绘画、雕刻、建筑、音乐，后来包括诗歌、文学、戏剧、舞蹈等。正因为艺术被纳入人文学科的知识宇宙，18世纪以来的重要哲学家诸如康德、黑格尔、赫尔德都论述艺术，马克思和恩格斯也不例外。艺术研究者的学术成果与哲学家的论述奠定了"艺术科学"的哲学和方法论基础。在19世纪，德语国家将艺术史［Art History］与音乐学［Musicology］确定为独立的研究学科，率先在大学里建立艺术史系与音乐学系，随之在英语国家普及开来。我国在20世纪初也相继在师范和综合性大学中引进艺术学科的教育。然而，在对艺术的学科性质的认识上，我国一开始就有所偏颇，一直拘牵于"图画手工"的实用范畴。这不仅影响了我国艺术学科本身的发展，而且既没有认清其审美与智性的独立价值，也没有发挥这种价值对人生和其他学科的创造性启示作用。

事实上，学界前贤早已指出了问题的症结。大约在1900年以后，严复开始翻译法国启蒙思想家孟德斯鸠的名著《法意》（即《论法的精神》），在1904-1909年间分七册陆续出版。他在《法意》按语中提到：吾国有最乏而宜讲求，然犹未暇讲求者，则美术是也。夫美术者何？凡可以娱官神耳目，而所接在感情，不必关于理者是已。其在文也，为词赋；其在听也，为乐，为歌诗；其在目也，为图画，为刻塑，为宫室，为城郭园亭之结构，为用器杂饰之百工……凡此皆中国盛时之所重，而西国今日所尤争胜而不让人者也。……则后此之教育，尚于美术一科，大加之意焉可耳。

国学大师王国维将"艺术"称为"美术"，以概括其普遍的意义。他1904年所发表的著名文章《〈红楼梦〉评论》的第一章即论述"人生及美术之概观"，引用了歌德的诗句"凡人生中足以使人悲者，于美术中则吾人乐而观之"［What in life doth only grieve us, That in art we gladly see.］

之后，王国维进而指出，艺术不仅能提高人的精神境界，而且能"入于纯粹之知识者"。1905年，王国维又发表"论哲学家与美术家之天职"，开门见山地批评学术中的实用主义，旗帜鲜明地提出哲学与艺术两个学科是"天下……最神圣、最尊贵而无与于当世之用者……天下之人嚣然谓之曰'无用'，无损于哲学、美术之价值也"。在阐述教育思想的一系列文章中，王国维把学科分为"职业"和"非职业"两大类："夫教员、医生、政治家、法律家、工学家之学，固职业的学问也"，"非职业的学问何？科学、哲学、文学、美术（即艺术的总称）四者，是已"。他把科学与艺术视为一个教育的整体，跟钱学森与温家宝同志谈话的精神相通。钱老认为，"现在中国没有完全发展起来，一个重要的原因是没有一所大学能够按照培养科学技术发明创造人才的模式去办学，没有自己独立的创新的东西，老是'冒'不出杰出人才。这是很大的问题。"按照钱老的思想，这个问题的症结就在我国的教育忽视将艺术与科学互补结合，他指出："一个有科学创新能力的人不但要有科学知识，还要有文化艺术修养。没有这些是不行的。"这里所谓"艺术修养"绝非是个可有可无的点缀品，而是教育的必要部分，关乎各个领域的创新思维和能力的问题。钱老讲到他父亲让他学理科的同时，送他去学绘画和音乐。这种将科学和艺术结合起来的教育使他终身受益，他在94岁高龄时总结说："我觉得艺术上的修养对我后来的科学工作很重要，它开拓科学创新思维。"用诺贝尔物理奖得主普朗克的话说，"科学家需要一种具有艺术创造性的想象力。"如果不能想象并不存在的事物，何以创造新东西？创新思维源于对知识与手段的艺术性整体把握。所以，诺贝尔化学奖得主范·托夫曾断言："最富革新精神的科学家几乎都是艺术家、音乐家或诗人。"在科学界，哥白尼、伽利略、帕斯卡尔、欧拉、施韦策、爱因斯坦，还有我国的钱学森、李四光等老一辈科学家都是艺术家。法国物理学家阿曼德·特鲁梭说过一句名言，高度概括了艺术与创新思维培养的密切关系："所有的科学都接触到艺术，最差劲的科学家是没有成为艺术家的科学家；最差劲的艺术家是没有成为科学家的艺术家。"而结构主义雕刻家诺米·伽勃的一句话道出了在不同学科工作的人的共同感受："每一个伟大的科学家都经历过一个时刻，在这个时刻，他体内的艺术家拯救了他体内的科学家。"

一切学科门类的设置都是为了推进创新人才培养机制，艺术具有这种内涵，理应成为独立的门类。而艺术是一个特殊的创造性领域，其特殊性体现在它分成创作与研究两大模块。就教育而言，它一方面培养创作人才，另一方面又培养研究人才，两者并举并重。而研究的对象是创作，创作是艺术门类的主体。人类的艺术创作活动可追溯到3万多年前，在这漫长的发展过程中，艺术形成了其自身的理论、方法和学术内涵。从16世纪以来，研究和教学艺术的学院和机构蓬勃发展，我国艺术院校的建立也有近百年的历史，借鉴世界的经验，已经形成完备的教学、创作、研究和学位授予体系。在国际上，艺术领域的学位有两种类型：一种是创作型，其最高学位是"艺术硕士"[Master of Fine Arts]，获得这个学位者就可以在相关创作和表演领域教学。另一种是研究型，其最高学位是博士[PHD]。这些情况可详见艺术门类中各"一级学科调整建议书"的论证。

二 艺术门类人才培养现状及存在的问题

艺术有其自律性发展规律。音乐、美术、戏剧、电影、电视剧、舞蹈等各种艺术类型的表现形式与手段不同于文字表现。随着人类社会的文化发展，各个不同种类的艺术都沿着各自的不同性质而独立发展，而今现代科学技术又催生了一些新的艺术种类，如电影、电视剧和新媒体等。这一切都说明，破除艺术从属于文学的观念已势在必行，理应在学科分类上将艺术与文学分门别类。在实践上，也即在我国当今的社会文化生活和教育体制上，我们早已将文学与艺术二者置于并列的层次上。而在学科门类上将艺术置于文学之下这本身就违反了学科分类的科学性，在这种情况下，人们常常简单地将文学理论视为艺术理论的基础和依据，用文学思维统摄乃至取代艺术思维，用文学单科的规律来代替艺术的普遍规律和各种类的特殊规律，有时甚至用理工科的标准来衡量艺术的创作与研究成果，从而忽视甚至限制了对艺术特别是各不同种类艺术规律的探索，严重影响我国艺术创作和研究的合理发展。

我国艺术教育自改革开放以来取得了迅猛的发展，规模不断扩大，据不完全统计，在我国已有1337所高校设立了艺术专业，在校生达1125928人。而专业性的艺术院校在师资队伍、专业水平、教学与科研成果方面都取得了很大进展。在硕士、博士研究生培养和学位授予上，已积累了许多经验。各不同种类艺术的内部在学术上已达到相当水平，专业化的程度已经很高。在8种艺术类别中，其下属学科已近40多种。这与《目录》制订之时高校文学专业大于艺术专业的情况已发生了根本的变化。然而，在现今的《目录》中，由于各不同种类艺术被置于二级学科，因此各艺术学科下属的各个学科类别，均未能在目录中得到必要的反映。这个现状显然不利于各个不同的艺术种类的学科建设，最终不利于艺术学科的总体发展。这也是我们希望将艺术列为门类的重要原因之一。

三 设置该门类的需求分析

将"艺术"置于"文学"门类之下的分类，说明我们对艺术的政治、社会、经济和文化价值，尤其是艺术在培养"自主创新"能力上所起的重要作用认识不足。艺术是人类以审美方式把握世界的重要方式，它与人类以政治、经济、宗教和历史等方式把握世界一样不可或缺。艺术与科学是人类进行创造的两种主要途径。究其源头，"艺术"这个概念在中外文化中原初均指人类"技术、技艺"，因此两者具有同等重要的地位。胡锦涛同志在党的十七大报告中英明地指出，文化是综合国力竞争的软实力，而艺术无疑是文化的主要构成因素。如前所述，这个思想业已得到中外历史的证明。在中国传统中，艺术不仅以其特有的审美价值实现"成教化、助人伦"的教育功能，提升人的精神境界，它还对国家政治与体制产生建构作用，"乐以道和"即是说艺术能营造和谐社会。艺术更是现代科学兴起的催化剂，意大利文艺复兴时期的艺术家如莱奥纳尔多·达·芬奇几乎对现代科学各领域都作出了开创性的贡献，我国宋代的沈括也把艺术与科学视为一个整体加以探究，而从哥白尼、牛顿到爱因斯坦，这些伟大的科学家都承认艺术在其科学发现中所起的无可替代的作用。在中国古代和西方现代,艺术并非纯属欣赏品,而是创造性思想和科学的重要源泉。艺术也就构成了人生教育的有机组成部分,而非是补充性的"素质"教育。今天,创意产业日益发展为世界经济和文化的重要竞争领域,这一现实更加凸现出艺术学科脱离"文学"而独立门类的重要性和紧迫性,它不仅关乎艺术学科本身的发展,而且直接影响钱学森所说的创新人才培养机制的建立。

四 该门类的社会认同情况及前景

艺术在我国目前虽还是文学门类下的一个子学科,但艺术作为人类创造和教育领域的学科门类早已得到了历史的证实和社会的普遍认可。如前所述,在西方,从18世纪开始,"美的艺术"[Fine Art]演变为一个学科体系,涵盖美术、音乐、文学等创造性艺术种类。至19世纪,出现了两门对艺术进行学术研究的学科:艺术史[Art History]和音乐学[Musicology]。前者包括各门艺术的历史与理论研究,后者专指对音乐理论、历史和技术的研究。自此以后,西方大学普遍设立了艺术史系[Department of Art History]和音乐学系[Department of Musicology]。由此,"艺术学"变为一个由创作和研究两翼所构成的系统学科,在国外学科构架中一直作为学科门类而设置。

我国是世界上艺术教育的最大国家,有1300多所高校招收艺术专业的学生,培养从本科、硕士直至博士不同层面的人才。在校生达120万之多,是当今世界上任何一个国家难以匹敌的。这充分说明社会对艺术门类的认同。

近年来,根据我国艺术教育的发展态势,经过严密的论证,教育部和国务院学位办于2005年批准设置了艺术硕士专业[Master of Fine Art],简称MFA,培养艺术创作的运用型人才。这个学位不仅与国际接轨,而且是我国艺术领域中唯一一个属于艺术学科自己的学位。它与目前挂在"文学"名下的硕士学位相比,在生源质量、教学水平和培养目标上都更符合艺术学科的本性与规律。2008年底,在中国美术馆和国家大剧院举办了"全国艺术硕士优秀作品展演"活动,得到了社会的高度评价。首批30多个MFA试点院校的经验证明,该学位的设立为将艺术提升为门类建立了实践基础。

我国的艺术教育也受到了国际上的高度认同,在国际上,我国高校中能被列为世界排名之先的恰恰是中央音乐学院、中国美术学院等艺术院校。

将艺术设置为学科门类不仅有利于建设具有中国特色的艺术教育体制,而且能够创建我国艺术引领世界的远大前景。

五 可归属该门类的现行一级学科清单

根据以上对艺术学科发生史的简述,不难看出"艺术"是一个历史、理论研究与创作实践并重的学科,而在这两方面都已形成完整的关联体系。同时,艺术学科包括音乐、美术、设计、戏剧、戏曲、电影、广播电视、舞蹈等艺术技巧和创作。它们都各自具有特性。根据艺术的这个特殊情况,我们提出以下四套艺术门类之下的一级学科设置方案:

方案一

设置九个一级学科：1. 艺术史与理论；2. 音乐；3. 美术；4. 设计；5. 戏剧；6. 戏曲；7. 电影；8. 广播电视；9. 舞蹈。

方案二

设置八个一级学科：将"艺术史与理论"融入艺术门类的各一级学科之中，如美术本身就包括美术史与理论。具体为：1. 音乐；2. 美术；3. 设计；4. 戏剧；5. 戏曲；6. 电影；7. 广播电视；8. 舞蹈。

方案三

设置五个一级学科：1. 音乐；2. 美术；3. 设计；4. 戏剧（含戏曲与舞蹈）；5. 电影（含广播电视）。

方案四

设置三个一级学科：1. 艺术史与理论（涵盖各种艺术种类的历史和理论研究，包括音乐学）；2. 视觉艺术（包括美术、设计、新媒体等可视种类）；3. 表演艺术（包括音乐创作和演奏、戏剧、戏曲、电影、电视剧、舞蹈等时间或表现性类型）。

在这四个方案中，论证专家一致倾向于第一方案。各门艺术虽有关联，但其独立性大于关联性，它们各自具有独特的历史和理论基础，具有独特确定的研究对象，形成了独立而自成体系的理论、知识基础与研究方法，并符合其学术研究与创造并举的学科特性。国际上普遍按以上第一方案设置各门艺术的教学、创作与研究途径。

此外，我们建议废除原来的"艺术学"称谓，而根据艺术各类型的性质，把门类名称就定为"艺术"，这样有利于涵盖各类型，并且便于国际交流。在外语中，没有"艺术学"对应的概念，而中文的"艺术学"似在强调对艺术的学术研究时排除了创造主体。在艺术门类中，其主导的学术价值是创作本身，因此，把"艺术学"从一级学科升为门类时，建议采纳国际通用名称：艺术。

以上仅是对设置艺术门类的理由的概括陈述，鉴于艺术门类所涵盖的类型的复杂性和特殊性，详细论证请见各"一级学科调整建议书"。

一级学科设置说明
美术

一 学科概况

美术是人类理解与把握世界的最古老的智性方式之一，传世的美术作品构成了人类文明的重要见证。15世纪在欧洲兴起的文艺复兴运动即以视觉艺术创新为核心，开创了现代世界，为现代人文学科和自然学科奠定了基础。早在18世纪，美术［Fine Arts］在西方已成为独立的学科体系，其中包括绘画、雕塑与建筑。许多伟大的哲学家、历史学家和其他学者诸如康德、黑格尔、赫尔德、马克思等都非常重视对美学、美术史与理论的研究，至19世纪，诞生了美术史［History of Art］学科，在综合性大学普遍设立了艺术史系，对传世的美术作品进行科学研究。

美术是一门集创作与研究为一体的人文学科。我国的传统思想与教育都非常重视美术，唐宋以来的宫廷均设置画院，而自孔子以来，历代都强调书画在造就社会优秀人才上的重要性，视美术为塑造人类创造力的重要资源。我国的现代美术教育融合了中外的美术创造和教学体系，已形成多层次、多分支的学科体系，涵盖美术史与理论、绘画、雕塑、书法、建筑、摄影等专业，并与科学、哲学、历史、文学、音乐、社会学、人类学、考古学、伦理学、阐释学、符号学、文化研究等其他学科具有密切的互动关系。

二 培养目标

美术学科培养两类高级专门人才：第一类是艺术史与理论研究者，其终极学位是博士学位［PHD］；另一类注重创作，其终极学位是艺术硕士［MFA］。在这一类别中，我国目前是双轨制，艺术硕士与挂在文学门类之下的硕士［MA］并行。按照美术的学科性质和国际惯例，艺术领域分创作与研究两类学位，创作类型的最高学位是艺术硕士［MFA］，而MA是向博士学位过渡的研究性学位。而目前国际上也出现了专门研究创作技法与媒介的博士学位，我国称之为美术实践类博士学位，MFA学位获得者也可攻读此学位。这些学位的设置旨在培养具有正确的人文思想、合理的创作和研究方法，能为我国的美术创作和研究事业作出突出贡献的创造性人才。

1. 博士学位：系统地掌握中外美术史学与理论，熟悉本学科国内外的研究现状，了解邻近学科的广博知识，善于发现学科的前沿性问题，并对之进行深入的原创性的研究。至少掌握一门外语，能熟练本专业的外文资料，具有一定的写作和国际学术交流的能力。学位获得者可在高等院校、创作与研究单位从事教学、创作和研究工作，也可在相关部门从事专业性管理工作。

2. 硕士学位：A 普通硕士［MA］具有较系统的美术史与理论知识，了解本学科的基本历史与现状，较为熟练地掌握一门外语，能运用本专业的外文资料，具备独立进行学术研究的能力，为更高深的学术研究与教学奠定理论与方法论基础。学位获得者可进一步攻读相关学科的博士学位，也可在一般研究机构或相关部门从事专业性工作。B 艺术硕士［MFA］具有扎实的创作能力，了解中外美术杰作，熟悉本专业的创作理论与技法，精通本专业的材料潜质，能创作高质量的美术作品，并具有较高的阐释本专业实践问题的理论水平。学位获得者可在高等专业院校或其他艺术部门从事创作与教学工作，也可进一步攻读创作研究方向的博士学位。

3. 学士学位：培养具有较宽人文社会科学基础，了解美术史与理论基础知识，掌握扎实的美术创作技法和现代相关工具，适应当代社会美术工作需要的人才。学位获得者可继续攻读同相关领域的硕士学位，也可在相关领域工作。

三 主要研究方向及研究内容

学科研究范围：在马克思主义艺术理论的指导下，以古今中外美术创作实践和理论为研究对象，探究美术各门类的创作规律、风格特征、技术手段和材质特性，为美术创作提供理论与实践基础。

主要研究方向为：A 理论方面：美术史、美术理论、美术批评、美术教育理论。B 中国画、油画、版画、雕塑、书法、摄影。

四 该学科的理论和方法论基础

美术是一门既具有极强的创作特性又带有深厚的理论基础的学科。作为学科，它在西方已有500多年的历史，在我国也有近100年的高等教育经验，业已形成完整的理论、创作和方法论体系，成为人文学科中一门重要的交叉学科。除了系统的创作论，图像学、形式分析、精神分析理论、艺术哲学、艺术社会学、艺术人类学、艺术考古学、艺术阐释学等在美术研究领域所产生的理论不仅为美术研究提供新的理论视野，而且对其他学科产生了影响，如符号学就从图像学中汲取了理论与方法论资源。当代的热门学科文化研究［Culture Studies］直接借用了美术研究的理论与方法，所以亦称为"视觉文化研究"［Visual Studies］。视觉文化研究以人类创作的美术作品为研究对象，解读历史与当代思想及习俗的变迁。同样，非物质文化研究的对象和研究方法与美术研究具有共生关系。

核心课程

1. 博士学位：中外美术史与理论专题研究，相关哲学、历史、社会学等人文学科的专题研究，创作与技法专题研究，形式与风格专题研究。

2. 硕士学位：A 普通硕士［MA］：中国美术史、外国美术史、美术理论、美术批评。B 艺术硕士：中外美术史与理论、创作理论与方法专题研究、创作技法与材料语言专题研究。

3. 学士学位：中外美术史基础、素描与色彩理论与技法、构图学基础、透视学基础、艺术人体解剖学、创作理论与实践。

五 社会对该学科的需求情况及就业前景

美术学科一直在我国的艺术教育中占据重要地位，在国际文化交流中也是如此。当今的时代被称为"图像的时代"，而图像即是美术学科的创造产品。而对视觉图像的研究，已呈现出世界学术研究的当代主流。在当下的信息时代和知识经济时代中，美术学科日益显示其综合性趋势，并与社会生活和当代文化的发展紧密结合。因此，培养美术创作与研究人才的学术和社会需求日显重要。报考美术专业的考生人数之多，超过历史上的任何时期，以中央美术学院和中国美术学院为例，两校每年报考的本科生人数各自平均在5万左右，而考生中渴望学习美术的热情在快速上升，各美术高校的考生总数逐年增加。社会的飞速发展和社会经济的变革进步，已经为美术提供了一个广阔的发展空间，而巨大的社会需求，也使美术学科成了教育体系中的一个新的增长点。

就业方面，美术学科的毕业生就业率一直很高，其就业范围广阔，主要是大专院校，艺术创作单位、美术设计公司、出版社、报社、杂志社的美术编辑，电视台、电台的美术编导，美术馆、博物馆、公私画廊，还有文化产业单位，有许多毕业生独自创业，涉及建筑、工业制造、文化创意产业等领域，产生了很好的社会效应。

六　该学科的主要支撑二级学科

1 美术史与理论

2 中国画

3 油画

4 版画

5 雕塑

6 书法

7 摄影

8 美术教育

七　新增设一级学科请说明增设的原因和理由

美术是艺术学科中的重要分支。在现有的艺术从属文学门类的情况下，严重扭曲了美术的研究和教学评估体系，违背了其学科的特性，影响了美术学科的健康发展。艺术学科是一个综合的学科，其各类别既有内在的关联，更凸现其各自的独立特征。艺术成为独立门类，美术理应升为一级学科，我国已有近百年的培养美术创作和研究人才的经验，已具备先进而系统的理论和方法论基础、人才培养目标、教学体系、课程设置、招生方式和选拔标准，将美术提升为一级学科不仅符合本学科的历史和现实内涵，不仅是所有美术院校的迫切愿望，而且，就美术在当代社会与文化发展中的特殊作用，美术成为一级学科也符合科学发展观。

一级学科设置说明
设计

一　学科概况

设计学科是一门多学科交叉的实用性的现代学科，它派生于美术学科，其发展可追溯到意大利文艺复兴时期。其内涵是按照艺术与科学技术相结合的规律，创造人类生活的物质产品和精神产品。在自然经济体制下，手工艺制品的设计属于功能和工艺美术设计范畴，而现代工业社会批量化、标准化生产的产品设计属于艺术设计范畴，一部分传统工艺美术与现代观念和生产结合，并在保留手工艺特征的基础上产生的新的艺术形态，也属于艺术设计的范畴。艺术设计涉及的范围宽广，内容丰富，是功能效用与审美意识的统一，是现代社会物质生活和精神生活必不可少的组成部分，直接与人们的衣、食、住、行、用等各方面密切相关，在一定程度上影响和改变着人们的生活方式和生活质量。艺术设计人才的培养在我国有着悠久的历史，过去是以师徒承传的方式进行的，学校方式的艺术设计教育在20世纪初才开始。新中国成立后，该学科在高等教育体系中得到比较正规的发展，20世纪50年代中期，艺术设计教育作为独立的学科得到系统发展，60年代起开始培养研究生，80年代进入硕士、博士学位的培养阶段，该学科得到全面的发展。在当今的创意文化产业中，设计发挥着主力作用。

二　该学科培养目标

1. 博士学位：系统地掌握中外设计史学与理论，熟悉本学科国内外的研究现状，了解邻近学科的广博知识，善于发现学科的原创性问题，并对之进行深入的原创性的研究。至少掌握一门外语，能熟练阅读本专业的外文资料，具有一定的写作和国际学术交流的能力。学位获得者可在高等院校、设计与研究单位从事教学、设计和研究工作，也可在相关部门从事专业性管理工作。

2. 硕士学位：A 普通硕士〔MA〕具有较系统的设计史与理论知识，了解本学科的基本历史与现状，较为熟练地掌握一门外语，能运用本专业的外文资料，具备独立进行学术研究的能力，为更高深的学术研究与教学奠定理论与方法论基础。学位获得者可进一步攻读相关学科的博士学位，也可在一般研究机构或相关部门从事专业性工作。B 艺术硕士〔MFA〕具有扎实的设计创作能力，了解中外设计动态，熟悉本专业的设计创作理论与技法，精通本专业的材料潜质，能创作高质量的设计作品，并具有较高的阐释本专业实践问题的理论水平。学位获得者可在高等专业院校或其他设计部门从事设计创作与教学工作，也可进一步攻读相关研究方向的博士学位。

3. 学士学位：培养具有较宽人文社会科学基础，了解设计史与理论基础知识，掌握扎实的艺术设计技法和现代相关工具，适应当代社会设计工作需要的人才。学位获得者可继续攻读同相关领域的硕士学位，也可在相关领域工作。

三　该学科的主要研究方向及研究内容

主要研究方向：设计应用研究、工艺美术研究、艺术与科学研究、设计史与理论、设计技法研究。

主要研究内容：设计教育与实践研究、设计理论研究、设计教育研究、设计管理研究、工艺美术研究、非物质文化遗产研究和综合设计创新研究等。

四　该学科的理论和方法论基础

设计学科是一门实践性很强，同时又具备深厚理论基础的学科。设计学科有自身相对独立的研究和实践领域，已形成较为完整的理论基础及方法论基础。设计的学术研究包括设计理论、设计史、文化遗产理论、设计管理学、设计教育理论、设计批评理论等；艺术设计实践理论研究方面包括技法理论、材料理论、工艺理论、实践理论等。设计学科在历史发展中不断地吸收其他人文和自然学科的成果与研究方法，与哲学、社会学、人类学、考古学、伦理学、阐释学、符号学、文化研究等形成学科交叉关系，系统地奠定了设计创作内涵与理论基础。

核心课程

1. 博士学位：中外设计史与理论、设计美学、设计教育学、设计心理学、设计管理学、工艺美术研究、设计材料研究。

2. 硕士学位：A 普通硕士 [MA]：中外设计史与理论、设计学通论、设计材料研究、设计管理学、工艺美术研究。B 艺术硕士：中外设计史与理论、设计理论与方法专题研究、设计技法与材料专题研究。

3. 学士学位：中外美术与设计史基础、素描与色彩理论与技法、构图学基础、透视学基础、艺术人体解剖学、创作与设计实践。

五　社会对该学科的需求情况及就业前景

艺术设计与国民经济发展关系密切，与人民的衣、食、住、行、用等物质生活和精神生活息息相关。在我国，随着近年来国民经济的发展和社会生活的进步，以及全民素质教育的推行，艺术设计已经成为社会越来越关注的学科，尤其是在国家创新体系的建设中，艺术设计对加快科学技术的产品化、工业产品的商业化以及中国民族品牌的建设发挥着重要作用。对提高我国在全球经济一体化背景下的国际竞争力和创新型国家建设起到了重要的促进作用。

随着社会的飞速发展和社会经济的变革进步，为艺术设计学科提供了广阔的发展空间。近年来艺术设计教育的规模也得到了极大的增长。据 2008 年度统计，我国已有 1328 所高校设立艺术设计专业，其中普通高校 643 所，高职高专 685 所，年招生总数达 299178 人，其中一般高校招生人数 149846 人，高职高专招生人数 149332 人。巨大的社会需求，使艺术设计学科成为国民教育体系中一个重要的增长点。

六　该学科的主要支撑二级学科

1 工业设计

2 环境艺术设计

3 视觉传达设计

4 陶瓷艺术设计

5 染织艺术设计

6 服装艺术设计

7 信息艺术设计

8 工艺美术

9 设计史与理论

七　新增设一级学科请说明增设的原因和理由

目前设计在高等教育体系中只是一个从属于文学门类之下的二级学科，这与国际规范和学科属性完全不相符合。无论从国内外历史，还是从现行国际惯例来看，设计都应是一个独立的学科。

设计教育业已成为中国高等教育中不可忽视的重要组成部分。从设计学科的独立性和成熟建制看，将设计增设为一级学科，有利于摆正学科关系，彰显学科特性，由此而确定合理的教学标准和评价体系，有效地提高教学水平，为我国培养更强大、更出色的设计力量。

一级学科设置说明
音乐与舞蹈

一　该学科简要概况

中国自古为"礼乐"之邦，音乐与"礼"并重，是国家政治与文化生活的最重要组成部分。而在古希腊，音乐与数学并称，至中世纪，则成为"四艺"之一，体现了它在政治、道德和科学上的重要作用。作为艺术，它是一种以声音为媒介的创造形式，旋律、和声、节奏、力度、音质、结构等要素构成了其基础。舞蹈与音乐起初合二为一，充当着人类重要的交流手段和文化传承方式。在西方，对音乐的学术性研究早已是独立的学科。音乐学与其他人文学科相互交叉，涵盖音乐史、音乐形式、风格、类型、传统等探究。在西方，音乐学分为三个独立的研究领域：历史音乐学（研究音乐创作、表演、接受和批评的历史）、民族音乐学（借助人类学、社会学、文化研究等理论对文化语境中的音乐进行研究）、系统音乐学（主要研究音乐科学和技术）。国外的音乐学科具有悠久的历史，公元2-3世纪的古希腊就将音乐分为理论、技术及演出三大部分，19世纪成熟为音乐学，与其他人文学科并驾齐驱。到20世纪初，西方大学开始设置舞蹈研究学科，研究和教授舞蹈表演、批评理论、音乐分析与舞蹈史等课程。中国具有悠久的音乐和舞蹈传统及其独特的理论与历史。如早期的经典《周礼》等都对舞蹈艺术的形式和功能予以详细记载，《诗经》则更是上古歌舞和礼乐制度的大总结。而现代意义上的中国音乐与舞蹈学科始于20世纪20年代，现已发展出完善的教学与研究体系，涉及物理学、声学、数码、多媒体、社会学、文化史、地理学、民族学、心理学、生理学、药用学、治疗学等领域，更加注重音乐的文化研究方法、批评和分析理论的建设。

二 该学科培养目标

音乐与舞蹈学科培养两类高级专门人才：第一类是音乐、舞蹈史与理论研究者，其终极学位是博士学位［PHD］；另一类注重创作，其终极学位是艺术硕士［MFA］。在这一类别中，我国目前是双轨制，艺术硕士与挂在文学门类之下的硕士［MA］并行。按照音乐的学科性质和国际惯例，本领域分创作与研究两类学位，创作类型的最高学位是MFA，而MA是向博士学位过渡的研究性学位。这些学位的设置旨在培养具有正确的人文思想、合理的创作和研究方法，能为我国的音乐创作和研究事业作出突出贡献的创造型人才。

1. 博士学位：系统地掌握中外音乐、舞蹈史学与理论，熟悉本学科国内外的研究现状，了解邻近学科的广博知识，善于发现学科的前沿性问题，并对之进行深入的原创性研究。至少掌握一门外语，能熟练使用本专业的外文资料，具有一定的写作和国际学术交流的能力。学位获得者可在高等院校、创作与研究单位从事教学、作曲和表演工作，也可在相关部门从事专业性管理工作。

2. 硕士学位：MA具有较系统的音乐、舞蹈史与理论知识，了解本学科的基本历史与现状，较为熟练地掌握一门外语，能运用本专业的外文资料，具备独立进行学术研究的能力，为更高深的学术研究与教学奠定理论与方法论基础，能独立从事研究创作、表演、乐器修造以及专业教学工作。学位获得者可进一步攻读相关学科的博士学位，也可在一般研究机构或相关部门从事专业性工作。

3. 学士学位：培养具有较宽人文社会科学基础，了解音乐、舞蹈史与理论基础知识，掌握扎实的音乐创作技法和现代相关工具，适应当代社会音乐、舞蹈发展需要的人才。基本具备从事研究、创作、表演、乐器修造以及专业教学的能力。学位获得者可继续攻读同领域的相关硕士学位，也可在相关领域工作。

三 该学科的主要研究方向及研究内容

学科研究范围：以古今中外音乐、舞蹈作品和理论为研究对象，探究音乐、舞蹈各门类的创作规律、风格特征、技术手段和材质特性，为音乐、舞蹈创作提供理论与实践基础。

主要研究方向为：音乐或舞蹈史、音乐或舞蹈理论、音乐或舞蹈批评、音乐或舞蹈教育理论、作曲与作曲技术、乐器演奏、声乐演唱、指挥技法、音乐传播、舞蹈表演、舞蹈编导、舞蹈舞台设计。

四 该学科的理论和方法论基础

音乐与舞蹈学科具有悠久的创作和表演历史，在音乐方面，其理论和方法论基础是历史音乐学、民族音乐学、系统音乐学，而舞蹈也有相应的理论，与人类学、传播学等学科交叉。

核心课程

1. 博士学位：中外音乐或舞蹈史与理论专题研究，相关哲学、历史、社会学等人文学科的专题研究，创作与技法专题研究，形式与风格专题研究。

2. 硕士学位：普通硕士（MA）中国音乐或舞蹈史、外国音乐或舞蹈史、音乐或舞蹈理论、音乐或舞蹈批评。

3. 学士学位：中外音乐或舞蹈史基础，中外音乐或舞蹈理论基础，创作与技法理论，音乐或舞蹈艺术管理与艺术市场法规等。

五　社会对该学科的中远期需求情况及就业前景

随着物质生活和精神生活水平的提高，以及文化产业的分科越来越细，音乐与舞蹈也随之深入到各行各业，越来越发挥着重要作用。目前音乐与舞蹈学科的毕业生就业途径比较宽广。除了在高校从事音乐、舞蹈创作与理论研究以外，还可在文艺团体从事创作、表演或担任中小学教师，在媒体从事音乐、舞蹈编辑工作，在传播领域从事策划、艺术管理和经纪人工作。党的十七大提出了全面推进我国社会主义文化建设，实现文化艺术大繁荣、大发展的战略方针，这是一个很有战略意义的决策。调整为一级学科的音乐，必然以其新的姿态，在与其他艺术的比较和交融中体现出自身的学科特点，开拓新的局面。

六　该学科的主要支撑二级学科

1 音乐学

2 作曲理论

3 作曲

4 音乐表演

5 舞蹈史与理论

6 舞蹈编导

7 舞蹈表演

七　新增设一级学科请说明增设的原因和理由

现行的学科目录中，音乐与舞蹈作为文学门类中一级学科艺术之下的二级学科，这样的学科分类存在以下问题：1. 艺术学科分类层次混淆和模糊；2. 音乐与舞蹈学科点设立不平衡；3. 音乐与舞蹈学科的独特规律被忽视；4. 无法与国际规范接轨等。这对音乐与舞蹈学科的发展非常不利。

改革开放以来，我国高等音乐与舞蹈教育已培养出世界一流的创作与表演人才，同时为社会艺术活动、音乐与舞蹈教育输送了一大批专业人员。目前，下属专业研究方向已近80多个，就音乐与舞蹈的学科独立性和成熟建制以及国际常规而言，它理应成为一级学科。

一级学科设置说明

戏剧与影视

一 该学科简要概况

戏剧是人类最早的艺术形式之一。在文字产生之前，戏剧充当着人类重要的文化交流工具。在古希腊文明中，伟大的成就之一就是戏剧，与雕刻和绘画相媲美。亚里士多德的《诗学》是戏剧理论的创世经典。中国的戏剧称为戏曲，包括昆曲、京剧、越剧、豫剧等三百多个剧种。在现代发展中，戏剧逐步形成了集编剧、导演、表演、音乐、舞美于一体的综合艺术形式。国学大师王国维和曲学大师吴梅等奠定了戏剧学科的学术基础。从20世纪80年代以来，该学科已与多学科交叉而成融合各类艺术和人文学科研究成果及方法的综合性学科，其内容包括戏剧和舞蹈史、理论，舞台艺术研究，戏剧舞蹈编导，戏曲风格流派，剧场观众研究等。影视可说是借助现代技术对传统戏剧的巨大延伸，它包括电影与电视，广泛地影响了当代社会和人们的文化生活。西方电影研究之父里奇奥托·卡努杜用"第七艺术"称呼电影，将其与建筑、音乐、绘画、雕塑、诗歌和舞蹈相提并论，认定电影是贯通所有艺术类目的综合艺术。各种影视理论也推陈出新，从形式主义、精神分析、马克思主义到符号学、结构主义、叙事学，再到女性主义、后现代和后殖民理论等，研究内容涵盖电影史、编导和表演、形式和内容，以及电影的传播和接受等，并注重考察电影与社会、政治、文化、种族之间的关系。我国于20世纪末开始培养影视专业的学士、硕士和博士研究生，与戏剧一样，已形成完整的教学和研究体系。

二 该学科培养目标

戏剧与影视学科培养两类高级专门人才：第一类是戏剧或影视史与理论研究者，其终极学位是博士学位［PHD］，另一类注重表演创作，其终极学位是艺术硕士［MFA］。在这一类别中，我国目前是双轨制，艺术硕士与挂在文学门类之下的硕士［MA］并行。按照学科性质和国际惯例，本领域分创作与研究两类学位，创作类型的最高学位是艺术硕士［MFA］，而 MA 是向博士学位过渡的研究性学位。MA 与博士学位的设置旨在培养具有正确的人文思想、合理的表演和研究方法，能为我国的戏剧影视艺术的创作和研究事业作出突出贡献的创造型人才。而 MFA 则目的在培养具有坚实的艺术实践和编创能力的高级专门人才。

1. 博士学位：系统地掌握中外戏剧或影视历史与理论，熟悉本学科国内国际的研究现状，并了解邻近学科的广博知识，善于发现学科的前沿性问题，并对之进行深入地原创性研究。至少掌握一门外语，能熟练阅读本专业的外文资料，具备一定的写作和国际学术交流能力。学位获得者可在高等院校、创作与研究单位从事教学、创作和研究工作，也可在相关部门从事专业性管理工作。

2. 硕士学位：普通硕士（MA）：具有较系统的戏剧或影视史与理论知识，了解本学科的基本历史与现状，较为熟练地掌握一门外语，能运用本专业的外文资料，具备独立进行学术研究的能力，为更高深的学术研究与教学奠定理论与方法论基础。学位获得者可进一步攻读相关学科的博士学位，也可在一般研究机构或相关部门从事专业性工作。

3. 学士学位：培养具有较宽人文社会科学基础，了解戏剧戏曲或影视史与理论基础知识，掌握扎实的影视表演技巧和创作能力。学位获得者可继续攻读同领域的相关硕士学位，也可在相关领域工作。

三 该学科的主要研究方向及研究内容

学科研究范围：以古今中外戏剧或影视实践和理论为研究对象，探究戏剧影视的演变历程、表演形态和风格，表现技法要素和程式，以及各种视觉表现和观众反映等，为戏剧和影视表演、编导提供理论与实践基础。

主要研究方向为：戏剧或影视历史、戏剧或影视理论、戏剧或影视批评、戏剧或影视表演、戏剧或影视编导、戏剧或影视美术设计。

四 该学科的理论和方法论基础

戏剧和影视是传统与现代的结合学科，形式多样，并涉及多种其他艺术形式，如音乐、美术、设计等，属综合性艺术。其理论与方法，除了本专业的实践和表演研究外，还借助艺术理论、美学、社会学、文化人类学、心理学、文化研究、性别研究、媒介理论、传播理论等新型学科的成果，日益呈现出跨学科的多元局面。

核心课程

1. 博士学位：中外戏剧或影视史与理论专题研究，相关哲学、历史、社会学等人文学科的专题研究，表演与编导专题研究，形式与技巧专题研究。

2. 硕士学位：普通硕士［MA］中国戏曲或影视史、外国戏剧或影视史、戏剧或影视理论、戏剧或影视批评。

3. 学士学位：中外戏剧或影视基础、表演理论与技巧、戏剧或影视导演艺术、戏剧影视音乐、戏剧影视美术设计、戏曲艺术风格程式、戏剧影视策划与市场营销。

五 社会需求情况及就业前景

随着中国综合国力的增强，文化艺术的繁荣也相伴而现。走向富裕的人们对精神文化生活提出越来越高的要求，大众文化、艺术市场和文化产业等蓬勃发展，社会对艺术类人才的需求和认同程度也越来越广泛。在世界进入传媒时代，传播的效应越来越具有决定性影响的时代，戏剧影视人才的社会需求日渐强烈。随着中国综合国力的增强，影视成为满足人们文化生活的主要对象。目前，我国已建成各种影院共计 37753 个，已批准设立的电视台 287 家，教育电视台 44 家，广播电台近 2000 家。如此庞大的影视平台需要大量的专业人员。目前全国戏剧影视行业从业人员总数已逾百万，但其中研究生以上学历者不足总从业人员的 2%。戏剧影视艺术行业对高层次的创作、管理和研究人才的需求是相当迫切的，这在新兴的动画产业、新媒体产业体现得尤为明显。况且，就中国业已设立与戏剧影视相关的学科专业的上千所学校而言，也说明社会对广播影视艺术学科高层次人才的迫切需求。

六 该学科的主要支撑二级学科

1 戏剧史与理论

2 剧本创作

3 戏剧导演

4 戏剧表演

5 舞台美术

6 戏曲史与理论

7 戏曲表演

8 戏曲导演

9 戏曲音乐

10 影视史与理论

11 影视剧作

12 影视导演

13 影视表演

14 摄影

15 影视录音

16 动画

17 播音主持

七 新增设一级学科的原因和理由

作为综合舞台艺术的戏剧，不仅具有古老的艺术传统和现代文化的适应性，而且影视自 20 世纪以来已成为主要的文化形式，与戏剧一起形成了鲜明的艺术与学科特色，以及成熟、完整的学科体系结构。而国内现存的学科分类体系完全不能反映学科性质，导致艺术发展受到束缚，大大降低了戏剧影视艺术在人类文化中应有的价值。这种含糊不清的学科定位难以契合我国蓬勃发展的戏剧影视艺术现状，更难以与国际高等教育接轨。而将戏剧影视提升为一级学科，将极大地推进中国艺术的发展，为高等教育、人民文化生活、国家文化和世界文化事业做出更大贡献。

艺术学科门类论证工作大事记

一、2002年在中央音乐学院召开国务院艺术学科组会议，主要议题：将艺术学一级学科提升为门类，后由第五届学科评议组召集人于润洋教授执笔撰写《将艺术学一级学科提升为门类的建议报告》提交国务院学位办。此文数年后由于润洋教授委托评议组成员曹意强教授补充内容，重新提交。

二、2006年10月14日至16日，"全国综合性大学美术与设计学科建设与评估体系研讨会"在南京师范大学举行。此次研讨会由国家教育部高等院校艺术类专业教学指导委员会和南京师范大学共同主办，南京师范大学美术学院承办。此项目由曹意强教授策划与主持。参加会议的人员有国务院艺术学科评议组新老召集人和新老成员以及六十多所艺术院校的领导。

三、2008年11月在北京西西友谊宾馆召开"全国综合性大学美术与设计学科建设与评估体系研讨会"第二次会议，参加人员有教育部、国务院学位办相关领导，部分艺术学科评议组成员以及国内三十余所院校的领导。会议由南京师范大学承办，南京师范大学校长宋永忠教授、副校长吴康宁教授及美术学院领导出席会议。

四、历届全国政协与人大会议均有此类问题的提案，2008年全国政协在中央音乐学院召开专家咨询会，艺术各门类专家以及代表性院校负责人参加会议，之后由王次炤教授汇总各方意见，撰写《关于全国政协赴中央音乐学院调研艺术学科提升门类的报告》提交国家相关部委。

五、王次炤教授执笔《给刘延东国务委员的一封信》，数十位艺术各门类著名专家签名，递交刘延东国务委员。

六、根据2009年6月8日国务院学位委员会和教育部联合下发《关于修订学位授予和人才培养学科目录的通知》（学位〔2009〕28号）精神，在6月至7月间，征集到40多所艺术类院校及开设艺术学科的大学关于将艺术学一级学科调整为学科门类和原二级学科提升为一级学科的建议。

七、2009年7月23日国务院学位办〔2009〕46号文《关于成立学位授予和人才培养学科目录修订工作小组的通知》，分七个领域：人文科学、社会科学、理学、工学、农学、医学、管理学，张尧学主任为组长，刘桔司长、梁国雄司长为副组长，另有12位成员。中央音乐学院学位办主任丁凡作为艺术学科代表，被聘请为教育部《学位授予与人才培养学科目录》修订工作小组"人文学科领域目录修订工作组"成员。

八、2009年9月17日成立艺术学科专业目录修订核心小组，于润洋教授、靳尚谊教授、杨永善教授、仲呈祥教授、曹意强教授、王次炤教授、丁凡教授为核心小组成员，王新华、宋惠文为秘书，第一次会议在中央音乐学院召开。会议讨论研究如下问题：（一）确定艺术学科目录修订工作计划。（二）依据院校建议书，结合国务院学位办组织的国外调研成果，拟订艺术学科目录修订方案为：将艺术学一级学科提升为艺术门类，下设9个一级学科：音乐、美术、艺术设计、舞蹈、电影、广播电视、戏剧、戏曲、艺术理论；或7个一级学科：音乐、美术、艺术设计、舞蹈、广播影视艺术、戏剧戏曲、艺术理论。（三）按照拟订的一级学科，确定修订工作组单位和任务分工；确定各艺术学科目录修订专家咨询组成员名单。

九、2009年9月28日，艺术学科专业目录修订工作组第一次会议在中央音乐学院召开。参加会议的有中国艺术研究院、南京艺术学院、中央美术学院、清华大学美术学院、北京舞蹈学院、中央戏剧学院、中国戏曲学院、北京电影学院、中国传媒大学、中央音乐学院等工作组成员牵头单位的领导和专家。本次会议主要内容：（一）国务院学科目录修订工作组成员丁凡向与会人员介绍说明目前目录修订工作的进展情况。（二）根据国务院学位委员会、教育部关于学位授予和人才培养学科目录修订工作小组的工作要求，向工作组牵头单位布置和落实9月17日艺术学科专业目录修订核心组会议研究决定的工作计划和任务。（三）向牵头单位通报和征求艺术学科目录修订专家咨询组成员名单意见。

十、2009年10月国务院学位委员会、教育部决定邀请中央音乐学院院长王次炤教授、中国美院艺术人文学院院长曹意强教授作为《学位授予与人才培养学科目录》修订工作咨询专家。

十一、2009年11月9日学科目录修订小组人文分组工作会议在北京大学召开，讨论下一步工作安排。

十二、2009年11月11日在中央音乐学院召开艺术学科专业目录修订核心组和工作组第一次联席会议，各工作组陈述论证报告。

十三、在2009年12月23日，艺术硕士（MFA）教育指导委员会第七次全体会议在北京电影学院召开。参加会议的有教指委王丰副主任委员、丁凡秘书长及18名委员。丁凡向委员通报了目前艺术学科目录修订工作的进展情况，委员们热烈、务实地讨论了目录修订的下一步工作，在有关艺术学科设置等方面提出积极、建设性的意见。

十四、2009年12月至2010年1月，工作组（曹意强教授执笔）撰写完成《艺术学科门类调整建议书》（第一稿和第二稿），提出在艺术门类下一级学科设置的三个方案：（一）九个一级学科：1.艺术史与理论；2.音乐；3.美术；4.设计；5.戏剧；6.戏曲；7.电影；8.广播电视；9.舞蹈。（二）八个一级学科：1.艺术史与理论；2.音乐；3.美术；4.设计；5.戏剧戏曲；6.电影；7.广播电视；8.舞蹈。（三）七个一级学科：1.艺术史与理论；2.音乐；3.美术；4.设计；5.戏剧戏曲；6.影视广播；7.舞蹈。丁凡、宋惠文送交《艺术学科门类调整建议书》，同时征询到人文组意见：一级学科不宜过多，本次调整应立足于提升门类。人文组及目录修订相关专家等提议三个一级学科通过希望较大，建议以横向设置为好：1.艺术学历史与理论；2.艺术创作与研究；3.设计学。但艺术学科专家认为，纵横设置不合逻辑，且除了设计学，所有院校都有两个一级学科，也意味着可以招收艺术所有学科，这样一来难以保证教学质量。再经论证，在前期基础上由工作组曹意强教授撰写《艺术学科门类设置说明》，提出艺术门类下设置1.音乐；2.美术；3.设计；4.戏剧舞蹈；5.广播影视五个一级学科的方案，并发至北京大学人文组秘书处。同时准备三个一级学科的论证说明。

十五、2009年12月24-27日，丁凡随人文组赴郑州大学、河南大学、南京大学、复旦大学调研，赢得地方院校"艺术应该提升为门类"的一致呼声，促使人文调研组对此问题的认识有了质的飞越。

十六、2009年12月28-29日，丁凡、曹意强、周星、宋惠文在长春东北师范大学草拟三个一级学科的设置说明备稿。最后由曹意强修订统稿。其间曹意强、丁凡参加了中央美术学院的会议，对"学科专业设置的一些关键问题"诸如关于"艺术"学科门类的称谓表述的问题、是否设置"艺术理论"一级学科的问题、关于"美术"一级学科涵盖的二级学科设置问题、"设计"学科的二级学科设置等提出建议并进行了讨论研究。与会人员多数认为："艺术"不应加"学"字；"艺术理论"应化解在各个艺术学科之中。

十七、2010年1月11日艺术学科学位授予和人才培养学科目录修订工作调研会在中央音乐学院召开。参加会议的有国务院学位办主任张尧学、质量监督与信息处处长徐维清，学科目录修订工作组组员清华大学原研究生院院长陈皓明、北京大学研究生院副院长高岱、北京大学研究生院常务副院长王仰麟、北京大学学位办主任郑兰哲、艺术院校领导和学科评议组成员于润洋、王次炤、郭淑兰、丁凡、谭霈生、杨永善、冯健亲、曹意强、潘公凯、张会军、刘立滨、贾达群、周星、李晓华、李胜利、谢伯良、明文军等。高岱教授主持会议。

十八、2010年1月15日，听取学科评议组研究确定一级学科目录意见，将一级学科目录定为1. 音乐与舞蹈；2. 美术与设计；3. 戏剧与影视。

十九、2010年1月16日至1月18日，在哈尔滨师范大学举行第六届学科评议组第一次会议。会议由曹意强教授主持。参加会议者有学科评议组召集人仲呈祥教授、曹意强教授，以及成员刘立滨教授、赵塔里木教授、贾达群教授、周星教授、郑曙旸教授、黄惇教授、许平教授、阮荣春教授、秘书张金尧。

会议首先由曹意强教授通报了"艺术学升门类"相关工作的进展情况。根据在学位办获得的相关指示，曹教授提出，"艺术学升门类"一级学科设置的学科数不能过于零碎，并认为"艺术学升门类"工作是2010年极为重要的工作。会议就如何确保"艺术学升门类"工作顺利完成，并对成功"升门类"后应该设多少个一级学科，以及第六届艺术学科评议组今后的工作要点展开了激烈的讨论。关于"门类"名称，一些与会专家提出，门类名称是否以"艺术"作为门类名称而不是以"艺术学"作为门类名称，因为"艺术"是各种具体艺术类别的总称。会议确定暂以"艺术"作为门类名称，并征求国内相关艺术院校的意见作出下一步修改。关于"门类"下的"一级学科"设置，会议重点就"一级学科"数量和一级学科名称作了讨论，会议的焦点是是否需要有独立的艺术学史论（艺术学理论、一般艺术学、基础艺术学等）存在，是否将"戏曲"与"戏剧"作归并，是将"广播"划归为传播学还是仍归属语言学等原有的"文学"门类。会议确定，一级学科数量不宜过于零碎，要将一级学科和二级学科做出明确的区别，而二级学科与学科专业及方向也要有明确的学科界限。

仲呈祥教授指出，各种意见都可备一说，要求与会专家要从大局出发，加强团结，充分认识此次"艺术学升门类"的重要现实意义和历史意义，并提出要充分听取各专业院校的意见。会议初步议定，设置为四个一级学科，即"基础艺术学"、"音乐舞蹈学"、"戏剧影视学"、"美术设计学"等。会议确定，春节后广泛征求各艺术院校意见，并及时与国务院学位办沟通，力争艺术学升门类顺利实现。

二十、2010年2月25日，艺术硕士（MFA）教育指导委员会领导小组会议在中央音乐学院召开，参加会议的有王次炤、王丰副主任委员、丁凡秘书长、杨永善、曹意强、杨静茂、周华斌、董德光等各专业组组长。会上讨论研究了艺术学科目录修订工作中的新问题及解决办法。认为设置五个一级学科的方案最为科学合理，退而求其次可以考虑设置音乐与舞蹈、美术与设计、戏剧与影视三个一级学科的方案。

二十一、2010年3月初，经工作组讨论认可，根据学位办和核心工作组的要求，曹意强在中国美术学院学报编辑部组织人员对各一级学科设置的论证报告加以充实修订，完成艺术门类下五个一级学科及若干二级学科、专业及专业方向设置的方案，提交工作组和学位办。

二十二、2010年3月10日学位办召开第二次《学位授予与人才培养学科目录》修订工作小组会议，会议听取七个领域学科目录修订情况的汇报，部署下一阶段工作。

二十三、2010年3月18日，为更广泛征求意见，艺术学科专业目录修订工作会在中央音乐学院召开。参加会议的有第五、第六届国务院学位委员会艺术学科评议组召集人于润洋、仲呈祥、曹意强及评议组成员，院校相关负责人王次炤、杨永善、刘立滨、周星、周华斌、刘建、董德光、丁凡，会议秘书宋慧文。本次会议主要内容是：目录修订工作第一阶段结束，将艺术学科从一级学科升为门类的建议基本得到了人文工作组和学位办的理解和认可；学科目录修订工作将分为学术型和专业学位两条线进行；修订工作进入第二阶段，主要工作是撰写《艺术学科目录设置说明》第二稿。并做出如下决定：1.全力确保目前已经取得的阶段性成果，明确艺术学科升为门类为根本目标。2.《艺术学科目录设置说明》第二稿按照如下结构撰写：

门类：艺术学；

一级学科：艺术学理论、音乐与舞蹈学、美术与设计学、戏剧影视学。

此新稿在中国美术学院学报编辑部修订后交工作组。

二十四、2010年3月31日，东南大学在北京召开会议，研讨二级学科艺术学理论的相关问题。接到中国戏曲学院材料，要求学科目录中一级学科要亮出"戏曲"字样。

二十五、根据学位办对艺术学科调整的意见（基本同意艺术门类独立，但一级学科要重新论证，并按新的一级学科设置说明提纲要求重新撰写"说明"），以及徐维清的建议（召开前评议组和现评议组召集人以及主要院校负责人会议共同讨论一级学科设置问题），4月13日艺术学门类一级学科设置研讨会在中央音乐学院召开。参加会议的有艺术学科目录修订工作核心组成员于润洋、靳尚谊、杨永善、王次炤、仲呈祥、曹意强、丁凡及来自中央戏剧学院、上海音乐学院、上海戏剧学院、南京艺术学院、中国美术学院、北京电影学院、中国音乐学院、中央美术学院、北京舞蹈学院、中国戏曲学院、清华大学、北京师范大学、中国传媒大学、北京大学、东南大学、中央音乐学院负责此项工作的院校长和专家。会议主要内容：（一）王次炤、丁凡老师介绍目前学科目录修订工作的进展情况及学位办提出的一级学科调整建议。（二）根据工作组前期工作及与学位办的沟通意见，仲呈祥代表核心工作组提出五个一级学科的设置建议：1.艺术学理论；2.音乐与舞蹈学；3.美术与设计学；4.戏剧戏曲学；5.广播影视艺术学。（三）院校领导、专家和核心组成员发言，一致同意核心组提出的艺术学门类下设置五个一级学科的建议。（四）根据会议讨论确定的方案，4月16日前按照学位办新的要求重新撰写艺术学门类一级学科设置说明：曹意强教授负责执笔艺术学门类说明，东南大学、南京艺术学院、中国艺术研究院、北京大学负责艺术学理论，中央音乐学院、上海音乐学院、中国音乐学院、北京舞蹈学院负责音乐与舞蹈学，中国美术学院、中央美术学院、清华大学负责美术与设计学，中央戏剧学院、上海戏剧学院、中国戏曲学院负责戏剧戏曲学，中国传媒大学、北京电影学院、北京师范大学负责广播影视艺术学，所有新方案最终由曹意强教授负责修订完稿并呈交工作组。

二十六、4月21日将艺术门类以及五个一级学科（艺术学理论、音乐与舞蹈学、美术与设计学、戏剧戏曲学、广播影视艺术学）设置说明分发北京大学人文组秘书处和学位办。

二十七、7月14日学位办在北京友谊厅组织召开人文学科目录修订专家咨询会，组长：李学勤（清华大学历史学）、张海鹏（中国社会科学院中国近代史）、曾繁仁（山东大学文艺学）、钱乘旦（北京大学世界史）、刘中树（吉林大学中国当代文学）、赵敦华（北京大学外国哲学）、张法（中国人民大学美学）、金莉（北京外国语大学英语语言文学）、王次炤（中央音乐学院音乐学）。专家对"艺术学理论"提出质疑，认为这应属于文艺理论的内容，同时提出一级学科过多等，王院长一一解释，并当即从艺术发展的三条主线说服众专家，同意我们合并为四个一级学科，即：艺术学理论、音乐与舞蹈学、美术与设计学、戏剧影视学。会议决议：同意设置艺术学门类，进一步论证一级学科，论证时要注意实践型人才培养与研究型人才培养的区分，要合理整合一级学科。

二十八、7月15日通知仲呈祥、曹意强、王庭信、丁凡、戴嘉枋分别负责修订门类及四个一级学科的设置说明，并由曹意强负责修订门类论证和三个一级学科的方案，同时工作组指定东南大学撰写艺术学理论设置初稿。最后经于润洋、王次炤审阅修订后于8月10日送交学位办。

二十九、10月26日，学位办在北京清华紫光国际交流中心召集第三次学科目录修订工作小组全体会议，会议总结了前阶段工作，要求按照新的《一级学科设置说明撰写提纲》（只在原来基础上删掉了第九部分和第八部分的一部分）以及撰写样例（《音乐与舞蹈学一级学科设置说明》），修改本领域新增一级学科设置说明，并要求在20日内再次广泛征求意见，提交《新旧目录对照表》、《新旧过渡方案和实施办法》。

三十、2010年11月15日，根据国务院学位办学位授予与人才培养学科目录修订工作的有关要求，艺术学科目录修订核心组工作会议在中央音乐学院召开。参加会议的有于润洋、王次炤、杨永善、仲呈祥、曹意强、丁凡等核心组成员。核心小组专家一致认为新旧学科目录的调整过渡工作是一项政策性和学术性很强且影响力很大的工作。为了确保艺术学学科提升门类后，各级学科更加科学规范、健康发展，防止出现降低标准、勉强升格、盲目泛滥的现象，经过认真地讨论研究和深入分析，提出新的艺术学科目录过渡方案和实施办法。

三十一、2010年12月8日至12月9日在北京港澳中心瑞士宾馆召开国务院艺术学科评议组会议，参会人员有召集人仲呈祥教授、曹意强教授及以下学科评议组成员：徐昌俊教授、郑曙旸教授、张晓凌研究员、赵塔里木教授、凌继尧教授、黄惇教授、贾达群教授、许平教授、刘立滨教授、周星教授、阮荣春教授、叶松荣教授，秘书张金尧。会议由仲呈祥教授主持。会议对前段时期工作进行了总结，并对"艺术学升门类"申报的《一级学科设置说明》（初稿）进行了说明，对艺术学门类《一级学科、二级学科设置表》进行了修订。曹意强教授强调了艺术升为门类过程中，我们要依照艺术学科的自身性质，确定创作、研究和教学的标准与评估体系，使我国的高等艺术教育凸现重点，朝更高的水平发展。会议学习了《关于对省（自治区、直辖市）学位委员会和中国人民解放军学位委员会初审通过的博士学位授权一级学科点进行复审的通知》（学位办〔2010〕66号文）和《关于博士学位授权一级学科点复审通讯评议的通知》（学位中心〔2010〕64号文）。会议还进一步学习了《通知》中此次审核办法，即由原来的学位授予单位申报后由国务院学位委员会办公室统一组织通讯评议和学科评议组审核，改为由省级学位委员会对本省（自治区、直辖市）范围内学位授权单位申报的一级学科博士点进行初审，然后由国务院学位委员会办公室组织学科评议组对初审通过的一级学科博士点进行复审。研究生院单位自行组织本单位授权点的审核，不参加省级学位委员会的初审和学科评议组复审。会议进一步明确了本次审核将不再另设控制指标，并要求各成员应保护国家信息安全和相关单位知识产权，妥善保管网上提供的各单位送审的电子版材料，不要扩散流失。

会议要求各位专家抓紧时间，利用"教育部学位与研究生教育评估工作平台"，对工作中尚不清楚的技术问题要及时与学位中心沟通，确保此次工作顺利完成。

三十二、为了健全和完善艺术学科门类设置，受国务院学位办委托，2011年2月17日下午在中央音乐学院召开了艺术学科目录修订核心组扩大会议。参加会议的有国务院学位办质量监督与信息处徐维清处长，艺术学科目录修订核心组成员于润洋、王次炤、杨永善、仲呈祥、曹意强、丁凡及学位办推荐邀请的浙江大学孙守迁教授和上海大学关阳教授。与会专家就美术与设计学一级学科设置的有关问题进行了认真地研究讨论。

三十三、2011年2月13日，国务院第二十八次学位委员会通过将艺术学科独立成为"艺术学门类"。国务院学位委员会、教育部下发《学位授予和人才培养学科目录(2011年)》（学位〔2011〕11号）文件，艺术学门类下设五个一级学科：艺术学理论（1301）、音乐与舞蹈学（1302）、戏剧与影视学（1303）、美术学（1304）、设计学（1305）。

三十四、2011年4月，由浙江省教育厅和中国美术学院共同举办的"艺术学学科发展规划学术研讨会"在中国美术学院举行，国务院学位委员会艺术学科评议组全体成员以及中国传媒大学、中央音乐学院、中国美术学院、中央美术学院、中央戏剧学院、上海音乐学院、南京艺术学院等三十余所院校的专家学者共百余人参加了此次研讨会。这是2011年2月艺术学升格为学科门类以后，艺术学界召开的第一次大规模的学术研讨会。会议围绕"艺术学学科发展的历史和现状"、"艺术学科的学术特色和价值"、"艺术学的研究框架和教育体系"、"艺术学的估评和指标体系"四个议题展开了讨论。这是艺术升为学科门类后召开的第一次全国性研讨会。中国美术学院学报《新美术》陆续刊登会议论文。

三十五、2011年6月27日至30日在中国传媒大学召开国务院艺术学科评议组全体会议，参加者有召集人仲呈祥教授、曹意强教授和成员王次炤教授、徐昌俊教授、郑曙旸教授、张晓凌研究员、赵塔里木教授、许平教授、刘立滨教授、周星教授、凌继尧教授、黄惇教授、贾达群教授、阮荣春教授、叶松荣教授，出席会议的还有国务院学位办处长徐维清、国务院学位办工作人员郝彤亮、教育部学位与研究生教育发展中心德吉夫，学科评议组秘书张金尧。

会议讨论了二级学科目录。经征求各相关教学单位的设置意见，与会专家充分讨论，最终确定了四个一级学科目录下的二级学科设置。会议还就《各学位授予单位对应调整的硕士博士一级学科学位授权点申请材料》进行了审议。

本草案的主要内容已融入"艺术学科门类的独立与创新思维"，见《艺术教育》2011年第12期与《新美术》2011年第5期。

图书在版编目(CIP)数据

艺术学的理论视域 / 曹意强著. -- 上海：上海书画出版社，2015.5
ISBN 978-7-5479-1005-4
Ⅰ.①艺… Ⅱ.①曹… Ⅲ.①艺术学-文集 Ⅳ.①J0
中国版本图书馆CIP数据核字(2015)第105252号

艺术学的理论视域

曹意强　著

责任编辑	朱艳萍　吴　迪
审　　读	沈培方　陈家红　李剑锋
特邀校对	张　姣
封面设计	品悦文化
技术编辑	包赛明

出版发行	上海世纪出版集团 上海书画出版社 中国图书进出口上海公司
版次	2015年5月第1版　2015年5月第1次印刷
书号	ISBN 978-7-5479-1005-4

www.ingramcontent.com/pod-product-compliance
Lightning Source LLC
Chambersburg PA
CBHW081813220526
45470CB00006B/2300